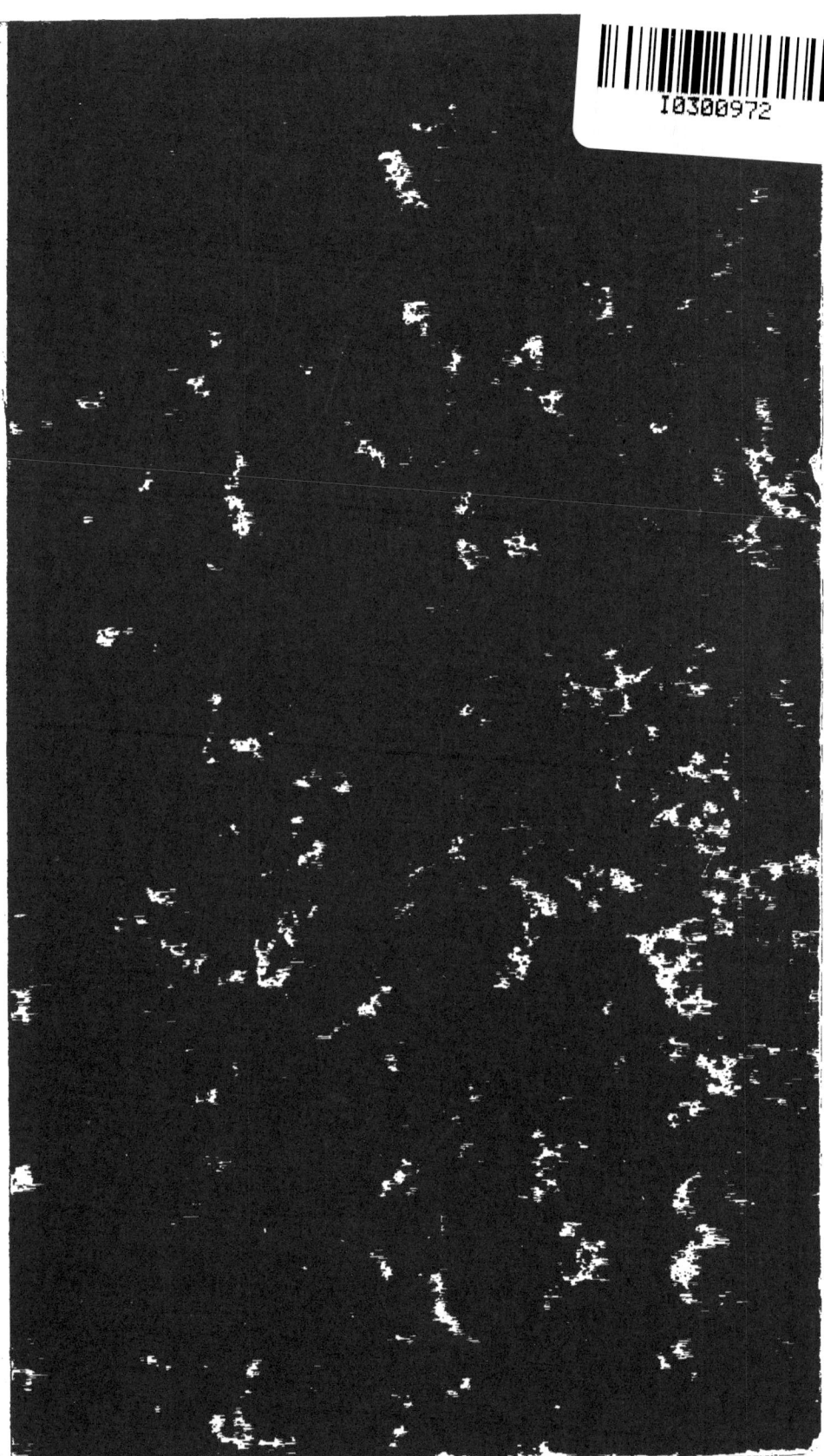

COMBATS ET BATAILLES

DU

SIÉGE DE PARIS

COMBATS ET BATAILLES

DU

SIÉGE DE PARIS

SEPTEMBRE 1870 A JANVIER 1871

PAR

LOUIS JEZIERSKI

Rédacteur de l'*Opinion nationale*

NOUVELLE ÉDITION

ILLUSTRÉE DE NOMBREUSES GRAVURES

PARIS

GARNIER FRÈRES, LIBRAIRES-ÉDITEUR

6, RUE DES SAINTS-PÈRES, ET PALAIS-ROYAL, 215

COMBATS ET BATAILLES
DU
SIÉGE DE PARIS

COMBAT DE CHATILLON

Lundi, 19 septembre, midi.

Depuis ce matin, sept heures, un combat est engagé, aux environs de Châtillon. L'un de nos deux corps d'armée, celui du général Ducrot, composé d'environ trois divisions, s'est engagé avec les troupes allemandes, qui, après avoir traversé la Seine tournent Paris, à l'ouest, en suivant la vallée de la Bièvre, et se dirigent sur Versailles par les bois de Verrières, Meudon et Clamart.

Hier, nous avons poussé des reconnaissances dans diverses directions autour de Sceaux, dans ce pays clair-semé de taillis et de futaies. Des uhlans étaient venus à Sceaux, où ils se sont emparés d'un fermier des environs et d'un garde national. Les ennemis, en forces considérables, avaient passé la Seine vers Villeneuve-Saint-Georges, et ils tournaient autour de Paris, en suivant les bois, jusqu'à Versailles. On les avait, hier matin, signalés en grand nombre à Bernis. Mais, dans les couverts, il est difficile d'apprécier leur nombre.

Hier soir, à partir de dix heures, le général Ducrot exécuta des mouvements importants. Il voulut essayer de prendre en flanc les têtes de colonne de l'ennemi, isolées par la Seine du gros de l'armée. Nos troupes furent concentrées aux alentours de Châtillon.

Elles s'installèrent sur les hauteurs, en avant de la redoute nouvellement construite sur les abords du plateau de Châtillon. Leurs positions étaient bonnes : des ravines assez larges couvraient notre front.

On touchait presque à la lisière des bois, dans lesquels les Prussiens étaient embusqués.

La nuit se passa sous les armes. Vers les cinq heures du matin, nos francs-tireurs, détachés des régiments, engagèrent quelques feux de tirailleurs. Les Prussiens ont répondu très-mollement

A sept heures, notre artillerie prit position. Elle comptait un nombre considérable de bouches à feu ; on m'a cité le nombre de soixante-douze.

Elle ouvrit une très-vigoureuse canonnade, dans la direction des bois. Rien ne remua en face de nous. L'ennemi ne se démasquait pas. Notre feu continua de vingt-cinq à trente minutes, sans que, du côté des Prussiens, il y eût le moindre mouvement.

A sept heures et demie, l'artillerie ennemie apparut sur la lisière des bois ; elle commença à riposter.

Plusieurs détachements, de notre côté, poussaient en avant, et entraient dans les clairières, surtout vers notre gauche, à Bagneux. Ils se sont trouvés engagés presque à bout portant avec les Prussiens.

L'avantage de ces derniers était grand : ils étaient en quelque sorte chez eux ; chaque arbre leur servait de rempart, et ils tiraient à coup sûr contre les nôtres.

La fusillade devint extrêmement vive ; les balles coupaient les branches, et c'était un sifflement perpétuel.

On me dit qu'à ce moment il y eut un malentendu déplorable. Un régiment de marche était en tirailleurs sous bois. Arrive un bataillon de mobiles de la Seine, il commence le feu sur le même bois. De là désordre et recul précipité.

Le gros des forces adverses, refoulant nos tirailleurs, déboucha sur la hauteur de Châtillon. L'artillerie suivit aussitôt ; elle commence à nous envoyer force volées d'obus.

Nos fantassins étaient serrés en longues colonnes. Les régiments, en grande partie, sont composés de réserves et de jeunes recrues. Cette vive canonnade les ébranla. En voyant passer quelques bandes de soldats qui étaient ramenés hors des bois, ils suivirent ce mouvement de recul.

Les Prussiens avançaient toujours, mais en se couvrant, sans presque se montrer. Ainsi, me raconte un soldat, nous étions assaillis par une grêle de projectiles et tout autour de nous nous n'apercevions personne. Il fallut se coucher par terre, afin de laisser balles et boulets passer par-dessus nos têtes.

La première ligne, à neuf heures, se replia. Cette retraite, un peu tumultueuse, entraîna celle de la seconde ligne, et on vint se ranger sous le feu des forts de Montrouge et de Vanves.

Le mal, c'est que la redoute de Châtillon n'était pas armée.

A partir de dix heures, l'alerte fut donnée à la porte de Montrouge. On leva le pont; mais les fuyards arrivant, on le rouvrit. Environ un millier de soldats défila, surtout de la ligne; quelques voitures de vivres et du train étaient mêlées à la troupe. Les cuirassiers arrivèrent par la porte d'Orléans.

En même temps, un certain nombre de blessés étaient rapportés sur des charrettes; environ soixante.

A la porte de Montrouge, le vice-amiral commandant le secteur recevait les troupes, les rangeait en ordre par numéro de régiments et les faisait monter sur les remparts. Des escouades d'artilleurs prenaient position autour des pièces du bastion. La garde nationale, de service au secteur, faisait très-bonne contenance. En somme, on ne savait pas au juste ce dont il retournait. Les rapports des fuyards, naturellement, étaient des plus alarmants : on pouvait s'attendre à un assaut. Les gardes nationaux étaient plutôt arrêtés qu'abattus par l'échec des troupes; à tout hasard, ils ont pris les armes, et, en attendant mieux, ils ont formé une sorte de cordon, pour arrêter la foule des débandés et les empêcher de répandre la panique dans la ville.

Le quartier, naturellement, était en émoi. Les nouvelles s'exagéraient. Mais il faut apprécier les choses à leur vrai point de vue. Ce n'est qu'une retraite partielle. Le corps d'armée du général Vinoy, sur la gauche, tient toujours. Le combat continue à l'heure qu'il est. On entend la canonnade dans diverses directions, du côté de Châtillon, et, sur la gauche, du côté de Villejuif.

Il se peut que le général Vinoy avec le 13e corps fasse, par là, une heureuse diversion. Du reste, Paris est couvert par la ligne des forts, suffisamment prêts et armés.

Lundi, 19 septembre, 7 heures du soir.

A cette heure, la physionomie de la journée apparaît plus claire et plus nette. Sans doute le général Ducrot n'a pu barrer à l'armée prussienne la route de Versailles. Sans doute nous n'avons pu sauver la redoute de Châtillon, et cette perte, au point de vue stratégique, peut être très-importante, si le commandant de Paris ne prend pas des mesures très-vigoureuses. Toutefois, il est certain que nos pertes sont insignifiantes; en somme, le 14e corps, celui du général Ducrot, est intact. De plus notre artillerie, au milieu de la débâcle trop générale, a opéré d'une manière supérieure. Nous avons fait trop bon marché de cet élément essentiel de nos forces; selon toutes les manœuvres que j'ai vu accomplir aujourd'hui par cette arme, elle a fait preuve d'une puissance d'action et de résistance qui, bien employée, peut réparer bien des choses.

Le général Ducrot a eu grandement raison, à la fin du combat, nonobstant la débandade des autres troupes, de dire : « C'est purement et simplement une affaire d'artillerie. » Tel est le point juste de la situation : n'engager des combats que par le canon; notre infanterie, encore trop peu solide, ne doit servir qu'à appuyer et soutenir le feu de notre artillerie.

Le combat de Châtillon a eu deux phases, qui toutes deux font grand honneur à nos braves artilleurs. Ce sont eux qui de grand matin ont débuté par un tir merveilleux d'ensemble, de justesse et de calme. Un vieux canonnier à doubles chevrons, qui en avait vu de rudes, me disait : « C'était superbe. Nos feux roulaient comme à l'exercice.

Par malheur, notre droite, composée de jeunes recrues, de mobiles et d'isolés tout fraîchement enrégimentés, ne put supporter la riposte des Prussiens. Recevant en plein obus et mitraille, elle se débanda. A neuf heures, nos batteries restaient seules, sur la redoute, en face des bois de Meudon et de Clamart. L'ennemi avançait. Il fallut replier les pièces, qui eussent été prises; mais on ne laissa en arrière ni un caisson ni un cheval.

L'artillerie descendit, en arrière de Châtillon, par la grande route de Montrouge, dans la plaine, à l'abri des feux croisés des forts de Vanves et de Montrouge.

Cependant toute la troupe, abandonnant le plateau, défilait avec une précipitation qui menaçait, sous le feu des Prussiens, de tourner à la déroute.

Un ordre arriva. Neuf batteries environ remontèrent la côte de Châtillon. Elles allèrent se réinstaller sur le plateau, en avant de la redoute, trois sur la gauche et six sur la droite. Parmi ces six, il y avait deux batteries de mitrailleuses. Les autres étaient composées de pièces de 4 et de 12. Toutes recommencèrent bravement le feu, à la barbe des Prussiens.

Nous avions fort peu de monde touché, par la raison que nos troupes de ligne tinrent peu de temps à la portée de l'ennemi. En revanche, notre

COMBAT DE CHATILLON.

canonnade faisait du mal à l'ennemi, qu'elle atteignait en plein dans son mouvement agressif sur Châtillon.

Mais les Prussiens tournaient nos positions. D'abord nos canonniers exécutèrent la même manœuvre, virant les pièces dans le sens du mouvement de l'ennemi. Puis les Prussiens montant toujours, et aucune infanterie n'étant là pour protéger nos pièces, il fallut une seconde fois réatteler et se replier. D'ailleurs la retraite était finie; nous étions en sûreté, à l'abri des forts et des remparts.

Pourtant ces honnêtes canonniers se font un grave reproche. Il paraît qu'au moment où l'ennemi resserrait le cercle en avant des batteries, ils aperçurent un gros de troupes débouchant à excellente portée. « Ce sont nos chasseurs », dirent les officiers; et la dernière décharge resta dans la gueule des canons. Or, c'étaient des Bavarois : leur uniforme nous avait trompés. « Quel malheur! répétaient les nôtres; c'eût été le coup de la fin. »

A une heure, l'artillerie redescendit la côte de Châtillon, sans rien oublier, aussi bien que la première fois. Si, pourtant; une batterie de mitrailleuses perdit un cheval; mais je le vis ramener par un paysan; dans quel état, bon Dieu! la pauvre bête était blessée et exténuée; mais c'est égal, elle fut très-bien reçue et elle se redressa, hennissante et joyeuse, à l'appel accoutumé.

Le pis, c'est que dans ce mouvement de recul, la redoute de Châtillon est abandonnée. Comme je l'ai dit, elle n'est pas complétement achevée : cependant les carrés et les embrasures avaient été mis en état, à force de travail, jour et nuit. Il n'y manquait que les canons. Ils avaient dû être amenés dans la journée d'hier; mais, par un retard intempestif, ce matin ils n'étaient pas encore arrivés. Quelques pièces tirent héroïquement; on y avait envoyé, sur les midi, des renforts de mobiles. On fit bonne résistance; mais le flot des Prussiens montant et la mitraillade battant à mort ces ouvrages, on dut se retirer entre deux et trois heures.

A ce moment, toute la hauteur de Châtillon est couronnée de Prussiens. C'est un malheur auquel nos généraux doivent sérieusement parer.

La redoute est située sur le premier plan du plateau de Châtillon, au-dessus du village de ce nom. Elle est campée à cheval sur la grande route, qui coupe la plaine entre les forts de Vanves et de Montrouge, remonte, en obliquant à droite, traverse le village, puis atteint, après Châtillon, le plateau dominant tout le pays. Ce qu'on s'explique difficilement, c'est que l'emplacement de la redoute ait été ainsi choisi à l'extrémité du plateau, de notre côté. Pourquoi ne l'avoir pas portée à l'autre bout? Elle eût couvert bien plus efficacement une aussi importante position; et pendant l'action d'aujourd'hui, nous n'aurions pas eu directement à dos la pente même de la hauteur.

Dans les conditions actuelles, la redoute n'est éloignée des forts que de deux à trois kilomètres ; et elle n'est séparée de Vaugirard, de Grenelle et de Montrouge que par un intervalle de cinq à six kilomètres. On en comprend toute l'importance. De cette position, les Prussiens peuvent ouvrir un feu immédiat sur nos forts inférieurs du sud, et plonger presque sur Paris. C'est la clef des bois ; sur la droite sont Clamart et Meudon ; sur la gauche, s'étendent Bagneux et Fontenay-aux-Roses.

A cette heure, nos avant-postes sont à droite et à gauche de la grande route, qui fait un détour sur Châtillon. On entend encore çà et là des coups de fusils ; au-dessus des hauteurs qui bornent l'horizon s'élèvent des bouffées de fumée : c'est une usine qui brûle, incendiée par les obus.

En avant du faubourg de Montrouge, sur un champ qui borde la route, une batterie de mitrailleuses est encore installée ; les chevaux, au piquet, mangent l'avoine, et les artilleurs, couchés par terre, sommeillent de ce bon somme qui accompagne des consciences parfaitement tranquilles. Pensez donc : ils ont fait rude besogne, et ils étaient debout depuis la veille.

A Châtillon même, la rue est semée d'un singulier tapis : on marche sur un pêle-mêle de sacs, de bidons et de paquets de cartouches : nos recrues se sont allégé les épaules.

Pourtant, j'ai vu de braves soldats, en très-grand nombre, qui avaient tenu à honneur de rapporter leur fourniment complet. Un, surtout, avait encore, huché sur les épaules, un beau quartier de bœuf, pesant bien dix livres. Il le montrait avec complaisance aux camarades, enchantés que le dîner fût sain et sauf.

J'aperçois l'ambulance de feu lord Hertford, qui marche grand train ; par bonheur, elle n'aura pas une rude tâche. Les cacolets viennent de défiler à vide. C'est bon signe. Un peu plus bas, un détachement de mobiles s'avance pour la garde de la nuit. Ces jeunes gens, malgré l'échec de la journée, ont bon courage : ils marchent d'un bon pas, en répétant un refrain de la *Marseillaise*. Bon espoir pour la revanche que, Dieu aidant, nous prendrons bientôt.

Mardi, 20 septembre, midi.

Ce matin, les nouvelles sont meilleures. Les Allemands ont abandonné une partie des positions qu'ils avaient occupées dans la journée d'hier. Ils se sont repliés un peu en arrière sur le plateau ; même ils ont évacué la redoute de Châtillon. Il faut dire que la crête sur laquelle est située la redoute domine, il est vrai, les forts; mais ceux-ci peuvent facilement la fouiller de leurs feux.

Dans nos forts de Vanves et de Montrouge, on est animé d'une très-juste confiance. On ne redoute pas l'assaut de l'ennemi; d'ailleurs, pour le recevoir, on a l'excellente artillerie, servie par les pointeurs de la marine.

La panique d'hier, quoique très-regrettable, n'a nullement abattu les esprits. On l'explique par ce fait que les troupes de ligne sont sous le coup de la démoralisation, produite par nos foudroyants désastres de Forbach, de Reischoffen et de Sedan. On compte, pour les relever, sur un énergique effort d'organisation. Puis on fait grand fond sur la mobile. Le courage des bataillons bretons, dans le combat d'hier, a convaincu les plus défiants sur les qualités de résistance des gardes mobiles.

Un commandant, dans l'un de nos forts, qui, naturellement, suspectait tout ce qui se tente en dehors de l'armée régulière, disait ce matin : « Décidément la mobile a gagné ses galons; si nous savons l'organiser, elle nous rendra tout autant de services que la troupe de ligne. »

Les avant-postes prussiens sont sur la crête de Châtillon. Les nôtres campent à la croisière de la grande route de Châtillon et du Chemin de Vanves. Chacun, de son côté, fait bonne garde; les coups de fusil pétillent, fréquents; et la promenade dans ces parages n'est ni facile ni agréable.

De bon matin, la canonnade a éclaté des forts de Bicêtre et d'Ivry. Elle a duré jusqu'au coup de dix heures. C'était sans doute afin de protéger, sur la gauche, la retraite de notre second corps d'armée, le 13ᵉ, commandé par le général Vinoy, qui a dû suivre le mouvement en arrière du général Ducrot.

Hier, pendant l'affaire de Châtillon, le général Vinoy avait pris position, de manière à surveiller l'ennemi et à l'inquiéter au passage de la Seine, si celui-ci était contraint par le général Ducrot de rebrousser chemin. Mais l'échec de notre première opération a forcément restreint l'action du général Vinoy. Toutefois, celui-ci a eu une bonne journée d'escarmouches.

Dès cinq heures du matin, il a déployé en tirailleurs plusieurs compagnies en avant de Villejuif et de Vitry. Celles-ci se sont habilement repliées, comme si elles cédaient devant l'effort des Prussiens. Alors ceux-ci sont sortis de leurs positions, marchant de l'avant. Une batterie de mitrailleuses s'est démasquée, à bonne portée, et a jeté à terre pas mal d'ennemis.

L'engagement a duré jusqu'à six heures du soir; et le général Vinoy l'a très-bien dirigé, évitant les grands chocs et ménageant des petites rencontres.

Les troupes sont revenues le soir, à leur campement, très-satisfaites de la journée. Les soldats répétaient : « Ah ! si tout s'était passé de cette façon

LE GÉNÉRAL VINOY.

depuis le commencement de la campagne, les Prussiens ne seraient pas devant Paris. »

Le soir, une division du 13ᵉ corps, celle du général de Maudhuy, a eu une très-malencontreuse alerte. Une compagnie était de grand'garde aux abords de Villejuif : arrive un peu en arrière un régiment pour camper. Il ouvrit une fusillade droit devant lui sur les nôtres, qu'il ne reconnaissait pas. Pour comble, le bruit fait lever les Prussiens, qui prennent de l'autre côté notre avant-poste. La méprise heureusement fut courte.

Entre dix heures et minuit, le corps du général Ducrot est tout entier rentré dans Paris.

En conséquence, ce matin, le général Vinoy a abandonné la position de Villejuif, sur la route de Fontainebleau. Je crois que les Allemands ne pourront pas l'occuper davantage que la redoute de Châtillon.

La route de Fontainebleau, de ce côté de Villejuif, est coupée de profondes tranchées; les barricades se suivent, ne laissant ouvert qu'un petit chemin en zigzag.

Les maisons du faubourg de Bicêtre sont activement démolies; celles d'Ivry sont également jetées à bas; elles gêneraient les feux croisés du fort et des remparts.

Les Prussiens sont sur les hauteurs de Villejuif; ils laissent de côté Vitry. On en signale à chaque instant qui battent la campagne. Plusieurs gardes nationaux ont pris leurs fusils et ont bravement entrepris une contre-guérilla.

Le ballon de Fonvielle plane en observation, au-dessus de la Maison-Blanche. Il paraît que les Prussiens défilent toujours en fortes colonnes, le long de la vallée de la Bièvre.

L'INVESTISSEMENT

Mercredi, 21 septembre.

L'investissement est un fait que l'on peut considérer comme accompli. L'armée allemande, affluant par l'Est sur Paris, s'est divisée en deux colonnes, qui marchant latéralement par le Sud et par le Nord, convergent, à l'Ouest, sur Versailles. Représentons-nous un fleuve, qui, se heurtant contre la pile massive d'un pont, partage son courant, entoure l'obstacle, et réunit en arrière ses eaux bouillonnantes.

L'opération s'exécute avec une méthode sûre et prompte, qui prouve avec quel soin elle a été méditée, préparée par M. de Molkte. Nous sommes forcés de laisser faire; il nous est impossible de renouveler la tentative de Châtillon. Nous voici livrés à nous-mêmes; mais le courage de la population est indomptable, elle est décidée à tout, pour sauver la

LE GÉNÉRAL DE MOLTKE.

capitale de la France. Espérance et audace, crie-t-elle au gouvernement. A lui d'ordonner avec une intelligente activité les immenses forces, morales et matérielles qu'il a sous la main. Tout d'abord il faut organiser en une armée solide nos soldats de ligne, nos mobiles, nos gardes nationaux. Cependant, et en attendant les grandes opérations, destinées à briser la ligne d'investissement, il faut surveiller avec vigilance les Prussiens, les harceler par une série continue d'escarmouches, qui tout ensemble exerceront au feu nos jeunes troupes et tiendront les généraux au courant des positions, des mouvements et des forces de l'ennemi.

Revenons aux principaux faits de ces derniers jours.

Les Prussiens sont cantonnés dans la forêt de Bondy. Hier, ils ont commencé à s'étendre et à se rapprocher davantage le long de notre front Est. A deux heures du matin, le rappel fut battu à Paris, et les mobiles du Morbihan partirent pour le fort d'Aubervilliers. On sait que ce point est jugé faible à cause de son éloignement des autres forts et parce qu'il se découvre complétement en plaine.

De leur côté des francs-tireurs allèrent s'embusquer dans les maisons du village de Bondy; ils pratiquèrent des créneaux sur la campagne par les procédés sommaires, usités en pareilles circonstances : coups de pioche dans les murailles, et ouvertures plus ou moins larges à hauteur des fusils.

Cependant les marins du fort d'Aubervilliers fouillaient la plaine à coups de canons. Le fort de Romainville a également donné, et celui de Noisy s'est bien gardé de manquer une aussi belle occasion de viser quelques bons coups à l'adresse des Prussiens.

Le feu a duré jusqu'à environ quatre heures du soir; l'ennemi a été maintenu à respectueuse distance des approches de nos forts.

Les plus à plaindre dans cette affaire, ce sont les habitants de Pantin. Ils avaient une position, périlleuse à souhait, entre les remparts, le fort d'Aubervilliers et le fort de Romainville, avec les Prussiens, comme quatrième. Aussi ont-ils dû émigrer au plus vite. On leur a donné des billets de logement pour Paris.

Nous avons déjà dit qu'on estimait ce côté de Paris le plus faible de toute l'enceinte. D'abord les remparts forment, au nord-est, un angle droit; puis la grande trouée de la Villette, comprise entre les hauteurs de Montmartre et les buttes Chaumont, qui va s'évasant et grandissant sur la plaine de Saint-Denis, n'est défendue que par un seul fort, celui d'Aubervilliers, lui-même assez découvert, et à longue distance de Saint-Denis sur la gauche, et de Romainville sur la droite.

L'ennemi pourrait distraire ces deux derniers points par de fausses attaques, et cependant porter un effort énergique sur Aubervilliers.

Toutefois la fortification des buttes Montmartre et des buttes Chaumont modifie heureusement les conditions de ce plan. Ainsi, Montmartre enfile la route de Saint-Denis, et Chaumont celle de Meaux; de plus, les deux battent en travers et coupent la route intermédiaire de Lille, qui passe sous le fort d'Aubervilliers.

DESTRUCTION DES HABITATIONS DU BORD DE LA BIÈVRE.

On voit maintenant que ce côté prétendu faible se trouve cependant dans des conditions de résistance très-sérieuses. Hier les Prussiens l'ont timidement tâté. Qu'ils recommencent demain si le cœur leur en dit. Tout le monde là-bas est fort alerte et tout à fait en train.

On pourrait regretter que tout l'effectif de la marine n'ait pas été amené à Paris. Maintenant c'est trop tard, et il reste au dehors une vingtaine de mille hommes qui nous eussent été du plus précieux secours. Mais ne soyons pas égoïstes, ces renforts trouveront bien leur emploi dans les armées de province.

Ici, à Paris, les marins sont des modèles de discipline et d'activité. Ils font tout, et avec égal succès : sur la butte Montmartre, ils remuent la terre et exécutent, avec une rapidité merveilleuse, des travaux de terrassement. Si cela continue, Montmartre deviendra certainement le bastion Malakoff de Paris.

Dans les forts, nos marins servent les canons, et s'ils ont des loisirs, ils les emploient, comme la nuit dernière, par exemple, à pousser quelques petites reconnaissances dans les alentours, à surprendre les grand'gardes de l'ennemi, à enlever un poste, à jeter l'alarme dans un campement.

Excellente troupe ! Mais aussi voit-on des marins flâner pendant le jour, sur les boulevards et dans les cafés ? Soldats et officiers restent à leurs postes; et la besogne n'en va que mieux.

Du côté de Châtillon, les Prussiens travaillent à la redoute du plateau; en même temps ils avancent par la droite, en rabattant sur Bagneux et Arcueil, dans la vallée de la Bièvre. Mais je ne crois pas qu'ils songent sérieusement à inquiéter Paris de ce côté ; par là notre ceinture est de fer ; elle est blindée de cinq clous énormes, qui sont les forts d'Ivry, de Bicêtre, de Montrouge, de Vanves et d'Issy.

Toutefois, il faut remarquer que la Bièvre, qui depuis Versailles, coule derrière les bois de Satory, de Meudon, de Villecoublay et de Verrières, dans une direction parallèle à la fortification de Paris, fait brusquement un coude, vers Antony, puis descend en droite ligne sur Paris. Aussi, sur ce front, la vallée de la Bièvre est le chemin le plus sûr et le plus direct pour investir Paris sans se heurter aux canons des forts. Si je ne me trompe, telle est la manœuvre que les Prussiens sont en train d'accomplir.

Quant à la redoute de Châtillon, c'est un point malheureusement excellent qu'ils ont occupé définitivement et qu'ils fortifient. En suivant la ligne du chemin de fer, du Haut-Meudon à Clamart, j'ai vu les soldats brouetter la terre et piocher; il s'agit sans doute de tirer parti des travaux commencés par nous en retournant le sens d'attaque de la redoute.

Naturellement, les forts d'Issy et de Vanves ne les laissent pas piocher à leur aise. Le matin, sur les neuf heures, les Prussiens, afin de parer à toute sortie sur les travaux, étaient descendus jusqu'au bas de Châtillon, au nombre de cinq à six cents environ.

Vanves leur envoya quelques coups de mitraille, qui les forcèrent à chercher un abri dans une ferme voisine. Mais Vanves se pique au jeu et canonne la ferme, tant et si bien que les Prussiens purent à grand'peine déguerpir au plus vite, au milieu de cette aubade : beaucoup demeurèrent sur place.

Toute la journée on reste en observation. A chaque moment tonne le canon : c'est un coin des travaux que l'ennemi avance, ou plutôt hasarde en vue du fort. Sur les deux heures, j'ai entendu une très-vive fusillade, qui sonnait français; car les fusils ont également leur fanfare nationale, et on distingue très-vite, comme dans *Colomba*, de Mérimée, le timbre du chassepot et celui du fusil à aiguille. Les nôtres ont tiré très-vivement pendant cinq minutes; l'ennemi n'a presque pas riposté. C'était dans la direction de Clamart. Au fort d'Issy, on ne savait pas ce qu'il retournait. Il faut croire qu'il s'agit de quelque surprise, faite hardiment et rapidement par nos francs-tireurs.

D'Issy à Sèvres, tous les ponts sont coupés sur le chemin de fer de Versailles, qui forme une profonde tranchée.

Entre le fort et la route du Bas-Meudon s'étend le magnifique parc du château d'Issy; des ouvriers sont en train de couper les arbres. De grands marronniers tombent avec un fracas sourd et prolongé, qui a quelque chose de profondément triste et qui retentit comme un coup de canon. La vue s'éclaircit et le fort d'Issy plonge en plein sur la vallée de la Seine. Le panorama est splendide.

Aux pieds d'une pente douce, qui déclive par légères ondulations, la Seine coule en traçant un large détour; le pont du Point-du-Jour, avec ses arches hardies, semble la barrer, en avant de Paris, et continuer, sur la rivière même, la ligne des remparts. Plus à gauche, le pont de Sèvres est coupé. On me dit d'ailleurs que nous avons fait successivement sauter tous les ponts de passage, à Saint-Cloud, Suresnes, Puteaux, Asnière, etc.

Sur la plaine, au milieu d'un océan de verdure et de blanches maisons, se détache, en puissant relief, le massif du Mont-Valérien, nu, rasé et sévère, comme il convient à un soldat : sa cuirasse blanche éclate aux rayons du soleil. Il plane sur tous les environs, et il semble le seigneur suzerain de cette rivière, qui serpente doucement à ses pieds en double repli.

Au sud, se dresse une hauteur rivale, celle de la terrasse de Meudon. De là aussi, on aperçoit Paris ; la terrasse, retirée et comme acculée à l'entrée des bois, semble l'embrasure par laquelle les Prussiens braqueront leurs canons sur la grande ville.

Pour le moment, le château est inoccupé : le portier, vieux et brave homme, a perdu la tête dans ce tohu-bohu de Français et de Prussiens qui se remplacent et défilent les uns à la suite des autres. Dimanche c'étaient des zouaves qui festinaient avec une trop grande libéralité : des tonneaux défoncés çà et là sont les irrécusables témoins de ces agapes intempestives.

Lundi, ce sont les Prussiens qui viennent établir leurs batteries devant le château même. Les sacs des zouaves qui jonchent la terre, pêle-mêle avec les tentes et autres effets de campement, prouvent que, loin d'enlever les batteries prussiennes, ceux-ci n'ont pas seulement emporté leur propre équipement.

Ce matin, les habitants de Meudon sont venus au château; on leur a distribué bonne partie des vivres, pain et lard, abandonnés par les Français. Les Prussiens ont eu vent, paraît-il, de ces distributions, et ils sont allés chercher des voitures pour emporter ce qui reste. Ils vont revenir tout à l'heure ; je ne les attends pas.

D'ailleurs, il n'y a point de Prussiens ni à Meudon, ni assez loin aux environs; ils sont plus avant dans les bois. Un peu au delà du viaduc, on aperçoit un de leurs postes avancés.

Mais le gros des forces ennemies doit être, partie à Sceaux, partie à Versailles et Saint-Cloud. Sèvres est occupé. On me dit que notre redoute de Brimborion rapidement improvisée sur la hauteur, à droite de Sèvres, au dessus de Bellevue, pour dominer l'étroite vallée, par où se serrent la route de Versailles et les deux lignes de chemin de fer, et pour garder le pont de Sèvres, vient d'être abandonnée. Il en serait de même de celle de Montretout vers Saint-Cloud.

Si ces rapports sont véridiques, et malheureusement il y a des raisons pour qu'ils le soient, nous aurions pourtant encore, de ce côté, une très-forte barrière : c'est la Seine, couverte à droite par le Mont-Valérien et à gauche par le fort d'Issy. Quoique ces deux points soient séparés par une distance considérable, cependant ils rendent difficile le passage de la rivière.

Les trois redoutes de Sèvres, de Châtillon et de Saint-Cloud, avec la terrasse de Meudon, forment une série de positions très-fortes sur le coude de la Seine et sur l'angle sud-ouest de Paris.

Des trois redoutes, deux n'étaient point achevées, faute de temps : ce sont celles de Sèvres et de Montretout. Quant à la troisième, celle de Châtillon, l'entrepreneur n'a eu qu'un mois pour achever des ouvrages pour

INCENDIE DU PONT D'ASNIÈRES.

lesquels un laps de temps triple et quadruple était nécessaire. Cependant, il est parvenu à achever la redoute de Châtillon, et, le dimanche au soir, il la livrait à l'artillerie; non pas que tout fût fini, selon les règles, mais le principal était fait. L'ouvrage était en terre, avec des fossés de 7 mètres de largeur et 3 mètres 50 de profondeur.

C'est un malheur pour nous de n'avoir pas conservé tous ces points stratégiques : c'est une nécessité de les reprendre.

Je termine par une observation. Tous les environs de Paris sont déserts: chaque jour et chaque nuit, on vendange les vignes, on ramasse les pommes de terre, et on pille les maisons.

Il serait quelque peu naïf d'accuser exclusivement les Prussiens de tous ces méfaits. Si les Prussiens y sont pour quelque chose, des chapardeurs de Paris y sont pour beaucoup. Or, pourquoi des patrouilles ne font-elles pas des rondes dans tous ces villages, qui sont en quelque sorte les faubourgs de Paris? Il leur serait facile de purger le pays de tous les maraudeurs. Leurs rapines compromettent la garde mobile, qui est dans les forts. On lui jette sur le dos bien des pillages dont elle est tout à fait innocente.

Dans ce cas, il faut une justice sommaire : tout voleur passé par les armes.

II

Voilà pour l'extérieur. En moins de trois jours, Paris a été, pour ainsi dire, excommunié du reste de la France par l'investissement savant et prémédité de l'armée allemande. Quel est le chiffre de cette armée? Nous sommes réduits aux conjectures; toutefois il est sinon certain, du moins vraisemblable, que les trois armées du roi Guillaume, du prince royal de Prusse et du prince royal de Saxe se sont donné rendez-vous devant nos murs. Si le blocus nous a étranglés avec une si foudroyante rapidité, c'est en partie, nous aurions mauvaise grâce à le nier, grâce au plan de l'état-major de M. de Molkte; mais c'est aussi, et même c'est surtout, grâce à l'état de désorganisation complète dans lequel le gouvernement impérial, surpris par des défaites répétées, a laissé la capitale. Nous subissons cruellement les conséquences du désastre de Sedan. Il ne nous reste pas une armée, pas un corps d'armée pour tenir campagne, autour de Paris, pour manœuvrer contre les troupes assiégeantes, pour défendre les positions maîtresses, non couvertes par les forts, qui entourent Paris; enfin, pour conserver au moins une porte libre sur la province! Avec quelles forces le général Trochu a-t-il essayé de s'opposer, le 19 septembre, au mouvement des Allemands sur Versailles? Avec une agglomération de soldats pris de ci et de là, échappés, isolés, fuyards, à peine enrégimentés depuis huit jours, et avec quelques bataillons de mobiles qui, de par la prévoyance du ministère Lebœuf, n'ont jamais été ni organisés ni exercés.

Dans de telles conditions, était-il humainement possible d'entreprendre la défense de Châtillon? On peut dire qu'il était même imprudent de tenter l'entreprise : elle a, en vérité, encore moins mal tourné qu'il eût été raisonnable de le prévoir.

Le gouvernement de la défense nationale serait coupable si, en présence de dangers, dont il n'est pas l'auteur, dont la responsabilité retombe tout entière sur l'empire, il n'eût pas essayé de négocier la paix.

M. Jules Favre s'est rendu secrètement auprès de M. de Bismark, à Ferrières ; aujourd'hui, le *Journal officiel* nous apprend comment sa démarche a été accueillie, comment ses ouvertures ont été repoussées. M. de Bismark exige, pour prix d'un armistice, que Paris lui livre Strasbourg, qu'il se livre lui-même, en livrant le Mont-Valérien. M. Jules Favre a refusé, Paris tout entier a ratifié ce refus. Nous ne pouvons plus apprendre ce que la France pense et dit à ce sujet ; mais, dans la capitale, le récit de l'entrevue de Ferrières a suscité une explosion universelle d'indignation ainsi que la ferme résolution de tout souffrir plutôt que d'accepter des conditions de paix déshonorantes. Il est impossible que la France ne partage pas ces sentiments. Le récit de Jules Favre, énonçant simplement et tristement la froide insolence du vainqueur, a comme cinglé d'un coup de fouet le cœur des Parisiens : ils acceptent avec enthousiasme la guerre qui maintenant est imposée à la France. Ils espèrent dans la justice de leur cause. Il souffle dans l'air un courant magnétique de bravoure, d'audace, de confiance, qui entraîne les plus timides et enlève les plus sceptiques. Une confession personnelle : En arrivant de Sedan, il y a quelques jours, je me sentais désespéré par tout ce que j'avais vu ; j'étais persuadé et je disais que le mieux était de se résigner à la mauvaise fortune, que la résistance devenait une pure folie, et qu'il était sage de réserver pour une occasion plus favorable ce qui nous restait de forces. Eh bien ! me voici, comme tant d'autres, gagné par la virile contagion de Paris, de cette population de deux millions de bourgeois, de femmes et d'enfants, habituée au plaisir, à l'abondance, à la mollesse, qui saisit le dur acier et se soumet aux rigoureuses privations d'un siége, aux sanglantes hécatombes de la lutte. Folle et présomptueuse illusion ! s'écrient sans doute les froids politiques.

Non, mille fois non. Notre désastre est si grand, que si nous ne sauvons pas l'honneur, tout sera immédiatement perdu. Nous ne pouvons, hélas ! nous flatter de rendre de sitôt aux Allemands œil pour œil, dent pour dent. Mais est-il donc si déraisonnable d'espérer que notre constance contre les revers, si elle est aidée par une habile et énergique direction, finira par arracher à l'ennemi une paix honorable? Aujourd'hui il nous écrase sous le poids de ses triomphes inattendus et de son orgueil surexcité; sera-t-il toujours aussi intraitable, si, dans deux mois, dans trois mois, il constate que nous sommes capables, sinon de vaincre, du moins de combattre sans trêve ni merci, jusqu'à complet épuisement de nos forces?

Paris, capitale de la France, centre des richesses et des gloires du pays tout entier, Paris peut-il, quand l'invasion le menace directement, quand le canon ennemi tonne à ses portes, se racheter du péril commun? Peut-il livrer, en rançon d'un repos égoïste, deux filles de la patrie, la Lorraine et l'Alsace? C'est alors qu'il mériterait d'être dégradé, comme indigne et traître. Son devoir est tout tracé : il doit lutter jusqu'à ce que les Allemands consentent à une paix honorable ou jusqu'à ce qu'il ne lui reste plus une bouchée de pain. Certes, la victoire compte pour beaucoup dans le monde; mais le devoir accompli importe encore davantage. Si le succès trahit encore le suprême effort de Paris, du moins, en succombant, il aura la conscience d'avoir sauvé la dignité nationale. Tout est là.

Tels sont les sentiments de la très-grande majorité de la population parisienne. Au 4 septembre, le gouvernement de la défense nationale a été accepté et reconnu de tous; c'est que précisément il représente l'idée de la lutte contre les envahisseurs du sol, entreprise sinon avec la certitude de triompher, du moins avec la résolution de ne pas faiblir.

M. Jules Favre a, dans sa circulaire du 6 septembre, pris un engagement solennel : « Pas un pouce de notre territoire, pas une pierre de nos forteresses. » Notre mauvaise fortune doit nous apprendre à parler modestement; mais il est certain que la phrase de M. Jules Favre interprète la pensée unanime.

Ce n'est pas tout de désirer avec ardeur la délivrance du sol; ce n'est pas tout de parler avec éloquence, il faut agir; notre énergie doit grandir à la hauteur de nos résolutions. Les naïfs ne manquent pas, qui s'imaginent que le seul mot de république, inscrit sur nos édifices, suffit pour terrifier les Allemands; ils se livrent à une joie triomphale : la patrie est sauvée.

Trêve à ce bruit stérile, à cette funeste agitation. La première loi, pour la population, est de s'astreindre à l'ordre rigoureux et sévère qui convient dans une place assiégée.

M. de Bismark a prédit à M. Jules Favre que le gouvernement serait renversé par la *populace*. Cette prédiction ressemble fort à un souhait. Si le patriotisme n'est pas un vain mot, qui se crée dans les clubs et se chante dans les rues, il faut que l'union de tous les braves gens, bourgeois et ouvriers, prévienne ou réprime toute tentative de désordre, sans merci, sous quelque drapeau qu'elle s'abrite, fût-ce sous celui du patriotisme.

Dans la grande fournaise de Paris la vapeur bouillonne à flots puissants : il s'agit d'en régulariser l'expansion, d'en appliquer la force à l'objet spécial de la défense. Ceci est la tâche du gouvernement, tâche gigantesque, qui exige comme conditions premières une foi profonde dans l'œuvre entreprise, une nette intelligence des conditions de la lutte, une énergie indomptable dans le choix des moyens. Est-ce trop demander? Alors mieux vaut jeter tout de suite le manche après la cognée. Le siége de Paris ne doit pas être une comédie ni de la part du gouvernement ni de la part de la population.

III

Notre gouvernement est au grand complet. M. Jules Favre accepte le ministère des affaires étrangères, M. Gambetta celui de l'intérieur, le général Leflô celui de la guerre, l'amiral Fourichon celui de la marine, M. Crémieux celui de la justice, M. Picard celui des finances, M. Dorian celui des travaux publics, M. Magnin celui de l'agriculture et du commerce. M. Étienne Arago s'est installé à la Mairie de Paris; M. de Kératry, à la préfecture de police; M. Rampont est directeur des postes, et M. Steenacker directeur des télégraphes. Enfin, le général Trochu est tout ensemble président du gouvernement et gouverneur de Paris.

Le général Trochu est un militaire très-estimé; sous l'empire, il s'est volontairement relégué à l'écart de la cour, dans une demi-disgrâce. Il est arrivé au grade de général de division. La réserve qu'il a constamment gardée à l'égard du pouvoir comme à l'égard de ses collègues, favoris ou courtisans de l'empire, lui ont fait dans l'armée une réputation à la Catinat. En 1867 il a publié sur la décadence de notre organisation militaire un livre sagement pensé, honnêtement écrit; dès lors, il était désigné à l'opinion publique comme un ministre de la guerre réformateur.

Au début de la campagne, le général Trochu ne reçut pas de commandement. On peut dire, sans malignité aucune, que ce fut pour lui personnellement une bonne fortune. Pendant que nos principaux généraux perdaient leur prestige, pendant que le glorieux Mac-Mahon lui-même échouait à Sedan, la réputation du général Trochu demeurait intacte. Vers la fin du mois d'août, Napoléon III l'appela au commandement du 13ᵉ corps, qui se formait à Châlons : presque aussitôt, il fut renvoyé, en qualité de gouverneur, à Paris, auprès de la régente : Napoléon III, sentant approcher l'heure de la déchéance, avait voulu placer dans la capitale un chef militaire dont la réputation libérale soutînt son pouvoir déjà chancelant. Survint le 4 septembre. Le général Trochu accepta le ministère de la guerre; puis, quand le pouvoir nouveau se constitua en gouvernement de la défense nationale, il fut accepté comme président.

LE GÉNÉRAL TROCHU.

Jules Favre, le chef de l'opposition au Corps législatif, lui céda la première place. Quel est le motif de cette prééminence? Parmi tous les personnages du 4 septembre, le général Trochu est seul homme de guerre; il était important de rallier au gouvernement de Paris les débris de l'armée : la première place fut naturellement cédée au général.

Au physique, le général Trochu n'a pas cette allure arrêtée, résolue, impé-

GAMBETTA.

rieuse, que la foule attribue volontiers aux hommes de guerre. Ce qui tout d'abord frappe dans la figure, c'est le front; dénudé et proéminent, il corrige l'ordonnance toute réglementaire des moustaches et de la barbiche. Ce maître front surmonte, comme un dôme, le reste du visage; il imprime à la physionomie un air particulier de distinction spéculative. Le regard, quoique enfoncé sous de profondes arcades, est très-ouvert; il porte la pensée avec beaucoup de facilité et de mobilité. La bouche sourit volontiers; elle est faite pour le discours. Le général est d'un abord bienveillant; il parle bien, il harangue encore mieux.

Le général Trochu est Breton de naissance; il est donc catholique par conviction. En politique, il comptait parmi les hommes libéraux de l'armée; mais ce n'est pas un républicain de la veille.

Quoi qu'il en soit, le gouverneur de Paris est fort populaire. Le 14 septembre, il a passé en revue la plus grande partie de la garde nationale, rangée sur les boulevards et les Champs-Elysées; il a été acclamé avec le plus vif enthousiasme. De même, lorsqu'il va inspecter les remparts, les bataillons de garde lui font de véritables ovations. Grâce à cet ascendant, il lui sera plus commode d'imposer à la garde nationale l'organisation qui constitue la force d'une troupe de guerre.

Le gouvernement compte deux hommes nouveaux : Gambetta et Rochefort. Dans son court stage à la Chambre, pendant les dernières journées de l'empire, Gambetta a fait preuve de rares talents politiques. C'est un esprit tout ensemble de ferme trempe et d'intelligence d'élite. Ce n'est pas le moment de parler de sa magnifique parole. Il nous faut des hommes d'action : Gambetta est une force.

Rochefort, par ses alliances avec le parti socialiste, aurait pu devenir un embarras. Le gouvernement l'a absorbé; il lui a déféré une place au conseil; il s'en fait un auxiliaire. Du reste, Rochefort s'était très-franchement rallié au pouvoir nouveau; il avait, dès le début, répudié son ancien journal, la *Marseillaise;* mais comment employer cet esprit frondeur, mobile, peu maître de lui-même et essentiellement incapable de direction? On a inventé à son intention la commission des barricades; c'est une sinécure.

Quand, vers le 12 septembre, l'armée allemande a commencé à se rapprocher de Paris, le gouvernement a décidé l'envoi à Tours d'une délégation pour représenter le pouvoir central et organiser la résistance en province. Il a choisi MM. Crémieux, Glais-Bizoin et l'amiral Fourichon. L'inconvénient de cette répartition saute aux yeux. Paris est une ville assiégée : un chef de place, aidé par un administrateur militaire et un administrateur des vivres, voilà tout ce dont nous avons besoin, en fait de gouvernement. Quant aux rouages compliqués du pouvoir central, ils seraient bien mieux à leur place à Tours, où il s'agit de réunir toutes les forces de la France, pour venir au secours de Paris. Mais le fait est accompli, il n'est plus temps d'y revenir.

M. THIERS.

Le gouvernement a été plus heureusement inspiré, en chargeant M. Thiers d'un voyage diplomatique auprès des Puissances. L'éminent homme d'État arrivera-t-il à changer les dispositions de l'Europe, qui assiste, indifférente ou hostile, au duel inégal de l'Allemagne et de la France?

Les prétentions absolues, que M. de Bismark vient de manifester à

4.

M. Jules Favre, doivent nous tenir en garde contre les illusions optimistes d'une intervention prochaine.

Maintenant, où en sommes-nous, quant aux préparatifs de défense?

En fait de forces militaires, nous possédons la plus grande partie du corps Vinoy, qui, après le désastre de Sedan s'est échappé de Mézières, par les routes du Nord; après une retraite des plus habiles, il a pu, troupes et matériel, rentrer dans Paris le 6 septembre. De même, le 10 septembre, nous avons reçu les débris de la cavalerie du général Nansouty, qui s'est évadée du champ de bataille de Sedan, avant que les armées allemandes eussent complétement fermé le cercle. Ajoutons une brigade du corps d'occupation à Civita-Vecchia, plus un certain nombre de dépôts, établis soit à Paris, soit dans les places des environs; notamment ceux de l'ex-garde impériale. Avec ces éléments divers, on a pu improviser les cadres de deux corps réguliers, le 13ᵉ sous les ordres du général Vinoy et le 14ᵉ sous les ordres du général Ducrot.

A ces ressources, il faut encore joindre les équipages de fusiliers et de canonniers marins, qui sont arrivés de Brest et de Lorient, avant l'investissement. Ces excellents renforts ont rallié Paris avec leurs amiraux et leurs canons. En même temps une canonnière cuirassée était transportée de Toulon par le chemin de fer; elle a débarqué, pièce par pièce, et aujourd'hui elle navigue sur la Seine. Pour suffire aux travaux des fortifications et au service des 3000 pièces d'artillerie, qui garnissent nos forts et nos remparts, le ministre de la guerre délivre des commissions de sous-lieutenants aux élèves de l'École polytechnique, de l'École centrale, de l'École des ponts-et-chaussées, des mines, d'architecture, etc.

Enfin n'oublions pas les corps francs, qui se multiplient sous les noms et les costumes les plus variés; ils atteignent le chiffre de 40 environ. Il en est beaucoup de peu sérieux : ils opèrent la plupart du temps à l'intérieur de Paris, sur la ligne des boulevards; ils y promènent des uniformes carnavalesques. Lorsqu'ils partent en expédition hors des remparts, c'est tant pis pour le canton qu'ils protégent. Ils font avec le plus grand succès la chasse aux vivres, et ils rapportent des casques de Prussiens, qu'ils repassent à un bon prix aux badauds de la ville. Pourtant la règle comporte exception : plusieurs corps francs prennent leur besogne au sérieux; dans le nombre, citons les volontaires de la Seine, les éclaireurs à cheval de la Seine, les francs-tireurs de la Presse, les Amis de la France, le corps d'artillerie du capitaine Pothier, etc.

Jusqu'au 19 septembre, les mobiles des départements n'ont cessé d'affluer dans Paris; nous en possédons de tous les pays, sans compter les vingt bataillons de la Seine. L'administration est en train de leur construire des logis sur les boulevards extérieurs : ce sont de longues baraques, en planches recouvertes de toile bitumée : pourquoi cette installation *intra muros?* Les mobiles ne sont-ils pas appelés à opérer au delà des remparts? Pour le moment, ils logent chez l'habitant : ils sont bien, et même trop bien reçus. Le soir, les cafés sont pleins de soldats et d'officiers, qui perdent de la manière la plus malsaine leur temps, leurs forces et leur argent. Morbleu! c'est pour une autre besogne qu'ils sont venus ici.

Les mobiles de Paris, ramenés du camp de Châlons par le général Trochu, campaient à Saint-Maur; mais, paraît-il, les mauvais gars esquivaient trop facilement la consigne du camp. — Le gouverneur vient de les distribuer dans les forts, avec une sévère semonce à l'adresse des réfractaires, qui, le croirait-on? sont nombreux.

Je passe à la garde nationale. Sous l'Empire, elle se composait de 60 bataillons, choisis parmi les notables habitants. Le gouvernement de la défense nationale a décidé que tout électeur doit être garde national. En conséquence, on a formé 60 autres bataillons : puis le nombre a encore été augmenté : il y a aujourd'hui 224 bataillons. — Les arsenaux de l'État leur ont délivré 280 000 fusils, dont 95 000 à tabatière, 120 000 rayés à percussion, 55 000 à ames lisses, et 10 000 carabines de modèles divers. En outre, la guerre a distribué 90 000 chassepots aux mobiles; elle a donné 20 000 chassepots et carabines Sniders aux corps francs; il lui reste une réserve de 100 000 chassepots.

Un décret alloue une paye de 1 fr. 50 par jour à chaque garde national, qui déclare avoir besoin de cette ressource. La mesure est-elle discutable? Non : le service et les exercices absorbent presque tout le temps des gardes nationaux; il faut donc aux pauvres gens, et c'est la majorité, une indemnité pour vivre, eux et leurs familles. D'ailleurs, le travail ne va plus; la plupart des ateliers chôment, excepté ceux qui exécutent les commandes d'armes et d'équipement, au compte du Gouvernement. Il y a un arrêt forcé dans l'industrie et le commerce; aussi le gouvernement a prorogé le payement des échéances : bien plus, il a dû suspendre le payement des loyers.

Actuellement, le garde national est le roi de Paris; il prend même des allures despotiques : ainsi il fait la police de la ville, empiétant sur les fonctions des gardiens de la paix : c'est le titre actuel des agents de police. Il arrête quiconque lui paraît avoir une mine ou un idiome suspects; il fait des perquisitions dans les maisons, lorsqu'il remarque aux fenêtres des lumières plus ou moins équivoques. Trop de zèle, en vérité! Le gouvernement doit restreindre dans la juste mesure cette manie inquisitoriale. De l'ordre, s'il vous plaît.

La garde nationale, est placée sous le commandement du général Tamisier, qui remplace le général de Lamotterouge, démissionnaire; elle a pour fonction spéciale la garde des remparts. Ceux-ci s'etendent sur une circonférence de 41 kilomètres et comprennent 94 bastions; ils sont divisés en neuf sections ou secteurs : chacun est sous la direction soit d'un général ou d'un amiral; ainsi l'amiral Fleuriot de l'Angle commande au secteur de Passy; celui de Vaugirard est sous le commandement de l'amiral de Montagnac.

Chaque secteur est gardé, à tour de rôle, par les bataillons du quartier avoisinant : le service est de vingt-quatre heures; il commence le matin. Le bataillon de service arrive tambour et cantinière en tête, le pain est embroché aux baïonnettes. La cantinière est synonyme élégant de cuisinière; celle-ci fait la popote. Pour beaucoup de gardes nationaux, surtout pour les petits boutiquiers et les ouvriers, la corvée est presque une partie de campagne. Pendant la journée, entre les heures de rondes et de factions, on boit, souvent trop (il devrait y avoir à cet égard des ordres sévères), on joue au bouchon; les plus sérieux lisent les journaux ou s'entretiennent des événements du jour : pour les divers habitants du quartier, qui depuis vingt ans vivaient porte à porte sans s'être jamais adressé la parole, c'est l'occasion de faire connaissance : les bourgeois et ouvriers se rapprochent, se parlent, et se lient amicalement. A cet égard, il eût été utile de joindre les 60 bataillons primitifs exclusivement composés de bourgeois, avec les autres tout nouvellement formés. Car dans la nuit, on dort sous la tente, sur la paille. La paille est souvent habitée; c'est le gros chagrin de l'honnête citadin. De temps à autre, appel des sentinelles, qui réveille toute la chambrée. Pendant la faction, le garde contemple, dans la nuit obscure, le rempart avec les canons à l'affût, l'eau dormante du fossé, le glacis encore blanc des débris de maisons abattues, plus loin, les forts qui, de temps à autre, se réveillent par un coup de canon, et enfin plus loin encore, les collines silencieuses et mornes, où sont embusqués les Prussiens; il songe alors aux misères de l'invasion, aux calamités du pays. Tout à coup un bruit se fait entendre, c'est une patrouille, la sentinelle échange le mot d'ordre, elle est relevée, et toute transie par l'humidité de la nuit, elle rentre au poste, bousculant d'un pied aveugle les camarades qui grognent.

La grosse affaire du moment, est d'organiser tout ce monde de gardes nationaux et de gardes mobiles, nouvellement encadrés, nouvellement armés, à peine équipés. Les officiers sont aussi neufs, aussi novices que les soldats : il ont été nommés à l'élection. Le système est détestable, il est impossible que la pratique ne force pas le gouvernement à modifier ce mode de nomination.

M. DORIAN.

Paris offre un aspect singulièrement pittoresque. Sur chaque place, sur chaque boulevard, dans la plupart des jardins publics et des squares, dans les cours des édifices publics, ce ne sont que troupes en train de faire l'exercice : d'ordinaire la manœuvre comprend deux séances, l'une le matin et l'autre l'après-midi. Nos apprentis très-sérieux en attendant de devenir adroits, répètent l'École du soldat, de peloton, de bataillon, etc. Dans la garde nationale, l'uniforme n'engendre pas l'ennui; car il est encore très-fantaisiste; sur le même rang s'alignent fraternellement la blouse et la redingote; le képi est la seule pièce du costume généralement répandue.

Le costume des mobiles est moins varié, à cela près, que certains batail-

LES CAVES DU NOUVEL OPÉRA RENFERMANT LES RÉSERVES
DE LARD POUR L'ARMÉE.

lons, que les cossus, portent la vareuse de drap, et certains autres, moins favorisés, n'ont que la blouse de toile. L'instruction des moblots marche bien; ils sont initiés au maniement du chassepot, aux exercices de l'École de tirailleurs. En somme, tout le monde y va de bon cœur. Chacun a déjà une allure militaire; le garde national prend des airs belliqueux; il coiffe crânement le képi; il regarde de mauvais œil le simple pékin, trop pacifiquement accoutré, ou l'ambulancier, dont la croix rouge n'est pas justifiée par des cheveux grisonnants.

Deux ministères prennent en ce moment une importance exceptionnelle :

LA SORTIE
DU PAIN DE MUNITION
DU NOUVEL OPÉRA.

celui de M. Dorian, aux Travaux publics et celui de M. Magnin, à l'Agriculture et au Commerce. De fait, ces dénominations sont impropres : elles devraient être remplacées par celles, plus logiques, de ministère de l'armement par l'industrie civile et de ministère des subsistances.

M. Dorian est un habile homme en matière industrielle ; il a depuis longtemps dirigé avec succès une importante usine d'aciers à Unieux, près de Saint-Etienne. Il apporte au gouvernement le concours d'une expérience précieuse ; et il a résolument entrepris d'appliquer à la défense les immenses ressources de l'industrie parisienne. M. Dorian est d'aspect très-simple, un véritable Américain par la franchise des allures, moins la hardiesse : M. Dorian est très-réservé, il parle peu, en revanche il sait écouter et comprendre ; enfin, il sait abattre de la besogne, sans formalité et sans paperasseries : c'est en cela que son concours est à la fois original et efficace. Il centralise les offres d'armes et munitions de guerre ; il se fait l'entrepreneur de tous les travaux que le génie militaire estime utile à la fortification. Il est entouré d'un état-major laborieux et instruit d'ingénieurs.

M. Magnin a la charge d'aménager les approvisionnements de Paris. Ceux-ci ont été amassés, avant le 4 septembre, en quantités considérables, mais avec une précipitation et un désordre, qui en rendent l'administration fort difficile. A cela, joignez les vivres de toute nature que l'invasion a fait affluer sur Paris : autour de la capitale, 70 communes environ ont émigré dans nos murs, apportant à pleines charrettes, grains et fourrages.

Toutes ces provisions sont emmagasinées un peu au hasard, aux halles, dans les greniers publics, dans les gares, dans les édifices publics, dans le nouvel Opéra, par exemple. Dans ces conditions, l'autorité n'a pu encore se rendre compte des quantités exactes.

Une affiche officielle du gouvernement présume que nous possédons des subsistances au moins pour deux mois. Un avis de l'Hôtel de Ville est plus précis ; il déclare que nos réserves s'élèvent, en farines, à 447 000 quintaux, et en viandes, à 24 000 bœufs, à 150 000 moutons et 6 000 porcs. La consommation quotidienne est de 6 000 quintaux de farines, 500 bœufs et 4 000 moutons.

L'administration ne saurait être trop prévoyante ; des subsistances dépend la fortune du Siége. Il est urgent de recenser par ordre, toutes les existences en magasins et de les aménager avec une économie intelligente. Déjà, on se plaint, non sans motifs, que les farines sont mal emmagasinées, que les bestiaux parqués dans les jardins publics, sont mal soignés. Ces faits sont déplorables.

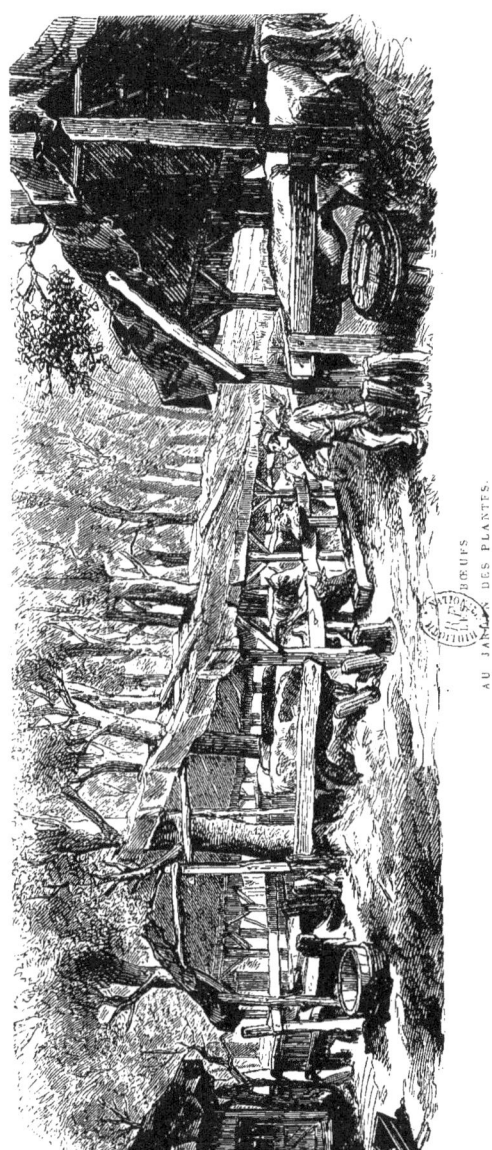
AU JARDIN DES PLANTES.

La taxe a été rétablie chez les bouchers et les boulangers; les abattoirs distribuent la viande aux bouchers, en partageant le lot quotidien en parts égales entre les vingt arrondissements; à chaque boucher revient une portion correspondante à la clientèle dont il justifie.

La viande de cheval commence à entrer dans l'alimentation. Un marché spécial est établi à la barrière du Maine; il est fort achalandé. L'hippophagie est en honneur. Il y a des dégoûtés; mais encore quelque temps et ils y viendront. Dame, s'il faut en croire la tradition : Masséna, au siége de Gênes, a bien mangé ses bottes, savamment accommodées. Les bons cuisiniers ne manquent pas à Paris.

La population de Paris n'a pas de beaucoup diminué : Un certain nombre de vieillards, de femmes, d'enfants et même d'hommes peu belliqueux, ont quitté la ville. Tant mieux ; il eût même été prudent de renvoyer toutes les bouches inutiles à la défense. En retour, beaucoup d'habitants des communes voisines se sont réfugiés dans Paris: cela fait équilibre.

L'éventualité d'un bombardement donne lieu à de nombreuses controverses ; les uns le redoutent comme imminent, ils citent l'exemple de notre pauvre Strasbourg : les autres le déclarent tout net impossible. L'Institut a déjà formulé une solennelle protestation. Tous nos édifices précieux, le Louvre, les mairies, les bibliothèques, etc., sont fermés; les fenêtres ont été maçonnées. N'est-ce pas là un des côtés les plus barbares de la guerre? Des précautions ont été ordonnées dans toutes les maisons: chaque jour, on peut voir sur le quai de la Seine, vers le pont Saint-Michel, fonctionner les pompes à vapeur.

Au milieu de ces graves préoccupations, Paris est fort animé, il est même fort gai : on pourrait souhaiter de le voir plus sérieux; mais ainsi est fait le Parisien : il n'a pas le courage austère, puritain; même dans les occurrences les plus critiques, il conserve une pointe de gaieté vive et légère.

Les boulevards sont peut-être plus bruyants qu'à l'ordinaire; pourtant, les théâtres sont fermés par ordre de la préfecture de police. En revanche, les clubs sont ouverts; les plus courus sont, sur la rive gauche, celui du Pré-aux-Clercs, et sur la rive droite, celui des Folies-Bergères. Il s'y débite chaque soir une large moisson de sottises; par-ci par-là il éclot quelques bonnes idées, quelques discours sensés. Comme refrain monotone, les orateurs exposent des panacées infaillibles contre les Prussiens; et ils jurent de mourir pour la Patrie.

Les journaux sont en grande vogue; ils se colportent à grands cris dans les rues. Le Gouvernement leur laisse la plus entière liberté. Il en est tout fraîchement éclos quelques-uns des plus rouges : *la Patrie en danger*, du

ABREUVOIR DE LA CAVALERIE ET DU BÉTAIL, AU PONT D'IÉNA.

citoyen Blanqui, *le Combat*, du citoyen Félix Pyat. *La Marseillaise* a été abandonnée par Rochefort : le général Cluseret s'est avisé d'y insérer une

MANIFESTATION POPULAIRE A LA STATUE DE STRASBOURG.

méchante diatribe contre le gouvernement; le numéro a été exécuté sommairement par le public. Pour être juste, la majorité de la presse use avec une grande honnêteté et un réel patriotisme de l'influence que l'attrait des événements lui donne sur l'esprit public.

En ce moment, une distraction de la mode est le pèlerinage sur la place de la Concorde, à la statue de Strasbourg, pauvre et cher Strasbourg ! Les souffrances qu'il supporte si héroïquement, nous enseignent notre devoir. La statue est voilée de crêpes noirs ; des couronnes d'immortelles sont pieusement amoncelées sur le piédestal. Un registre, placé au bas du monument, est couvert de signatures par milliers. Tout autour, sont des acclamations : Vive Strasbourg ! vive la France !

Je commence à être fortement blasé sur les manifestations et acclamations. Toutefois cette scène a quelque chose d'émouvant : il me semble que les deux villes sœurs, Strasbourg et Paris, s'embrassent dans une patriotique étreinte.

A voir au microscope certains détails de ce qui se passe à Paris, un sceptique pourrait souvent trouver matière à raillerie ; il lui serait facile de relever des traits de légèreté, de présomption, d'insouciance ; mais, pour bien juger, il faut considérer l'ensemble de ce magnifique tableau. Oui vraiment, Paris est un large et puissant foyer de courage, d'abnégation, de patriotisme. La vieille Capitale est animée par une résolution passionnée ; celle de tout souffrir pour sauver l'honneur de la France.

COMBAT DE VILLEJUIF

Vendredi, 23 septembre.

Depuis la retraite du 19, notre armée a été cantonnée entre les remparts et les forts : le général Ducrot campe sous le Mont-Valérien ; Saint-Denis est occupé par les troupes, sous le commandement du général de Bellemare ; enfin le corps du général Vinoy est établi au Sud de Paris, de Vitry à Issy.

Les événements d'aujourd'hui indiquent que les opérations offensives contre le cercle d'investissement, viennent de commencer. Nous avons débuté par deux sorties simultanées, l'une, au Nord, contre Pierrefitte, l'autre, au Sud, contre Villejuif. Cette dernière est de beaucoup la plus importante.

On sait que, depuis lundi, le général Vinoy avait abandonné les hauteurs de Villejuif et les deux redoutes avoisinantes, des Hautes Bruyères et du Moulin-Saquet. Les Prussiens s'y étaient établis : la position est dominante, du sommet on plonge, par une large avenue, sur le quartier de la Maison-Blanche. Mais, c'est en même temps une position périlleuse, car elle est à portée excellente du fort de Bicêtre.

Hier au soir, la division Maudhuy du 13me corps s'est portée sur la route

LE GÉNÉRAL DE MAUDHUY.

de Fontainebleau, jusqu'au bas de la côte, qui monte à Villejuif, sous les feux des forts de Bicêtre et d'Ivry. Ce matin, à l'aube, une reconnaissance a poussé sur Villejuif même.

A son grand étonnement, elle l'a trouvé tout à fait abandonné par les assiégeants. Aussitôt nous nous y portâmes; la troupe de ligne et des francs-

VUE DES HAUTES-BRUYÈRES, PRÈS D'ARCUEIL.

tireurs s'installèrent dans les maisons, faisant des préparatifs de défense, perçant des vues sur la campagne et crénelant les murs.

En même temps un second détachement fut dirigé vers la redoute des Bruyères, à un quart d'heure de Villejuif, sur la droite. Cette redoute est un ouvrage en terre; des arbres, coupés aux alentours, couronnent et consolident le bastion.

Son nom lui vient de ce que tous les environs sont couverts, non, à la vérité, de bruyères, mais d'une végétation courte et touffue, telles que pépinières et asperges montées, etc. Elle est placée sur la même ligne que les dernières maisons de Villejuif. A partir de là, le terrain descend en pente douce pour remonter légèrement à deux mille mètres en avant.

Peu après notre installation, au grand jour, les Prussiens apparurent. Se doutaient-ils de notre marche en avant? Je ne sais, mais en tous cas, ils furent accueillis par une vive fusillade et par le feu de nos canons; ils durent précipitamment battre en retraite. Ils repassèrent le bas-fond, en arrière de Villejuif, et remontèrent sur la côte opposée. Là, ils établirent leurs batteries en les braquant dans deux directions : l'une sur Villejuif même, l'autre sur la redoute des Bruyères. Il était environ sept heures et demie à huit heures.

En face de la redoute, on voyait très-distinctement les canons prussiens s'établir le long et en avant d'un petit mur de pierres, qui probablement borne un jardin. On pouvait compter à peu près vingt-cinq pièces.

De notre côté, la redoute était armée de deux batteries, l'une de canons, l'autre de mitrailleuses. De plus, il y avait là un détachement de ligne et 3 à 400 chasseurs à pied. Ces troupes étaient embusquées dans deux chemins, qui aboutissent en contre-bas au pied de la redoute.

Les volées arrivaient de l'ennemi avec une extrême violence. D'abord les obus tombaient en éclatant à deux cents mètres en avant de la redoute. Puis ils se rapprochèrent: le tir se rectifiait, et bientôt les projectiles rasèrent, avec des sifflements sonores, le parapet en terre.

Nos canonniers ripostaient très-énergiquement; mais les mitrailleuses ne pouvaient, à distance de deux mille mètres, avoir d'effets sérieux contre un point aussi peu étendu. Pour nos six canons, ils avaient trop à faire contre les vingt-cinq de l'ennemi.

Le feu devint si vif, frappant sans relâche sur la redoute, que le commandant dut donner l'ordre d'évacuer les caissons et les attelages. Les hommes partirent, courant baissés et courbés, pour éviter le niveau de fer qui coupait l'air. Plusieurs chevaux furent éventrés; un trompette canonnier eut la jambe coupée par un éclat d'obus. Un officier a été blessé. Il n'y a eu de tué qu'un seul soldat.

Le feu s'arrêta un peu. Nos canonniers remontèrent intrépidement et reprirent position à côté de leurs pièces.

Les Prussiens, en les voyant exécuter cette audacieuse rentrée, recommencèrent le feu avec une nouvelle furie. Il fallut une seconde fois céder.

Mais les nôtres remontèrent encore sur la redoute et reprirent le feu. C'était un roulement magnifique.

Les Prussiens se lassèrent les premiers : à dix heures, la canonnade tomba. Elle avait été si terrible sur cette vaillante redoute, que le fracas nous restait toujours dans les oreilles; pendant quelque temps, il nous semblait que le feu continuait encore.

Les hommes s'étaient installés tellement à l'improviste, que, sauf les artilleurs, personne n'avait ni sac, ni vivres. On commençait à souffrir de la faim et de la soif.

Dès qu'il y eut quelque répit, on alla chercher quelques bidons d'eau à une ferme, qui se trouve un peu en arrière : en même temps, on évacua les blessés sur les ambulances, qui arrivaient par la porte d'Italie. Parmi ces blessés, il y a deux Prussiens; ils ont été envoyés dans un hôpital de Paris.

Ce qui me fait supposer que l'ennemi a subi quelque perte, c'est qu'on voyait des fantassins errer dans les champs, comme à la recherche des leurs, couchés à terre çà et là.

Il ne faut pas que j'oublie un brave garde national qui, au bruit du canon, avait pris son fusil et était accouru à la redoute. Bravo, le volontaire civique!

Pendant que la redoute résistait avec tant de courage, nos postes, établis à Villejuif, avaient également une chaude affaire.

Les Prussiens tentèrent d'emporter le village : ils furent tenus à distance par les nôtres, soldats de la ligne et francs-tireurs, qui les fusillèrent, en tiraillant des maisons.

Alors les Prussiens eurent recours aux canons : ils pointèrent quelques coups en enfilade, tout le long de la grande route. Un énorme obus passa juste sous le nez d'un jeune sous-lieutenant, tranquillement assis sur le pas d'une porte, et sur la place de Villejuif, enfonça la porte d'un boulanger. La trace de ce brutal passage est béante : c'est une trouée de 75 centimètres de haut sur 50 centimètres de large. On voit, çà et là, sur les murs qui font saillie dans la rue, de ces belles cicatrices. Aussi cette grande route est-elle d'un séjour médiocrement sûr. Les soldats, après leur chaude besogne de la ma-

6.

tinée, sont couchés dans les rues transversales, sur la paille. Les francs-tireurs vont de chaque côté, en vedettes.

Notre sous-lieutenant, qui a l'honneur de commander l'avant-garde, observe, au milieu de la route, les préparatifs des Prussiens. Il cause le sourire aux lèvres. « Voyez-vous, dit-il, ce point noir sur la côte d'en face, c'est une batterie prussienne qui s'établit. Évidemment, l'ennemi se prépare à une nouvelle attaque : il veut reprendre Villejuif : nous attendons.

« En ce moment ils mangent la soupe, mais gare à tout à l'heure ! »

En effet, une barricade est installée sur la route, vers les dernières maisons du village. Des soldats sont derrière ; d'autres sont postés dans les habitations.

En tous cas, à midi, pour ce qui regarde Villejuif, nous tenons toutes les positions occupées hier par les Prussiens.

Samedi, 24 septembre.

L'affaire d'hier a été encore presque exclusivement une affaire d'artillerie qui a duré environ quatre heures, de six heures du matin à dix heures.

Le matin, les Prussiens, s'apercevant que nous prenions possession de la redoute des Hautes-Bruyères, ont mis leurs batteries en position à une distance qui ne dépassait pas 800 mètres. Leurs tirailleurs, embusqués fort près, dans le cimetière même de Villejuif, ouvrirent le feu.

Sur la redoute, nos soldats, établis à la hâte derrière les petits ouvrages en terre qui continuent la redoute sur la gauche, ripostèrent par une vive fusillade. Les mitrailleuses se portèrent encore plus à gauche, du côté du village, au bout d'un champ, qui se rattache à la redoute par un chemin creux.

Elles envoyèrent sur les Prussiens, jetés çà et là dans les champs et les vergers, une première décharge qui a produit un sensible effet ; car aussitôt ils reculèrent, se mettant à l'abri derrière des bouquets d'arbres, et leurs canons s'installèrent à une portée d'environ 1 500 mètres.

Il faut dire que nos premiers obus avaient fait sauter deux caissons aux Prussiens, ce qui mit un certain désordre dans leur manœuvre.

C'est alors que commença ce feu dont j'ai parlé hier, si vif, si nourri et si soutenu, « que, me disait un officier expert en pareille matière, je me croyais revenu au siége de Sébastopol, sous cette mitraille incessante que les Russes nous envoyaient de leurs ouvrages improvisés pendant la nuit. »

L'artillerie ennemie semblait endiablée : obus, boulets, boîtes à balles pleuvaient sur le plateau avec une justesse merveilleuse ; cependant nos soldats, blottis dans leurs tranchées, courbant la tête pour laisser passer cette grêle meurtrière, tenaient bon et répondaient ferme.

Naturellement, les artilleurs étaient les plus exposés, surtout ceux qui servaient les mitrailleuses ; les mitrailleuses tiraient presque à découvert. Il fallut, comme je l'ai déjà dit, mettre deux fois à l'abri hommes, chevaux et caissons.

Mais quelle que fût l'opiniâtreté des Prussiens, servis du reste par une justesse de tir à laquelle nos officiers rendent non sans dépit hommage, ils durent peu à peu se retirer devant la ténacité non moins opiniâtre des nôtres, si bien qu'à la fin le feu s'échangeant à très-grande distance devint à peu près inoffensif.

L'ennemi descendit jusqu'aux villages voisins de l'Hay et de Chevilly ; là, il se tut, menaçant encore : car, à midi, en examinant à la lorgnette ses dispositions, j'étais convaincu qu'il reprendrait l'offensive sous peu de temps. Il n'en a rien été.

Résultat incontestable : les Prussiens n'ont pas pu, malgré leurs efforts, reprendre les positions de Villejuif, qui cependant sont importantes ; ces positions protégent et dominent les routes qu'ils suivent actuellement, au fond de la vallée de la Bièvre, pour atteindre Sèvres et Versailles.

Elles font, pour ainsi dire, pendant au plateau de Châtillon : Villejuif et Châtillon sont les hauteurs jumelles du Sud. La possession de la première et de ses accessoires, les redoutes des Hautes-Bruyères et du Moulin-Saquet, nous permet de cheminer sur le flanc gauche du plateau et de l'investir à revers. Tel doit être maintenant le but de nos efforts.

Enfin, résultat moral immense : nos jeunes recrues ont prouvé qu'elles se font au feu, qu'elles sont capables de tenue et de résistance.

L'entrain, l'élan sont nos qualités originales ; nous commençons à nous assimiler des qualités de nature différente, mais non moins essentielles au succès, je veux dire la ténacité, le sang-froid, la persévérance.

Aujourd'hui, le fort de Vanves a tiré quelques coups de canon dans la matinée ; cependant tout reste calme ; on s'attend et on s'observe réciproquement.

Les Prussiens, dans le court séjour qu'ils ont fait à Villejuif, ont essayé de détruire nos ouvrages défensifs.

Le génie travaille principalement à rétablir la redoute des Hautes-Bruyères. On abat les cabanes, les poteaux, tout ce qui, enfin, pourrait servir de point de mire; on rétablit les parapets et les épaulements; on installe des gabions, on creuse des tranchées.

Les chevaux et les munitions sont dans d'immenses fosses recouvertes d'un toit promptement casematé, à l'abri des projectiles.

AFFAIRE DE

Les mitrailleuses restent en position, défendues par des détachements d'infanterie qui campent tout le long de la route coupant à angle droit celle de Villejuif.

La position de cette redoute est magnifique. Elle s'avance à un kilomètre plus loin que le fort de Bicêtre, comme une sorte de promontoire, terminant le plateau de Villejuif. Elle flanque ce village, et tient sous ses feux toute la plaine, parsemée de vergers et de fermes, qui descend, en pente douce, sur l'Hay et Chevilly.

Toutes les maisons d'alentour sont criblées de projectiles; une grange a son toit défoncé; le clocher de Villejuif présente de grands trous ronds béants; la maisonnette qui, dans la redoute même, sert de quartier général au commandant, est lézardée par les obus.

Enfin, sur toute la longueur du plateau, vous n'avez qu'à vous baisser pour recueillir débris d'obus, scories plombées et autres menues monnaies.

Je vois de nombreux casques de Prussiens entre les mains de nos soldats.

Non loin des mitrailleuses s'élève un petit tumulus couronné d'une croix en bois. C'est là qu'on vient d'enterrer un canonnier, presque coupé en deux par un obus. Un peu en arrière, même monument; c'est un soldat de la ligne, frappé à la nuque par la mitraille, qui, sur le même point, a tué six chevaux d'un attelage.

Pauvres gens! ils dorment là, au milieu de leurs camarades, qui leur ont adressé les adieux suprêmes.

Nous avons eu une douzaine de chevaux tués. Le commandant de la redoute porte presque le deuil du sien, un vigoureux arabe, son vieux compagnon de régiment.

Pendant que quelques soldats creusent des trous pour ensevelir les chevaux, d'autres soldats, fins gastronomes, découpent sur les pauvres animaux des tranches de filet. Dame! les vivres sont précieux; car, dans les environs, tout, fermes et maisons, est abandonné. Pour compléter le beefsteack, plusieurs compagnons s'aventurent jusque sous le nez des Prussiens dans les champs pour cueillir des pommes de terre. L'un d'eux, en fouillant la terre, a ramené une main : c'était le cadavre d'un Prussien enterré là par ses camarades. Parfois les nôtres sont dérangés par les avant-postes ennemis. Alors on fait le coup de feu, et la pomme de terre, rapportée à ce prix, n'en est que plus savoureuse.

Nous regardons dans la plaine : on voit, à travers les arbres, des troupes défiler; une ferme brûle à quelque distance de l'Hay; de temps à autre, des cavaliers galopent de notre côté; mais, sous nos coups de fusil, ils se retirent prudemment.

COMBAT DE PIERREFITTE

Lundi, 26 septembre.

Un officier prussien, accompagné d'un trompette, s'est présenté au quartier général du commandant de Saint-Denis, le général de Bellemare. Quelle était sa mission? Les langues affilées à Saint-Denis aussi bien qu'à Paris, glosent à qui mieux mieux : il venait, disait-on, demander à la place de se rendre. Dans ce cas, l'officier prussien eût dû pousser du même pas, jusqu'à Paris, e faire la même proposition au général Trochu.

Une seconde version me paraît plus vraisemblable. Les Prussiens auraient averti le général de Bellemare qu'ils ont enseveli sept Français, morts à Pierrefitte, au combat du 23, et qu'ils ont quelques blessés à nous dont ils ne peuvent se charger : ils demandent à nous les remettre. Cette restitution est du goût de tout le monde, des blessés surtout, qui préféreront sans doute nos maternelles sœurs de charité à l'infirmier allemand, fût-il docteur *in utroque jure* de l'Université de Bonn; puis nous saurons si les nôtres ont été aussi bien traités que les blessés prussiens du Val-de-Grâce. Cette lutte, toute d'humanité, n'a-t-elle pas aussi sa part de gloire?

Puisque j'ai parlé du combat du 23, à Pierrefitte, livré le même jour que le combat de Villejuif, j'en rapporte brièvement quelques épisodes.

Le village fait face à Saint-Denis, à une distance d'environ 2500 à 3000 mètres. La route est, par le milieu, traversée en biais par le chemin de fer de Creil. Elle côtoie la butte Pinson, qui est la première hauteur quelque peu importante, s'élevant à proximité de Saint-Denis. Il était donc intéressant de reconnaître les forces ennemies qui l'occupent. Qui sait? un coup de main, hardiment conduit, pouvait en déloger le poste prussien. C'est ainsi que notre pointe sur Villejuif a si facilement réussi.

En conséquence, vendredi dernier, le jour même de notre succès du sud, vers trois heures de l'après-midi, un bataillon de voltigeurs de l'ancienne garde, qui actuellement fait partie du 128° de marche, partit en reconnaissance.

Des mobiles, placés en grand'gardes sur la route, furent adjoints au détachement.

On passa le chemin de fer, puis on se dirigea un peu sur la droite de Pierrefitte. Une partie de nos tirailleurs s'installa dans les maisons mêmes du village; l'autre se déploya entre Pierrefitte et Stains.

En nous voyant arriver, les postes ennemis descendirent de toutes les hauteurs environnantes, Montmagny, Faucelles, Garges, qui, en cet endroit, forment une sorte de demi-circonférence aux abords de la plaine de Saint-Denis.

Il s'engagea une fusillade des plus vives. Nous étions déployés en deux rangs de tirailleurs, avec des compagnies de soutien en arrière. Le premier rang, fort avancé en face des Prussiens, se coucha par terre, et, laissant passer les balles par dessus, ripostait avec vigueur. Les Prussiens étaient installés, à couvert, derrière les barricades mêmes que nous avions construites et abandonnées, par suite de notre mouvement général de concentration sous les forts.

Le feu devint si violent, que l'on fit sonner la retraite. Le second rang et les compagnies de soutien, plus exposés, se retirèrent d'abord. Mais la position pour les hommes couchés à terre était plus critique. Comment se relever et se mettre debout? c'était offrir autant de cibles aux coups de l'ennemi. Cependant on ne pouvait rester en arrière.

Les tirailleurs en prirent leur parti, et ils se sauvèrent à travers les terres, au milieu d'une grêle de balles, jusqu'à l'angle tracé par la grande route et le chemin de fer. On sait que les voltigeurs ont des bandes jaunes autour du képi et du collet. Pendant cette phase périlleuse, les vieux troupiers avaient bien vite imaginé le moyen de faire disparaître ces ornements trop éclatants en retournant le képi et en rabaissant le col de la tunique.

Le général de Bellemare ne se tint pas pour battu, et il eut raison.

La colonne fut reformée, et repartit de l'avant. Elle fut renforcée des chasseurs et des zouaves de l'ancienne garde; et la Double-Couronne appuya le mouvement de quelques coups d'obus, dont les premiers surtout éclatèrent au beau milieu des groupes ennemis.

L'attaque fut enlevée; on reprit les positions premières, on occupa de nouveau les maisons de Pierrefitte. A six heures, nous tenions toujours, malgré les efforts obstinés de l'ennemi. A ce moment, le général jugea, comme il le dit dans son rapport, que le but de la reconnaissance était atteint.

La retraite s'opéra, la première ligne faisant le coup de feu, puis se rabattant derrière la seconde, qui reprend la fusillade et ainsi de suite. Les Prussiens se gardèrent bien de nous reconduire.

Nous avons eu quelques pertes, surtout dans la première période du combat : une compagnie du 128ᵉ de marche a été particulièrement éprouvée ; on me dit qu'elle a eu 24 hommes hors de combat.

Quant au résultat, il n'est pas sans doute aussi satisfaisant qu'à Villejuif : le général de Bellemare n'est pas parvenu à repousser sur un point la ligne de l'investissement; la butte Pinson appartient toujours à l'ennemi. Toutefois soyons justes : le même jour où notre artillerie faisait ses preuves à Villejuif, notre infanterie montrait, à Pierrefitte, qu'elle pouvait tenir en rase campagne.

En somme, voilà des présages meilleurs. Il me semble que, depuis huit jours, nos chances de succès remontent quelque peu. Qu'en pensent les Prussiens, qui semblent bouder en ce moment et préparer dans le plus profond mystère quelque grosse entreprise ?

En bonne justice, ne serait-ce pas le cas de récompenser nos soldats, qui se sont bien comportés? On punit les fuyards, fort bien; par contre, faites aussi la part des braves.

D'ailleurs, dans les régiments de création nouvelle, dits régiments de marche, le personnel des officiers est loin d'être au complet. Ne serait-ce pas une bonne mesure de parfaire, à l'occasion de ces succès récents, le cadre si nécessaire des officiers, en y adjoignant quelques sous-officiers, ceux qui sont reconnus les mieux méritant par la qualité triple du courage, de la discipline et de l'instruction? Assurément, il n'en manque pas de tels dans les rangs; et il y aurait là un élément utile d'encouragement et d'émulation.

Il y a, ce me semble, un point sur lequel l'attention des officiers supérieurs doit spécialement porter.

Le courage, en France, ne manque pas, Dieu merci, et maintenant moins que jamais. Mais la qualité qui rend le courage utile et efficace, la qualité qui, à proprement parler, constitue une armée, la discipline enfin, voilà ce qu'il nous faut, à toute force, maintenir et fortifier.

Je sais bien que, dans une armée, composée en partie d'éléments nouveaux, en partie des épaves de l'ancienne armée, il n'est pas commode d'improviser la discipline, dans toute sa rigueur mathématique. Mais les circonstances sont exceptionnelles, et, partant, les moyens d'action. Le patriotisme, vivement surexcité, peut et doit donner à nos soldats la vertu éminemment militaire du dévouement, du devoir, c'est-à-dire de l'obéissance.

L'imminence du péril, fréquent et quotidien, leur enseigne et leur fait toucher du doigt l'importance et la nécessité de l'ordre. « Il faut, disait le César romain, qu'un général meure debout. » Il faut, disons-nous, qu'aujourd'hui le soldat, en face de l'ennemi, vive debout, toujours à son poste, sans cesse attentif et vigilant, ne se laissant pas un instant distraire par les plaisirs et les fantaisies de la vie parisienne.

Les corvées sont rudes ou importunes. Songez que le patriotisme ennoblit et que le danger rend intéressant chacun des mille détails du service militaire. Le soldat n'est pas un mercenaire; c'est, dans l'étendue du mot, un citoyen; toutes les règles de la discipline font partie essentielle du devoir civique, auquel un Français ne saurait manquer aujourd'hui, sans déshonneur pour lui, et sans péril pour le salut commun.

A cet égard, les chefs ont aussi une obligation stricte : ils doivent employer toute l'autorité de leur grade et de leur exemple à l'observation exacte et équitable de la discipline. Ils possèdent des moyens d'influence puissants : il faut qu'ils en usent et soient inflexibles.

La bonne discipline est moins celle, produite par les pénalités répressives, que celle qui résulte naturellement de l'esprit même de l'armée. C'est celle-ci qu'il nous faut atteindre, et je crois que les conditions périlleuses que nous traversons sont excellentes pour l'improviser dans nos rangs.

J'ai entendu souvent des officiers s'entretenir de la cause et du principe de nos revers dans la première partie de cette campagne. Ils s'accordaient tous à dire qu'une des causes principales était certainement l'énervement de la discipline sous l'influence démoralisante du régime impérial. Telle est la vérité. La République doit l'accepter, la comprendre et recourir à d'énergiques remèdes.

Revenons à Saint-Denis. Cette place, a dit le général de Bellemare dans sa proclamation, est un des points faibles de la défense. Eh bien, la garnison a si bien fortifié Saint-Denis et les environs, qu'une attaque de vive force ne paraît maintenant guère plus redoutable par le nord que sur les autres points de l'enceinte. D'ailleurs la fortification de Montmartre a modifié complétement les conditions stratégiques de la plaine de Saint-Denis.

Toutes les avenues de la place entre les forts sont très-solidement barricadées ; Saint-Denis forme un vaste camp retranché à trois kilomètres des remparts de Paris.

Ce camp, en s'appuyant à gauche sur le fort de la Briche couvre l'extrémité nord de la presqu'île de Gennevilliers, défendue au sud par le Mont-Valérien ; sur la droite, par le fort de l'est, il relie nos défenses à la puissante ligne des forts qui flanquent notre front de l'est.

COMBAT DE CHEVILLY

Vendredi, 30 septembre.

Décidément, le vendredi est notre jour de combats. Vendredi dernier, nous avons enlevé Villejuif : aujourd'hui, nous avons essayé de pousser notre avantage, en attaquant Chevilly et Thiais.

Ce matin, dès quatre heures, deux brigades du corps Vinoy, sous les ordres des généraux Guilhem et Blaise, se sont massées sur une ligne, qui va de la redoute du Moulin-Saquet à celle des Hautes-Bruyères, en passant par Villejuif.

Les colonnes étaient surtout fortes, aux deux extrémités de cette ligne, le centre devant rester immobile et servir de réserve.

L'objectif principal de notre opération était le village de Chevilly qui, avec nos deux redoutes, forme une sorte de triangle.

Les Prussiens se sont très-fortement retranchés dans Chevilly, dont la situation est importante; le village est à cheval entre la Seine et la Bièvre, et couvre les communications entre ses deux rivières. Aussi l'ennemi a crénelé les maisons, les reliant les unes aux autres par une chaîne de barricades, et prolongeant les tranchées à droite jusqu'au bois de l'Hay, et à gauche jusqu'à la ferme de la Saussaye.

C'est contre cet ensemble d'ouvrages que notre attaque a commencé, dès le lever du soleil, par la canonnade des forts et celle, plus violente et plus proche, du Moulin-Saquet et des Hautes-Bruyères.

Le 35ᵉ et le 42ᵉ de ligne qui venaient, une demi-heure auparavant, d'être rangés à l'abri de nos redoutes, sont aussitôt descendus, en convergeant sur Chevilly.

Le terrain s'étend en pente douce, relevé légèrement, à deux ou trois kilomètres, par quelques ondulations. Ces plis couvrent les assiégeants. Leurs postes avancés sont jetés tout près du cimetière de Villejuif et éparpillés dans les vignes et les broussailles. Ils se replièrent devant nous. On se rapprocha toujours. Le canon des redoutes nous protégeait de ses décharges répétées, auxquelles l'ennemi répondait avec plus de vigueur que de succès.

A deux cents mètres, la fusillade devint d'une violence extrême sur toute la ligne. C'est un immense roulement qui crépite, non interrompu et précipité.

Les Prussiens sont à l'abri derrière leurs créneaux et leurs embuscades : ils plongent sur les nôtres. Un instant, quelques jeunes soldats faiblissent; les clairons sonnent la charge; tout le monde revient en place.

Les soldats, espacés en tirailleurs, se couchent et avancent en rasant le sol. Il y avait aussi là plusieurs bataillons de mobiles de la Vendée. Ils étaient sortis depuis neuf jours de Paris, et c'était la première fois qu'ils allaient au feu. L'épreuve était rude. Quelques-uns disaient ensuite : « On n'exécutait point dans la perfection la manœuvre des tirailleurs; nous ne sommes pas bien exercés; mais on ne pensait pas aux balles; tout ce qu'on cherchait, c'était à tirer de son mieux. »

De temps à autre, au signal du clairon, les rangs se divisaient à droite et à gauche; dans l'intervalle passaient les décharges des mitrailleuses, établies plus haut. Puis la ligne se resserrait et les chassepots travaillaient.

Les nôtres arrivèrent sur les premiers ouvrages de Chevilly. Cette partie du combat a été meurtrière.

Deux fois il y eut, dans la ligne de fumée, qui indiquait les positions du combat, un mouvement de va-et-vient. La mêlée était si serrée, quoique toujours à distance de tir, que les canons ne pouvaient plus opérer, crainte de frapper indistinctement dans le tas. C'est à ce moment que le général

Guilhem, commandant la brigade, tomba frappé au milieu de ses troupes.

Les soldats étaient à cent pas des retranchements prussiens; à travers les crénelures des murs, on ne voyait que les canons de fusil de l'ennemi. Le

feu, de part et d'autre, éclatait, violent et furieux. Les Prussiens enfin cédèrent; ils gagnèrent une seconde ligne de fortifications, placées dans le parc du château de Chevilly. Le calme devint effrayant; personne ne tirait plus; les compagnies hésitaient, incertaines de ce qu'il fallait faire.

Un jeune lieutenant a eu, à ce moment, une conduite magnifique, enlevant ses hommes, et s'élançant à leur tête contre la porte du parc.

C'est alors qu'arriva un officier d'état-major, transmettant l'ordre de re-

traite. Cet ordre était évidemment imposé par la stricte prudence; avancer plus loin, c'était sacrifier inutilement des troupes. Le mal était d'avoir abordé de front avec de l'infanterie l'ennemi barricadé et couvert. Une telle entreprise est-elle réalisable avec les armes à tir rapide?

A sept heures du matin, nos régiments se replièrent, faisant le coup de feu, sur leurs campements. Des mobiles, en revenant à leurs tentes, virent que beaucoup avaient été atteintes et trouées par les obus.

Mais ils ne s'inquiétèrent d'un aussi mince dommage, ne songeant qu'au déjeuner : le combat les avait fortement mis en appétit.

Les redoutes ont tiré jusqu'à onze heures, tenant les Prussiens en respect.

Aux Bruyères, personne n'a été touché, quoique la riposte de l'ennemi fût très-vive.

Depuis trois jours, les soldats avaient travaillé aux retranchements : les obus mouraient en tournoyant dans la terre molle, ou, frappant sur le sommet des talus, rebondissaient innocemment à cent mètres en arrière.

Le nombre des blessés est assez considérable, plus considérable même, toute proportion gardée, que le nombre des morts. Tout le monde s'est bien conduit : cette absurde panique du combat de Châtillon a complétement passé. Certes, il faut du cœur à nos jeunes soldats pour se lancer sur des villages fortifiés ? Et si le succès n'est point complet, à qui la faute ? A eux ou à ceux qui les jettent dans des conditions de combat aussi défavorables ?

Samedi, 1er octobre.

Hier, après le combat, un armistice a été conclu entre les deux camps, pour relever les blessés et enterrer les morts.

Cet armistice expire dans quelques minutes, à midi précis; mais il est peu probable que le combat recommence de la journée.

Un médecin, qui revient du camp prussien, où il a pénétré, par droit du brassard international, pour ramener nos blessés, me dit qu'il ne se fait chez l'ennemi aucun de ces mouvements qui préparent les prises d'armes. Tout est calme, tout est ensoleillé et verdoyant dans cette petite plaine qui ondule aux pieds de la hauteur de Villejuif, là même où se livrait hier, à pareille heure, une sanglante mêlée.

En considérant les environs avec une lorgnette, on aperçoit, autour de deux peupliers, un groupe avec des voitures. Ce sont nos morts, que les Prussiens ont ramassés et alignés; ils sont alignés sur la frontière des deux cantonnements. Nos voitures d'ambulances les enlèvent et les transportent à Villejuif, sur une petite prairie qui borde le cimetière.

Quant aux blessés, ils ont tous été ramenés hier; il n'en reste plus que

LE CORPS DU GÉNÉRAL GUILHEM.

quelques-uns, en petit nombre, que les Prussiens ont recueillis et transportés dans un couvent, derrière l'Hay.

Il est à remarquer que les Prussiens se sont hâtés, pendant la nuit, de terminer la funèbre besogne pour les leurs. Ce matin, tout était fini : blessés enlevés derrière les lignes, morts enterrés. Ils prennent grand soin de nous cacher le chiffre de leurs pertes.

Quant aux nôtres, il faut estimer le chiffre des blessés à quatre cents environ et le chiffre des morts à peu près à deux cents : ce calcul est tout à fait approximatif.

Le frère du général Guilhem vient d'arriver au camp ennemi ; il a réclamé la dépouille mortelle ; les Allemands rapportent le corps, qui est reçu avec les honneurs militaires. Le pauvre frère est en deuil, et il pleure. Courage ! c'est un sort magnifique et une haute fortune que de tomber en défendant une grande cause. Il y a des morts qui ennoblissent à la fois les parents et la nation.

Les cadavres des morts ont été rangés, devant le cimetière de Villejuif ; alentour, les camarades se découvrent pieusement, et adressent du cœur, un patriotique adieu à tous ces corps, vivants encore par l'expression et l'attitude. Il semble que la vie, résumée et condensée dans la crise de la bataille, se fige comme du marbre, sur ces faces, qui retiennent et conservent fidèlement l'empreinte dernière.

Beaucoup de cadavres sont raidis, les bras en avant, dans l'attitude de la charge. Je remarque un pauvre lieutenant de mobiles, de ces braves et héroïques bataillons de la Vendée, qui tient encore dans sa main la main d'un caporal d'infanterie Suprême étreinte, marque d'adieu ou appel de secours ! Voilà deux frères d'armes que la mort a sacrés et que le tombeau réunit dans un commun sommeil.

Je vois encore deux capitaines et deux lieutenants du 35e tombés, les uns au milieu même de Chevilly, et les autres sur la limite du village. Les Prussiens ont apporté ces corps sur des claies à nos avant-postes.

Le 35e a beaucoup souffert ; presque tous les képis des morts portent ce numéro. Il se trouvait en tête de l'attaque sur Chevilly.

LE PLAN DE LA DÉFENSE

Mercredi, 5 octobre.

Essayons de comprendre la situation exacte de Paris, au point de vue de la défense. La ville est investie par un cordon de troupes allemandes plus ou moins épais, plus ou moins serré, selon la force offensive de la partie correspondante de la place. L'assiégeant occupe tout alentour, et particulièrement dans le demi-cercle qui va du nord au sud par l'ouest, des hauteurs importantes.

L'insuccès de nos premières opérations sur Châtillon, a entraîné, comme conséquence rigoureuse et immédiate, la retraite de nos troupes sur la ligne des forts, leur concentration autour des remparts, et partant, pour l'ennemi, l'entière liberté d'investir Paris et de couper les communications.

Les fautes et les désastres de l'Empire ont amené inopinément, avec une rapidité vertigineuse, le siége de la capitale; actuellement en province il n'y a pas une armée de secours, pour manœuvrer sur les derrières de l'investissement. A l'intérieur de Paris, les forces militaires ne sont pas encore à l'heure présente mûres pour une bataille décisive contre l'assiégeant. Oui, mais il n'en est pas moins constant que Paris lui-même, en tant que place forte, a été organisé, armé et fortifié de telle façon que, sans forfanterie ni aveuglement, nous pouvons l'estimer invulnérable à toute surprise, à tout coup de force.

Nous sommes coupés du reste de la France, pour le moment, du moins. Nous sommes enserrés entre des lignes de troupes, enfermés entre des lignes de circonvallation, soit. Ces vérités ne sont sans doute ni agréables à dire ni agréables à entendre; mais notre devoir est de les considérer telles qu'elles sont, parce que le seul moyen de remédier aux difficultés de la lutte, difficultés pressantes et vivantes, c'est de s'en rendre exactement compte.

Mais est-ce donc un résultat sans conséquence et sans gravité que celui d'avoir, en moins d'un mois, transformé la ville industrieuse et pacifique par excellence en place forte imprenable?

La preuve que Paris, avec sa double enceinte des forts et des remparts,

8.

est aujourd'hui inexpugnable, c'est que les Prussiens n'ont pas tenté encore une seule attaque.

C'est, dira-t-on, qu'ils veulent nous prendre par la famine. Je réponds que tel n'était point certainement leur plan primitif. J'ai entendu, à Sainte-Menehould, des officiers généraux de l'armée prussienne dire fréquemment :

— Nous remontons au nord battre Mac-Mahon ; puis nous rabattrons sur Paris, et, dans huit jours, la paix sera signée.

Les Prussiens comptaient évidemment sur l'effet moral de leur victoire : ils espéraient ou que nous accepterions une paix honteuse pour éviter le siége, ou que, en se précipitant après la défaite de notre armée sur Paris, ils l'emporteraient de vive force. Aujourd'hui encore je persiste à ne pas croire à leur inaction apparente ; ils procèdent méthodiquement : n'ayant pu réussir par surprise, ils préparent, après avoir investi la place, un coup de force contre un de nos fronts.

La réduction par la famine ne peut être que le dernier moyen que M. de Bismark doive admettre. Ce moyen est sujet à trop de chances et à trop de périls.

Chaque jour qui s'écoule après l'installation régulière et complète du blocus sera, pour les Prussiens, une perte sèche. Il diminue nos vivres ; mais il augmente nos chances de délivrance, en nous permettant, à nous, Parisiens, de constituer notre armée active, et en permettant au gouvernement de Tours d'organiser une armée de diversion.

De plus, croit-on que l'armée prussienne soit un être de raison, habitant ces demeures éthérées et sereines, dont parle Lucrèce, où l'on ne souffre ni de la faim, ni du froid ? Je ne sais à quel point de privations nous arriverons, après deux ou trois mois de siége prolongé ; mais je doute que, dans le camp prussien, on soit toujours sur un lit de roses. Le roi de Prusse pourra-t-il toujours, avec l'autorité que donnent l'orgueil et l'ascendant des victoires soudaines et récentes, envoyer en prison le bon et humain Jacoby, coupable de demander la paix ?

Ce n'est pas que M. de Bismark soit homme à risquer prématurément un assaut, avant d'avoir établi solidement ses batteries de siége et sa base d'opérations, avant d'avoir expérimenté si l'inquiétude et l'énervement de l'expectative ne provoqueront pas dans Paris des impatiences, des divisions de parti, des révoltes dont il serait prêt à profiter, pour frapper un grand coup. Mais, encore une fois, la famine, — moyen lointain et aléatoire, subordonné aux éventualités diverses de l'avenir, — n'est et ne saurait être pour l'adversaire, qu'une ressource *in extremis*, qu'un pis aller.

Contre un coup de vive force, notre situation est excellente. Par cela même que nous voici ramassés entre les remparts et les forts, c'est-à-dire sur la ville elle-même, centre d'armements et de munitions, et sur des positions qui aux avantages du terrain réunissent la puissance de la fortification, nous constituons une masse impénétrable à l'ennemi, et par la force des retranchements, et par le nombre des défenseurs. Comme, dans cette attitude, nous formons un corps solide et compact, il devient mal aisé pour les Allemands, d'user de la stratégie, qui leur a tant profité jusqu'ici : manœuvres en flanc, mouvements tournants. Il n'y a pas à sortir de là, il faut qu'ils prennent le taureau par les cornes.

Sans doute, même pour la défensive, tout n'est pas complet, tout n'est pas achevé ; tant s'en faut. Toutefois, telle qu'elle est organisée, elle nous laisse déjà un champ d'action, assez vaste, même pour les plus audacieux.

En effet, le feu des forts couvre, autour de Paris, un cercle de cinq ou six kilomètres en avant de chacun d'eux.

Ce cercle, de trente à quarante lieues de circonférence, l'ennemi doit nécessairement l'aborder, en quelques points, pour asseoir ses lignes d'attaque et de bombardement. Le repousser à distance inoffensive, empêcher ses ouvrages, arrêter ses reconnaissances, voilà, certes, pour nos canonniers et nos détachements de sortie une besogne sûre, facile et féconde en résultats futurs plus importants.

Mais il n'y a pas seulement de l'ouvrage pour le canon et le fusil, il y en a encore, il y en a surtout pour la pioche. Il faut que chacun de nos forts se prolonge, en avant de ses bastions, par une série de travaux incessamment poussés contre les positions importantes de l'ennemi. La fortification de Paris doit en quelque sorte se développer et déborder les lignes allemandes. La rupture de l'investissement est essentiellement un calcul d'ingénieur.

Pratiquée de cette façon à la fois prudente et hardie, la défense nous conduit sûrement et dans les meilleures conditions à l'offensive.

Ce premier bénéfice n'est pas à dédaigner. Cependant, les forces, qui, en ce moment, sont entassées à Paris, à peu près dépourvues d'ordre, d'homogénéité et de maturité, s'organiseront, se disciplineront et parviendront à constituer, dans l'acception technique, une armée.

Dès lors, le premier désavantage, dont le début si malheureux de la campagne nous a si fatalement affligés, disparaît. Paris rentre dans les conditions normales de la défense, telles qu'elles sont indiquées par les lois naturelles de la guerre. Si avec cette armée de l'intérieur se combine l'élan des provinces, Paris est sauvé.

Certes, le résultat sera immense, glorieux ; raison de plus pour ne le compromettre d'aucune façon.

Or, même en admettant que Paris fasse bien de sortir de ses positions inexpugnables pour aller, en rase campagne, ouvrir, par un coup de main contre les Prussiens, la route d'Orléans, est-il sage, est-il opportun d'engager dans une action nécessairement solidaire, et d'exposer dès aujourd'hui au hasard d'une bataille, les troupes des départements, à peine recrutées d'hier, encore trop peu exercées et incomplètes ? Ne serait-ce pas risquer de faire battre en détail, successivement, et comme à la file, nos corps d'armée nouvellement créés ? Leur concours, pour être utile et emporter des conséquences décisives, ne doit-il pas se préparer par une série d'exercices préliminaires, puis se concentrer dans un effort puissant et certain ?

Qu'on y réfléchisse bien : il est de la dernière importance, à Tours et à Paris, de ne pas courir les aventures, comme nous l'avons fait pendant toute la campagne. Il faut jouer à coup sûr ; et, pour cela, chaque chose doit venir en son temps. Tirons du présent tout ce qu'il contient de propice et de favorable pour assurer l'avenir.

Dans la France tout entière, les désastres du mois d'août et de septembre n'ont pas touché au vif, par la raison bien simple que nous n'avions qu'un semblant d'armée : les forces réelles, les ressources vitales du pays sont encore intactes ; une condition seule nous est nécessaire, le temps, pour laisser prendre forme à cette matière immense.

Et quand je parle du temps, je n'entends pas la mesure mathématique suivant laquelle on calcule que deux ans sont nécessaires pour former un soldat ; je me tiens à la mesure morale, bien plus précise, qui se rapporte aux idées, aux passions, aux nécessités du moment.

A Paris, nos forces sont supérieures en nombre aux troupes ennemies ; mais au point de vue purement militaire, elles leur sont, pour l'instant encore, inférieures ; sur le terrain découvert, nos gardes nationaux, nos mobiles, nos régiments de marche ne sauraient manœuvrer avec le même ensemble, avec la même unité.

Mais la position fortifiée de Paris modifie à notre profit ces conditions désavantageuses. Les remparts et les forts sont en quelque sorte un merveilleux échiquier où tous et chacun, nous trouvons, toute prête, notre case utile, de façon à nous soutenir mutuellement, et à concourir tous au but commun. En même temps que l'enceinte est un moyen de défense, elle est aussi un champ de manœuvre, un camp d'exercice. Elle atteint ce double but, 1° d'opposer à l'ennemi un obstacle infranchissable ; 2° de permettre sûrement et promptement l'éducation militaire de la population et de la garnison.

Ce dernier point est d'un intérêt capital ; le gouvernement doit redoubler d'action pour abréger les délais et précipiter le résultat. On dit qu'il se propose de remplacer dans les forts la garde mobile par la garde nationale, qui ferait à tour de rôle, pendant huit jours, le service de la seconde enceinte. La mesure est excellente. Les forts sont une école très-pratique et qui forme vite les soldats. Il faut, sans retard, amalgamer avec l'armée la portion jeune et valide de la garde nationale : il ne doit y avoir, à proprement parler, qu'une seule armée, comprenant tous les défenseurs de Paris, leur imposant à tous les mêmes devoirs, les mêmes fatigues, les mêmes dangers. La distinction de troupes de première, de seconde ligne ne peut que provoquer des embarras et des rivalités ; elle est contraire à l'esprit militaire ; elle nous empêche de tirer de nos moyens de défense tout le parti possible.

Il est de non moins grande importance de constituer au plus tôt des cadres larges et complets. Les chefs ne sont pas en nombre suffisant : telle compagnie a perdu ses trois officiers au combat de Chevilly, et ils ne sont pas encore remplacés. Il faut donc, dans l'intérêt de la bonne exécution des ordres, de la discipline et de l'activité nécessaire à l'éducation des soldats, choisir, soit parmi les élèves des écoles spéciales, soit parmi les sous-officiers, soit parmi les anciens militaires, les hommes les plus capables par leur intelligence et leurs antécédents de se former au plus tôt au métier du commandement et de donner l'exemple aux troupes ; d'ailleurs, les aptitudes se révèleront vite et les occasions d'avancement ne manqueront pas.

Quant aux sous-officiers, dont le rôle dans la compagnie est fort important, on me dit que beaucoup de corps francs sont commandés par d'anciens sergents et sergents-majors de l'armée. Si l'on considère que les francs-tireurs n'ont pas encore eu l'occasion, pour la plupart, de rendre le service spécial que l'on attendait d'eux, je crois qu'il y a là un élément de cadre, pour l'armée active, qui se perd inutilement et qui serait bien mieux employé si on le réintégrait dans les compagnies régulières.

D'ailleurs, pour les corps francs eux-mêmes, je crois que, pour utiliser sérieusement leur bonne volonté, il faut modifier leur organisation ; le mieux serait de les mettre sous la dépendance spéciale des autorités militaires, ou même de les amalgamer avec les troupes, tout en leur laissant la destination originelle d'éclaireurs et de partisans.

Donc l'organisation vaste et rapide d'une armée sous le feu même de l'ennemi, tenu à distance et réduit à l'impuissance, coïncidant avec une organisation parallèle d'une armée dans le centre de la France, voilà, ce me semble, la tactique qui actuellement, s'adapte le mieux à notre situation, et prépare l'offensive pour un avenir, qu'il dépend d'ailleurs de nous tous, par notre zèle et notre patriotisme, de rapprocher.

Nos pères de 1793 organisaient la victoire. Méditons ce mot « organiser. » Il sous-entend une masse de labeur et d'héroïsme ; mais il exclut la précipitation, l'agitation, le désordre. Procédons, comme pendant la Révolution, avec la même clairvoyance de jugement, la même force de travail, la même rapidité d'exécution.

Le génie, c'est la patience, a dit Buffon : la victoire, serais-je tenté de dire, c'est aussi la patience, qui calcule toutes les chances, prépare les forces, les circonstances, les occasions, et emporte finalement le succès.

Mais Paris a la fièvre : Paris s'exalte et se brûle le sang. Paris se demande avec inquiétude comment, demain, aujourd'hui même, le général Trochu ne bat pas les Prussiens sur la Bièvre et ne donne pas la main à l'armée de la Loire.

Je sais bien que le moment est facile à l'impatience, et que le tempérament de Paris est très-nerveux.

Mais enfin, sommes-nous des enfants légers, remuants, agités, dont il faut à tout prix satisfaire les fantaisies? La cause qui se débat aujourd'hui est trop grave pour que les esprits, même avec la somme d'exaltation inévitable en pareille circonstance, ne soient pas accessibles à la réflexion, au sang-froid.

Le gouvernement a une immense responsabilité, qui correspond à de grands devoirs. Sa force est dans notre patriotisme ; mais cette force, il doit la diriger par la voie la plus sûre, celle qui nous mènera à la victoire. Céder aux entraînements exaltés, si proches voisins des défaillances sans motifs, serait se jeter, à l'aveugle, dans la politique des déceptions.

Encore une fois, assez d'aventures. La guerre, qui semble une force matérielle par excellence, tuant les hommes, détruisant les villes et ravageant la terre, est en réalité et essentiellement sous la dépendance de l'idée, de la conception, de l'intelligence.

Un plan mûri suivant les conditions diverses de la lutte, voilà maintenant, comme toujours, le principe nécessaire et primordial, dont le gouvernement ne peut pas et ne doit pas se départir, au gré du moindre vent qui ride la surface de l'opinion publique, et dont nous tous, citoyens et soldats, devons hâter l'accomplissement par notre courage docile et notre patriotisme patient.

LA CANONNADE QUOTIDIENNE

Jeudi, 6 octobre.

Depuis deux jours, les conditions climatériques se sont quelque peu modifiées : les nuits et les matinées deviennent très-froides et le brouillard tombe de bonne heure dans la soirée pour se lever au jour assez tard. D'une part, les surprises deviennent plus commodes, et, d'autre part, nous avons une marge de temps moindre pour tirer le canon. Raison de plus pour profiter des heures où le soleil dissipe les vapeurs de la nuit et permet de distinguer les manœuvres ennemies.

Ces heures sont précieuses ; car il est évident que l'Allemand, tout en faisant le mort, travaille à force à asseoir ses positions et à établir des batteries de siége. Cette période, préliminaire du siége réel et actif, est très-grave. En nous opposant avec persistance aux travaux sourdement tentés par l'ennemi, nous pourrons, non-seulement retarder l'éventualité du bombardement, mais encore maintenir les troupes prussiennes dans une situation mal assise, chancelante et périlleuse, entre Paris, inexpugnable dans ses fortifications, et les départements, qui se lèvent et s'organisent en armée de secours.

Aussi, ce me semble, est-ce le moment d'utiliser, sans relâche ni repos, notre force considérable d'artillerie, et de battre toutes les hauteurs de Châtillon, de Meudon, de Sèvres et de Saint-Cloud. Il ne faudrait pas que dans le rayon de tir de nos forts et de nos redoutes, un seul canon prussien pût s'installer. La saison d'automne commence à dépouiller les feuilles des arbres et à percer des éclaircies à travers bois. C'est un avantage pour nous. Quant aux abris, dont l'ennemi peut couvrir ses ouvrages, il ne doit pas être très-difficile aux officiers des armes spéciales de les démasquer par les calculs de leur art.

De plus, il ne manque pas, dans nos rangs, d'hommes hardis et intelligents, pour s'aventurer en pays ennemi, reconnaître les positions des batteries et en rapporter d'exacts tracés. C'est élémentaire.

Cette nuit, Paris a été éveillé par une violente canonnade, venant du Sud.

La nuit était éclairée par une lune magnifique; à cette clarté amie, le fort de Montrouge a joint les rapides et fulgurantes illuminations de l'électricité. Le rayon étincelant se projetait vivement sur un taillis, à 1 000 ou 2 000 mètres en avant du fort; il disparaissait subitement, et aussitôt un coup de canon suivait, comme le tonnerre accompagne l'éclair.

Quelle est la cause de cette bruyante sérénade? La veille, les vigies ont signalé, dans la direction de Bagneux et de Fontenay des mouvements de troupes et des travaux de terrassements. Aussi Montrouge s'est tenu sur le qui vive, et pendant toute la nuit il a fouillé les environs.

Dans la journée, le brouillard ne s'est dissipé que vers midi. La canonnière Farcy était en batterie à la hauteur de l'île de Billancourt; c'est à peine si on distinguait les sommets vaporeux de Bellevue et la silhouette bleuâtre de la Lanterne.

L'énorme pièce du capitaine Farcy, ainsi que les ténors plus légers des batteries flottantes et des canonnières de la marine, sont donc restés silencieux. Dans la soirée seulement, ils ont pu donner quelques notes; entre cinq à six heures, le feu, sur la Seine, a été assez vif.

La flottille cuirassée est appelée à rendre les plus grands services dans la défense. Elle constitue une sorte de fort mobile, entre Issy et le Mont-Valérien; elle coupe l'effort de l'ennemi entre Meudon et Sèvres; elle tient sous sa portée les hauteurs dangereuses de l'ouest, et, par l'agilité de ses manœuvres, elle défie presque les ripostes adverses.

De toutes nos chaloupes canonnières, le modèle est celle du lieutenant Farcy.

Elle est armée d'une pièce en acier de 24, se chargeant par la culasse, qui mesure 5 m. 60 de long; le diamètre de la culasse est de 0 m. 97. Elle peut lancer des projectiles, obus et boîtes à balles, à 8 et 9 kilomètres. L'obus pèse 104 kilos, et les boîtes à balles 54 kilos. Le poids de la pièce elle-même est de 14 558 kilos; la cartouche est de 16 kilos.

Ce canon énorme, grâce aux dispositions de la chaloupe, s'arme et se manœuvre avec une facilité merveilleuse: des tourniquets, de chaque côté, le baissent ou l'élèvent à volonté. Il est servi par huit canonniers, mais, à la rigueur, quatre suffisent.

L'équipage complet de la chaloupe est de dix-neuf hommes. Elle a deux hélices, l'une en avant, l'autre en arrière, ce qui lui donne une grande aisance de mouvements. Le bateau pivote sur place.

Malgré l'énorme poussée de la charge de la poudre, le recul n'est pas très-fort. Le canon est amarré à l'avant par d'énormes câbles qui, lâches et tombants, donnent un certain jeu à la pièce. De plus, lorsque le

REDOUTE PRUSSIENNE DE BRIMBORION.

pointeur, épiant, l'œil sur le point de mire, le moment où le va-et-vient de l'eau ramène la hausse sur l'axe précis de l'objectif, tire le cordeau qui enlève la capsule et enflamme la poudre, le mécanicien va simultanément de l'avant, et le recul se trouve contrecarré par l'impulsion de la vapeur.

Le bateau lui-même, sans être très-fortement blindé, est enveloppé sur toute sa surface externe de caissons ou boîtes à air distinctes, à parois très-solides : de la sorte, la carène est multiple ; et un projectile qui fracasserait la première enveloppe laisserait encore intact le corps même du bâtiment. C'est, pour ainsi dire, une série de retranchements.

Donc la supériorité de la canonnière Farcy consiste en ceci, qu'elle porte un poids très-lourd sous un volume très-restreint, offrant peu de prise aux obus de l'ennemi. Elle a déjà fait ses preuves: mercredi, en quatre coups, elle nettoyait Brimborion ; deux coups ont suffi contre le château de Meudon ; contre la Lanterne, elle a tiré trois coups, à peu près inutiles ; mais le quatrième a fait sauter une pièce.

Si le brouillard protège les Prussiens contre notre artillerie, les tirailleurs se donnent beau jeu.

Toute la matinée, ç'a été, de Billancourt et de Boulogne, une fusillade incessante sur Saint-Cloud. Les coups retentissaient à la file, grossis et enflés par l'écho sonore des collines, se répercutant longuement entre les anfractuosités du val de Meudon. Les Prussiens ne répondaient pas, sauf trois ou quatre balles perdues, échappées des bois : une d'elles a tué raide un pauvre chasseur à pied, qui, avec deux compagnons, se glissait en reconnaissance sur la route de Versailles, au bas d'Issy.

Nos avant-postes, après s'être d'abord repliés au pied des forts, commencent à regagner du terrain ; ils avancent par barricades successives, construites par les soldats eux-mêmes avec les arbres coupés des routes et des gabions en terre.

Les Allemands, à en croire un soldat du génie, qui vient de traverser les lignes ennemies, avec mille aventures, pour apporter des dépêches au général Trochu, ne sont pas très-nombreux, en face de nous, à Meudon. En tous cas, on ne voit pas ombre de casque à l'horizon.

Ce paysage d'avant-poste est des plus curieux : la Seine coule calme et dormante entre des bouquets d'arbres encore debout, dont le vert sombre est semé de larges teintes jaunâtres. La brume estompe les lignes d'une lueur indécise, relevée par les rayons du soleil, qui commence à percer.

Cette lumière, diffuse et douce, rappelle certains paysages de Watteau ;

les ruines du pont en pierre de Billancourt, déjà verdies par l'humide végétation de la rivière, ajoutent encore à l'illusion.

Mais, au lieu de bergers galants, j'aperçois nos soldats en uniforme qui font le guet ou charrient de la terre. En place des sons amoureux des pipeaux rustiques, j'entends crépiter la fusillade.

Nous n'en sommes pas à la pastorale.

NOS AVANTAGES

Dimanche, 9 octobre.

Décidément, la pluie se met de la partie. Il est certain que nos troupes, soit sur les remparts, soit dans les campements de la zone extérieure, auront à souffrir quelques désagréments de l'humidité et de la boue. Mais, en comparant notre position à celle de l'armée allemande, nous supporterons plus allégrement ce changement atmosphérique.

Le gros de nos ouvrages de défense est à peu près achevé; il ne nous reste plus qu'à travailler aux fortifications volantes. Toutes les troupes sont baraquées ou cantonnées dans les maisons de la banlieue; nos approvisionnements sont à couvert dans les magasins et greniers de Paris. Quant aux assiégeants, c'est bien différent. Ils commencent à peine à établir quelques ouvrages; ils ont encore tout à faire; car, en somme, nos forts n'ont pas encore aperçu l'ombre d'une batterie de siége. Pour installer les canons Krupp, il leur faudra maintenant travailler sur un sol détrempé, sans avoir contre nos atteintes, l'abri protecteur des bois; les arbres ne tarderont pas à se dépouiller de leur feuillage, battus qu'ils sont par les pluies torrentielles de l'automne.

Le mauvais temps va encore défoncer davantage les routes, déjà endommagées par le passage d'une nombreuse armée. Les convois n'en deviendront que plus malaisés; ils peineront, ils s'embarrasseront, et Dieu sait dans quel état ils arriveront.

Les uhlans, dragons et autres cavaliers, me paraissent, en grande partie, avoir passé de l'avant-garde sur les derrières de l'armée ennemie. Évidemment ils sont occupés à battre l'estrade dans les bourgs et les campagnes des départements avoisinants, pour requérir vivres et fourrages. Puisse le ciel inclément attarder leurs courses vagabondes! Puissent nos paysans et nos corps francs de province, profiter de ce brave mauvais temps, et donner vivement la chasse à cette houzardaille, comme disait Dumouriez.

Donc, rendons grâce à la pluie, qui tombe avec d'autant plus de vaillance qu'elle a à réparer le temps perdu.

Pour ce qui concerne nos propres préparatifs, je me contenterai de dire que, en deçà de l'enceinte des forts et de l'enceinte des remparts, une troisième enceinte est déjà presque terminée, et que cette troisième ligne, grâce aux talus et aux tranchées du chemin de fer de ceinture est aussi inexpugnable à l'ennemi que les deux premières.

Paris est imprenable, de vive force, sauf un cas, celui où les Parisiens, au lieu d'être à leur poste de combat, se disperseraient et se fatigueraient dans les mille dangers des discordes intestines.

Les frontières de Paris les plus spécialement menacées (nos frontières réelles ne dépassent pas quatre à six kilomètres au-delà des remparts) se divisent en deux sections distinctes, celle du sud et celle de l'ouest.

Dans celle du sud, c'est nous qui tenons les hauteurs; dans celle de l'ouest, c'est l'ennemi qui occupe les positions supérieures.

La frontière du sud se subdivise elle-même en deux sections séparées par la Bièvre, celle que j'appellerai le plateau de Villejuif, et celle que je dénommerai le plateau de Châtillon.

La première section part des bords de la Seine à Vitry, au niveau d'environ 31 mètres d'altitude, remonte au Moulin-Saquet (109 mètres), s'avance à Villejuif, même altitude à peu près, se prolonge par la redoute des Hautes-Bruyères (123 mètres) et redescend sur la Bièvre à Cachan (50 à 60 mètres environ.)

Les points correspondants, occupés par les Prussiens, sont dans un plan relativement très-inférieur. Choisy, à trois kilomètres de Vitry, sous le feu du Moulin-Saquet, ne mesure, à la partie immédiatement supérieure de la grande route, que 31 mètres.

Quant à Thiais, faisant face également au Moulin-Saquet, sa situation est inférieure de 20 mètres à celle de la redoute. Chevilly, au-delà de Villejuif, déclive à 94 mètres; et, sur la droite, l'Hay n'est coté qu'à 88 mètres.

Ajoutons que l'avantage capital de notre position de Villejuif est de commander le cours de la Seine. Enfin, la Bièvre, en descendant sur Paris, creuse, vers Gentilly, un ravin profond, que la fortification domine presque à pic.

Seconde section. — Ici la mesure des altitudes du terrain est, moins à notre avantage. Le fort de Montrouge n'est qu'à 85 mètres, celui de Vanves qu'à 94, celui d'Issy qu'à 86 : Bagneux s'élève, en face, à 107, Châtillon à 162 et Clamart à 123. Mais d'abord ces trois hauteurs sont à la portée, presque sous la main de nos forts, ce qui diminue l'avantage de la hauteur. Aussi les Prussiens n'ont pas encore pu, selon toute vraisemblance, retourner la redoute de Châtillon : Vanves et Montrouge culbutent immédiatement toute ébauche perceptible d'ouvrages. Montrouge enfile parfaitement la vallée de la Bièvre, et Issy domine le coteau, qui descend sur la Seine. Ce fort dont l'importance est capitale, forme, pour ainsi dire, la transition entre notre frontière sud et notre frontière ouest.

Il répond au Mont-Valérien : tous deux coupent la Seine et croisent leurs feux sur Billancourt et Boulogne, couvrant le cours de la rivière. Ils sont, il est vrai, distants de 7500 mètres ; mais cet intervalle n'a rien de dangereux avec des feux qui se prolongent facilement à 4000 mètres. D'ailleurs, notre flottille cuirassée, au point de vue défensif, est un véritable fort intermédiaire.

Au pied de la côte d'Issy, qui aboutit au val de Meudon, commence la seconde partie des lignes, qui nous occupent en ce moment. Par là, ce sont les assiégeants qui tiennent exclusivement toutes les hauteurs, sauf une, qui est assurément la plus importante, je veux parler du Mont-Valérien.

On peut diviser les hauteurs prussiennes en trois sections, celle de Meudon, dont le point culminant est la terrasse du château ; celle de Bellevue, qui, au-dessus de Sèvres, est ceinte de la redoute de Brimborion ; celle de Saint-Cloud, qui présente une élévation considérable, au-dessus du château, sur le plateau du parc.

Les trois séries de positions se profilent le long de la Seine, plongeant presque dans le lit de la rivière, et déclivant uniformément de gauche à droite. L'altitude de Meudon est d'à peu près 119 mètres, et celle de Brimborion de 130 mètres. Quant à la Lanterne, elle ne s'élève qu'à 100 mètres. Cette altitude n'est à considérer que par rapport à l'abaissement soudain et roide du terrain, sur la Seine. Le château de Meudon est à 3800 mètres du Point-du-Jour, Brimborion à 3000 mètres de la porte de Billancourt, la Lanterne à égale distance du même point. Quant au cours de la Seine, il forme, du Point-du-Jour à Montretout, un détour d'environ 7 kilomètres.

En admettant, de part et d'autre, une installation parallèle, ce seraient donc les Prussiens qui, grâce à l'altitude de leurs positions, pourraient avoir sur Paris, une certaine supériorité dans cette portion de la circonférence. Mais l'ennemi n'est pas installé, tant s'en faut ; et maintenant l'important de la défense consiste à l'empêcher de le faire, ce à quoi notre artillerie doit travailler tous les jours.

La redoute de Brimborion s'aperçoit le mieux : c'est un grand talus blanc, qui coupe par le milieu la pente verdoyante du coteau de Sèvres ; au-dessus flotte le drapeau prussien, mi-partie noir et blanc. Malgré cette égide, pas une bombe n'est encore arrivée de ce formidable ouvrage sur Paris. Et vraiment je ne puis croire que l'ennemi use de mansuétude. S'il se tait, c'est qu'il n'est pas en état de parler. Pour le moment, cette courte distance de trois à quatre kilomètres est tout à notre avantage. A vrai dire, les Prussiens sont plus éloignés de nous que nous ne le sommes d'eux : 1° parce que nos batteries sont établies et qu'ils ont à asseoir les leurs ; 2° parce que la flottille cuirassée peut, à volonté, rapprocher les distances et se transporter, au premier éveil, vers le point menacé ; ce qui fait que son champ de tir est libre, presque illimité.

Enfin, il faut compter le Mont-Valérien, ce colosse carré et droit, comme une statue égyptienne ; il développe largement dans le ciel ses hautes lignes et ses fermes arêtes : il semble refouler loin de lui, en les dépassant de la tête, un troupeau de collines verdoyantes, comme s'il les tenait en respect et leur imposait sa suzeraineté. Sa couronne est de pierre : et souvent il se couronne de feux et de fumée, ainsi qu'un Jupiter tonnant.

Le Mont-Valérien rend la redoute de Montretout inhabitable aux Prussiens. A partir de Montretout, le terrain s'abaisse vers la Fouilleuse, de 93 à 86 mètres, pour remonter, en pentes rapides, presque par des anfractuosités, à 120 et 150 mètres, jusqu'au sommet du fort. De l'autre côté du Mont-Valérien, la pente tombe brusquement sur Nanterre et, sur le rond-point de Neuilly. Puis la plaine s'étend, non interrompue, sur toute la presqu'île, jusqu'à Saint-Denis.

Entre le Mont-Valérien et le fort de la Briche, à Saint-Denis, la distance est presque de 12 kilomètres. Mais d'abord Montmartre coupe cet intervalle par le milieu, et plonge sur Clichy et Asnières. De plus, comme le pays est en plaine, nos ouvrages accumulés le long des remparts et le long de la Seine, équivalent à des positions élevées, eu égard à l'ennemi, qui ne peut les dominer que de très-loin.

En définitive, il se peut que les Prussiens tentent leur véritable attaque par cette section ; mais il leur faudrait auparavant être maîtres de Saint-Denis ; ils devront affronter, à découvert, en plaine, et presque sans ligne de retraite, en ayant à dos la Seine, nos lignes de retranchements accumulées et étagées de Montmartre au Mont-Valérien.

Le roi de Prusse, dit-on, est décidé à un sacrifice. Il laissera sur le carréau 50,000 hommes pour se frayer un chemin. Reste à savoir si ce sacrifice peut et doit être utile. En considérant nos positions, il est impossible de ne pas attendre l'assaut avec confiance, bien mieux, de ne pas le souhaiter.

Reste, dans l'hypothèse d'un siége persistant, à examiner les chances diverses que nous offre la configuration de la défense.

Tout d'abord, on voit que l'ennemi enserre, et, pour ainsi dire, empoigne très-solidement le coude de la Seine, entre Meudon et Saint-Cloud. Par là,

LE MONT-VALÉRIEN.

ce semble, notre seule tactique efficace doit consister à annuler ses moyens d'offensive contre Paris. Que faut-il pour cela? une canonnade vigilante, exécutée avec nos pièces de gros calibre. A mesure que les assiégeants établissent une batterie, il faut la tuer, pour ainsi dire.

Et, tant que ces positions ne seront pas solidement garnies, les Prussiens ne pourront pas diminuer en proportion notable la masse des forces qu'ils ont concentrées en arrière, comme soutien, autour du quartier-général de Versailles : sinon, le grand quartier-général de l'armée allemande risquerait fort d'être obligé un de ces jours de plier précipitamment bagage.

Car, tout autour du massif des hauteurs d'outre-Seine, nous avons deux ailes ouvertes, par où nous pouvons, en un moment donné, reprendre hardiment l'offensive. Une bonne portion du côté sud, comme la topographie le démontre, est placée sous notre prise : en descendant de Villejuif, nous coupons les Prussiens de la Seine. En même temps, du côté ouest, le Mont-Valérien nous ouvre la porte; en tournant sous ses feux, nous pouvons nous rabattre dans la direction de Saint-Cloud. C'est ainsi que l'armée de Versailles, prise à revers, se trouverait complétement isolée.

Tout ceci sans doute est du contingent et de l'hypothétique. Toutefois il est certain que l'investissement actuel peut, surtout avec le concours d'une armée de province, être simultanément percé sur deux points, et que, une attaque dirigée avec énergie et dans de bonnes conditions, peut compromettre gravement le centre même des positions ennemies.

En attendant, et pour préparer le moment de l'action, notre besogne est tout indiquée. Ouvrir de plus en plus, pour ainsi dire, les portes de la maison, en surveillant par notre artillerie les hauteurs environnantes, occupées par l'ennemi, en poussant progressivement d'ouvrages en ouvrages, en couvrant ces ouvrages de canons, en les éclairant par de fréquentes reconnaissances, en enlevant les postes de l'ennemi, qui protégent la route des convois, en inquiétant ces convois; — tel est le plan qui, nous le répétons, s'impose naturellement à nous, pour cette période préliminaire du siége.

Donc, nous sommes fondés à dire que notre situation comporte des avantages sérieux et de légitimes espérances.

Toutefois, si l'unité de volonté et d'efforts ne se maintient pas absolue, rigoureuse, ce n'est pas la peine de compter sur nos troupes, ni sur nos canons, ni sur nos remparts, ni sur nos forts : la ville est perdue. C'est la population elle-même qui est maîtresse de ses destinées. Paris, à proprement parler, ressemble au corps d'un géant aux muscles d'acier et à la poitrine de fer. Mais il faut que le patriotisme, le souffle sacré, l'âme, vivifie ce corps, le conduise à la lutte, c'est-à-dire à la victoire.

Hier, entre deux et trois heures, un certain nombre de citoyens, obéissant à un mot d'ordre des clubs rouges, sont venus faire une manifestation sur la place de l'Hôtel-de-Ville. L'affaire s'est pacifiquement terminée; plusieurs bataillons de garde nationale, convoqués par le gouvernement, ont fait évacuer la place. Cependant les forts tonnaient, et les cris de : Vive la Commune! n'ont pu couvrir l'airain des canons qui sonnaient le tocsin et nous rappelaient à tous, avec une éloquence certes opportune, que les Prussiens sont à six kilomètres de la place de Grève.

Il me semble que, au bruit seul du canon, tous les manifestateurs auraient dû spontanément se retirer, saisis d'une sorte de remords patriotique, et comprendre cette idée si simple qu'en ce moment toute tentative d'agitation est un crime.

Le Mont-Valérien se conduit en vrai soldat, toujours aux aguets, et ne dormant pas. Ce matin, il soutenait de ses feux une des reconnaissances, que le général Ducrot pousse fréquemment à l'ouest, vers Colombes et Nanterre afin de dégager la presqu'île de Gennevilliers des postes ennemis, qui passent la Seine à Argenteuil et à Besons.

Dans l'après-midi, il a pointé sur la Lanterne de Saint-Cloud, devant laquelle les Prussiens faisaient mine, eux aussi, de manifester. Trois obus sont tombés à la file, dans un cercle de cinq à six mètres, autour de la Lanterne. Aussitôt la manifestation s'est dissipée.

Le soir encore, jusqu'à minuit, les détonations du Mont-Valérien se sont succédé fréquentes. Rien ne sert aux assiégeants de travailler à la lune.

Ce matin, les coteaux apparaissaient nets et distincts. Aussi les ennemis se sont tenus cois ; à un moment, quelques têtes ont émergé au-dessus de Brimborion. Quatre coups de canons ont immédiatement rétabli sur la redoute le repos dominical, de rigueur chez les Prussiens.

En effet, on a beau promener sa lorgnette sur toute la ligne des hauteurs, ce matin, rien sur l'esplanade de Meudon, rien sur la redoute de Sèvres, rien autour de la Lanterne.

Allons, il faut espérer que demain le Mont-Valérien sera plus heureux. Il a l'air de se piquer au jeu. Sans doute la décoration récemment accordée à un pointeur du fort Montrouge empêche de dormir les bons camarades du Mont-Valérien.

RECONNAISSANCE DE BAGNEUX

Arcueil, vendredi, 14 octobre, 1 heure.

Si la fin de l'action présentement engagée répond aux importants préparatifs du début, la journée doit s'appeler bataille de Châtillon, comme celle du 19 septembre, qu'elle est destinée à glorieusement réparer.

10.

A vraiment parler, la bataille n'a pas encore commencé dans sa phase principale et effective. Il n'est qu'une heure; mais tout est prêt : le moment critique est imminent, et déjà, par les progrès accomplis de notre côté, par les opérations préliminaires, si importantes à la guerre, nous pouvons dire, autant qu'une prévision est permise en pareil cas, que ce soir nous serons vainqueurs et que la position de Châtillon nous appartiendra.

Depuis plusieurs jours, le coup, que nous sommes en train de mener à bonne fin, s'élaborait. De nombreux renforts d'infanterie, d'artillerie, avaient été dirigés par les portes d'Italie et de Montrouge, sur nos positions de Villejuif, de Vanves et d'Arcueil.

Le 7 octobre, nos avant-postes ont occupé, dans la vallée de la Bièvre, le village de Cachan, en avant d'Arcueil; le 11, ils ont enlevé, sur la grande route d'Orléans, à gauche du plateau de Châtillon, la maison Millaud, qui servait aux Allemands de poste d'observation.

Avant-hier, le général Vinoy était venu étudier sur place son champ de bataille.

Dans la soirée du même jour, les troupes avaient été prévenues de se tenir prêtes à marcher. Le lendemain de grand matin, elles étaient sur pied : le général vint à huit heures, et le fort de Vanves ayant envoyé un coup de canon, on crut que c'était le signal de l'action.

Il n'en fut rien, soit que le mauvais temps rendît trop difficile un engagement sur un sol montant et glissant, soit pour toute autre raison d'ordre stratégique…. Mais ce qui est différé n'est pas perdu.

Ce matin, sur les huit heures, le fort de Montrouge sonne le branle-bas. Vanves se joint à lui, et tous deux battent vigoureusement la ligne prussienne de l'Hay à Châtillon.

Lorsque le terrain est un peu déblayé par ce feu préliminaire, très-habilement ordonné, voilà une colonne, formée de deux bataillons des mobiles de la Côte-d'Or, d'un bataillon des mobiles de l'Aube, du 35e de ligne, qui, se lance en avant, contre Bagneux, placé à la gauche de Châtillon, sur la pente même de la hauteur.

A Chevilly, les mobiles de la Côte-d'Or étaient en seconde ligne; aujourd'hui, ils sont en première. Bravo ! la Côte-d'Or va bien; elle enlève tambour battant le poste d'honneur.

La colonne d'attaque exécute une opération analogue à celle qu'en chasse on appelle le rabat. Elle a pris les Prussiens à Cachan, dans la vallée de la Bièvre, sous la protection de la redoute des Hautes-Bruyères; puis elle a tourné à droite, revenant sur Bagneux et suivant en sens transversal les pentes qui montent au plateau de Châtillon. Les ennemis n'ont pas pu s'opposer à notre mouvement; ils ont lâché pied, se repliant à travers champs jusqu'à Bagneux, et se concentrant autour de Châtillon. Cette première opération, analogue au fameux mouvement tournant, est de grande importance pour le succès de la journée. Nous prenons en tenaille la position ennemie. Car en même temps à droite, le 113e, le 114e, avec les gardiens de la paix (anciens sergents de ville), sous les ordres du général Susbielle, attaquent également en flanc le plateau, par Clamart.

Déjà Bagneux est à nous : les feux des tirailleurs sont moins épars; ils se resserrent et se concentrent en décharges profondes.

Pendant cette première période d'attaque, le gros de nos troupes est massé, au bas des hauteurs. C'est le général Blanchard, commandant une division du 13e corps, qui dirige les mouvements.

Vers onze heures, une brigade de la réserve est portée en renfort sur Bagneux, où la lutte continue, très-chaude, dans les maisons, dans les enclos. Là, en effet, les nôtres sont canonnés par le plateau de Châtillon; les obus leur arrivent encore à revers dans la direction de Fontenay. Il semble que les Allemands, afin en quelque sorte de nous arracher des flancs du plateau, essayent à leur tour de nous déborder sur la gauche. Alors une seconde brigade, stationnant sous le fort de Montrouge, défile sur la route d'Orléans, puis, à la hauteur d'une tannerie, à environ 1000 mètres du fort, elle oblique à droite dans les champs, et s'espace en lignes de bataille.

Notre artillerie divisionnaire, prend position devant la tannerie; elle contrebat les feux ennemis, sur Sceaux et Fontenay.

Cependant les Hautes-Bruyères envoient quelques volées d'obus, pour empêcher les Prussiens de l'Hay et de Chevilly de nous inquiéter en flanc.

Vers midi, le général Vinoy arrive à cheval sur la route d'Orléans; il s'installe en arrière de la première ligne. Le vent souffle très-violent; un peu de pluie essaye de l'abattre, mais en vain; le temps se maintient assez beau.

A midi et demi un temps d'arrêt dans la fusillade et la canonnade. Quelques blessés passent sur des cacolets. On amène au fort de Montrouge une vingtaine de prisonniers.

Sur la hauteur de Châtillon, on aperçoit une colonne ennemie, qui débouche, à la rescousse; à droite du moulin, vers un gros bouquet d'arbres, une batterie est installée, qui se met à tonner sans interruption.

Vanves et Montrouge reprennent le feu, et dirigent obus sur obus sur la batterie ennemie.

Voici que les renforts allemands se dispersent en tirailleurs. Je les vois en avant de Bagneux, qui font le coup de feu, au milieu des champs. La fusillade crépite, brusque, saccadée, rapide, sur une longue ligne, enserrant Châtillon et le contournant jusqu'à Clamart.

De face, notre artillerie gronde vigoureusement. On entend le canon prussien, plus sourd, qui riposte du côté de Fontenay et de Châtillon.

Notre ligne est massée : notre opération s'accuse, ferme et vigoureuse. Il est une heure : la bataille va s'engager, ce me semble, dans de bonnes conditions.

Encore une fois, autant qu'à la guerre il est possible de rien prévoir ou prédire, la journée sera bonne pour nous.

Un soldat aux rangs disait à son camarade en regardant la redoute de Châtillon : « Aujourd'hui, il faut que nous l'ayons. »

Tel est le sentiment universel qui anime nos troupes; et à la guerre plus qu'en toutes choses, il est vrai de dire que vouloir, c'est pouvoir. Donc, confiance !

Samedi, 15 octobre.

On lit dans le *Journal officiel* de ce matin :

« Un récit, d'ailleurs très-habilement et très-fidèlement fait, de l'engagement d'aujourd'hui jeudi, a donné à supposer que le but que cette opération militaire se proposait était d'occuper le plateau de Châtillon.

« Pour que les résultats de cette journée excellente soient appréciés à leur véritable valeur, il importe de constater qu'il ne s'est jamais agi d'une occupation définitive, mais seulement d'une reconnaissance offensive qui a réussi de tous points.

« L'opinion s'était répandue que la concentration faite avant-hier par l'ennemi n'avait pas pour objet une attaque contre nos positions de Villejuif, comme on l'avait généralement pensé, mais qu'elle avait pour but de préparer une opération offensive contre un corps français venant d'Orléans.

« Le gouverneur de Paris a jugé qu'il fallait savoir si les masses prussiennes étaient restées sur le plateau ou l'avaient quitté, comme on l'assurait. Il a, en conséquence, ordonné la reconnaissance dont il s'agit.

« Les villages de Bagneux, Châtillon et Clamart ont été envahis, et, après un vif combat de tirailleurs et d'artillerie, où nos troupes ont montré la

AFFAIRE DE BAGNEUX. — MORT DU COMMANDANT DE DAMPIERRE.

plus grande énergie, les bataillons prussiens ont paru sur le plateau, leurs réserves accourant de toutes parts, et ils se sont trouvés en prise aux canons des forts de Montrouge, Vanves et Issy.

« C'est à ce moment que, d'après les ordres donnés, la retraite devait commencer : elle s'est effectuée avec beaucoup d'ordre et de calme, sous le feu très-vif de l'artillerie des forts, qui a fait beaucoup de mal à l'ennemi.

Il a subi des pertes considérables en tués et en blessés, laissant entre nos mains cinquante prisonniers. »

Ainsi, nous ne pouvons plus appeler la journée d'hier de ce nom glorieux et fécond en résultats : Bataille de Châtillon. Il faut nous contenter de ce titre, plus modeste : Reconnaissance de Bagneux.

Mon récit datait d'une heure ; je crois qu'il n'y a rien à retrancher, sauf les prévisions, qui à tort, pronostiquaient un grand succès. En somme, et à franchement parler, comme il convient dans un temps de grand péril, le résultat définitif de l'engagement d'aujourd'hui n'est pas en rapport avec l'importance des préparatifs, le début des opérations et l'attente légitime des soldats et du public.

Au milieu de la journée, le vent a subitement tourné ; il nous portait à pleines voiles vers un grand succès, longuement conçu et impatiemment espéré. Nous avons fini par une vigoureuse escarmouche qui fait honneur au courage de nos troupes, mais qui n'avance pas sensiblement nos affaires.

Et d'abord le récit de la seconde partie de l'engagement.

A une heure, et même avant, notre ordre de bataille était complet ; les lignes s'appuyaient, en arrière, sur les forts, et en flanc, sur des batteries de campagne solidement installées. Les dispositions étaient si bien prises, que les canons prussiens, qui observaient toutes nos manœuvres du moulin de Châtillon, n'ont pas même tenté de canonner les troupes de réserve et de soutien : et pourtant ils plongeaient en plein sur nos régiments.

Sur les deux heures seulement, quelques obus vinrent éclater aux environs de Montrouge, parfaitement inoffensifs, du reste, car ils ne touchèrent personne. On me rapporte qu'un seul projectile est tombé sur le fort de Vanves.

Les mobiles de la Côte-d'Or et de l'Aube ainsi que le 35ᵉ de ligne occupaient toujours Bagneux. Ils y étaient installés depuis neuf heures du matin environ ; quelques pièces de campagne les soutenaient dans le village même.

Nos soldats, abrités dans les maisons, tiraillaient continuellement contre les Bavarois, qu'ils avaient vigoureusement refoulés ; ceux-ci se tenaient tout près, derrière les murs, les haies ou les arbres qui hérissent en grand nombre la pente assez raide qui remonte de Bagneux à Châtillon. Cette pente, à partir des moulins, descend rapidement de 160 mètres à 96. L'obstacle devait naturellement arrêter nos tirailleurs; pour le franchir, il leur fallait attendre le concours des troupes rangées en bataille au-dessous d'eux. Ils continuaient la lutte avec énergie et persévérance, plutôt par l'ardeur du succès commencé et par l'instinct du but à poursuivre, que selon les indications de l'état-major.

Naturellement ils perdaient du monde dans cette lutte trop obstinément restreinte; le commandant des mobiles de l'Aube, M. de Dampierre, a été frappé de dix balles, en s'élançant dans Bagneux, le premier de sa troupe, avec une héroïque témérité.

Cependant qu'advenait-il de la colonne Susbielle, qui avait pris Châtillon par la grande route, montant au plateau par le milieu du village? Par ce côté, l'assaut était évidemment malaisé; aussi ne pouvait-il avoir de chances de succès que s'il était précédé et préparé par une attaque heureuse de notre gauche.

Le 114ᵉ de ligne tenait la tête. Il enleva rapidement la première rampe de la route jusqu'à l'entrée du village. Là, les soldats se jetèrent en tirailleurs, de chaque côté, dans les vignes, et entamèrent les maisons, dont les groupes sont éparpillés sur le flanc de la hauteur. On se touchait presque avec les ennemis, embusqués à quelques mètres derrière les murs crénelés.

Une batterie avait suivi la colonne; elle se mit en position un peu en arrière des tirailleurs. Les canons, huchés sur la crête du plateau, répondirent ferme. Un obus vint tomber sur un de nos caissons; et tout le contenu, obus, boîtes à balles et charges de poudre, éclata alentour, meurtrissant les artilleurs, culbutant le train et les chevaux. Une pièce fut ainsi démontée. Il y eut de touchés sept à huit hommes; un artilleur eut les deux jambes coupées ras sous les genoux.

Malgré canonnade et fusillade, les nôtres tenaient bon dans les premières maisons de Châtillon; mais à Châtillon, comme à Bagneux, comme à Clamart, nous restions stationnaires, attendant que des renforts vinssent profiter de nos premiers avantages et en développer l'étendue.

A deux heures et demie, ordre fut donné, sur toute la ligne, de battre en retraite.

Deux faits venaient de modifier le plan préconçu, si tant est que l'on eût arrêté le plan que nous supposions, ou d'arrêter brusquement la reconnaissance, s'il n'était, en effet, question que d'une reconnaissance.

D'abord, le fort de Montrouge n'avait pu démonter la batterie ennemie établie sur la crête de Châtillon. Cette batterie en éventail bat facilement les abords de la position.

En second lieu, les colonnes de renfort arrivaient aux Bavarois, nombreuses, par Bourg-la-Reine, Plessis-Piquet et Meudon. Ces secours rendaient de plus en plus difficile l'assaut de vive force de la redoute de Châtillon.

Il était trop tard pour mener à bonne fin, contre cette redoute, l'opération qui, selon toutes les probabilités, se préparait, de notre côté, depuis trois jours. Dès lors, il a fallu se borner à la première partie de la journée, se limiter à l'occupation temporaire de Bagneux et se contenter, au lieu d'un succès complet, d'une reconnaissance exécutée à mille mètres de nos forts par quatre ou cinq bataillons. Tel est, en définitive, le résultat pour lequel tout un corps d'armée a été convoqué et rangé en bataille, pour lequel enfin nous avons travaillé depuis la journée de Chevilly, pour lequel les excellentes manœuvres de la matinée ont été si courageusement enlevées !

L'ordre reçu, les soldats de la mobile et du 35ᵉ de ligne abandonnèrent Bagneux, se repliant avec une très-fière contenance, tout en faisant le coup de feu. A-t-on seulement envoyé quelques compagnies, armées de pioches, pour abattre les murs crénelés par les Prussiens et détruire les abris qu'ils ont précédemment élevés ? De ce côté, la retraite s'opéra par la petite route qui rentre à la gauche du fort de Montrouge.

La batterie volante, qui accompagnait la colonne, a très-vaillamment opéré. Pendant l'action, elle avait été fort en avant; lors de la retraite, elle a reculé par échelons, se braquant de cent pas en cent pas, pour protéger le ralliement de nos tirailleurs.

Les Prussiens, sentant bien que nous avions laissé passer le temps utile de l'attaque, commencèrent à canonner plus vivement de Sceaux et Bourg-la Reine ; les décharges se succédaient, violentes et répétées, sur nos batteries de campagne, installées sur la grande route d'Orléans, à la hauteur de la tannerie qui forme angle avec cette route. Les artilleurs attelèrent leurs canons ; il était bien inutile qu'avec des pièces de 4 ils entreprissent la lutte, lorsqu'à 800 mètres en arrière la grosse artillerie des forts pouvait plus efficacement donner. D'ailleurs, les troupes qui, depuis le matin, attendaient, l'arme au bras, le signal de la bataille, défilaient et regagnaient leurs campements. Elles n'ont pas tiré un coup de fusil. Il va sans dire que la retraite s'est opérée dans le meilleur ordre. Mais le désappointement n'était pas mince d'avoir été mis en l'air en si grand nombre et pendant si longtemps pour si peu de chose.

A quatre heures, tout était fini. Les forts se taisaient, ainsi que les batteries ennemies. On n'entendait plus que quelques coups de fusil, sur la droite; ce dernier bruit alla en diminuant, et finit par s'éteindre.

Les Bavarois étaient rentrés à Bagneux, sur les talons de nos soldats. Ils ne peuvent pas se vanter de nous avoir repris une position, qui leur a été volontairement abandonnée. D'ailleurs, Bagneux n'a pas d'importance propre : c'est, à proprement parler, le premier étage des hauteurs qui donnent accès à Châtillon. Quant au village Châtillon, les Prussiens n'ont pas eu la peine de le conserver : nous ne nous sommes pas donné celle de le leur disputer.

Un poste d'environ quarante Bavarois est venu se placer à l'entrée de Bagneux, dans un jardin encore tout fleuri de roses.

Ils auraient subi, paraît-il, des pertes assez considérables. Nos mobiles les ont rudement menés, et les obus des forts ont fait du dégât dans leurs rangs. Ils ont laissé entre nos mains à peu près quarante prisonniers.

Le général Trochu est venu, sur les quatre heures, au fort de Montrouge il a fait son rapport. Il a mentionné, avec des éloges mérités, la belle conduite des mobiles de la Côte-d'Or; il ne faut pas oublier non plus le 35°, qui a eu l'honneur, à Chevilly, de perdre douze officiers : des compagnies ont eu, ce jour-là, jusqu'à soixante-dix hommes mis hors de combat. Aujourd'hui encore, ce régiment se trouvait un des premiers à la peine et au péril.

A partir de quatre heures, le champ de bataille a été envahi par les ambulances. C'était une véritable procession de voitures à drapeaux blancs avec croix rouge. Il faut louer le service médical de ce zèle, assurément très-méritoire. L'ambulance qui, dès le matin, s'était installée dans l'église de Bagneux, y a laissé la moitié de son personnel, lors de notre retraite, pour continuer son œuvre de charité.

En somme, nos pertes ne sont pas, que je sache, très-considérables. On estime à deux cents ou trois cents le chiffre des morts et des blessés.

Je vois encore rapporter un pauvre mobile, simple soldat, étendu, froid et raide, dans son manteau. — La réalité du spectacle s'étalait nue et pauvre; mais une grande idée, celle de la patrie, enveloppait ce cadavre dans des plis de gloire et d'immortalité.

Aujourd'hui, tout est redevenu calme. On ne voit pas trace d'ennemis. Les hauteurs, hier si bruyantes et si tumultueuses, sont maintenant silencieuses; elles semblent dormir.

Dans le lointain, vers la droite, on entend par intervalles le sourd grondement du Mont-Valérien. Au-dessus de Saint-Cloud, une fumée épaisse et blanche plane comme un nuage : c'est le château qui brûle. On n'aperçoit plus que les gros murs percés de grandes brèches noires régulières : ce sont les fenêtres. La toiture s'est effondrée. Ce spectacle est lamentable; il s'harmonise avec le fond des arbres dénudés et jaunissants. Plus loin, à la place de la Lanterne, dans le parc, je n'aperçois plus encore qu'un monceau de décombres.

Voulions-nous prendre Châtillon ? A cette question, les chefs seuls, qui ont le secret des opérations, peuvent répondre. Toutefois, je puis dire qu'ils ont agi de telle façon, que le public était en droit de croire qu'ils avaient tout combiné pour cette occupation. Or, est-il bon de laisser germer des espérances légitimes, sans les conduire jusqu'à réalisation ?

Châtillon est une position telle, soit parce qu'elle domine de très-près deux de nos principaux forts, soit parce qu'elle intercepte nos communications avec le sud, et commande la route de Versailles, qu'il faut de toute nécessité la reconquérir.

Pouvions-nous aujourd'hui emporter la redoute ? La plus grande réserve est de rigueur : toutefois, l'exemple de Villejuif nous démontre que, par une action leste et vigoureuse, il n'était pas impossible, non-seulement de l'enlever, mais encore de la conserver. Mais, pour cela, on aurait dû, au lieu de laisser en avant nos tirailleurs sans ordre et au petit bonheur, au lieu de piétiner sur place pendant des heures entières et attendre qu'il plût aux Prussiens de couronner les hauteurs de renforts, on aurait dû, peut-être, profiter de la masse de nos troupes, du nombre de notre artillerie de campagne, de la proximité de nos forts; en un mot, après avoir combiné son jeu, il fallait jeter hardiment ses cartes. Pourquoi avoir attendu onze heures et midi pour mettre en ligne toutes les troupes, lorsque, dès neuf heures du matin, nos tirailleurs occupaient Bagneux ? Pourquoi n'avoir pas, de Montrouge et de Vanves, envoyé un déluge d'obus sur la batterie de Châtillon, sans relâche ni repos ? Pourquoi enfin n'avoir pas utilisé sur nos flancs, et sur Bagneux même, toute l'artillerie de campagne que nous avions à notre disposition ?

Il y a certainement des mesures vigoureuses à prendre, des réformes à opérer parmi les hommes et dans les choses.

Le général Trochu doit savoir que notre grand malheur jusqu'ici, c'est le défaut de ne pas voir clair dans notre situation, et de laisser tout aller au jour le jour, par présomption, favoritisme, routine et paresse. Il faut, une fois pour toutes, rompre avec ces errements de l'empire. La République est jeune, qu'elle ait au moins les qualités de la jeunesse. Obéissance, discipline, tel est notre devoir à nous tous, citoyens et soldats; quant aux chefs, ce qu'il faut leur demander, c'est la conception d'un plan et l'énergie nécessaire pour le réaliser.

Les éléments de la défense sont bons; l'important est de ne pas les disperser et les annuler faute de plan ou d'une intelligence suffisamment pratique, sérieuse, prévoyante.

NOS POSITIONS DE L'EST

17 octobre.

C'est par le front Est, qui cependant fait face aux lignes profondes de l'ennemi, que Paris se trouve encore serré de moins près, et conserve la plus grande zone de banlieue.

Dans les autres directions, à peine a-t-on franchi la porte, que déjà le désert commence : les maisons sont closes et muettes; quelques soldats, seuls, traversent les rues; ils vont à Paris ou reviennent aux forts. A Vincennes, à Montreuil, à Romainville, c'est tout autre chose. Il y a encore des maisons habitées, pas beaucoup, il est vrai; mais il y en a, surtout les guinguettes, trois fois bénies du moblot; elles lui permettent d'arroser la ration de viande salée. Les rues ont encore un aspect vivant : ici, des francs-tireurs campés autour d'une église; là, des maraîchers qui emportent de lourds paniers de légumes. On jase; et, malgré les coups de fusils voisins, on rit volontiers : naturellement, les Prussiens font l'ordinaire de la conversation.

A partir de Saint-Denis jusqu'à Charenton, la ligne des ouvrages avancés s'écarte assez loin de celle des remparts, et laisse un large intervalle, tout à fait à l'abri de l'ennemi.

Notre délimitation de l'Est, assurément, est une des plus fortes de Paris. Elle court en demi-cercle le long de la crête d'un vaste plateau, qui part de Romainville et se termine à Nogent. Cette crête, dont le contour ne dépasse pas deux lieues, est ceinte de quatre forts : Romainville, Noisy, Rosny et Nogent, solidement assis sur les positions les plus importantes. L'espace assez restreint, qui sépare chacun d'eux de son voisin (1000 ou 1500 mètres), est encore comblé par des redoutes : celle de Noisy, entre Romainville et

Noisy; les deux jumelles de Montreuil et de la Boissière, entre Noisy et Rosny; l'ouvrage de Fontenay, entre Rosny et Nogent. Plus bas, la très-

AFFAIRE DE BAGNEUX — 13 OCTOBRE —

grosse redoute de Gravelle domine la Marne, ferme la presqu'île de Saint-Maur, et relie le fort de Nogent à celui de Charenton.

Toutes ces redoutes ont un air de parenté avec les forts : on dirait la famille des Burgraves. Excellente famille, du reste, solide de corps et française de cœur, qui n'aime pas les Prussiens, à en juger par la réception qu'elle leur fait. Aussi les assiégeants se tiennent à distance de ces deux burgs inhospitaliers. Ce sont des marins, qui, avec leurs grosses pièces,

CHATILLON A CHEVILLY. (VOIR PAGE 80.)

forment la garnison des quatre forts, sous le commandement supérieur de l'amiral Saisset.

Le plateau de l'Est, entre la plaine de Saint-Denis et le bois de Vincennes, descend sur Paris en pentes très-douces; il se continue, dans Paris même, par Belleville et Ménilmontant : mais, du côté opposé, regardant la campagne, il tombe brusquement et par de vives arêtes. Ainsi de Noisy à Bondy, sur une distance de trois kilomètres environ, le terrain baisse d'à peu près 115 mètres.

Les Prussiens sont donc réduits à nous observer d'en bas, tout en ayant grand soin de se tenir hors portée de nos canons. Ils n'ont, de leur côté, qu'une seule hauteur, celle d'Avron qui, par son niveau (115 mètres), puisse répondre à nos positions. Mais Avron est directement sous le feu de Rosny; et je doute que l'ennemi ose jamais, même en prenant par derrière, et en remontant par le Raincy et Villemonble, aventurer une batterie sur ce cap trop découvert et trop périlleux.

Il est vrai qu'il leur reste comme retranchements les bois de Bondy. Mais de Bondy à Montmorency s'étend un grand espace découvert où il leur est difficile de prendre pied. Ils ont beau se créneler dans les villages, s'embusquer dans les fermes et se fortifier derrière les routes et les canaux : un vigoureux effort de notre part, bien appuyé par le canon des forts, pourra toujours les déloger. A preuve, l'affaire toute récente de Bondy.

L'expédition se composait de plusieurs compagnies de ligne, qui, descendant des redoutes de Montreuil et de la Boissière, convergèrent sur la gauche, vers une haute cheminée qui pouvait servir de phare.

Les pelotons s'avançaient lentement, derrière la chaussée du chemin de fer de Strasbourg, de façon à ne pas trahir leur manœuvre. Les tirailleurs, en avant, coulaient à travers les arbres et le long des fossés.

On arriva ainsi à environ deux ou trois cents mètres de l'ennemi. On ne voyait pas grand'chose sur la ligne prussienne : elle était abritée derrière les arbres; on savait seulement que l'ennemi avait un poste dans une grande maison blanche qui se détache à droite du village, sur le fond verdoyant des bois.

Nos troupes reçoivent l'ordre de se démasquer et de marcher en avant. Au même moment débouche en face sur elles un peloton de cavalerie ennemie. C'est lui qui essuie le premier feu. Il rebrousse chemin à la hâte; quelques chevaux courent, la selle vide.

On pousse à la suite; mais les Prussiens ont déjà mis en batterie deux pièces de canon; la mitraillade commence. Les nôtres se jettent par terre; une dizaine de décharges passent au-dessus de leurs têtes. « Il faut, me disait philosophiquement un soldat, que les Prussiens soient fièrement maladroits. »

On a fait aux Prussiens une réputation de bons tireurs qu'ils n'ont guère jusqu'ici justifiée devant Paris. Entendez les soldats qui ont eu à supporter le feu ennemi, à découvert, devant les barricades de Chevilly; ils vous diront qu'ils ne comprennent pas comment la grêle de la fusillade n'a pas complétement détruit le 35e, développé sur toute la longueur devant les Prussiens qui tiraient à l'abri.

De même, à Bondy, malgré la vivacité du feu, qui a duré plus d'une heure, la troupe ne compte qu'un mort et cinq ou six blessés. Ce chiffre de nos pertes, heureusement restreint, prouve deux choses :

1° Que dans ces escarmouches d'avant-postes, nos soldats se forment à la bonne tactique, celle qui consiste à profiter du terrain pour s'abriter soi-même et faire du mal à l'ennemi ;

2° Que les adversaires, tout en tirant beaucoup, visent à la diable et ne touchent que par hasard.

Dès que l'éclat de l'artillerie domina la fusillade, aussitôt les forts, de notre côté, se mirent de la partie. En quelques coups, Noisy avait mis en fuite les pièces ennemies. Alors les nôtres reprirent leur course et poursuivirent l'ennemi, qui battait en retraite sans discontinuer le feu. Partie repassa le canal de l'Ourcq, qui coule derrière Bondy, partie se rabattit à droite, dans les bois, vers la maison blanche, citée plus haut.

Quant à nous, après avoir dépassé Bondy sur les talons des Prussiens et, après avoir dégagé tous les abords du canal, le but de l'opération étant atteint, nous revînmes sur nos pas, laissant des avant-postes tout le long de la voie ferrée. Cette pauvre ligne de Strasbourg a l'air de porter le deuil : la voie, vide de cantonniers, de trains et de fumée, présente un aspect morne et désolé. Les rails sont recouverts d'une rouille jaunâtre au lieu du poli miroitant des beaux jours.

Eût-il fallu pousser plus loin notre avantage ? Je ne le pense pas. Il n'eût pas été prudent de faire une pointe au delà du canal, au risque d'être coupé par les Prussiens de Drancy et du Raincy.

La colonne n'avait pas d'autre artillerie que celle des forts : elle devait donc opérer seulement dans leur rayon immédiat. Eu égard à nos forces, et en tenant compte de l'ennemi refoulé hors de Bondy, l'issue de l'engagement est fort satisfaisante.

Aujourd'hui la canonnade des forts maintient les positions conquises. Vers une heure, Noisy arbore rapidement, sur son sémaphore, des flammes de diverses couleurs ; aussitôt une salve part conjointement de ce fort et de celui de Romainville. Les coups se succèdent assez vivement sur la plaine, entre Drancy et Bondy. C'est sans doute pour nettoyer le terrain de tous les préparatifs que l'ennemi tente sournoisement d'ébaucher derrière les rideaux de peupliers.

Cependant, au pied même du fort de Noisy, tandis que les obus passent en sifflant, les paysans, sur les pentes, continuent tranquillement à cueillir choux et salades. Seules, quelques femmes remontent précipitamment, tremblantes et ahuries ; mais elles s'y feront.

Ce coin de terre est un paysage splendide : il se courbe en un gracieux amphithéâtre luxuriant de végétation : çà et là des bouquets d'arbres, dont le feuillage, encore touffu, a cette belle teinte jaune pâle de l'automne ; des rangées de vignes serrées, vert sombre ou rouge éclatant ; puis, des asperges, hautes sur pied, balançant leurs rameaux d'or ; et, enfin, tout un fond, vert et humide, de plantes potagères.

La scène est égayée par toute cette bande de maraîchers, qui travaillent d'autant plus activement que le canon leur dit de se dépêcher et que la récolte à Paris sera la bienvenue.

Dans l'après-midi, sur les quatre heures, c'est le fort de Nogent, avec la redoute de Gravelle, qui saluent, en guise de bonsoir, de leurs obus, les hauteurs boisées de Brie et de Champigny. Aucune réponse. Décidément les Prussiens ne sont pas polis.

Sur la route des forts passe un bataillon de mobiles bretons, qui reviennent du travail, fusil et pioche au dos. Pas une heure d'oisiveté, telle est la consigne. Quand le soldat ne fait pas le coup de feu ou ne manœuvre pas à l'exercice, il pioche et terrasse. Nos Bretons scandent le pas avec une chanson entonnée vigoureusement en chœur, sur un air très-doux et très-gai.

NOS POSITIONS DE L'OUEST

Mercredi, 19 octobre.

Les Allemands ont essayé, à diverses reprises, de jeter des ponts sur la Seine, vers Épinay, Argenteuil et Bezons ; de plus, ils fortifient les coteaux bordant le cours de la rivière, de Meudon à Saint-Cloud, de Houilles à Épinay.

On peut donc se demander si l'ennemi médite de répondre à nos attaques, répétées depuis un mois contre les lignes du sud, par une attaque, dirigée à l'ouest, contre notre propre front de défense.

Il est difficile de savoir ce qu'il veut. L'essentiel est de savoir ce qu'il peut.

Une partie se compose de deux jeux; les cartes de l'un peuvent être bonnes, tout en étant primées par les cartes supérieures du partenaire.

Voyons d'abord le jeu de nos adversaires :

Les Prussiens, tout en étant forcés de se tenir à distance du Mont-Valérien, voient devant eux, découverte et sans fort, une large étendue de onze kilomètres, entre le Mont-Valérien et Saint-Denis.

Tout le long de cet espace, à une distance peu éloignée, ils tiennent des positions supérieures, les unes, comme Garches et Saint-Cloud, fermant l'entrée, et pour ainsi dire les portes de la presqu'île de Gennevilliers; les autres, comme les hauteurs de Sannois, d'Orgemont et de Montmorency, dominant directement le passage de la Seine et la plaine située au delà.

Il n'est pas superflu d'ajouter, au bénéfice des Prussiens, l'utilité d'aborder les remparts de Paris en plaine, par un côté qui cependant leur livre, dans Paris même, l'accès de hauteurs telles que Auteuil, Passy et Batignolles, etc. Peu leur servirait d'entamer la place, pour ainsi dire, par la basse ville.

Voilà assurément, dans l'ordre stratégique, des raisons fort puissantes, qui peuvent déterminer les Prussiens à un effort sur la presqu'île de Gennevilliers.

Mais, précisément parce que ces raisons sont évidentes et sautent aux yeux, le gouvernement s'est occupé et se préoccupe encore d'accumuler contre les tentatives ennemies des obstacles efficaces.

La tâche n'est pas commode; il s'agit, pour la défense, de se suffire à elle-même, et de suppléer à l'infériorité naturelle des positions par l'industrie des moyens artificiels.

Toutefois n'exagérons rien. Sans doute la presqu'île est ouverte sur une vaste étendue; sans doute Saint-Cloud, Garches, Sannois, Orgemont, Montmorency forment, aux alentours de la plaine, un cercle de hauteurs très-commodes pour l'établissement d'ouvrages offensifs; mais n'avons-nous pas, de notre côté, comme positions naturelles : 1° le Mont-Valérien, à l'entrée du premier méandre de la Seine; 2° Montmartre, à l'entrée du second? De plus, le double bras de la Seine, se repliant en avant de Paris, n'oppose-t-il pas à l'ennemi un champ d'opérations périlleux et semé de piéges? Qu'un corps d'armée franchisse la rivière à Argenteuil et s'aventure jusqu'à Asnières : le voilà, dans cet intervalle long de cinq kilomètres à vol d'oiseau, en grand péril d'être coupé de sa ligne de retraite par le Mont-Valérien en bas, par Saint-Denis en haut; de dos, la Seine avec quelques ponts de bateaux ; de face, la Seine derechef, cette fois sans ponts et sous nos feux, et le rempart, à 1,500 mètres plus loin. Certes, le terrain est merveilleusement disposé pour un désastre, et il nous faut sonner les cloches pour obtenir qu'il soit adopté par l'ennemi.

Il est arrivé à Napoléon de tenter, ce me semble, une opération à peu près analogue, vers l'île Lobau, entre les bras du Danube ; il eut grand mal à s'en tirer, et s'il sortit d'embarras, c'est que d'abord il était Napoléon, et ensuite que Vienne n'était point Paris.

Que sera-ce donc si l'on considère les ouvrages extérieurs de fortifications qui garnissent Paris à l'ouest ?

Tout le long de la Seine, de Suresnes à Saint-Denis, s'étend, de notre côté, une ligne non interrompue de fortifications, ligne très-redoutable d'abord par la largeur de la rivière qui sert de fossé, puis par le nombre et la puissance des batteries. Comptez celles connues de tout le monde, même de l'ennemi (car des moulins d'Orgemont il peut les compter à loisir), qui relient le Mont-Valérien aux forts de Saint-Denis.

D'abord (à tout seigneur tout honneur) la batterie de Saint-Ouen, établie à la droite du parc de ce nom, sur une légère éminence, qui plonge sur la Seine. Elle n'est pas à 2,000 mètres de la Briche. Elle est composée de superbes pièces dont le tir porte jusqu'à Orgemont. Rien que six kilomètres, s'il vous plaît, au bas mot. Quand elle tonne, on suit l'obus au sillage pendant quinze à vingt secondes ; c'est un bruissement aigu qui fend l'air par larges poussées régulières ; et la course se termine par une puissante détonation, qui éclate au milieu d'un immense panache de fumée, au sommet de la hauteur d'Orgemont.

Puis, à trois kilomètres, vient, le long de la Seine, la batterie qui défend à Asnières, sur notre rive, les abords du pont du chemin de fer, ouvrage bas, d'autant plus perfide.

Les batteries de Courbevoie et de Charlebourg s'écartent de la Seine, placées sur le léger exhaussement de terrain qui partage la presqu'île en deux versants.

Le Mont-Valérien, point culminant de la même crête, s'élève à trois kilomètres de ces derniers ouvrages. L'intervalle est comblé par un système compliqué de barricades à Neuilly, Puteaux, Suresnes, etc.

Ajoutons qu'en deçà de la Seine, derrière le Mont-Valérien, le bois de Boulogne a été, qu'on me permette ce terme de marine, paré pour le combat. Adieu les promenades élégantes, les fringantes cavalcades, sur le bord du lac. Hélas ! le pauvre bois fait pénitence pour toutes les joies mondaines qu'il a si hospitalièrement abritées. Le génie a fauché une large bande sur toute la longueur du rempart ; les arbres sont coupés à un mètre du sol, ils

LE BOIS EST COUPÉ EN AVANT DES BASTIONS
(P. 100 MÉMORIAL).

sont reliés par un treillage en fil de fer, tressé ras terre. C'est vraiment une inextricable forêt de chevaux de frise et de chausse-trapes. Par-dessus,

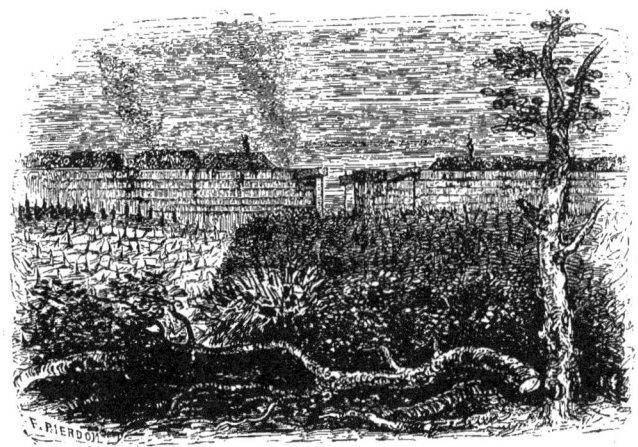

LE BOIS EST COUPÉ EN AVANT DES BASTIONS
(P. 100 MÉMORIAL).

le canon des fortifications a ses libres vues sur toute l'étendue de la zone dénudée.

Plus loin, le bois lui-même masque toute une avant-garde d'ouvrages de campagne : des épaulements sont construits dans les clairières, sur les côtés des avenues, qui donnent sur la place. En avant de la porte d'Auteuil, auprès de la petite mare bien connue des Parisiens, au milieu d'un bocage, bien touffu, bien épais, veille sournoisement la batterie Mortemart. Voilà de vigoureuses sentinelles ! Quelles tailles de géants ! Les canonniers pointent sur jalons; la direction est prise d'avance; une perche l'indique. Puis, quand vient la nuit, quand, là-bas, dans le parc de Saint-Cloud, l'ennemi se met tranquillement à piocher ses retranchements, nos énormes canons envoient, en guise d'impromptus, une bordée d'obus, à cent kilos la pièce.

Les batteries principales que je viens d'énumérer sont disposées de façon à commander toutes les routes qui donnent accès au travers de la presqu'île. Celle de Saint-Ouen domine le sommet de la presqu'île de Gennevilliers. Celle d'Asnières ferme la voie ferrée qui traverse la plaine par Colombes jusqu'à Argenteuil ; celle de Courbevoie couvre d'abord la route de Colombes à Courbevoie, puis celle de Bezons à Courbevoie ; enfin, le Mont-Valérien tient sous sa prise la grande route dite de Cherbourg, de Rueil à Neuilly.

Ces différents ouvrages se protégent mutuellement et font converger leurs feux sur les points spécialement visés par chacun d'eux. Leur puissance de tir, résultant du calibre des pièces, empêche l'ennemi d'établir des batteries qui puissent protéger et couvrir le passage de la Seine.

Un des points sur lesquels les Prussiens ont fait de préférence élection de domicile, est la butte d'Orgemont.

Prenez par la voie ferrée d'Asnières à Argenteuil : sur la Seine, le pont est à moitié démoli ; l'intervalle des rails est à jour et plonge sur la Seine ; un étroit sentier au milieu de ce pont est seul praticable. A l'entrée du pont, ainsi qu'aux deux bifurcations de la ligne de Versailles et de la ligne de Saint-Germain, des barricades coupent le chemin ; celles-ci sont blindées avec les rails mêmes de la voie, entre-castrés dans des poutres massives; à Colombes, le chemin tourne à droite, coupe la grande route et va se briser sur la Seine ; car le pont est coupé ; le tablier pend en plongeant dans les eaux. De même pour le pont de la grande route. A gauche, au delà de la Seine, le village d'Argenteuil, fouillis de maisons et de verdure, au-dessus duquel se détache un clocher blanc et propret ; puis le coteau monte aussitôt, raide de pente et tapissé de vignes. Sur le sommet du mamelon est plantée une tour avec de grandes ailes, entourée de deux maisons : c'est le moulin

LES AVANT-POSTES DE LA PRESQU'ÎLE DE GENNEVILLIERS.

d'Orgemont. Un peu plus bas encore, j'aperçois la Maison-Blanche : c'est l'observatoire des Prussiens, observatoire bien périlleux ; que l'un d'eux se hasarde sur la terrasse, aussitôt il se détache, en point de mire, aux coups de nos éclaireurs, toujours embusqués de l'autre côté de la Seine.

Le modèle des vigies dans ces cantons, c'est la batterie de Saint-Ouen. Elle a toujours l'œil de ses canons fixé sur Orgemont. Une batterie ennemie essaye-t-elle, en tapinois, d'avancer le bout du nez à travers les embrasures? sa rivale lointaine fait rage : Les obus énormes pleuvent sur ce malheureux moulin, qui n'en peut mais, et qui, à ce jeu, perd ses ailes une à une.

Les Prussiens méditent-ils de franchir subitement la Seine, soit à Épinay, soit à Argenteuil, soit à Bezons? C'est affaire à eux d'examiner s'il leur convient de se heurter contre nos ouvrages et nos batteries.

D'ailleurs, dans le canton de l'ouest, le corps du général Ducrot fait bonne garde. C'est chaque jour une reconnaissance lestement conduite, qui fouille la presqu'île de ci de là et évente les Prussiens.

Hier, reconnaissance en avant de Colombes, avec accompagnement de pièces de 12. Les Prussiens tiraillaient de la rive droite de la Seine, au bas d'Argenteuil; quelques décharges ont incendié et jeté bas un bâtiment qui pouvait les abriter. Puis, nos mobiles, dispersés dans les hauts herbages, tout le long de la rive, à la gauche du chemin de fer, ont rendu coups de feu pour coups de feu jusqu'à la nuit tombante.

Il fallait les voir s'abriter derrière le moindre obstacle, ajuster l'ennemi, puis se faufiler, tête courbée, invisibles, plus loin, pour recommencer. Les balles prussiennes pleuvaient à cinquante mètres trop en avant ou trop en arrière; en tout cas, l'ennemi ne semblait guère d'humeur à passer la rivière.

Aujourd'hui, nouvelle promenade dans la direction de Nanterre. On disait vaguement que les patrouilles allemandes battaient l'estrade entre Rueil et Chatou.

La reconnaissance partit par Courbevoie et la route de Cherbourg ; elle a obliqué à droite sur la route de Saint-Germain. Cependant le Mont-Valérien tirait sur Bezons et Carrières, pour tenir en échec les batteries prussiennes, qui, de l'autre côté de la Seine, auraient eu la velléité de prendre en flanc nos colonnes.

Mais nous n'avons pas eu à échanger un seul coup de fusil : les Prussiens se tiennent sur la défensive. Nos soldats sont donc revenus, ne rapportant, en guise de trophées, que pommes de terre, choux et carottes à pleins sacs. L'ennemi ne se montre que rarement à Nanterre et

Rueil. Les premiers postes campent à la Malmaison, et encore, depuis l'excursion du général Ducrot, le gros des Prussiens a reculé plus loin en arrière; ils laissent à la Malmaison seulement quelques éclaireurs. Nanterre est vide d'habitants; tous ont émigré à Paris. A Rueil, il y en a maintenant un grand nombre, près de 1200; le bourg a peu souffert; deux ou trois maisons seules ont été endommagées dans la bagarre.

En résumé, la presqu'île de Gennevilliers, à partir d'une ligne qui court de Saint-Cloud à la Malmaison, est tout à fait libre : ce sont nos avant-postes qui l'occupent. A examiner la force de nos ouvrages et le succès de nos reconnaissances, n'est-on pas en droit de dire que la presqu'île est inabordable à toute tentative d'attaque, à tout essai de surprise?

SORTIE DE RUEIL

Vendredi, 21 octobre.

Dans la matinée, il s'est fait un grand silence sur toute l'étendue de nos lignes. Ce calme n'était que l'avant-coureur d'un nouveau combat.

Décidément nous avons notre jour de bataille, comme les grandes dames ont leur jour de réception; c'est le vendredi.

A deux heures, tout le côté ouest de Paris a paru se réveiller en sursaut, et la canonnade a couru du fort d'Issy à Saint-Ouen. Les batteries des remparts, au Point-du-Jour et à Auteuil, les canonnières et le Mont-Valérien travaillaient à qui mieux mieux.

L'objectif de tout ce feu était, en demi-cercle, les bois de Sèvres, de Saint-Cloud, de Garches, de Bougival et de Chatou.

Cependant, au point central entre toutes ces directions, à Rueil, les troupes du corps Ducrot opéraient une reconnaissance.

On sait que le Mont-Valérien ferme solidement, par le bas, la presqu'île de Gennevilliers. On sait encore que nos puissantes batteries de Saint-Ouen, d'Asnières et de Courbevoie gardent, en flanc, les passages de la Seine à Argenteuil, Besons et Chatou. Nous sommes donc maîtres de toute la langue de terre qui du Mont-Valérien remonte à Saint-Denis. Reste, pour continuer notre progrès contre l'investissement, à tâter les hauteurs, qui barrent la gorge de la presqu'île. Tel a été le but de notre sortie d'aujourd'hui.

De Rueil, nous apercevons, devant nous, la chaîne des hauteurs prussiennes. Elle court de la Seine à la Seine par Montretout, Buzenval et la Jonchère. Elle s'étage, en arrière, par degrés successifs, dont le dernier et le plus élevé est le plateau de la Bergerie, au-dessus du Parc de Buzenval.

A une demi-heure du Mont-Valérien, en obliquant à droite, voici Rueil. C'est en quelque sorte une ville frontière. Elle a, sur le bord de la grande route, une fort belle caserne ; cependant les Prussiens ne se sont pas laissé tenter : dame, la caserne est trop proche voisine du Mont-Valérien.

Les Allemands se contentent de faire à la petite ville quelques courtes visites, moitié reconnaissance, moitié maraudage. Nos francs-tireurs, (ceux des Ternes, qui portent une branche de houx sur des chapeaux tyroliens,) font pour notre compte, dans Rueil, à peu près la même besogne.

La Jonchère est un petit hameau d'une vingtaine de maisons hissé tout au bout d'une pente, sur un mamelon entre les deux lignes de hauteurs qui, de Versailles et de Saint-Germain, se rejoignent à Bougival.

Du côté de Rueil, le mamelon est tapissé de vignes ; à gauche, il déclive sur une petite vallée assez profonde, dite de Saint-Cucupha.

Les bois de ce canton, par les accidents du terrain, raviné, coupé d'eaux vives, sont une Suisse en miniature. C'est charmant au point de vue pittoresque ; mais, pour les opérations militaires, c'est le diable.

Toujours en tirant à gauche, le château de Buzenval s'aperçoit au milieu de massifs touffus. Enfin, en revenant à droite au sud de la Jonchère, la Malmaison est dissimulée dans un pli de terrain, à quelques centaines de mètres de la route, qui va de Rueil à Bougival.

C'est à la Malmaison que finit la plaine en se rétrécissant, bornée des deux côtés par la rivière et par les hauteurs boisées.

Tel est, en somme, le plan de l'engagement. On voit qu'à cette extrémité de la presqu'île les Prussiens occupent une position très-forte ; leurs avant-postes finissent sur la lisière même des bois.

La Malmaison et la Jonchère sont deux de ces postes ; les Prussiens ont fait quelques travaux de tranchées pour masquer les principales avenues sur la plaine ; ils ont coupé la grande route, un peu en arrière de la Malmaison, par une barricade armée de canons; et de ce point à la Seine, ils ont conduit une tranchée.

Dans ces conditions, est-il possible, pour nous, de risquer un engagement sérieux, non-seulement sans avoir réuni, à Rueil, une force considérable d'infanterie et d'artillerie, mais encore sans avoir préparé le terrain, fouillé les bois et ébréché les positions retranchées de l'ennemi? Ce serait de gaieté de cœur aller au-devant d'un échec. Pour aujourd'hui, étant donnés le théâtre restreint de l'engagement, le nombre relativement faible des troupes mises en mouvement, l'heure déjà avancée du début de l'opération, le général Ducrot ne s'est évidemment proposé qu'une forte reconnaissance offensive.

Vers une heure de l'après-midi, nos troupes ont pris position en trois colonnes principales. La plus importante était celle du général Bertaut; elle devait avec la seconde, commandée par le général Noël, attaquer la Malmaison. La troisième, sous les ordres du colonel Cholleton, avait, plus à gauche, le château de Buzenval, pour objectif. En tout cinq à six mille hommes.

Ce fut l'artillerie divisionnaire qui ouvrit le feu. Elle comptait à peu près une trentaine de pièces.

A gauche, une première batterie fut établie sur une hauteur, qui domine Rueil, Buzenval et la Fouilleuse, près d'un moulin abandonné.

A un kilomètre en arrière, une seconde, de calibre plus fort, fut placée sur le chemin de Puteaux. Le terrain est plus élevé, et les canons tiraient par-dessus la première batterie.

Le but était le parc de Buzenval. Sur la droite, de l'autre côté de Rueil, entre la ville et la chaussée du chemin de fer, deux autres batteries furent installées, tirant sur la Jonchère. Sur le sommet, on aperçoit distinctement deux maisons, l'une blanche, l'autre rouge, reliées par un jardin; elles forment une sorte de fortin.

Aux environs de Rueil, les préparatifs étaient surveillés par le général Bertaut, installé dans les combles de la mairie.

Quelques minutes après deux heures, le Mont-Valérien donna le signal de l'attaque. Ses formidables obus passaient par-dessus Rueil, pour éclater sur Buzenval et la Jonchère.

Les batteries de campagne redoublèrent; la canonnade dura, soutenue, violente, pendant environ trois quarts d'heure.

Les Prussiens répondaient, mais plus faiblement, à peu près dans la proportion d'un à quatre. Leurs obus n'arrivaient pas d'abord jusqu'à nos batteries; ils tombaient, à deux cents pas de nous, dans la plaine.

Le général Bertaut jugea que, de notre côté, les obus devaient être trop courts. Les batteries avancèrent de deux ou trois cents mètres.

Les Prussiens s'animèrent : leurs obus commençaient à pleuvoir dru.

Ils sifflaient sur Rueil ; ils crevèrent quelques toits, notamment à la caserne.

Nos projectiles, lancés sans relâche, durent faire de forts ravages dans les lignes de l'ennemi. Parfois, sur certains coins de bois où la fusillade pétillait, le silence se faisait tout à coup : un obus venait de s'abattre là ; puis, cinq minutes après, la fusillade reprenait, mais évidemment neuve et avec des hommes de rechange.

Quand l'on eut jugé que la canonnade avait ébranlé l'ennemi, les troupes se mirent en mouvement.

L'attaque, contre la Malmaison, se fit de face par Rueil, et de revers, en prenant par la pente de Buzenval. L'élan fut très-vif : nos soldats parcouru-

rent au pas de course le terrain découvert ; quand ils furent sur la lisière des bois, la lancée se ralentit.

Cependant les bataillons de réserve attendaient, le long de la chaussée du chemin de fer, que les Allemands de la Malmaison fussent pris de front et par côté. Comme on le voit, le début de notre opération n'était pas très-ambitieux ; nous nous sommes contentés d'exécuter un mouvement tournant, qui englobait la Malmaison.

Quatre compagnies de zouaves, sous les ordres du commandant Jacquot et faisant partie de la colonne Bertaut, côtoyèrent par Bois-Préau, pour descendre sur la grande route de Bougival, et tomber, par derrière le château, sur la barricade prussienne. Là, me dit-on, ils furent très-beaux d'élan et d'entrain : ils s'emparèrent des canons de la barricade; mais jetés en avant, ils ne purent les conserver; leur position commençait même à être compromise. Déjà la batterie de 4, du capitaine Nismes, s'était portée, par l'ordre du commandant d'artillerie de Miribel, fort au devant, sur la ligne des tirailleurs, contre les bois, sur la pente de la Jonchère; dans cette situation exposée, elle fut abordée par l'infanterie ennemie; elle perdit son capitaine, plusieurs servants et chevaux; elle dut, fort avariée, abandonner deux pièces pour sauver le reste.

A ce moment, survint en renfort la tête de la colonne Noël ; les mobiles de Seine-et-Marne, après avoir traversé en diagonale la hauteur de Buzenval, débouchèrent sur le parc de la Malmaison et dégagèrent la colonne Bertaut.

L'ennemi, qui, au début, avait fléchi, se défendait vigoureusement sur les abords du bois ; notre canonnade avait été, pour les renforts de l'adversaire, comme un signal d'appel. Il arrivait en grosses masses par la route de Bougival, comptant couper notre attaque quelque peu aventureuse, entre la Seine et Rueil. Il fut reconnu qu'une division du 5me corps, une fraction moindre du 4me corps, et un régiment de la garde se concentraient au devant de notre attaque.

Il était à peu près quatre heures ; pour prévenir le danger et terminer sains et saufs notre sortie, il nous fallut revenir sur Rueil. La retraite commença ; nos troupes redéfilèrent de la Malmaison à Rueil, par la grande route, tenant l'ennemi à bonne distance.

Les Prussiens de Bougival se hâtaient, afin de prévenir la retraite de notre droite. Ils allèrent se casser la tête contre une batterie de mitrailleuses, installée rapidement au beau milieu de la route. Elle les reçut par cinq ou six décharges endiablées, qui dégoûtèrent l'ennemi de sa poursuite et l'arrêtèrent net. Il avait été suffisamment maltraité ; il n'en demanda pas davantage.

A la nuit, nos troupes rentraient dans leurs cantonnements de Courbevoie et du Mont-Valérien. Le fort tirait encore quelques coups de canon.

Ainsi, dans cette affaire, nous n'étions pas plus, ce me semble, de cinq à six mille hommes. Mais la proportion de l'artillerie était considérable ; c'est elle qui a fait le plus de mal aux Prussiens. Nos soldats ont eu vraiment une fière tenue : les zouaves ont bravement réparé la malheureuse journée de Châtillon. Pendant tout le combat, il n'y a pas eu de traînards à Rueil.

Il est difficile d'estimer nos pertes. A Rueil j'ai vu à peu près cent cinquante blessés. Les Prussiens, qui ont passé la nuit à déblayer le champ de bataille, nous ont fait dire ce matin qu'ils en avaient encore à nous une quarantaine.

Ils ne veulent pas, comme toujours, laisser les ambulances visiter les lieux sur la Jonchère; ils craignent que le chiffre de leurs pertes ne nous soit trahi.

La proportion des officiers, et surtout des sous-officiers atteints est assez considérable. C'est la preuve que les chefs ne s'épargnent pas ; ils donnent l'exemple à leurs soldats, — le bon moyen de les faire mordre au métier.

Samedi, 22 octobre.

Quel est, en somme, le résultat de l'engagement d'hier ? Peut-être serait-on tenté de dire : A quoi bon aller nous casser le cou dans ces ravins boisés, entrecoupés et retranchés ? Pourquoi faire tuer ou blesser quatre ou cinq cents hommes, pour ne pas être plus avancés après que devant, et pour revenir, le soir, dans nos cantonnements, en laissant aux Prussiens le champ de bataille et leurs positions premières ?

Et, de fait, aujourd'hui, je voyais les sentinelles prussiennes se promenant de long en large, sur la grande route, à cinq cents mètres en avant de Rueil. Les paysans, qui revenaient des champs avec un maigre sac de récoltes sur le dos, rampaient dans le fossé de la route, ne s'arrêtant pour souffler que derrière les gros arbres. Car la sentinelle tire sur quiconque dépasse Rueil. Il est impossible de s'imaginer la rage qui vous mord le cœur au spectacle de cette silhouette, en manteau noir, le fusil en arrêt, qui barre la route, et de ces malheureux (tenez, là, une femme et un enfant) qui, courbant la tête, tremblant sous la menace muette de l'étranger, emportent furtivement et comme des voleurs les fruits de leur héritage et de la terre française.

Toutefois, pour en revenir au raisonnement que j'exposais plus haut, je ne le crois pas juste. Voici pourquoi : d'abord il est d'une extrême importance pour le gouverneur de la place de savoir au juste quelles sont les dispositions stratégiques de l'ennemi, sur quels points et en quel nombre ses forces sont rangées.

Pour cela, les rapports des espions ne suffisent pas. Il faut pousser des reconnaissances plus ou moins avancées, qui appellent et convoquent sur un point toutes les troupes ennemies des environs : c'est une sorte de revue, que le général français passe des Prussiens, malgré eux. Ainsi, il calcule en combien de temps et en quelle force l'adversaire peut se porter sur tel endroit. De ces indices, il conclut au plan d'investissement, aux projets de l'ennemi, sur ces inductions, il calcule, il combine lui-même ses propres desseins.

Ainsi, la reconnaissance d'hier complète celle du 13 octobre. Nous avons tâté l'ennemi par les deux points extrêmes du massif de hauteurs qu'il occupe au sud-ouest de Paris, en avant de Versailles. Nos généraux peuvent se faire déjà une idée exacte de ses forces et de ses positions.

L'élément moral joue dans la guerre un rôle prépondérant : c'est l'idée qui gagne ou perd les batailles. Or, il est certain que nous avons un intérêt de premier ordre à convaincre les Prussiens que, malgré leurs victoires, ils ne nous terrifient point, et que le casque à pointe ne nous fait pas l'effet de la Méduse. En allant harceler le loup jusque dans sa tanière boisée, même sans le forcer, nous lui faisons tâter notre épieu, et il sent que notre poigne commence à être plus solide.

Les sorties, comme celle d'avant-hier, sont les préliminaires nécessaires et excellents d'opérations plus décisives. En nous voyant, aux répétitions, aborder résolûment des positions difficiles, en expérimentant le tir de notre artillerie, les soldats allemands, par un effet moral inévitable, ne pourront manquer d'être moins rassurés, moins résolus, moins confiants le jour de la grande représentation.

Et, à ne considérer que nos propres troupes, il a été nécessaire de les soumettre à un apprentissage d'autant plus rude qu'il est moins long : il a fallu multiplier efforts et épreuves, en raison inverse du temps. Pour que le conscrit devienne soldat, il y a plusieurs degrés d'initiation. Donnez un fusil au paysan, encore maladroit et gauche dans son uniforme neuf, le voilà qui lève la tête et marche gaillardement. Faites le tirer à la cible : mon homme se fait déjà à la poudre et il se lie avec son arme. Envoyez-le tirer sur l'ennemi, mon brave crie : « Ce n'est que ça ! Recommençons. » Il se rompt sur place aux manœuvres, dont il comprend la salutaire nécessité. Le voilà soldat. C'est là qu'en sont aujourd'hui lignards et moblots. Est-ce que dans la peau de tout Français il n'y a pas un soldat, vaillant de cœur et adroit de ses mains ?

Comparez la mésaventure du 19 septembre, à Châtillon, avec l'engagement du 21 octobre, à Rueil ; quelle hausse dans l'état moral et dans l'esprit de discipline des mêmes troupes !

Monter à l'assaut de hauteurs couronnées de bois n'est pas un jeu facile.

Cependant nos colonnes ont marché sans broncher. Elles étaient criblées de balles par un ennemi invisible, tapi dans les bois. C'était, selon l'expression pittoresque d'un soldat, comme des pois que l'on jette à la main. Il n'y a pas eu un seul cas de débandade.

L'accident arrivé à une de nos batteries ne prouve rien, sinon qu'elle n'était pas soutenue par une force suffisante. Elle est allée se planter sur la lisière même du bois occupé par l'ennemi; il le fallait bien pour tirer avec effet et le débusquer. D'ailleurs, ces approches rapides, hardies, sont dans le rôle des batteries de quatre, légères de transport et d'évolution.

Les deux canons, qui ont été pris, ont coûté cher aux Prussiens ; ce n'est que la petite monnaie de la pièce, dont notre artillerie établie sur les deux côtés de Rueil ainsi que celle du Mont-Valérien les ont gratifiés.

Notre petite sortie a si rondement marché, qu'il faut maintenant s'attendre à ce que les Prussiens, avertis par la leçon, fortifient avec des soins encore plus minutieux les alentours de Versailles. Sans doute, par là, le terrain leur est très-favorable; mais ils sont instruits maintenant des progrès moraux et matériels de nos troupes; et pour eux, l'intérêt est capital d'abriter contre toute surprise le grand quartier-général de l'investissement.

En passant à Rueil, les troupes marchaient gaiement : « Nous allons à la fête de Bougival, » disaient quelques-uns, se rappelant la renommée joyeuse du pauvre village. Les compagnies marquaient le pas en chantant. Le retour a été naturellement plus grave ; car dans les rangs il y avait des absents. Mais à la tenue des hommes on voyait que chacun avait fait son devoir et revenait confiant.

Quand la journée n'eût servi qu'à constater une telle rénovation, depuis Châtillon, le résultat serait déjà très-satisfaisant. Le général Trochu sait maintenant qu'il peut compter et faire fond sur le 14ᵉ corps; il a les coudées franches pour élargir le cercle de ses opérations.

Chaque combat révèle, dans les rangs de la ligne et de la mobile, un certain nombre de soldats capables d'entrer dans les cadres de sous-officiers, et parmi les sous-officiers, un certain nombre de bons officiers. Nos pertes en officiers sont très-regrettables ; mais elles peuvent et elles doivent se combler facilement. La levée en masse amène dans l'armée une foule de jeunes gens instruits, à l'intelligence exercée et prompte : c'est une féconde pépinière de chefs pour les cadres de notre armée.

L'ARMÉE ACTIVE

Lundi, 25 octobre.

« Nous n'avons point peur de Paris; à Paris, il n'y a que des épiciers et des blanchisseuses. » Telles sont les paroles dédaigneuses et ironiques qu'un officier prussien adressait à un de mes amis de l'ambulance Internationale, à Raucourt, la veille de la bataille de Sedan.

Cette belle confiance n'a fait que s'accroître après la capitulation de Sedan; elle était devenue si superbe, que l'ennemi a perdu trois semaines pour venir des Ardennes à Paris. Il marchait à petites journées, en prenant à son aise, et ne se pressant point pour cueillir les lauriers qu'il s'imaginait plantés à son intention sur les bords de la Seine.

Ce Paris, qui, selon les calculs de l'art, devait succomber par le nombre seul de la population, par la division des partis et par la fatalité de son isolement, le voilà qui, grâce à l'énergie et à l'unanimité de ses efforts, arrête le cours des victoires prussiennes et modifie les conditions mêmes de la guerre.

Il ne s'agit pas en ce moment de se flatter soi-même, de se complimenter, ni de se faire illusion sur le réel état des choses. Mais la vérité aujourd'hui est que les Prussiens ont renoncé, — en désespoir de cause, par suite d'une faute commise par eux et de la promptitude avec laquelle la défense a su profiter de ce répit, — à une attaque de vive force.

Que leur orgueil veuille ou non l'avouer, ils ne nous donnent pas l'assaut, parce qu'ils savent très-bien que l'assaut leur coûterait trop cher; ils se résoudront à l'attaque seulement le jour où, de l'autre côté de Paris, ils verront avancer les armées organisées de la province. Ainsi, la furie même de l'ennemi sera, pour nous, un espoir de succès, un gage de délivrance. Jusque-là les Allemands s'abstiendront de bombarder Paris, non point par un sentiment d'humanité et dans une idée de civilisation, — de tels scrupules leur sont inconnus, le siége de Strasbourg le démontre, — mais ils craignent d'ajouter à l'énergie de la province, d'enflammer la pitié, la colère, l'enthousiasme. Maintenant, le fait est certain, l'ennemi ne peut plus emporter la capitale par les armes ; il compte sur l'isolement et la famine. Ses travaux autour de Paris prouvent qu'il veut nous enserrer dans une espèce de circonvallation analogue à celle de Metz. Il n'essaye contre nos forts ni tranchées ni parallèles ; il se prémunit contre nos attaques, il se fortifie contre nos sorties, enfin il se défend.

Tout l'effort de leur attaque, stérilisé et amorti par notre ceinture de pierre et de fer, s'est tourné contre la province. Dans le plan primitif de M. de Moltke, Paris était l'objectif principal et essentiel : le prince royal devait l'emporter, pendant que les armées de Frédéric-Charles et de Steinmetz auraient contenu, en arrière, les forces de Mac-Mahon et de Bazaine. Aujourd'hui, ce sont les départements qui attirent à eux l'effort de l'ennemi, pendant que le roi Guillaume entreprend, non plus d'occuper, mais de contenir la capitale.

Cette modification dans le fameux plan si longuement médité, combiné, préparé par l'habileté stratégique des généraux prussiens, est incontestablement un premier succès.

Il dépend de nous de le poursuivre et de le parfaire, ou de le laisser, faute de suite, d'intelligence et de vigueur dans nos desseins, échouer mollement sur un résultat encore honorable, mais désastreux. Le trait gisait à terre ; nous l'avons relevé d'une main rapide et ferme. Aurons-nous assez de vigueur pour le lancer contre l'envahisseur, ou le laisserons-nous tomber, faible et sans portée ?

Telle est la question.

L'offensive, les Prussiens nous l'abandonnent : à nous de la prendre avec la même hardiesse que nous avons improvisé la défense ; nous devons agir d'autant plus vigoureusement, que, l'attaque de l'ennemi se portant sur la province, il importe de la diviser par notre opportune diversion. Nous comptons et nous avons le droit de compter sur le secours de la province ; mais encore faut-il, de notre part, le rendre possible et efficace, en combinant nos propres efforts avec ceux de nos frères des départements.

Donc il nous faut une armée active, fortement et largement organisée, pour débloquer la place, entrer en campagne et nous ouvrir une voie de ravitaillement et de communication.

En thèse absolue, nous devons mettre sur pied tout ce que nous avons de forces, tout ce que nous possédons d'hommes, et cela sans perdre un seul jour : l'imprudence suprême serait d'attendre le dernier moment. C'est cette méthode, ou plutôt cette absence de prévision dans les préparatifs, qui nous a amenés où nous en sommes : le fait n'est que trop connu.

Aujourd'hui l'armée active se compose principalement de deux éléments: les régiments de ligne et la garde mobile. Le grand bien a été de cantonner toutes ces troupes hors Paris; elles font sur le terrain et sous le feu de l'ennemi leur apprentissage de guerre. Les soldats de ligne nous sont arrivés à Paris d'un peu partout; le plus grand nombre faisait partie du corps Vinoy, qui s'est échappé de Mézières, après Sedan. Le ministère de la guerre les a réunis en régiments de marche; ceux-ci sont au nombre de 39; ils prennent rang à la suite des anciens numéros, de 101 à 139. Il y a un régiment complet de zouaves; deux nouveaux bataillons de chasseurs à pied ont été créés, le 21° et le 22°.

L'armée de Paris ne possède que deux régiments à peu près complets d'ancienne formation; c'est le 35° et le 42°; ils tenaient garnison en Italie, à Civitta-Vecchia; ils ont été rapatriés juste à temps.

Quant aux mobiles, nous en avons de tous les départements de France, Côte-d'Or, Aube, Ille-et-Vilaine, Côtes-du-Nord, Seine-et-Marne, Ain, Hérault, Drôme, etc., sans compter la Seine. Les bataillons sont arrivés à Paris avec une ardeur patriotique tout à fait méritoire, mais légers d'équipement, encore plus légers d'instruction. Il a fallu les équiper, les armer, et les dégrossir. Tout a vite et bien marché. Maintenant la mobile est fraternellement assimilée à la ligne. Elle est tout entière armée de fusils chassepots, elle est enrégimentée par bataillons du même pays, autant que faire se peut.

Régiments de ligne et régiments de mobiles sont organisés en brigades, divisions et corps d'armées. C'est ainsi que, tout le premier ban de nos forces est réparti en deux grands corps, sous le commandement des généraux Vinoy et Ducrot.

Quant à la marine, elle comprend un effectif d'environ 14 000 matelots, plus spécialement employés dans six de nos principaux forts, et les deux grosses batteries de Montmartre et de Saint-Ouen.

Après cette revue de nos forces actives, se présente une question: au point de vue du nombre, sont-elles suffisantes? Peut-être oui, s'il ne s'agissait que de défendre nos lignes extérieures contre toute tentative de l'ennemi, bien que ces lignes soient très-étendues et exigent chaque jour près de 40 000 hommes de garde. — Peut-être oui encore, si l'armée était réservée tout entière et exclusivement aux opérations offensives, contre l'investissement. Mais en ce moment l'armée soutient, à elle seule et tout ensemble, le double rôle de la défensive et de l'offensive. C'est trop; notre action est forcément restreinte; il faut du renfort.

Pour recruter en nombre suffisant l'armée active, n'avons-nous pas sous la main les 260 bataillons de la garde nationale, masse immense, dont le recrutement ne saurait être limité que par les nécessités mêmes de la défense ?

Cela est si évident, qu'un décret du gouvernement en date du 14 octobre vient enfin d'ordonner la formation, dans la garde nationale, de compagnies de guerre, par voie d'enrôlements volontaires.

Les enrôlements, dit-on, s'élèvent déjà à 45 000. Tant mieux.

Les bonnes volontés sont ardentes et multiples : soit. Mais la situation commande au gouvernement de les escompter, sans attendre qu'elles se manifestent successivement, selon l'allure des convenances individuelles, et sans retarder l'organisation complète jusqu'à épuisement des listes. En ce moment, il faut des mesures absolues et d'ensemble.

Jetons les yeux sur les listes de la garde nationale; nous trouvons, en chiffres ronds, 90 000 hommes, âgés de vingt-cinq à quarante ans et célibataires. Un tel complément augmenterait l'armée active d'une force capable de la rendre apte à de grandes et sérieuses opérations.

Voici ce que dit la loi souveraine du salut public ; or, c'est celle qui nous gouverne actuellement ; en l'invoquant, on peut être assuré de ne pas soulever une seule rébellion honnête dans le peuple de Paris.

En distrayant ces 90 000 hommes, il reste encore, pour défendre les remparts et les forts, de 200 à 250 000 gardes nationaux. Ce chiffre ne suffit-il pas, dans les conditions actuelles de la fortification ? Ajoutez que plus l'armée active est considérable, plus les chances d'attaque et de péril diminuent pour l'armée proprement dite de défense.

Donc, si vous renforcez la ligne et la mobile par un contingent de 90 000 gardes nationaux jeunes et non mariés, vous augmentez d'autant nos chances réelles et effectives de succès. De plus, en les prenant en bloc, d'un seul coup, vous avez l'avantage de pouvoir, dès aujourd'hui et selon un compte déterminé, organiser l'ensemble de votre effectif. Au point où nous en sommes, tout est important; un homme et une heure de perdus, c'est un risque de plus.

Vous n'avez pas le droit, vous, gouvernement, de courir le moindre risque. La responsabilité même dont vous êtes investis, qui met en vos mains la toute-puissance, vous oblige à user de toutes les ressources.

Que dit la loi?

« Tous les citoyens non mariés ou veufs sans enfants, ayant vingt-cinq ans accomplis et moins de trente-cinq ans, qui ont satisfait à la loi du recrutement, et qui ne figurent pas sur les contrôles de la garde mobile, sont appelés sous les drapeaux pendant la durée de la guerre actuelle. »

Tel est le texte précis, catégorique de l'article 2 de la loi du 10 août 1870.

Est-ce là une mesure d'intérêt public, résultant de la situation même? Oui, évidemment. Donc, vous, gouvernement d'intérêt public, créé par la situation, vous devez l'observer et en imposer l'observation.

Que les enrôlements volontaires complètent parallèlement l'action de la loi, assurément rien de mieux; toutefois, au-dessus du zèle individuel, digne d'être loué et encouragé, il y a une obligation stricte pour tous les citoyens. Acceptez tous les bras qui s'offrent spontanément. Mais il faut, pour tous les sujets visés par la loi, maintenir l'obligation d'entrer dans l'armée active, non point parce que telle est la volonté de chacun, mais parce que c'est le devoir de tous.

Cette distinction n'est pas indifférente, tant s'en faut, et pour plusieurs raisons.

La première, c'est que la liste des enrôlements volontaires n'équivaudra certainement pas au contingent légal, d'où déperdition de force et de temps.

En second lieu, il est évident que la condition des engagés volontaires, au point de vue de l'ordre et de la discipline, sera différente de celle du soldat appelé sous les drapeaux par une prescription légale.

Enfin, il est important de donner l'exemple aux départements; là, la spontanéité, l'initiative est moindre : depuis longtemps on dort sur le mol oreiller de la centralisation. Il faut que la sévère et universelle exécution des lois de salut commun soit pratiquée scrupuleusement à Paris, afin que celles-ci aient sur les provinces plus d'influence et plus d'autorité.

Pour toutes ces raisons, il est urgent que le gouvernement exécute, dans le plus bref délai, la loi du 10 août 1870. J'ignore le plan du général Trochu; mais certainement un renfort de 90 000 hommes dans l'armée active ne peut le contrecarrer.

L'organisation en bataillons, régiments, brigades, doit suivre immédiatement la mobilisation des compagnies de guerre. Cette organisation est la condition pratique de l'emploi d'une troupe. La garde nationale ne serait pas flattée, je pense, qu'on s'amusât à la faire jouer au soldat; elle veut faire sérieusement son devoir. Le mieux serait d'encadrer les régiments de la garde nationale avec les régiments de ligne et ceux de la mobile, en opérant cette fusion tout de suite, sans retard, afin d'apprendre le métier de campagne aux derniers venus et de donner à tous les éléments de notre armée définitive une parfaite homogénéité.

Les mesures vigoureuses sont d'autant plus nécessaires, dans la crise présente, qu'il s'agit de persuader aux soldats que l'état-major soutient la lutte non-seulement par acquit de conscience, mais avec une sincère conviction dans le succès, avec une foi résolue dans l'avenir.

Les sacrifices inutiles ne sont point dans la nature de l'homme. Si je me fais casser la tête, je veux au moins que cela serve à quelque chose : tel est le raisonnement instinctif de chaque soldat. Les espérances de paix, mal fondées et traînant l'aile, ne produisent que lâches mécomptes et sourdes irritations : elles brisent les courages et énervent la discipline.

Je relève dans le livre du grand Carnot, sur *La défense des places*, d'admirables observations, qui résument la philosophie des siéges; elles s'appliquent tout à fait à notre situation.

Carnot fut un des premiers à réagir avec force contre cette doctrine qui tendait de plus en plus à s'établir dans l'École, à savoir que toute place n'est géométriquement susceptible que d'un délai déterminé de défense; que la durée du siége peut être calculée d'avance par les règles de l'art; qu'il doit nécessairement aboutir, au bout d'un certain nombre de jours, à une capitulation, et que cette capitulation, les délais de rigueur une fois dépassés, est dite honorable.

Vauban, et à sa suite Cormontaigne et d'autres ingénieurs célèbres, avaient estimé mathématiquement la force ou le mérite des places. Comme maximum de résistance, ils s'étaient arrêtés à quarante-huit jours, depuis l'investissement jusqu'à la défense des brèches, en tenant même compte pour quatre jours des fautes de l'ennemi, de ses négligences et de la plus-value de la défense.

Cette estimation avait passé en règle, et il était avéré, dans les écoles et dans les livres d'art, que toute ville pouvait et devait succomber au terme fatidique prescrit par les maîtres.

Carnot fait justement observer qu'il y a là une erreur capitale : ces calculs mathématiques négligent, comme un accessoire, comme un accident, l'élément principal de la défense, qui consiste dans la bravoure, dans la ténacité et dans l'industrie des défenseurs. S'il est vrai que les péripéties d'un siége se préparent et s'agencent comme les coups d'un échiquier, dès lors la fortification n'est qu'un leurre, qu'un traquenard. Mais, tout au contraire, les places sont des machines qui multiplient la puissance en raison de la longueur du levier, lequel consiste essentiellement dans l'énergie de l'assiégé, force incommensurable qui croît par le péril et grandit par les obstacles.

Voici une phrase qui résume admirablement la véritable et saine doctrine en matière de siége :

« Un service régulier et bien exécuté ne suffit pas; *il faut de l'enthousiasme;* il faut qu'une grande passion soit l'âme d'un grand ensemble; partout où l'on ne réussira point à réunir ces deux choses, il n'y a rien à espérer; on sera toujours réduit à une défense limitée et soumise au calcul. »

Oui, il faut de l'enthousiasme, et c'est là le secret de vaincre. L'enthousiasme, la passion, telle est la puissance qui a permis à Carnot d'organiser la victoire ; c'est par l'enthousiasme que les armées républicaines ont triomphé; c'est parce qu'elles avaient au cœur une immense passion de patriotisme qu'elles ont chassé l'étranger et porté la guerre du territoire de la France sur le sol des envahisseurs. La foi transporte les montagnes : c'est la pure et stricte vérité. Tous ceux qui ont accompli de grandes choses l'ont comprise, cette vérité, et ils l'ont appliquée.

Des forts, des remparts, des canons, des fusils, tout cela, à vraiment parler, n'est que de l'accessoire, tant que ces forces mortes et impersonnelles ne sont pas dirigées par l'unique force vivante et toute-puissante en ce monde, la foi, la passion, l'enthousiasme.

Soyons enflammés par ce feu sacré; et les moyens mécaniques de la victoire, organisation, discipline, armement, naîtront à point parmi nous, parce que nous deviendrons capables de tous les dévouements, de tous les sacrifices. Il faut le dire et le répéter sans cesse, parce que là vraiment est notre chance de salut, c'est l'âme qui est souveraine et maîtresse à la guerre comme en toutes choses : tant vaut l'homme, tant vaut l'armée.

Ce qui fait le génie de Carnot, c'est d'avoir toujours observé, comme principe de l'art militaire, cette idée que le soldat est principalement et avant tout une force intelligente et morale, qu'il faut exciter et développer en lui les ressorts de l'ordre intellectuel et moral, tels que l'enthousiasme, l'amour de la patrie et le désir de la gloire, et subordonner à ces mobiles premiers et vigoureux toutes les conditions techniques et spéciales de la stratégie.

MOULIN DE BRÉMONT.

Sans doute il a confiance, pour la défense d'une place, dans la belle et savante ordonnance des fortifications; mais ce qu'il recommande avant tout, c'est d'imprimer dans le cœur des soldats, par la puissance de l'opinion, par l'autorité des chefs, « une généreuse résolution. »

Pour lui, le grand danger, c'est de laisser porter coup au moral des défenseurs. A cet égard, il est d'une rigueur impitoyable autant que salutaire :

« Dès que l'oreille s'ouvre aux molles rumeurs et aux bruits de reddition, la persuasion ne tarde point à se faire jour, les ressorts de la discipline se relâchent, le courage se ramollit, l'homme intrépide se voit successivement abandonné; tout s'énerve, tout se corrompt autour de lui; il se trouve tout à coup seul de son opinion, considéré peut-être lui-même comme un homme dangereux. Ceux qui ont considéré le pouvoir de l'opinion en toutes choses, avec quelle rapidité elle change et nous entraîne malgré nous, sentiront combien, dans une place assiégée, isolée de toute communication, de tout secours, il importe à la sûreté de sévir contre les premiers auteurs de ces discours empoisonnés, *trop souvent suggérés par l'ennemi*, répandus par ses émissaires secrets, et qui sont toujours les premières étincelles d'une sédition, dont bientôt il n'est plus possible d'arrêter les effets. »

Ainsi, la force morale, telle est la première condition de salut : le gouvernement doit avoir lui-même confiance dans le succès, et il doit tout faire pour entretenir cette confiance dans la population et dans l'armée.

Ce premier devoir implique nécessairement une série de mesures, concourant au succès, et qu'il s'agit d'exécuter avec intelligence et énergie.

Autrefois, l'attaque procédait régulièrement en trois périodes : dans la première, l'assiégeant construisait ses lignes de circonvallation et de contrevallation; dans la seconde, il poussait ses travaux de tranchée jusqu'à l'établissement de la troisième parallèle, d'ordinaire vers la queue du glacis; la troisième période, enfin, comprenait l'attaque du chemin couvert, le passage du fossé, la prise de la demi-lune et de son réduit, et enfin, celle du bastion et de ses retranchements.

Mais, d'après les sièges entamés par les Prussiens depuis le commencement de la campagne, il saute aux yeux que de ces trois périodes il ne reste rien ou presque rien.

La science moderne, a changé tout cela. Maintenant, l'assiégeant s'établit fortement dans des camps retranchés, hors de la portée des feux de la place; il construit, à l'abri d'énormes ouvrages, des batteries de gros calibre. Puis il bombarde la ville ou la prend par la famine. De tranchées, de parallèles, de brèches et d'assaut, il n'en est plus question.

Le siége proprement dit de Paris est un problème insoluble par les règles ordinaires. M. de Molkte ne s'y est pas un seul instant arrêté. Par contre les règles anciennes de la défense deviennent également inapplicables. Si nous les suivons, c'est la famine, qui, malgré tous nos généraux du génie et de l'artillerie, fera tomber nos inexpugnables bastions.

L'ennemi ne nous attaquera pas : tel est le fait plus clair que le jour. A nous donc, d'aller l'attaquer. Commençons par laisser de côté tous les travaux superflus : plus n'est besoin d'une seconde enceinte intérieure : encore moins d'une commission de barricades. Ce sont là des jouets, avec lesquels il serait peu digne d'amuser la foule plus longtemps. Ce qu'il faut, c'est tout d'abord, pousser plus vigoureusement nos cheminements en rase campagne, contre les positions importantes de l'ennemi. Ce qu'il faut surtout, c'est ramasser nos forces, et toutes les recueillir pour un coup de main décisif.

NOS POSITIONS DU NORD

Mardi, 27 octobre.

A Saint-Denis, la garnison est composée d'éléments assez hétérogènes et pas mal récalcitrants.

Les mobiles de la Seine sont, à la vérité, des soldats adroits et éveillés, bons pour un coup de main; mais, en général, ils sont ce que les sergents à trois chevrons appellent des mauvaises têtes, et sur ces têtes, les règlements militaires ont peine à mordre.

Nos mobiles ont pour camarades de garnison les voltigeurs et les zouaves de l'ancienne garde, qui, maintenant forment le 128e de marche. Dans le nombre, il y a beaucoup de jeunes gens de famille, qui se sont engagés, lors de nos premiers revers.

Naturellement, toute cette jeunesse est loin d'être bégueule ni puritaine. Le feu, les balles, les obus, soit; mais les corvées, les appels, le casernement, dame, c'est dur! Aussi, il s'entretenait, entre Paris et Saint-

Denis, un échange fréquent de visites très-coquettes, mais dommageables à l'ordre exact et ponctuel du service. Il a fallu séparer Roméo et Juliette.

Le commandant de la place a pris des mesures justement rigoureuses. On ne sort plus et on n'entre plus, hommes et femmes, soldats et civils, sans une permission spéciale, datée du jour même.

Le général Trochu a adressé à la garnison un ordre du jour sévère; espérons qu'il profitera. La place de Saint-Denis est sous le commandement du général de Bellemarre; c'est un chef jeune; il doit avoir de la poigne. Son poste est très-important; il est, comme on dit en style militaire, jeté en l'air, et il forme coin dans les lignes de l'assiégeant.

En avant de la ville, nos grand'gardes stationnent de jour et de nuit, jusqu'au pied des hauteurs de Pierrefitte. Un fort détachement occupe le château de Villetaneuse, crénelé et fortifié. Les Prussiens semblent s'être éclipsés dans cette direction : ils ont rabattu en arrière leurs lignes de circonvallation.

Raison de plus pour surveiller, par des postes vigilants, le cours de la Seine. L'ennemi pourrait bien reculer, afin de mieux sauter. Du reste, de son côté, il fait bonne garde.

Témoin l'ordre du jour, très-rude, que le général de Bellemare vient récemment de lancer à l'adresse d'un malheureux capitaine de mobiles; celui-ci a eu la malechance, avec sa compagnie, de se laisser égarer en reconnaissance par un épais brouillard, et de tomber sur une embuscade de Prussiens, qui lui ont tué quelques hommes. Il est hors de doute qu'avec un peu plus de prudence et avec une étude plus attentive des lieux, le capitaine eût évité cette mésaventure. Il a été cruellement puni de sa négligence : pendant trois jours, la note du général a été lue à l'ordre, devant les compagnies.

C'est une leçon qui portera ses fruits. Mais ne serait-il pas bon, comme mesure préventive, de distribuer des cartes aux officiers, de les inviter à les étudier personnellement sur les lieux, et même d'adjoindre à chaque détachement des gardes nationaux du pays, en qualité de guides volontaires?

A Saint-Denis on est très-patriote. Quelques rares habitants ont fui; leurs maisons sont notées d'infamie. Sur les murs s'étale en grosses lettres cette inscription : *Lâches déserteurs.*

L'éventualité d'un bombardement ne fait pas peur : les précautions sont prises. Au pas de chaque porte, sur les trottoirs, s'allongent des rangées de tonneaux pleins d'eau, pour noyer les projectiles.

GARDES MOBILES RÉCOLTANT DES LÉGUMES.

Malgré la discipline maintenant plus rigoureuse des troupes, la ville a un aspect très gai ; il est vrai que cette gaieté est exclusivement en pantalon rouge et en capote bleue.

Voici la grande place : c'est un fouilli d'uniformes panachés de nuances variées. Au fond une énorme barricade en pavés, à gauche la caserne, avec son tumulte de clairons et d'exercices : tout près la fontaine, entourée, en guise de lavandières, d'une guirlande de zouaves, qui battent leur linge. Un grand gaillard est installé sans façon sur les genoux de la Ville de Saint-Denis, au milieu de la fontaine : il remplit d'eau les bidons et les passe aux camarades.

Çà et là quelques Parisiennes, parentes des mobiles. A côté de moi, une bonne femme de mère glisse une grosse pièce dans la main d'un caporal : « Sois économe, l'argent est rare. » J'ai vu un brave soldat refuser l'argent de la famille : « Bah ! vous en avez plus besoin que moi. »

La distraction du soir est un café-concert, dont un zouave fait les délices. Il déclame les vers avec un talent réellement remarquable, et quand il récite la *Nuit du 4 décembre*, de Victor Hugo, ce sont des applaudissements à tout rompre.

J'allais oublier, parmi les plaisirs de la garnison, ce que j'appellerai la chasse aux pommes de terre. La popote réglementaire n'est pas très variée : le lard en fait à peu près chaque jour tous les frais. Lucullus n'est pas satisfait, il lui faut un condiment légumineux. Aussi, chaque nuit, aux avant-postes, des expéditions à deux s'organisent dans les champs d'alentour : l'un pousse la brouette et l'autre porte la bêche. Un carré de pommes de terre a été signalé : on l'entreprend en une ou plusieurs razzias. Il arrive parfois que le même appétit a conduit les Prussiens à l'autre bout du champ : les deux partis ne veulent pas en démordre. Alors c'est un poëme de ruses pour s'esquiver mutuellement et se détrousser du précieux butin. C'est surtout la rangée du milieu, celle qui finalement borne les deux compétitions, qui donne lieu à des exploits dignes d'Ulysse : les coups de feu terminent fraternellement la partie. Mais on pense si les patates de cette bienheureuse rangée sont savoureuses au goût !

Tels sont les délassements par lesquels nos troupiers relèvent à Saint-Denis l'utile monotonie de l'exercice et du terrassement. Car, ainsi que je l'ai déjà expliqué, la pioche, maintenant, fait partie de l'équipement du soldat.

Chaque jour tant d'hommes sont de corvée pour creuser les fossés, masser les parapets et abattre les arbres. Les avenues, qui dans toutes les directions aboutissent au fort de la Double-Couronne, sont rasées. Les bastions du fort se dressent, rajeunis, corrects, complets, irréprochables.

C'est une véritable ruche, animée par le va-et-vient laborieux des *moblots*, bourdonnante des appels variés du clairon ; dans les alvéoles maçonnées et casematées, sont rangés, en guise de cire et miel, canons, poudre et projectiles. Que l'ours prussien vienne seulement frotter son gourmand museau aux rayons de fer et de pierres. Gare aux piqûres !

Le général de Bellemare est précisément là. Il promène sur tous les travaux l'œil du chef, qui, dans les circonstances actuelles, est aussi indispensable que l'œil du maître. En effet, pour que les ordres d'en haut pénètrent efficacement jusqu'en bas et ne soient pas arrêtés en route par les mille retards de l'insouciance, de la routine, de l'inertie, trop ordinaires dans toute organisation centralisée, il faut que des inspections incessantes soient faites par les commandants directs des corps, que l'emploi de chaque heure soit contrôlé, que chaque soldat soit tenu en haleine par une surveillance toujours vigilante et éveillée.

En somme, à Saint-Denis même, malgré l'occupation de Villetaneuse, le mouvement en avant, signalé sur toute l'étendue de nos lignes, n'est et ne peut être qu'assez peu prononcé.

En effet, Saint-Denis est déjà un des points les plus excentriques de notre circonférence fortifiée.

Il se projette à plus de quatre kilomètres en avant des remparts ; mais cette sorte de long éperon qui termine en plaine le vaisseau héraldique de Paris, est rattaché à la carène par des chaînes aux mailles solides. Ainsi, à gauche, le fort de la Briche et la batterie de Saint-Ouen l'amarrent au rempart des Batignolles ; à droite, le fort de l'Est et celui d'Aubervilliers le relient au plateau de Romainville. En outre, ce fort de l'Est, du côté de la plaine en face de Stains, a le front couvert par les marécages de la Crould, — marécages qui, en cette saison d'automne, sont devenus un vaste lac.

Donc, au nord, Paris a une forte défense contre les lignes prussiennes ; chose très-importante, si l'on considère qu'à un moment donné, telle combinaison stratégique nous oblige à les couper dans cette direction.

Mais actuellement Saint-Denis ne peut guère s'étendre qu'avec certaines difficultés dans la direction du nord-ouest : il se heurte immédiatement contre les hauteurs de Montmagny, de Montmorency et de Sannois. Ce qui est plus immédiatement praticable et à notre portée, c'est de dégager la plaine à droite, vers le nord-est, de faire remonter par là nos lignes à la hauteur de Saint-Denis, et de forcer d'autant les lignes prussiennes à s'élargir, partant à s'amincir.

Dans ce sens, une première étape était tout indiquée : c'est celle du canal de l'Ourcq. Elle est déjà faite : du plateau de Romainville, nous sommes descendus jusqu'à Bondy, et nos troupes fortifient le retranchement naturel de la voie ferrée de Strasbourg.

Dès lors, tout l'espace entre Saint-Denis et le canal de l'Ourcq nous appartient : les Prussiens ne peuvent défendre cette sorte de coin contre nos avant-postes.

En deçà du canal, plus bas, vers l'est, la hauteur d'Avron est encore une clef de position qu'il ne nous est pas très-difficile de conserver dans notre poche. Je ne comprends pas que l'on ne fasse pas encore plus attention à ce plateau important; en tournant par Villemomble, nous le rendrions impraticable à l'ennemi. Cependant le village est inoccupé ; on n'y voit ni Français ni Prussiens; notre grand'garde s'arrête au chemin de fer : ne pourrait-elle pas se porter jusqu'au bout de la rue de Villemomble ? De là, elle observerait mieux les Prussiens qui, au Raincy, sont en train d'installer une batterie.

A deux kilomètres en avant, sur la hauteur, on aperçoit très-distinctement les épaulements en terre, et même, de temps à autre, on voit poindre, au-dessus du remblai, les ouvriers ennemis.

Le fait est grave; il montre que les assiégeants commencent à asseoir des lignes de batteries fixes, pour résister à nos sorties. Comment les forts laissent-ils l'ennemi vaquer en paix à ses ouvrages? Nos reconnaissances sont trop courtes; elles s'arrêtent à mi-chemin. De cette façon, les canons des forts ressemblent à de robustes aveugles : ils ont le coup de poing merveilleusement solide. Mais, pour porter leurs coups, ils ne sont pas suffisamment éclairés par l'infanterie : comment peuvent-ils assurer utilement la direction de leurs feux.

Ainsi, vendredi passé, depuis le matin, une compagnie de ligne, avec un parti de francs-tireurs, faisaient le coup de feu au bas de Villemomble. Sur les quatre heures, ils furent obligés de quitter la partie : les Prussiens en forces les repoussaient sur la plaine; aussitôt un bataillon d'infanterie de marine, qui travaillait aux retranchements sur la voie ferrée, se met en marche, pendant qu'un lieutenant de vaisseau, avec des marins du fort de Rosny, tournait par la droite; il aborde directement le village.

La grande rue est déserte : personne. En fouillant les maisons, les nôtres ne rencontrent que quatre Prussiens, qui, sans penser à mal, faisaient cuire du bœuf et des œufs : ce ne sont pas ceux-là qui mangèrent ce fin déjeuner. A côté, mieux avisé, un officier avait décampé : un casque, avec l'aigle d'argent, laissé sur la table, attestait sa précipitation.

On remonte toujours la rue. Au détour, à l'angle d'une place, on aperçoit à soixante mètres une barricade, et au même instant, on reçoit en plein une vigoureuse fusillade. Aussitôt les nôtres de se jeter dans les maisons et de riposter par les fenêtres. Sur la place voisine, des décombres s'accumulaient çà et là; quelques soldats parvinrent à s'y installer, couchés à l'abri dans les trous.

De part et d'autre, le feu roulait vivement sur quiconque dépassait d'une ligne la barricade ou le rebord des fenêtres. Les Prussiens avaient l'avantage de la position; toutefois, au dire de tous les nôtres, leur tir est plus que médiocre. Il nous ont fait très-peu de mal.

La nuit tombait : emporter la barricade nous eût coûté du monde; toutefois nous aurions pu reconnaître, de nos propres yeux, si les assiégeants sont en force sur la côte du Raincy et ce qu'ils sont en train d'ébaucher dans ce canton: mais le commandant avait sans doute l'ordre d'être prudent; il fit sonner la retraite; l'ennemi se dispensa de nous reconduire. Les nôtres rapportèrent deux morts et une dizaine de blessés.

Le lendemain, le fort de Noisy ouvrit contre Villemomble et le Raincy un feu violent: les tirailleurs prussiens, qui s'aventuraient dans la plaine, se hâtèrent de vider les lieux. Mais pouvons-nous nous flatter d'avoir pointé juste sur les ouvrages allemands? C'était l'essentiel.

Pendant que la canonnade tonnait, la garnison du fort de Rosny rendait les derniers devoirs aux deux morts de la veille. En tête du cortége, les clairons sonnaient aux champs. Le curé de Rosny récitait les prières des morts : le bataillon suivait, sans armes, officiers en tête.

Les cercueils furent descendus du fort dans le petit cimetière de Rosny, dans un fond verdoyant, encadré par le large horizon des collines environnantes. Le cimetière est fortifié; les murs sont crénelés; mais les tombes ont été pieusement respectées.

Cette cérémonie, bien simple, produisait une profonde impression. La canonnade appuyait de sa grande voix, comme un solennel *Amen*, les graves prières du prêtre. Ces fracas de mort, le voisinage de l'ennemi, l'idée de la patrie envahie, tout cela donnait à ces prières une sérieuse et puissante réalité. Chacun, en présence des cercueils, sentait qu'il y avait là un exemple et une espérance.

COMBAT DU BOURGET

Samedi, 29 octobre.

Jetez les yeux sur la plaine proprement dite de Saint-Denis : vous voyez qu'elle est coupée par deux lignes de chemin de fer, de l'ouest à l'est. Près la lisière des bois, la première ligne, celle de Strasbourg, est défendue par Bondy; on se rappelle notre récente prise de possession de ce village. Nos avant-postes sautent, dès lors, par-dessus le chemin de fer de Strasbourg, et s'éparpillent, mobiles et indécis, dans la seconde zone. Celle-ci va jusqu'au chemin de fer de Soissons. Le point qui domine cette seconde ligne, c'est précisément le Bourget planté en avant de la voie ferrée, au beau milieu de la plaine, entre Saint-Denis et la forêt de Bondy.

Nous tenons le pays entre Saint-Denis et la Courneuve; en face, l'ennemi s'étend d'Aunay au Raincy. Le Bourget couvre l'arène ouverte entre les deux adversaires; tenir le Bourget, c'est forcer l'assiégeant à rentrer dans ses lignes, c'est lui interdire l'étendue du territoire intermédiaire.

Il faut encore considérer que le chemin de fer, du Bourget à Sévran, au nord de la forêt de Bondy, est la route de communication la plus directe, pour les Prussiens, entre l'est et Versailles.

Donc, pour nous, l'avantage d'occuper le Bourget est double : 1° nous élargissons la ligne de l'investissement; 2° nous gênons, au nord, les communications de l'ennemi.

Aussi, quoique l'enlèvement du Bourget semble, de prime abord, un coup d'audace et de hasard, je ne puis croire qu'il n'ait pas été prémédité et voulu par nos généraux. En tout cas, il est, aujourd'hui du moins, un fait accompli.

Pendant la nuit d'hier, de jeudi à vendredi (28 octobre), à trois heures du matin, le bataillon des francs-tireurs de la presse est parti de la Courneuve; ils étaient environ 250 hommes, divisés en quatre compagnies.

ATTAQUE DU BOURGET PAR LES FRANCS-TIREURS DE LA PRESSE.

On allait, sur l'ordre du général de Bellemare, faire une reconnaissance sur le Bourget ; on prit des précautions extraordinaires, en profitant des dernières ténèbres de la nuit. Au lieu de prendre directement par le chemin de fer qui bifurque avec la grande route du Bourget, à 200 mètres du village, on traça un demi-cercle en deçà du chemin de fer ; le trajet, silencieux et furtif, dura une heure et demie, et pourtant il compte tout au plus cinq kilomètres.

On dépassa la route de Lille, on gagna celle de Drancy ; le chemin de fer forme, avec ces deux routes, un triangle, au-dessous du Bourget. Au sommet de ce triangle s'élève, vers le passage à niveau, la maison du garde-barrière ; c'est là que les Prussiens avaient leur avant-poste. Tout contre, sur la route, il y avait une sorte de barricade faite avec du fumier, excellente matière pour amortir les projectiles. Une sentinelle y montait la garde.

Nos francs-tireurs, à l'approche du poste ennemi, se divisent en trois détachements, de façon à aborder la maison de front, de droite et de gauche.

En rampant, en se frayant le chemin à travers champs, haies et fossés, ils arrivent tout près de la sentinelle.

Ils parviennent à dix mètres. Le Prussien dresse l'oreille, il crie :
— Ver da !
— Kamarad, répond un franc-tireur en imitant l'accent prussien.
Et il avance encore. Hésitation sur la barricade, puis de nouveau :
— Ver da !

Pour réponse, le franc-tireur se jette sur la sentinelle ; celle-ci réplique par un coup de feu qui, comme de juste, ne touche personne ; aussitôt tout le monde saute sur la barricade, et notre feu cerne la maison du garde.

Les Prussiens étaient à mille lieues de s'attendre à une attaque aussi audacieuse. Ceux qui avaient à portée leurs fusils tirèrent au hasard pour l'acquit de leur conscience : désorientés, surpris, ils délogent. Il fait toujours nuit. L'invincible ennemi, dans le simple appareil de soldats qu'on arrache au sommeil, gagne en débandade le village par un petit chemin assez boueux qui tombe sur la grand'route. Ils ont les francs-tireurs sur leurs talons ; la subite arrivée des uns et des autres jette l'émoi dans le parti cantonné çà et là dans les maisons du Bourget. Il pouvait y avoir environ 200 Prussiens, peut-être un peu plus. Point d'ouvrage, point de barricade qui s'oppose à notre marche : fait extraordinaire pour qui connaît les habitudes prudentes et les précautions méticuleuses de l'ennemi.

Les francs-tireurs ne lui donnent ni repos ni relâche : ils le poursuivent sur le carrefour, enfilent à sa suite la chaussée, qui borde un grand réservoir à gauche : les voilà au beau milieu du village; les coups de feu éclatent, nourris et vigoureux, de notre côté; dispersés et fugitifs de la part des Prussiens.

Il est six heures : le jour se lève.

La situation peut devenir critique pour nos francs-tireurs qui, du reste, ardents et âpres à la curée, poussent toujours droit devant eux.

Mais la nouvelle de l'heureux succès de la reconnaissance a été portée à la Courneuve. Le 14ᵉ bataillon des mobiles de la Seine y fait le service de grand'gardes. Aussitôt les quatre premières compagnies, en leste équipement, se lancent à la rescousse. Elles arrivent à point pour terminer la victoire si vaillamment entamée par les francs-tireurs.

Ce renfort achève les Prussiens; ils se sauvent à toutes jambes et regagnent Pont-Iblon à travers champs. Cette fuite a des épisodes très-comiques; malgré la liberté du style militaire, je ne puis les raconter. Qu'il me suffise de dire que l'ennemi a planté là fusils, casques, capotes et manteaux. Parmi les trophées, il y a un attirail complet de tentes.

Pour la bonne bouche, après la dispersion de l'ennemi, voici que les nôtres, en fouillant les maisons, mettent la main sur quatre gaillards qui se tenaient cois dans une cave. Ils se sont rendus corps et biens.

Ce succès enlevé tambour battant ne nous aurait pas coûté un homme si, par malheur, un obus du fort de l'Est n'était venu s'abattre sur la barricade de fumier, au milieu des francs-tireurs, et n'en eût blessé trois.

Le Bourget est à nous. Mais, vu l'importance de la position, il est facile de prévoir que l'ennemi s'efforcera d'y rentrer.

Le général de Bellemare, à Saint-Denis, est averti; il envoie sur les lieux le restant du 14ᵉ bataillon, plus deux autres bataillons de mobiles, le 12ᵉ et le 16ᵉ; il leur adjoint un demi-bataillon du 134ᵉ de ligne et un demi-bataillon du 128ᵉ. Ces renforts sont accompagnés de trois pièces de 4 et de deux mitrailleuses. Quand, dans ces occasions, je compte le chiffre de notre artillerie, j'enrage; on ferait tout aussi bien de ne rien envoyer du tout. Les pièces si parcimonieusement octroyées ne peuvent rendre aucun service; elles assistent, inoffensives et silencieuses, au vacarme tonitruant de l'artillerie prussienne, quand elles n'ont pas la chance de s'embourber et de se faire prendre.

Je n'accuse pas le généra de Bellemare : le meilleur chef du monde ne peut donner que ce qu'il a.

Les troupes se mettent aussitôt à fortifier le village : on dépave les chemins, on enlève des poutres, et des barricades s'élèvent en avant du Bourget, sur la grande route, puis sur les rues latérales, vers la gauche du village et à l'abord d'un chemin qui coupe à travers champs sur Dugny. De plus, tous les murs des vergers et des enclos regardant le nord sont percés de meurtrières. Le 14ᵉ bataillon de mobiles s'installe dans ces retranchements improvisés.

Sur les dix heures, l'ennemi a l'air de vouloir prendre sa revanche ; il canonne assez fortement le Bourget ; les obus arrivent jusque dans la grande rue. Du reste, pas de mouvement d'infanterie : cela dure jusqu'à deux heures environ. Nos petites pièces sont bien montées jusqu'à l'entrée du bourg, mais elles n'ont pas résisté, il leur a fallu redescendre. Deux pièces de 12 mieux inspirées, se sont installées en avant de la Courneuve et prennent les Prussiens en flanc. Elles produisent de l'effet, car la canonnade cesse.

De Saint-Denis arrive un nouveau renfort ; cinq nouvelles compagnies du 28ᵉ de marche se portent au Bourget, le soir sur les sept heures. Et de l'artillerie ! Espérons qu'elle sort présentement de la fonderie !

Le secours n'est pas superflu, car les Prussiens nous ménagent un bonsoir de leur façon. Les troupes sont embusquées sur toute la ligne des murs qui bornent les propriétés des deux côtés de la route de Lille et regardent Dugny et Pont-Iblon.

Le colonel Lavoignet, faisant fonction de général de brigade, est chargé de la direction du petit corps d'occupation. Il a sous ses ordres, comme principaux officiers, le lieutenant-colonel Roussan et le commandant Jacob, du 14ᵉ mobile, le commandant Baroche, du 12ᵉ mobile, le commandant Brasseur et le commandant Vitalis, du 128ᵉ de ligne.

Tout le monde veille à son poste : sur les huit heures et demie, alors qu'il fait noir et que la pluie grésille dans l'air, l'alerte éclate tout à coup sur notre front.

A gauche, sur le côté de la petite route de Dugny, la 3ᵉ compagnie du 14ᵉ bataillon occupe un enclos, sorte de redoute rectangulaire ; on n'y voit goutte à dix pas devant soi, tout à coup en entend du bruit.

— Qui vive !

— Amis ! Français, répondent les voix.

Les mobiles hésitent ; cependant des fusils s'introduisent dans les meurtrières, des corps noirs escaladent le mur. Ce sont les Prussiens.

Les mobiles répondent à trois pas par un feu général, qui jette à terre tout ce qui se montrait sur le mur et au-devant des créneaux. La fusillade est si vive, que les Prussiens, déconcertés, renoncent à l'attaque, lâchent pied et s'enfuient.

Cependant, sur la grande route, un autre détachement essaye d'arriver sournoisement jusqu'à la barricade. Les balles enfilent la rue, drues et sifflantes ; pour monter à la barricade, les soldats sont forcés de raser les maisons, de chaque côté de la rue.

Après une heure de vaine tentative, l'ennemi rentre dans ses quartiers : il ne ramène pas tout son monde. Au pied même de l'enclos, six cadavres sont étendus. Ce sont des soldats de la garde royale, régiment de Coblentz. Ils sont de taille superbe ; on voit qu'ils appartiennent à un corps d'élite : ils portent l'uniforme bleu foncé et le casque à pointe. Ils sont tombés héroïquement en se jetant sur le canon de nos fusils ; leur attitude, dans la mort, conserve le geste suprême du soldat qui serre son arme et frappe l'adversaire. Certes, il est beau à nos jeunes mobiles de la Seine d'avoir contraint à la retraite de tels ennemis.

D'autres n'étaient que blessés ; ils gisaient à terre, poussant des cris lamentables dans l'obscurité de la nuit ; les nôtres sont allés les ramasser ; parmi eux se trouvait un tout jeune homme, étudiant en médecine, qui est mort ce matin dans notre ambulance.

Le roi Guillaume peut se réjouir de la guerre ; il la poursuit avec une insolence railleuse ; mais l'Allemagne pleurera longtemps l'élite de sa jeunesse studieuse, moissonnée sur nos champs pour une inutile et coupable ambition.

Le reste de la nuit se passa tranquillement. Personne ne dormit. Tous, officiers et soldats, restèrent attentifs, sous les armes, interrogeant l'obscurité environnante.

Un détachement de cinquante hommes du génie, avec un capitaine, arriva du fort d'Aubervilliers, pour travailler aux barricades, que les nôtres avaient ébauchées, l'une au bout de la Grande Rue, en face de Pont-Iblon, l'autre, au débouché de la petite route de Dugny. Mais toujours pas d'artillerie.

L'ennemi, dégoûté par la rude affaire de la nuit, prit un autre système : battre nos positions avec l'artillerie, nous couvrir d'obus, nous ébranler et ouvrir ainsi la voie à un assaut.

A sept heures, ce matin, 29 octobre, pendant que les soldats achevaient les barricades et ouvraient dans les murs de nouvelles brèches, vingt et une pièces de canon vinrent s'établir en face du Bourget, à 2000 mètres environ, sur une ondulation de la grande route de Dugny. Par derrière s'échelonnèrent des pelotons d'infanterie en forces assez considérables, destinées soit à soutenir l'artillerie, soit à profiter des brèches qu'elle pourrait ouvrir dans nos positions.

A sept heures et demie, les batteries ouvrirent le feu. Ce fut une avalanche d'obus, qui éclata sur les maisons du Bourget, furieuse, rasant nos retranchements, crevant les toits, perçant les murailles, enfonçant les clôtures, bouleversant les terres, et cela trois heures durant, avec trois intermittences d'un quart d'heure chacune. Je crois, sans me tromper, pouvoir estimer à onze cents le nombre des projectiles lancés dans la matinée. Les maisons du village, surtout celles qui regardent Dugny, présentent de larges brèches béantes; les décombres, les plâtres jonchent les cours et la rue; dans les jardins, les carrés de culture sont parsemés d'énormes trous. Les éclats de fer, encore recouverts de leur manteau de plomb, sont jetés çà et là, grêle formidable qui moissonne les hommes. Pourtant, à en juger par le volume des projectiles et les trous des murs, les Prussiens n'ont dû tirer qu'avec des pièces de calibre inférieur.

Par bonheur, ce déluge de feu n'a produit que fort peu de ravages dans nos rangs; les hommes étaient échelonnés à l'abri des murs. En passant devant une maison, j'ai aperçu trois mobiles étendus sur un billard dans une vraie mare de sang; il y a eu encore de touchés quelques soldats du 128ᵉ régiment de marche. Cette épouvantable canonnade a été admirablement supportée; nos postes n'ont pas bronché. Parmi nos jeunes mobiles, quelques-uns ont bien éprouvé, à la vue des projectiles éclatant avec fracas et jetant de tous côtés leurs débris meurtriers, l'émotion nerveuse du premier feu. C'était un effet tout physique.

— Je ne croyais pas que c'était ainsi, ai-je entendu dire à un engagé, pâle et résolu; je tremble, mais je n'ai pas peur. Et le capitaine souriait à ce naïf et vaillant aveu.

Au fort de la canonnade, un lieutenant du 128ᵉ avise dans l'air un pigeon; il faut dire que les troupes, depuis la veille au matin, n'avaient rien mangé. D'un coup de revolver, à cent mètres, il l'abat : sa main ne tremblait pas, à celui-là. Puis il va tranquillement le ramasser au milieu de la cour. Dame, il n'aurait plus manqué qu'un éclat d'obus vînt endommager sa chasse.

A onze heures, les Prussiens se lassèrent les premiers : leurs feux avaient ébréché le clocher et entamé les maisons; mais les troupes ne cédaient pas un pouce de terrain. Que faire? ils renoncèrent momentanément à l'attaque d'infanterie. Les pièces s'éteignirent successivement. Les colonnes d'infanterie prirent par le flanc droit et défilèrent dans la direction de Bonneuil. Victoire! Le Bourget nous reste. Et même nos pertes ne sont pas très-fortes : c'est le 14ᵉ bataillon de mobiles qui est le plus éprouvé;

RÉSISTANCE DU BOURGET. — VUE DE LA SUIFFERIE.

il peut avoir, depuis le matin, une cinquantaine d'hommes hors de combat.

Il se fait quelque répit : on meurt de faim; mais on est gaillard et joyeux. Les soldats vont çà et là, dans les champs, déterrer choux et pommes de terre. Les voitures qui arrivent, remplies de pain, sont dévalisées.

Sur la route, devant le Bourget, j'interroge la campagne, de ma lorgnette; le terrain descend d'abord, puis remonte légèrement. A droite, un bouquet d'arbres à 1200 mètres; il y a là encore quelques Prussiens. Une ambulance, conduite par un prêtre, essaye de passer; aussitôt sur le point culminant de la route, en face, des groupes hostiles se forment; à cette distance le drapeau de l'Internationale ne peut pas sans doute s'apercevoir; car les balles sifflent, les ambulanciers sont forcés de rebrousser chemin.

La fusillade se relève. Il est deux heures. Tout le monde regagne les postes derrière les murs et enclos. L'ordre est de ne tirer qu'à bout portant. Mais la pluie tombe et éteint la fusillade. Cependant, le fort de l'Est canonne avec vigueur Stains et Dugny. L'ennemi ne dit mot.

Décidément c'est pour ce soir : on s'attend à une attaque. Les officiers apprennent que les régiments ne seront pas relevés ; on passera la nuit, c'est la seconde, et il ne faut pas penser à dormir.

Comment expliquer cette négligence en renforts d'hommes, de canons, de vivres ?

Nos pauvres soldats n'ont pas grand'chose à se mettre sous la dent; ils commencent à être vraiment excédés de leur double veille. Quelques cas de débandade ont lieu, sous prétexte de ravitaillement. Mais la grande majorité reste solide au poste. Bast ! le succès donne des forces; on maugrée, il y a un peu de quoi, mais au fond on est heureux et fier. La pluie tombe toujours.

Dimanche, 30 octobre.

Le Bourget est repris par les Prussiens.

Si cette position nous a été enlevée, si une partie des nôtres est restée, blessée, tuée et prisonnière entre les mains de l'ennemi, c'est, il faut le dire, par notre faute, par notre très-grande faute.

Hier, après notre succès, trois partis s'offraient à nous.

Garder le Bourget et prendre en conséquence toutes les mesures raisonnablement nécessaires : y masser de l'artillerie et des troupes, mais surtout de l'artillerie.

Abandonner le Bourget, après notre brillante poussée, si l'on jugeait que la situation n'était pas tenable et qu'elle nous coûterait trop cher.

Tels sont les deux partis sensés et utiles.

Il en restait un troisième, hésitant et tâtonnant entre les deux autres : un *peu* d'infanterie, un *peu* d'artillerie, merveilleux expédient pour se faire battre.

Tel est le parti qui a été adopté : aussi les Prussiens nous ont, ce matin, en une heure, enlevé le Bourget.

Hier, les projets de l'attaque de la part des ennemis se trahissaient évidents. La canonnade du matin avait montré qu'ils disposaient d'une force d'artillerie considérable. De plus, en éclairant un peu le pays, on se serait vite aperçu qu'ils amassaient des forces nombreuses d'infanterie.

Lorsque, dans la matinée même d'hier, on avait vu vingt et une pièces se mettre en batterie en face du Bourget, à combien estimez-vous le nombre des pièces que nous pouvions opposer à cette partie seulement de l'artillerie prussienne? Comptez : deux pièces de 12, deux pièces de 4 et une mitrailleuse.

Quant aux troupes, nous avions une partie du 128º de marche, deux bataillons de mobiles, le 14º et le 12º, deux compagnies des 41º et 54º de ligne, de plus le bataillon des braves francs-tireurs de la presse.

Ces troupes étaient debout depuis quarante-huit heures sans vivres, et, de plus, elles ont passé une nuit sans sommeil. Hier, je rencontre un mobile qui demandait à un fourrier si le pain va venir.

— Non, répond le fourrier ; les mobiles ne sont pas portés sur les livres comme occupant le Bourget.

Les chevaux des artilleurs étaient harassés et affamés. Quand on leur tendait la main, ils avançaient avidement la bouche. La pluie tombait à flots des pièces.

La nuit se passa, tout le monde debout, les pieds dans l'eau et la boue, la main sur la gâchette du fusil.

Les Prussiens, des hauteurs, observaient le Bourget ; ils voyaient très-bien notre faiblesse d'artillerie, et ils s'apercevaient que les troupes fraîches n'arrivaient pas. Aussi, ils nous ont laissés à loisir nous morfondre et nous tremper toute la nuit.

Ce n'est qu'à huit heures, ce matin, que le 135º de marche, avec deux compagnies de chasseurs et une compagnie de turcos, sont arrivés au Bourget pour relever les mobiles ; mais ils se heurtèrent au commencement de la retraite.

A sept heures, au jour levant, les Prussiens ont ouvert le feu des batteries auxquelles ils avaient travaillé depuis la veille. A voir l'ensemble de leur attaque, c'est à croire qu'ils nous ont laissés venir au Bourget pour nous cerner et nous enlever.

En effet, pendant qu'un feu d'obus formidable crevait les maisons, enfonçait les barricades, maladroitement construites en moellons et en pavés, balayait les avenues, surtout de la grande route de Lille à la voie ferrée, les tirailleurs ennemis, protégés par ce déluge de mitraille qui nous aveuglait et nous dispersait, s'avançaient jusqu'aux enclos mêmes du Bourget, en formant un vaste demi-cercle.

La situation devint terrible; écrasés par le canon ennemi, nous étions cernés par l'infanterie, sur la route de Dugny, sur le chemin de fer et par Drancy.

Comment se défendre? Nos quelques pièces, installées sur le carrefour du milieu du village, pouvaient à peine atteindre l'ennemi de leurs rares obus. La mitrailleuse restait impuissante : les cartouches avaient été noyées par la pluie.

L'ennemi avançait toujours; il emporta la barricade de la rue principale, entamant l'assaut des clôtures et des maisons du Bourget : à gauche, il avait forcé à la retraite notre propre ligne de tirailleurs et nous coupait la retraite sur la Courneuve. A droite, vers Drancy, il tournait plus rapidement encore, sans rencontrer grande résistance, par le chemin de fer de Soissons, qu'un bataillon du 128e abandonna, presque sans coup férir.

Déjà il était impossible que les troupes d'avant-garde défendant le village pussent s'échapper sans se frayer un sanglant chemin à travers le village.

Les réserves se jetèrent sur la grande route, en se rabattant, soit sur Aubervilliers, soit sur la Courneuve. Notre artillerie parvint à s'échapper tout entière.

Le colonel Martin, qui depuis la veille avait succédé au colonel Lavoignet, ainsi que le lieutenant-colonel Roussan, le commandant Jacob, et le commandant Vitalis, s'évadèrent sains et saufs. Le commandant Baroche et le commandant Brasseur, seuls des officiers supérieurs, restaient enfermés, dans le Bourget, avec le 14e et le 12e mobile, et le 128e de ligne.

Le général de Bellemare, accourut pour organiser la retraite. Le fort d'Aubervilliers commença un feu redoublé sur le Bourget, visant dans le tas, au risque de frapper sur les nôtres; des troupes fraîches (il était bien temps!) furent espacées en tirailleurs dans les champs, sur la gauche de la grande route. En même temps, nos pièces de campagne, s'arrêtant aux barricades en avant d'Aubervilliers, battirent la gare du Bourget.

Les Prussiens s'arrêtèrent, et notre retraite, d'abord très-précipitée, s'accomplit en meilleur ordre.

Les tirailleurs ennemis ont d'abord paru essayer de gagner sur la Courneuve. Mais nos obus les ont bien vite arrêtés : ils se cantonnent et se retranchent dans le grand parc, bordé de murs et flanqué d'une maison rouge, à l'entrée du Bourget.

Il est onze heures. Pendant que nos troupes rentrent à Saint-Denis, le fort de l'Est et la Double-Couronne canonnent Stains et Pierrefitte, afin de contenir les mouvements de l'ennemi.

Nous voilà sortis à grand'peine du mauvais pas; mais ce n'est pas sans dommage.

Il est difficile d'évaluer le chiffre de nos pertes; on parle de onze à douze cents hommes restés au Bourget.

En somme, l'opération des Prussiens avait un double but ; reprendre le Bourget et cerner notre corps de troupes.

La première partie de l'opération a entièrement réussi, la seconde n'a réussi qu'à moitié!

Il nous était si facile, avec un peu de prévoyance, d'éviter cet échec !

Lundi, 31 octobre.

Les impatiences et les exaspérations du premier moment imposent le devoir de se défier de soi-même et de ne porter qu'un jugement très-réservé. Toutefois, j'ose affirmer qu'il était impossible de ne pas prévoir l'attaque des Prussiens : le général de Bellemare, qui a fait la campagne de Sedan, doit savoir que, lorsque les Prussiens méditent une opération, ils ne font pas les choses à moitié, qu'ils procèdent avec sérieux et méthode, et calculent sagement l'importance des moyens selon l'importance du but.

Or, la possession du Bourget est, pour les Prussiens, je ne dirai pas d'ordre essentiel, mais certainement de premier ordre. Ce point est situé sur la ligne des communications qui relient Meaux à Versailles.

Le Bourget, à l'intersection de la route de Lille et du chemin de fer de Soissons, couvre la plaine jusqu'aux hauteurs de Gonesse, de Bonneuil et de Blanc-Ménil. A l'abri du village, les renforts et les convois ennemis défilent en flanc sur la lisière de la plaine, pour gagner les autres points de repère, espacés à Stains (les Prussiens occupent le château) et à la butte Pinson, dont ils tiennent le sommet.

Donc, selon les probabilités stratégiques, il était certain d'avance que les Prussiens feraient un grand effort pour dégager le Bourget.

L'ennemi ne cachait nullement ses projets ; depuis l'occupation du village par nos francs-tireurs, ils n'ont cessé d'observer la position perdue; ils l'ont tâtée le soir même par une audacieuse pointe d'infanterie et, le lendemain matin, par une furieuse canonnade. Leurs postes avancés restaient à portée de fusil. Tout annonçait une attaque prochaine et décisive, conduite selon les règles et avec la dernière vigueur.

Enfin, un des prisonniers, jeune homme instruit ayant le grade d'officier, s'étonnant du peu de mal que la canonnade de samedi matin avait fait dans nos rangs avait ajouté :

— Ce n'est pas fini ; attendez-vous à mieux. On se prépare.

Donc, à moins de se mettre un bandeau sur les yeux, il était clair comme le jour que nous devions ou abandonner le Bourget, ou le mettre sérieusement en état de défense.

Pas de surprise possible: nous étions triplement avertis. Eh bien, j'ai dit hier quel était notre état de défense. De l'artillerie, en nombre dérisoire. Pour nos forces d'infanterie, mettons 3000 hommes, et ce sera tout.

C'était tout simplement jeter ces 3000 hommes à la gueule des trente ou quarante obusiers ennemis, appuyés de deux divisions de la garde, l'une en réserve, l'autre en bataille, que les Prussiens, plus prévoyants que nous, prenaient le temps de réunir autour du Bourget.

En vérité, on ne peut croire à tant d'imprévoyance. Le bruit court que le général de Bellemare a fait demander de l'artillerie à Paris, et que les renforts ne lui sont pas arrivés à temps. Ceci ne change rien à la question ; je n'examinerai pas sur qui retombe la responsabilité de la faute; l'important est de constater et de déterminer cette faute.

D'ailleurs, comment, dans le système général de la défense, se fait-il que Saint-Denis ne puisse envoyer en expédition que six canons ?

Maintenant, figurez-vous, entre sept heures et demie et huit heures et demie, une pluie d'obus s'abattant sur le Bourget. Point de trêve : les projectiles tombent partout, éclatent dans les rues et dans les maisons; ils dispersent nos soldats et les écartent de leur poste de combat; cependant les colonnes d'attaque avançaient rapidement à portée de fusil, et à la canonnade se joignait une fusillade non moins vive. L'infanterie ennemie était disposée en équerre, cernant de deux côtés le village, entre Drancy et la Courneuve. La cavalerie manœuvrait de façon à couper et sabrer nos soldats disséminés, désorientés.

Quelques hommes du génie, aidés par des escouades de mobiles, avaient, dès la veille, improvisé à la hâte, des barricades sur les avenues donnant au nord; mais ces barricades étaient incomplètes et, de plus, d'une construction déplorable : rien que des pavés et des moellons. On ne les avait pas liées et fortifiées par un épaulement en terre; aussi, à chaque obus, elles faisaient brèche, et les éclats de pierre, se mêlant à la mitraille, forçaient les défenseurs à s'éloigner. Cependant, les soldats essayèrent, à plusieurs reprises, de les rétablir.

Nos malheureuses pièces tentaient vainement de lutter; elles s'étaient réunies sur le côté Est du village, afin d'arrêter les Prussiens, de protéger la grande route et de laisser la retraite libre aux nôtres. Elles envoyèrent quelques boîtes à balles sur les tirailleurs ennemis, avançant en ordre très-espacé, et se défilant fort habilement à l'abri des moindres obstacles de terrain.

Mais ce ne fut qu'un instant: à leur tour, nos pièces tombèrent sous la pluie des canons ennemis. Un obus piqua droit sur l'une d'elles, renversa les quatre chevaux et deux servants. La trombe enveloppait nos artilleurs qui se hâtèrent de réatteler la pièce, et on enfila à grand trot la route d'Aubervilliers.

L'infanterie ne pouvait plus tenir. Les postes, dispersés dans le village, dans les enclos, la tête sous la mitraille, les flancs resserrés de chaque côté par le feu des tirailleurs, se hâtaient de se replier, voyant bien qu'une minute de plus allait fermer le cercle autour d'eux. Mais les détachements placés en tête du village, ne purent en gagner l'extrémité ; ils ont été enveloppés.

Ceux des nôtres qui battaient en retraite, rencontrèrent le 135° de marche, les chasseurs à pied et les turcos du 128°, qui venaient relever la garnison du Bourget. Si ce renfort était arrivé plus tôt, eût-il changé l'issue de la lutte? J'en doute; il l'eût quelque peu prolongée, mais il n'eût pu remédier au défaut d'artillerie.

Toutefois, il servit à protéger la retraite. Les turcos, après un instant de débandade, se reformèrent et furent portés en tirailleurs sur la gauche de la route, en avant du chemin de fer; les chasseurs, troupe solide et excellente, occupèrent la même position. En même temps que les lignes de tirailleurs arrêtaient l'ennemi sur le Bourget et protégeaient le ralliement des camarades, deux pièces de quatre s'arrêtaient sur la grande route, à la hauteur d'une sufferie, à mille mètres du Bourget. Là, nos pièces se mettent en batterie, avec l'aide des soldats disséminés à l'entour; elles commencèrent le feu sur la droite du Bourget, dans la direction de la gare.

Les obus du fort d'Aubervilliers sifflaient sans relâche dans la même direction. L'objet de cette dangereuse canonnade était de dégager, si faire se pouvait, la route du Bourget et d'ouvrir un chemin à nos malheureux soldats restés dans le village. En effet, dans le Bourget même, à l'intérieur, on entendait toujours la fusillade : les nôtres luttaient encore au milieu de l'ennemi.

Mais les Prussiens s'abritant derrière les nombreuses maisons qui s'élèvent dans la plaine, ressérèrent rapidement, par la gauche et la droite, les deux cornes de leur ordre d'attaque. Bientôt ils furent, en deçà du Bourget, à portée de fusil. Les balles sifflèrent autour des artilleurs. Le cercle était complet, et comment rompre cette masse lointaine de maisons?

Le fort tirant toujours, nos deux pièces se rabattirent plus bas, sur la grande route, au point de jonction du chemin de la Courneuve. Là, est une barricade; les soldats du génie, sortant du fort, travaillaient à la hâte pour continuer la tranchée tout le long de ce chemin, afin de couper l'espace entre la Courneuve et la grande route d'Aubervilliers. Des renforts de mobiles se rangèrent derrière l'épaulement; d'autres s'engagèrent dans les maisons crénelées au bord du chemin.

Ils n'eurent pas à tirer. Nos lignes avancées de tirailleurs contenaient les Prussiens, qui, du reste, ne s'aventuraient pas en plaine. Ils se contentèrent d'occuper, à droite et à gauche de la route de Lille, les bâtiments formant redoute contre nous, en avant du Bourget. On ne voyait s'échapper des embrasures que quelques rares flocons de fumée. L'ennemi renonçait à inquiéter notre retraite.

Toutes les troupes rentrèrent à Saint-Denis, par la route de la Courneuve et par la voie ferrée. Aubervilliers tirait toujours : nos pièces de campagne défilèrent les dernières. Le général de Bellemare, installé avec son état-major, sur le chemin de la Courneuve, dirigeait la retraite.

A onze heures du matin, tout était fini, et cependant on entendait toujours, à intervalles inégaux, des coups de feu dans l'intérieur du Bourget : les nôtres, là-bas, résistaient encore.

Tel est, autant qu'il est possible de voir et de comprendre l'ensemble d'une opération militaire, le résumé exact de cette affaire. Elle est, pour nous, une grande leçon : puissions-nous en profiter ! Elle est aussi, malgré nos pertes et notre échec, un encouragement; car elle a montré de quelle force de résistance nos soldats sont capables. Lorsqu'ils sont vaincus, ce n'est pas de leur faute : ils ont fait leur devoir. Mais il y a d'autres devoirs de prévoyance et d'habileté. Si ceux-là n'ont pas été remplis, ce n'est pas aux soldats qu'en revient la responsabilité.

Je ne peux rien dire du nombre des blessés et des morts : la plupart sont

UNE FERME A BONDY.

tombés au Bourget et n'ont pu être ramassés. Pendant la retraite même, nos pertes sont presque nulles.

L'ÉGLISE DE BONDY.

Quant au nombre des prisonniers, sans vouloir hasarder des chiffres, je dirai seulement que, le soir de cette journée de dimanche, plusieurs compagnies du 14ᵉ et du 12ᵉ mobiles, ainsi que du 128ᵉ de marche, n'ont pas rallié le quartier. Le bruit court que le commandant Baroche, du 12ᵉ, s'est fait héroïquement tuer; on ajoute que le commandant Brasseur, du 128ᵉ, a été fait prisonnier. Ceux-là, du moins, ont fait leur devoir. En cherchant à Saint-Denis des officiers du 128ᵉ auxquels je serrai la main la veille même, au Bourget, je n'ai pu les retrouver; ils n'étaient pas encore rentrés.

A la Courneuve, je rencontre les braves francs-tireurs de la presse; ils sont un petit groupe et ils se comptent avec anxiété; la plupart manquent à ce fraternel et douloureux appel. Un capitaine, au visage pâle, à l'œil fiévreux, range ces débris. Plusieurs volontaires pleurent silencieusement de grosses larmes :

— On a beau parfois se disputer, disait l'un d'eux; maintenant, on sent combien l'on s'aime: on est frères.

Passe un brancard porté par quatre soldats; c'est un mobile grièvement blessé à la cuisse. Mon compagnon arrête le cortége, pour mieux accommoder l'oreiller du blessé. Le mobile relève la tête avec effort et dit à voix basse : mon capitaine? qu'est devenu mon capitaine? Est-il encore vivant?

— Oui, il va bien, répond mon compagnon à tout hasard, par charité. Sur la figure du blessé passe un sourire de satisfaction; il repose sa tête, et on repart. Ce simple épisode m'a profondément touché; ne fait-il pas honneur à nos soldats et à nos officiers?

Le dimanche soir, à Saint-Denis, toutes les troupes sont consignées; les adjudants consultent les rôles des compagnies et relèvent les absents. Donc tout chiffre ne peut encore être qu'inexact.

Enfin, dans la Grande-Rue passe une longue file d'attelages d'artillerie. C'est bien temps, en vérité !

Mardi, 1ᵉʳ novembre.

Toute la journée d'hier s'est passée inactive aux environs du Bourget. Le matin, le fort d'Aubervilliers a réveillé l'ennemi par quelques coups de canon. Vers deux heures, même cérémonie au fort de l'Est; et c'est tout.

L'ennemi occupe le Bourget avec une force d'environ douze ou quinze cents hommes, tant Prussiens que Bavarois.

Ses lignes de sentinelles suivent, a notre droite, la voie du chemin de fer, et à notre gauche, le pli de terrain et le rideau d'arbres de la petite rivière dite la Mollette. En face de nous, il est à cheval sur la route de Lille, en tenant d'un côté la gare du Bourget, et de l'autre un grand parc en équerre, flanqué de murs.

Les avant-postes se prolongent sur la route même, environ d'un kilomètre ; ils viennent en quelque sorte toucher de la main les nôtres, dont le premier est établi dans les bâtiments d'une suifferie.

A un kilomètre en arrière, nous avons une sorte de redoute, dite redoute du Mouton : c'est un retranchement en terre assez solide, avec fossé et parapet, établi à la bifurcation de la route de Lille et du chemin de la Courneuve à Bondy. Il coupe la route, puis s'étend de chaque côté sur le chemin, de façon à couvrir notre ligne avancée.

L'inaction de la journée s'explique par une sorte d'armistice non formellement stipulé, mais tacite, qui a duré jusqu'à cinq heures entre les deux camps autour du Bourget.

Ce matin, le capitaine de garde à l'ouvrage du Mouton s'est abouché avec le commandant du poste ennemi, pour traiter de la reddition des blessés, que nous avons été forcés d'abandonner dans le village, à la suite de notre retraite précipitée. Il y en a environ une cinquantaine.

Mais le nombre des prisonniers est très-considérable : il atteint douze cents parmi lesquels beaucoup d'officiers. En effet, dans la retraite, j'en ai vu revenir très-peu. Ils ont vaillamment fait leur devoir en restant à leur poste de combat. Le pire pour nos braves prisonniers, c'est que le fort d'Aubervilliers et nos pièces de campagne, en canonnant vigoureusement le Bourget, afin de leur ouvrir une trouée, ont frappé indistinctement amis et ennemis.

Les prisonniers ont été dirigés sur Bonneuil et Gonesse.

Quant aux blessés, les Prussiens ont spontanément offert de nous les rendre. Ce qu'il y a de curieux, c'est que la difficulté, pour les recevoir, est venue de nous ; il a fallu en référer au commandant du fort d'Aubervilliers, lequel, déclinant la responsabilité d'une affaire pourtant si simple, en a référé hiérarchiquement à la place de Saint-Denis, laquelle a envoyé demander des ordres à Paris. Cependant, le temps s'écoulait ; les Prussiens impatientés, ont fini par expédier nos blessés à Gonesse, ne voulant pas les garder dans un endroit aussi exposé que le Bourget. Enfin, après les allées et venues des officiers d'état-major, il est convenu que les voitures de l'Internationale iront à Gonesse.

Une des causes de notre revers a été certainement notre ignorance de la localité et notre insouciance des conditions topographiques de la défense. Comme me l'expliquait un militaire très-distingué, qui a pris part à l'affaire, il eût été facile en deux jours d'asseoir solidement au Bourget une tête de ligne, fortifiée et retranchée.

Le village est traversé par la Mollette, laquelle mesure une largeur de six mètres. On a jeté en avant les troupes, sans établir de ponts sur cette rivière, de façon que la retraite ne pouvait et n'a pu s'effectuer que par le pont de la grande route.

L'extrémité du village est bordée de murs. La prudence indiquait d'abord de niveler ces murs à hauteur d'hommes, de les appuyer par une banquette en terre, et enfin, de les continuer par un fossé couvert, à droite, coupant le chemin de fer et aboutissant à Drancy; à gauche, descendant jusqu'à la Courneuve.

Mais on s'est contenté de parquer nos tirailleurs entre la Mollette et des murs plus hauts qu'eux; l'exiguïté de la voie de retraite a été certainement la cause du nombre très-grand de nos prisonniers.

Le Drancy est inoccupé. On sait qu'un détachement de francs-tireurs y campait depuis huit jours. Il avait été renforcé par des compagnies du 8ᵉ mobile de la Seine et par de l'infanterie de marine. Hier matin, les batteries prussiennes établies au Blanc-Mesnil ont battu à force le village, mais, du reste assez maladroitement. Quatorze hommes ont été blessés, trois ont été tués. Les obus dépassaient le village et tombaient de l'autre côté dans la plaine. Nos soldats, vers les deux heures, se sont rabattus sur Bobigny sans être autrement inquiétés. Les Prussiens n'ont pas occupé la position; ce matin, ils sont venus à cinq faire une visite au village : voilà tout.

J'y rencontre quelques francs-tireurs et quelques mobiles qui achèvent leur déménagement, trop lestement accompli hier; ils rapportent fusils et sabres. Dans le parc, attenant au château de M. de Ladoucette, on vient de trouver deux cadavres. A l'un manque la tête, l'autre est presque coupé en deux. De la lisière du bois, on voit très-bien les sentinelles prussiennes sur la voie ferrée. Plus loin, au Blanc-Mesnil, sur la terrasse de la ferme, on aperçoit des groupes à la lorgnette.

Le château n'est plus qu'une ruine : la toiture est effondrée; les fenêtres donnent sur le vide. Dans le village, saccagé et pillé, on lit sur les portes, quelquefois côte à côte, tracées à la craie, des inscriptions françaises et des inscriptions allemandes; ce sont des enseignes indiquant les logements des soldats. On saisit là sur le vif le hasard de la mêlée et le va-et-vient de la guerre.

Pauvre village, avec son clocher percé à jour, avec ses maisons muettes, aux portes grandes ouvertes, avec ses rues jonchées de débris et d'ustensiles! Il a un aspect profondément désolé et morne : il ressemble à un cadavre. Et cependant, la végétation des jardins est luxuriante : dans les carrés de verts légumes, tout un monde de plantes s'épanouit, vigoureux et libre, sur le sol fécond.

Pourtant cette dévastation n'est presque rien en comparaison de Bondy. La grande route, au propre et sans figure, est une avenue de décombres : de chaque côté, des maisons éventrées par les obus, des pans de mur renversés d'un seul bloc, des escaliers suspendus en l'air, des toitures aplaties jusqu'à terre.

Et tout cela est neuf, tout cela est noir, non de la belle et mélancolique

L'AUBERGE DU CYGNE DE LA CROIX, A BONDY.

rouille du temps, mais de l'horrible et sombre couleur de l'incendie. Dans l'angle d'une chambre, déchirée en deux par un obus, j'aperçois un berceau ; n'est-ce pas là, dans sa saisissante horreur, toute l'invasion ?

Au bout de la rue, une barricade. A trois ou quatre cents mètres, la sentinelle ennemie est droite derrière un arbre. Sur le côté ; une grande maison carrée, que les Prussiens ont badigeonnée en noir : il paraît qu'elle servait de point de mire au fort de Noisy ; en effet, le toit est percé d'un grand trou.

Sur la barricade, je me croise avec deux jeunes filles vêtues tout de noir ; elles ont les yeux rouges. L'officier leur indique un point sur la route ; c'est là que, lors de la prise de Bondy, leur frère est tombé : il avait dix-huit ans. Les jeunes filles regardent, avec une silencieuse et poignante douleur. Cette place, c'est en quelque sorte la tombe de leur frère ; le corps, où est-il ? On n'en sait rien. Mais l'âme du jeune homme est là, sur cette route, et les pauvres enfants pleurent et prient devant cet héroïque et triste souvenir.

Mercredi, 2 novembre.

Le *Journal officiel* est sobre de détails sur l'affaire du Bourget. On sait cependant que, le 30 octobre, l'ennemi a engagé contre nous toute la 2e division de l'infanterie de la garde, sous le commandement du lieutenant général de Budritzki. On sait encore qu'il avoue des pertes sérieuses ; deux colonels ont été tués : le nombre des officiers hors de combat s'élèverait à 30 ; celui des soldats à 400.

Ces chiffres ne réfutent-ils pas éloquemment les accusations que la note du *Journal officiel* inflige trop légèrement à nos soldats ? S'il y a eu défaut de vigilance, ce sont les chefs surtout qui sont coupables.

Le *Journal officiel* affirme encore qu'au Bourget les distributions ont été régulièrement faites aux troupes.

Sans rentrer dans de nouveaux détails sur cette triste affaire, je me contente de dire que quelques charrettes de pain et quelques marmites de soupe, le jour même de l'action, eussent fait bien mieux l'affaire que les plus belles déclarations du monde, insérées aujourd'hui à l'*Officiel*, en l'honneur de l'intendance, ce modèle de nos institutions.

Sur le papier on aligne des états-majors, des cadres et des régiments assez nombreux pour terrasser l'univers ; cela s'est vu. Sur le papier, le soldat est parfaitement et régulièrement nourri ; rien ne lui manque ; l'intendance possède des ballots de pièces, des montagnes d'écrivasseries, qui démontrent péremptoirement sa maternelle vigilance. Sur le papier, le soldat doit positivement engraisser.

Ce qui n'empêche que, pendant toute la campagne, le service réel, effectif des vivres a été pitoyable. Je n'accuse pas les intendants, la plupart excellents et très-honnêtes administrateurs : c'est l'intendance elle-même, avec ses errements routiniers et compliqués, qui est en cause.

Aussi je m'explique de cette façon la phrase de l'*Officiel*: les distributions ont été régulièrement faites…. comme devant.

De plus, à quel endroit ces distributions ont-elles été si régulièrement faites par l'intendance ? Est-ce à Saint-Denis ? Est-ce au Bourget même ?

A six heures, le café; à neuf heures, la soupe avec une portion de viande; à quatre heures de nouveau la même ration, tel est l'ordinaire des troupes.

Or, tant pour les troupes, qui sont parties de la Courneuve le vendredi matin, que pour celles parties de Saint-Denis le vendredi soir, la première distribution de soupe n'a eu lieu que le samedi à deux heures. A cette heure seulement de l'après-midi, les hommes d'escouade sont arrivés avec les rations. Et encore la soupe n'était pas en quantité suffisante : il y eut des marmites renversées en route. Pour le dimanche matin, à huit heures, les obus prussiens arrivèrent avant le café.

Ce qui prouve le manque des subsistances, c'est que des compagnies du 128e de marche ont emprunté du pain aux camarades, placés en réserve sur la Courneuve. Et, le samedi soir, beaucoup de mobiles allaient chercher des vivres à Aubervilliers.

Détail à l'appui : un mobile du 14e s'approche, en titubant, de son capitaine; celui-ci le reçoit de la belle manière, et le tance vertement de s'être grisé en face de l'ennemi :

— Faites excuse mon capitaine; mais, quand on ne mange pas, le moindre verre de vin porte à la tête; et, voyez-vous, ça n'est pas de ma faute : je n'ai pas mangé depuis hier.

Les cantiniers et débitants de vins trouvent bien le moyen de suivre les troupes toujours et partout : pourquoi l'intendance est-elle en retard presque toujours et presque partout?

Je passe à une seconde note, celle-là non officielle, qu'un sous-officier du génie a fait insérer, à mon adresse, dans le journal *la République*. Il me demande, puisque je n'ai pas été satisfait des barricades improvisées au Bourget, de venir, à la prochaine occasion, montrer à en faire de meilleures. A une invitation de ce genre, le *Misanthrope* répondait :

> J'en pourrai, par malheur, faire d'aussi méchants.

Si je ne me trompe, le métier du génie est précisément de construire des barricades mieux que je pourrais le faire, ainsi que la plupart de mes collègues de la garde nationale. Autre chose est de s'apercevoir que telle barricade, faite seulement avec des pavés, est très-dangereuse pour ses défenseurs (ceci est une question de bon sens); autre chose est de corriger la faute, selon les détails du métier.

Maintenant, je serais désolé que ma critique ait pu donner à penser à l'auteur de la lettre que je mettais en doute le zèle du génie. Ce corps a perdu près de 50 hommes au Bourget : ce chiffre est, à lui seul, un éloquent éloge.

Revenons à Saint Denis.

Rien de nouveau depuis le Bourget. Un fort détachement du 128e de marche occupe toujours le château de Villetaneuse, entouré de douves tout à fait seigneuriales. L'avant-poste est à la première maison de Villetaneuse, au pied même de la butte Pinson.

Cette butte, qui, de loin, apparaît unie et continue jusqu'au sommet, est coupée, à son extrémité, par une tranchée naturelle, vaste et profonde. C'est là que se tiennent les Prussiens, à l'abri des feux du fort de la Briche. On aperçoit, à l'ouverture du défilé, les toits brûlés de quelques maisons : ce sont nos obus qui y ont mis le feu. Sur la hauteur proprement dite, couronnée d'un maigre bouquet de bois, on ne voit généralement rien ; de temps à autre, le cuivre d'un casque reluit à travers les branches. S'il y a des batteries, elles restent invisibles et muettes.

Le tunnel à ciel ouvert, placé en contre-bas, est assez important pour les assiégeants : c'est par là que passe le chemin de communication entre Pierrefitte d'une part, Villetaneuse, Montmagny et Deuil, d'autre part.

Aussi tous les abords de la tranchée et de la route sont garnis de barricades. Celles-ci sont continuées dans la plaine, par une longue tranchée qui court à cinq ou six cents mètres en arrière jusqu'au village de la Barre. On la suit à la vue très distinctement, le long d'une rangée de noyers ; la terre fraîchement travaillée trace une ligne noire sur la plaine verte.

Il est certain que les Prussiens sont massés en forces considérables derrière la butte Pinson, de Montmagny jusqu'à Enghien. Chaque soir on entend, de nos avant-postes, battre les tambours et sonner la retraite. Vers le haut de la butte des Carmaux, dans un parc terminé par un grand mur blanc, il se donne périodiquement des concerts de musique militaire. Le vent apporte à nos soldats des fragments variés ; tantôt la *Norma*, tantôt *la Marseillaise*. En vérité, c'est un peu fort ; quand les Prussiens nous jouent *la Marseillaise* à portée d'obus, la Briche aurait bien le droit de faire la contre-partie par quelques coups bien pointés : ce ne serait que politesse rendue.

Il est fort probable que, derrière la butte Pinson, entre Stains, à droite, et Enghien, à gauche, les Prussiens ont établi un des principaux centres d'investissement. Ce canton est au sommet de l'angle qui descend, par un côté, sur le Raincy et la Marne, et, par l'autre côté, sur Saint-Germain et Versailles. Il offre aux Prussiens une agglomération de hauteurs, juste en face de Saint-Denis. C'est, de toutes les positions environnantes, celle qui serre de plus près et de plus haut notre front nord ; par elle, ils atteignent le triple objet : 1° De dominer la citadelle de Saint-Denis ; 2° de soutenir le rayon d'investissement par une attache solide ; 3° de garder libres leurs lignes de communication entre l'est et l'ouest.

Il est donc évident que par là se trouve un des trois ou quatre quartiers généraux, centres d'opérations, de renforts et de ravitaillements, qu'ils ont établis, sur les points les plus importants, autour de Paris. C'est un des gros anneaux de la chaîne que maintenant il nous faut rompre à tout prix.

Sur Stains, on remarque fréquemment des mouvements de troupes : aussi les canons de Saint-Denis tirent fréquemment : le fort de l'Est bat de plein fouet le château de Stains.

Dans la garnison de Saint-Denis on commence à se remettre de la pénible impression que l'échec du Bourget a nécessairement produite. Il faut dire que les événements de l'Hôtel-de-Ville, au 31 octobre, n'ont guère contribué à atténuer cette impression. Le soldat, qui passe jour et nuit à portée des fusils prussiens, ne comprend point, et avec raison, que par derrière lui et à l'abri de son corps, les Parisiens usent et perdent le temps dans des discordes stériles, dans des insurrections de rue.

Il faut le dire hautement, afin que tout le monde le sache, les troubles intérieurs ont, dans nos camps, les plus funestes contre-coups : tout à la fois ils irritent et découragent.

LA PÉRIODE CRITIQUE

15 novembre.

La quinzaine, que nous venons de traverser, est certainement la période la plus critique du siége. Récapitulons les événements, qui, se pressant et s'accumulant, nous ont ballottés, comme les vagues d'une mer orageuse.

Le 31 octobre, l'échec du Bourget se grossit de la nouvelle de la capitulation de Metz, officiellement annoncée par M. Thiers, qui nous apporte de Versailles des propositions d'armistice. Dans Paris, l'émotion gronde violemment; elle aboutit, le soir, à l'invasion tumultueuse de l'Hôtel de ville. Flourens, à la tête de ses tirailleurs de Belleville « empoigne » le gouvernement. Celui-ci est délivré par la garde nationale. Cette scène scandaleuse s'est passée sans effusion de sang. Le devoir du gouvernement n'eût-il pas été, dès le début de la manifestation, de se montrer plus énergique ? Maintenant, après le triomphe assez facile, du reste, de l'ordre légal, son devoir est de profiter de l'enseignement, qui ressort de cette échauffourée.

Vive la Commune ! tel a été le cri de l'insurrection du 31 octobre. Pour la plupart, que signifie le mot de Commune ? Rien de précis, rien d'exact; « ah ! si nous avions la Commune, s'écrie-t-on, comme tout marcherait rondement; la trouée serait bientôt faite ! » Dans les clubs, les charlatans battent la caisse avec la Commune; et la foule, naïve et ignorante, d'applaudir !

Toutefois, ces sentiments, mal définis, dégénérant par de coupables instigations en violences factieuses, ne contiennent-ils pas une parcelle de vérité ? Dans les régions officielles, l'activité répond-elle suffisamment aux dangers et aux nécessités de la situation ?

Le 3 novembre, le gouvernement a demandé aux électeurs parisiens de confirmer son autorité par un vote : il a obtenu une majorité de 557 996 voix contre 62 638. C'est l'éclatante condamnation des désordres démagogiques du 31 octobre. Tout le monde a senti, à Paris, que la loi suprême de notre salut est dans l'unité de la direction et de l'action. C'est par ce motif que la grande majorité de la population a consenti, la remise indéfinie des élections municipales : on a compris qu'elles donneraient libre carrière aux rivalités des partis et aux passions politiques; on a redouté d'installer, à côté du gouvernement reconnu par l'opinion générale des citoyens et de l'armée, un second gouvernement, dont le moindre défaut aurait été de rallier les mécontentements bien ou mal fondés, de devenir un instrument d'opposition et de discorde.

Si MM. Blanqui, Delescluze, Flourens, Millière, etc., avaient fait leurs preuves comme hommes de guerre, comme administrateurs, si leur mérite était évident, quel besoin auraient-ils de nous imposer la Commune à coups de fusils ? Par patriotisme, tous, nous les supplierions d'accepter le gouvernement et de sauver Paris. Mais, subir la dictature de gens, dont le seul talent connu est de savoir exciter des émeutes, ne serait-ce pas le comble de la démence et de l'ignominie ? S'il faut dire toute la vérité, beaucoup entre les partisans du gouvernement n'ont pas toujours lieu d'être pleinement satisfaits de la vigueur du général Trochu, ni de l'habileté de ses collègues. Mais nous sentons que le général Trochu est, dans Paris, le seul homme de guerre, dont l'expérience spéciale puisse donner confiance à l'armée, et que ses collègues, les députés de Paris, acclamés au 4 septembre, constituent le gouvernement le plus apte à rallier toutes les opinions, tous les intérêts, tous les partis. Voilà ce que signifie expressément le vote populaire du 3 novembre. Maintenant, l'autorité du gouvernement est toute-puissante : rien ne peut donc plus le distraire de l'objet essentiel de sa tâche, c'est-à-dire des opérations du siége.

Il a débuté en rejetant l'armistice, dans les conditions que M. de Bismarck a prétendu imposer à M. Thiers. Si les espérances de paix, un moment conçues, sont tombées, la responsabilité en revient à M. de Bismarck. Il refusait à Paris la faculté de se ravitailler pendant l'armistice. Si sincèrement il avait eu le désir de conclure la paix, cette clause ne pouvait avoir pour lui qu'un intérêt secondaire. De notre côté, elle est capitale; accepter un armistice sans ravitaillement, c'était, si les Allemands élevaient des prétentions de paix définitivement inacceptables, nous interdire le moyen de reprendre la lutte; c'était, tout de suite, nous rendre à merci et à miséricorde. Paris a commencé la lutte : il ira jusqu'au bout.

Les bruits d'armistice n'ont pas laissé de produire quelque énervement sur le tempérament de Paris. On savait que des négociations s'échangeaient, par l'intermédiaire de MM. Thiers et Jules Favre : les nouvelles circulaient, diverses et contradictoires; il y a eu, pour ainsi dire, une sorte de détente dans le ressort moral de la population. Chacun, à part soi, s'est pris à songer aux absents de la famille, avec lesquels il est si difficile de communiquer par notre poste de ballons et de pigeons ; on a jeté des regards de pitié sur les femmes et les enfants, qui, plus que tous les autres, souffrent des privations matérielles du siége. On a enfin réfléchi à ses propres intérêts, aux hasards de la guerre. Eh oui, le *moi* commençait à poindre, satisfait de s'accommoder avec le patriotisme : s'il est possible de faire la paix, tant mieux! tel a été, sincèrement, le sentiment que tous nous avons plus ou moins conçu, plus ou moins exprimé.

Cet état de fluctuation aurait pu avoir de graves dangers; du coup, la défense risquait d'être moralement désorganisée. On redoutait principalement l'effet produit sur l'armée, qui en somme, jusqu'ici a supporté tout l'effort du siége. Elle ne se compose que de jeunes troupes, — mobiles de province, qui songent peut-être, non sans découragement, à leur propre pays envahi; — de soldats de ligne, venus les uns de Reischoffen, les autres de Sedan, réunis à Paris par le hasard. Nécessairement l'organisation d'éléments aussi disparates est encore fragile : comment ne pas craindre qu'elle ne chancelle à la première espérance d'armistice et de paix?

Eh bien, non; la majorité, à Paris et dans l'armée, a tenu bon : nous sommes sortis victorieux d'une épreuve, qui au point de vue de la défense, équivaut à une bataille. Lorsque, le 7 novembre, le *Journal officiel* a annoncé la rupture des négociations, il ne s'est élevé ni une protestation, ni un murmure : l'attitude de la population a été à la fois très-simple et très-belle : elle a compris que la proposition de l'armistice était une capitulation dissimulée : or, tant qu'à Paris il y aura une journée de vivres, la capitulation sera impossible : cette idée, bien nette, bien arrêtée, nous réunit

VUE DE LA

tous. C'est elle qui a fait accepter sans hésitation la continuation de la lutte. Même, pour être vrai, il faut ajouter que l'on était heureux d'en finir avec les incertitudes : on préfère savoir à quoi s'en tenir. Reprenons, s'est-on dit résolûment, nos fusils et nos bons de ration.

Le 10 novembre, la colonie étrangère a été conduite aux avant postes. Partez, braves gens qui demandiez à Paris une élégante et somptueuse hospitalité ! les temps durs sont venus : D'ailleurs il vaut mieux que les non-combattants, les bouches inutiles quittent la ville. Cependant il en est qui, par sympathie, nous restent : le bataillon, dit des *Amis de la France*, est composé entièrement d'étrangers, Anglais, Italiens, Polonais, etc. Tout récemment, ils viennent de perdre un des leurs, Frièse, tué au Moulin de Cachan.

Aujourd'hui nos vaisseaux sont brûlés ; la paix n'est plus possible : il faut que Paris raidisse ses muscles dans un suprême effort, pour briser l'investissement. Il a compris son devoir ; il est prêt à tous les sacrifices. Admirable est le spectacle de cette cité, se dévouant aux plus terribles extrémités de la guerre, la famine et le bombardement. Non, la France

S INONDÉE.

n'est pas perdue, puisqu'elle a encore au cœur de tels trésors de patriotisme et de vaillance.

Il semble que Paris ait été immédiatement récompensé, d'avoir si héroïquement réagi contre les tentations de faiblesse. Le 14, la grande nouvelle nous est arrivée de la victoire d'Orléans. Enfin, ces armées de province, que les alarmistes niaient, dont ils riaient, — elles existent donc ! Non-seulement elles existent, mais elles battent les Allemands. Nous ne sommes plus les seuls à lutter sur le sol de la patrie : les départements se sont levés ; ils s'organisent, ils marchent à notre secours.

C'est le 10 octobre, que Gambetta a quitté Paris, en ballon, afin de diriger en province, l'exécution du plan général de la défense. Le délégué de Paris a partout été obéi ; le gouvernement de la Défense nationale a partout été reconnu ; tous les partis marchent fraternellement sous le drapeau de la République. Au commencement de novembre, deux corps d'armée, forts de 80 000 hommes, étaient en état de tenir campagne, concentrés sous le commandement du général d'Aurelle de Paladines ; ils ont, le 9 novembre, battu à Coulmiers lès Bavarois du général de Tann et les ont forcés d'évacuer Orléans.

On conçoit quelle immense joie a saisi Paris, à cette triomphante nouvelle. C'est le premier succès de cette désastreuse campagne : on est fier qu'il soit dû à notre jeune armée républicaine ; enfin le fatal prestige est rompu ; et la fortune sourit à la France.

L'horizon s'éclaircit ; toutefois il y a toujours un point noir : c'est la capitulation de Metz. La nouvelle est tombée sur Paris, comme un coup de massue ; peu s'en est fallu qu'elle ne renversât le gouvernement et ne perdît la Capitale par l'émeute et l'anarchie. Si le maréchal Bazaine n'a pas défendu Metz comme un loyal soldat, selon tout son devoir et selon toute sa capacité, certes il est le plus grand coupable de cette guerre, qui compte déjà tant de fautes et tant de crimes. Car, en rendant son armée, la dernière armée régulière de la France, il a affranchi celle de son adversaire, le prince Frédéric-Charles, il a jeté contre nos forces à peine naissantes, une masse nouvelle de 200 000 Allemands, enfin il a déchaîné la guerre civile dans Paris, au cœur même de la Patrie !

La coïncidence de la victoire de Coulmiers et de la capitulation de Metz aggrave la crise et précipite la solution. Le prince Frédéric-Charles avance : avant qu'il ait coupé la route entre Paris et Orléans, il faut que l'armée de Paris et l'armée de la Loire frappent simultanément un grand coup, pour débloquer la Capitale. Ici, tout le monde le comprend et le sent par instinct.

La situation est simple. Nous rendre ? Nous ne pouvons même plus subir ce triste parti à des conditions acceptables ; M. de Bismarck avait accepté avec impatience la bénigne intervention des Puissances, dont M. Thiers était l'intermédiaire ; il a saisi le prétexte de l'échauffourée du 31 octobre pour rompre les négociations de l'armistice : évidemment il a senti qu'entre ses propres prétentions et le patriotisme de Paris il y avait un obstacle moralement insurmontable : la question du ravitaillement n'a été que le prétexte, mais non la cause de la rupture. Donc il ne reste qu'à combattre, mais à combattre en temps utile, quand l'occasion est bonne, c'est-à-dire le plus tôt possible. Les jours sont comptés.

Assez de tergiversations, de demi-mesures, de tatonnements. Il ne s'agit plus pour le général Trochu, de se laisser traîner à la remorque de l'opinion publique. C'est maintenant ou jamais l'occasion de marcher résolûment de l'avant, de ramasser d'une main ferme les forces patiemment organisées depuis huit semaines, et de les lancer contre les assiégeants.

II

Au début du Siége, les affiches du gouvernement nous promettaient libéralement des vivres pour deux mois. Et chacun de s'extasier : deux mois de vivres; tout est sauvé !

Voilà deux mois passés que dure l'investissement, nous ne sommes pas au bout de nos subsistances, tant s'en faut. Le gouvernement a réquisitionné toutes les farines du commerce ; il dispose, en existences connues, de 225 000 quintaux de farines, auxquels il faut joindre environ 130 000 quintaux de blé non moulu.

La consommation du pain s'est accrue dans une proportion exagérée. Le besoin de compenser par le pain l'insuffisance des autres aliments, n'explique pas complétement ce phénomène. Le commerce des fourrages est libre ; le prix du foin et de l'avoine a donc beaucoup haussé. Il suit que parmi les détenteurs de chevaux et de bestiaux, il en est qui nourrissent leurs animaux avec du pain : n'est-ce pas une prodigalité sacrilége ?

L'administration de la Ville, dont l'objet principal est d'aménager les subsistances, a été réorganisée après l'affaire du 31 octobre. M. Jules Ferry a remplacé M. Etienne Arago à la mairie centrale de l'Hôtel-de-Ville ; il est assisté par une sorte de Conseil municipal, composé des vingt maires d'arrondissements, qui ont été récemment élus. A la suite du 31 octobre, le gouvernement a sagement fait de s'opposer aux élections politiques d'une Commune et d'accorder une représentation administrative. Il est à remarquer que parmi les maires nommés, ceux connus par leurs opinions extrêmes, prouvent le moins de capacité ; ainsi dans le 20e arrondissement, celui de M. Delescluze, les mécontentements sont nombreux contre l'inhabileté du maire. Mais pourquoi les électeurs l'ont-ils choisi ?

Le concours des maires élus a facilité au gouvernement la tâche d'imposer à la population les privations nécessaires, qui résultent du Siége. Le rationnement de la viande a été décrété ; les autorités municipales sont chargées de répartir, dans leurs arrondissements respectifs, la portion de bétail abattu chaque jour.

Si le rationnement a commencé par la viande, cela tient à ce que les troupeaux de bœufs et de moutons, parqués dans la ville, ont beaucoup souffert, par le défaut ou l'inintelligence des soins. Il en reste seulement pour une vingtaine de jours, à 100 grammes la ration. Mais nous avons une réserve de 75 000 chevaux, dont 40 000 peuvent être destinés à l'alimentation, sans nuire aux services militaires. Ce riche appoint nous met sur la planche pour 50 jours de viande. Les approvisionnements de viandes salées, morues, poissons, peuvent être encore actuellement comptés pour 20 jours.

Il est regrettable que le gouvernement n'ait pas encore appliqué le rationnement au pain. Ces jours-ci, le bruit a couru que la mesure se préparait : il y a eu dans le public une grande émotion : M. Jules Ferry s'est empressé de démentir le bruit. C'est là un acte de faiblesse; il faudra très-probablement en venir au rationnement du pain; mieux vaudrait commencer tout de suite.

Les Halles et le Grenier d'abondance du boulevard Bourdon, telles sont les véritables citadelles de Paris; c'est celles-là qu'il importe de défendre le plus longtemps possible par une économie prévoyante. Sans doute la disette ne montre pas encore ses longues dents affamées; cependant, à bien des indices, on commence à sentir que l'investissement nous coupe les vivres.

Aux marchés, les poulets coûtent un louis d'or et le kilo de beurre près de deux louis. Les légumes verts sont hors de prix; les maraudeurs, qui vont les cueillir aux environs jusque sous le nez des Prussiens, ont bien de la peine à rapporter un maigre butin de leurs expéditions : un chou se vend bel et bien deux francs. M. Joigneaux, agronome bien connu, a reçu mission de convertir en jardins potagers les terrains vagues, derrière les fortifications de la ville. Cette fois les bras ne manqueront pas à l'agriculture : il y a dans Paris, près de 600 citoyens, maraîchers de leur état. Cependant, s'il faut l'avouer, la foule ne paraît guère compter sur les salades de M. Joigneaux.

C'est le fromage qui se fait rare! Le gouvernement assure qu'il en possède des réserves considérables : Ainsi soit-il! En tout cas, le public, ne s'en aperçoit pas. Et jamais le Parisien n'a tant aimé le fromage; il a fallu le Siége pour nous prouver combien le gruyère nous est cher.

Les pommes de terre deviennent du luxe : le gouvernement a dû réquisitionner les approvisionnements du commerce. Le riz seul reste accessible aux petites bourses. Comme les Arabes, mangeurs de couscoussou, se régaleraient ici, à cela près que dans le couscoussou de Paris le mouton brille par son absence!

Les gens, ayant quelques économies devant eux, ont amassé les plus grosses provisions possibles; les magasins de comestibles sont dévastés; ils ont vendu leurs denrées fraîches; puis ils ont écoulé les fonds de bou-

LA QUEUE AUX BOUCHERIES.

tiques, les marchandises antiques et vénérables, les rossignols de tout genre. Ces plantureuses recettes ont fait le vide ; c'est ce qui explique la hausse exorbitante des prix. Toutefois, la masse des approvisionnements du commerce n'est pas perdue : elle est simplement emmagasinée dans les armoires des particuliers aisés.

Mais, dira-t-on, la masse des pauvres gens, qui ne possède pas ou qui

BOUCHERIE DE CHEVAL

possède si peu d'économies, comment vivent-ils? Dame, il y a les 30 sous par jour de la garde nationale. Puis, il y a le Mont-de-Piété, qui, afin de répartir son aide sur le plus grand nombre et entre les plus nécessiteux, ne prête pas plus de 50 francs sur chaque gage, fût-ce un diamant de la couronne.

Quant aux Caisses d'épargne, elles sont en grève : le gouvernement n'a autorisé que deux remboursements successifs, limités chaque fois, à 50 francs. Pourquoi cette parcimonie intempestive? Quand donc les dépositaires, peu fortunés pour la plupart, ont-ils eu plus urgent besoin de leurs petites économies?

Comme mesure générale, le gouvernement a taxé les objets alimentaires de première nécessité, — le pain et la viande. Quant au vin, il n'en manque pas. L'entrepôt de Bercy est une fontaine inépuisable ; la consommation des liquides s'est accrue, beaucoup trop accrue : les gardes nationaux n'ont pas la vertu de tempérance. Cependant le litre se vend toujours au même prix.

Dans les arrondissements, la municipalité distribue des cartes à chaque habitant : celui-ci a droit, avec sa carte, à la ration, coûtant un prix déterminé, que les boucheries distribuent chaque jour. Il faut aller faire queue. La boucherie ouvre de grand matin : l'affluence des clients dépasse l'heure de l'ouverture : on attend son tour souvent toute la journée, heureux encore si on n'est pas renvoyé au lendemain ; des gardes nationaux sont chargés de maintenir l'ordre et de régler équitablement les tours. On conçoit l'impatience de ces pauvres gens, qui achètent bien cher une pitance bien maigre. La ration de viande est fixée à 100 grammes : et encore ne donne-t-on pas tous les jours de la viande fraîche : la morue, le bœuf salé, le poisson sec alternent avec le bœuf ou plutôt avec le cheval. Car, nous voici officiellement hippophages, mangeurs de chevaux. Les dégoûtés du premier jour en ont pris, par force, leur parti. Tel brave homme, il y a un mois, jurait ses grands dieux, que jamais, non jamais, il ne goûterait à un beefsteack chevalin. Aujourd'hui il mord à belles dents à sa ration : il ne lui trouve qu'un défaut, c'est d'être trop exiguë. Pauvres coursiers de fiacre ! voilà donc le sort qui leur était réservé après de longues années de pénible service ! Que leurs Mânes nous pardonnent, ce n'est pas l'ingratitude, c'est l'inexorable nécessité qui nous rend si barbares !

On dit qu'il se débite des viandes encore plus extraordinaires, des chiens, et même des rats ! Mais ce sont là des mets de fantaisie, à l'usage des gourmets.

Dans chaque arrondissement, on a établi des cantines municipales, qui distribuent, à très-bon marché, des portions toutes cuites de viande, de riz, de soupe, etc. Les pauvres habitués se plaignent fort de la mauvaise qualité des aliments.

Heureusement, la charité privée a institué les fourneaux économiques en concurrence des cantines. Les fourneaux sont montés et entretenus par des souscriptions, par des quêtes, par les bénéfices de concerts et conférences. Les portions coûtent, les unes 10 centimes, les autres 20 centimes : les clients affluent et sont très-satisfaits.

Ce qui aggrave notre situation, c'est l'approche de l'hiver. Déjà le froid souffle sur Paris ; la saison s'annonce avec une rigueur prématurée. Par les matinées plus que fraîches, les queues des boucheries deviennent des corvées cruelles. Faudra-t-il, en outre des souffrances de la disette, supporter les rigueurs du froid ? Avons-nous un approvisionnement suffisant de chauffage ? Les forêts qui environnent Paris, peuvent nous rassurer ;

mais a-t-on eu la précaution de les couper à temps, afin de n'être pas réduits au bois vert? Quant au charbon, la compagnie du gaz fait déjà des économies ; dans les établissements publics, elle n'alimente plus qu'un bec sur deux, et encore seulement jusqu'à dix heures du soir : plus tard, il faut s'éclairer avec du pétrole ou à la bougie. Cette diminution de l'éclairage ne laisse pas d'attrister, une fois la nuit tombée, l'aspect des rues de Paris. Les omnibus, dont une partie des chevaux a été réquisitionnée pour le service de l'artillerie, ne marchent pas non plus après dix heures : le nombre des voitures de place se restreint aussi de jour en jour. Aussi les soirées sont moins bruyantes, moins animées.

En résumé, si le gouvernement veut prévenir l'approche imminente des dures privations et des souffrances réelles, il doit s'efforcer, sans tarder, d'ouvrir sur la province une route de ravitaillement; c'est un motif de plus qui milite en faveur de l'action décisive, dont j'ai parlé plus haut.

Mais la situation militaire est-elle mûre pour une sortie? A cette question, le général Trochu seul peut répondre pertinemment. Toutefois, il me semble que l'organisation des troupes est déjà suffisante. Le moral est bon. Sans doute, il y a une catégorie de mauvais sujets, pour lesquels, devoir et patriotisme sont lettres mortes, et qui raisonnent cyniquement leur lâcheté ; il y a encore un certain nombre de pauvres diables, dont le courage est encore mal remis de tous nos désastres.

Mais c'est là une exception : la majorité des troupes est animée de sentiments honnêtes et patriotiques. Depuis deux mois, nos jeunes soldats sont campés, en dehors de Paris, devant l'ennemi ; tous à peu près, à tour de rôle, ont vu le feu. Cet apprentissage, dont la prudence n'a pas toujours été comprise par l'impatience des Parisiens, a relevé la confiance des troupes en elles-mêmes ; officiers et soldats, vivant du même régime, ont fait connaissance; un certain esprit de discipline s'est peu à peu rétabli : les corps ont maintenant de la consistance. L'organisation des bataillons de mobiles en régiments a complété l'homogénéité de nos forces actives; une dernière mesure est indispensable : c'est de ne pas laisser les grades à l'élection. Un tel système ne vaut pas grand'chose pour la garde nationale ; il est détestable pour la garde mobile ; il nuit au bon choix et à l'autorité du commandement. En somme, il faut rendre justice au général Trochu ; il est parvenu, avec des éléments épars et débiles, à improviser une armée. Reste maintenant à la diriger habilement contre l'assiégeant.

A la suite des événements du 31 octobre, j'ai vu avec peine germer dans l'esprit des troupes un sentiment de mécontentement et de rivalité

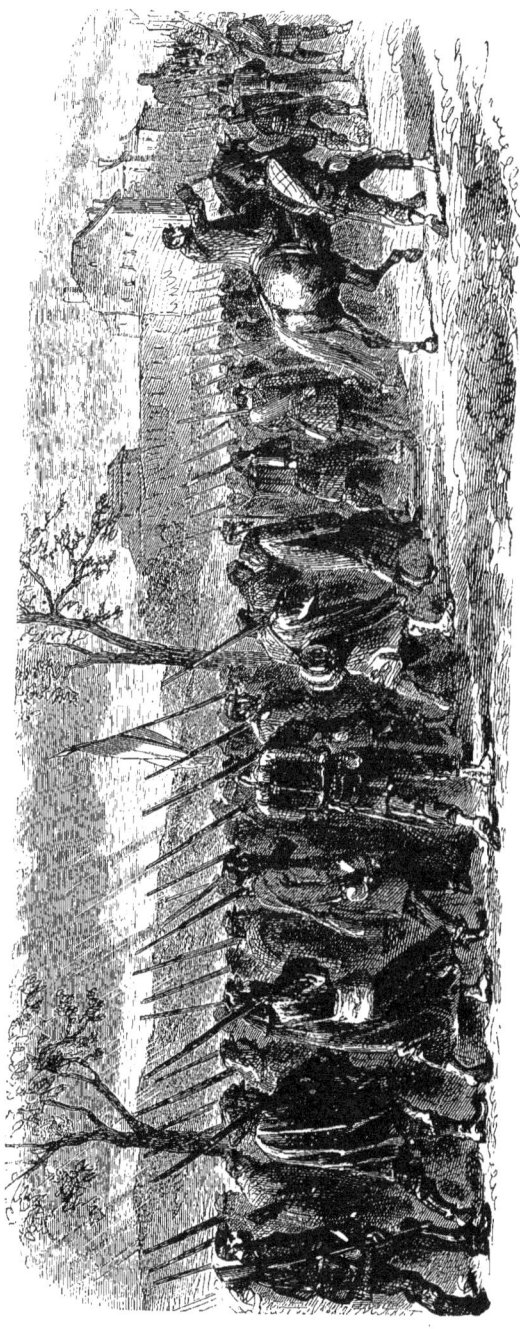

PROMENADE MILITAIRE DE LA GARDE NATIONALE. — L'AVERSE.

contre la garde nationale : pendant que nous nous fatiguons aux avant-postes, sous le feu des Prussiens, les Parisiens, entre leurs remparts, se querellent sur la place de l'Hôtel de Ville : c'est bien le moins qu'ils nous aident à les défendre.

Pour être équitable, il faut convenir que, si la garde nationale ne partage pas encore complétement les fatigues de l'armée régulière, la faute en est surtout au gouvernement. Pourquoi, dès le commencement du Siége, n'a-t-il pas appliqué à la garde nationale le système d'entraînement, qui lui a réussi pour la ligne et la mobile ? Pourquoi n'a-t-il pas encadré dans les corps réguliers toute la portion jeune et valide de la population ? Maintenant l'organisation de la garde nationale est en retard.

C'est seulement le 14 octobre que le gouvernement s'avise de constituer des bataillons mobilisables ; mais il perd trois semaines avec la chimère des volontaires. Enfin, le 8 novembre, il se décide à décréter les catégories diverses de citoyens, de 20 à 45 ans, appelés à faire partie des compagnies de guerre. C'est bien temps : la mesure est encore incomplète. Pourquoi laisser les bataillons de marche isolés, sans coordination, sans cadres supérieurs de commandement ? Il faudrait que du même coup, ceux-ci fussent embrigadés et endivisionnés ? Avec l'organisation actuelle, à quoi peuvent-ils servir ? Sont-ils à même de concourir avec l'armée à une bataille ? Sont-ils, du moins, capables, pendant une bataille, de libérer entièrement la ligne et la mobile, et de remplacer, autour de Paris, les troupes régulières ? Pas davantage. Dans tous ces cas, le groupement en régiments et brigades est un préliminaire indispensable.

Le général Trochu semble toucher à la garde nationale, comme à un objet fragile, qui exige les plus délicates précautions et les plus doux ménagements. Ç'a été d'abord de petites excursions dans la banlieue ; chaque bataillon a fait aux avant-postes des promenades d'agrément, cantinières en tête : le pis qui pouvait arriver, c'était de recevoir une ondée. Puis, est venue l'initiation du second degré ; celle-là est plus sérieuse : quelques bataillons ont été cantonnés en dehors des remparts ; ainsi, j'ai vu des gardes nationaux, à Ivry, à Creteil, etc. Ils ne font pas plus mauvaise figure que les camarades de la ligne et de la mobile ; ils se dégourdissent et se débrouillent assez rondement. Ce qui les distingue encore, c'est le bagage par trop volumineux qu'ils emportent, au départ ; la ménagère les charge, dans sa sollicitude, d'une partie du mobilier. Bah ! en quelques étapes autour de Paris, ils auront appris à s'alléger les épaules. Mais, pour Dieu, assez de temps perdu : que le général Trochu traite enfin sérieusement la garde nationale ; que dès aujourd'hui, il emploie au service des forts et des

LA HALTE
AUX AVANT-POSTES

lignes extérieures les bataillons mobilisés. La plupart ne demandent pas mieux. S'il en est qui se plaignent et regimbent, ceux-là ont encore plus besoin que les autres du régime des avant-postes. Puis, au moins, on en finira avec les criailleries des belliqueux de Belleville.

Voici pour les hommes. Quant au matériel de guerre, grâce à la merveilleuse souplesse de l'industrie parisienne, il s'augmente en proportion respectable. A en croire les chefs du comité de l'artillerie, nos braves petites pièces de quatre sont tout ce qu'il faut pour riposter aux canons rayés allemands. Cependant, on a vu, dans toute la guerre, notre artillerie presque toujours inférieure par la portée comme par le nombre. Alors les Parisiens se sont dit que si l'armée manquait de canons, ou si ceux qu'elle a sont insuffisants, il fallait en faire davantage et de meilleurs. L'idée a été réalisée d'enthousiasme : chacun paie sa contribution ; les souscriptions grossissent à torrents. Les journaux ouvrent des listes ; elles sont aussitôt remplies. La compagnie des agents de change a voté pour 30 000 fr. C'est au bénéfice d'un canon que l'on chante des hymnes patriotiques dans les concerts, qu'on lit les *Châtiments* de Victor Hugo au Théâtre-Français. Bon nombre de bataillons de la garde nationale parviennent, par des collectes privées, à se procurer la somme nécessaire pour l'achat d'une pièce. Le mouvement est donné ; notre intelligent ministre des travaux publics en prend la direction. Il fait transformer la fonderie Cail ainsi que les usines de Saint-Denis en ateliers de guerre : rien de curieux comme de visiter ces établissements. Les compétents du *parti des bâtons dans les roues* hochent la tête, font les dédaigneux : l'entreprise n'aboutira pas. La preuve triomphante du contraire, c'est que l'entreprise a réussi. Nous avons déjà plus de cent pièces de sept, battant neuf, reluisantes au soleil, même un peu trop reluisantes : nous avons, en nombre à peu près égal, des pièces à âme lisse, transformées en calibre de sept. C'est au capitaine d'artillerie, Pothier, que revient l'honneur de ce magnifique résultat. On sait que la pièce, dite de sept, se chargeant par la culasse, est de l'invention du commandant de Reffye ; celui-ci, sous l'empire, en avait étudié le mécanisme dans de nombreuses expériences faites à Meudon. Quand le siége commença, la pièce n'existait encore qu'en dessins, sur le papier, sauf un modèle à peu près achevé, qui maintenant est déposé au Conservatoire des arts-et-métiers. C'est sur ce modèle que le capitaine Pothier a commencé son travail ; il lui a fallu tout improviser, ateliers et fonderies ; et, malgré toutes les difficultés, il est parvenu à réaliser son entreprise. Une fois faites, ces pièces ont encore de la peine à être acceptées ; les essais ont lieu au fort de Montrouge ; on objecte que la fabrication n'est pas parfaite, que, dans l'explosion, le culot de la gargousse reste parfois adhèrent à la paroi de la culasse mobile. Enfin l'artillerie se montre fort difficile; peut-être ne tient-elle pas compte que, dans les circonstances présentes, les canons, pour être bons, n'ont pas besoin de servir encore dans

LE GÉNÉRAL CLÉMENT THOMAS.

dix ans. Toutefois, les pièces de sept ont fini par triompher : si évidents sont les avantages du chargement par la culasse, autant pour la puissance de la portée que pour la justesse du tir. Ainsi, à Gennevilliers, une pièce de sept a été pointée sur le clocher d'Argenteuil, distant de 4000 mètres ; sur cinq coups, quatre ont porté dans le clocher.

C'est déjà quelque chose que d'avoir des canons ; mais il faut encore avoir des canonniers. Les généraux ont fait rechercher dans les corps les anciens artilleurs ainsi que les soldats, qui savent monter à cheval. Ceux-là sont affectés au service des batteries nouvelles. De plus, le personnel des batteries déjà existantes est dédoublé ; une moitié des artilleurs sert le matériel si rapidement improvisé. Chaque matin, dans les campements, des escouades d'infanterie sont instruites à la manœuvre des canons : à Montrouge, on peut assister à des exercices de ce genre.

Nous ne prétendons certes pas que fabriquer de l'artillerie, tout est là. Non, le canon ne vaut que par la manière de s'en servir. Mais c'est déjà beaucoup, que nos généraux aient en main des instruments de combat, égaux à ceux de l'ennemi. Nos soldats savent que c'est surtout par l'artillerie que nous avons péché depuis le commencement de la guerre. Le renfort des nouvelles pièces, fabriquées par l'industrie privée, contribuera à accroître leur consistance morale.

Le principal parc de la réserve d'artillerie est aux Tuileries. Le jardin a l'aspect d'un camp : des files de baraques sont rangées sous les arbres, entre les deux terrasses, pour les hommes et les chevaux. Tout autour, les canons sont alignés, avec leurs caissons. Çà et là, on aperçoit les blanches statues, qui, immobiles sur leurs piédestaux, semblent les sentinelles de tout cet appareil guerrier. Les Parisiens se complaisent à venir rendre visite, à travers les grilles, aux hôtes muets des Tuileries ; ils voudraient seulement les voir plus souvent partir en campagne.

Du reste, les promenades militaires sont à la mode, et cela se comprend. On va au Champ-de-Mars, où est installé le quartier-général des approvisionnements et des équipements de l'armée, — sur les boulevards extérieurs, où sont construits les baraquements de la mobile, maintenant déserts et vides ; la plupart des bataillons mobiles campent hors des remparts ; toutefois, pour témoigner de leur passage, nos moblots ont laissé sur les murs des baraques des inscriptions moitié humoristiques, moitié patriotiques. On se donne encore rendez-vous soit à la butte Montmartre, soit au Point-du-Jour, d'où l'on a vue sur tous les environs de Meudon à Saint-Denis. Les jours de canonnade sont très-suivis.

Ç'a été une grosse question que d'armer convenablement les troupes. Notre cargaison de chassepots est limitée ; ils ont été distribués aux soldats de la ligne et de la mobile : ceux, qui ont été donnés à la garde nationale, sont actuellement répartis entre les bataillons de marche. Pour compléter l'ar-

TOURNAGE ET FORAGE DES CANONS.

mement, le gouvernement a fait transformer les fusils à percussion en fusils à tabatière; quinze ateliers de réparation ont été ouverts à cet effet : celui du Louvre avait déjà, à lui seul, réparé 20 000 armes à la fin d'octobre.

Le directeur principal de tous ces efforts est M. Dorian, qui a fait de son ministère des travaux publics une succursale très-laborieuse, très-intelligente du ministère de la guerre. M. le général le Flô, notre ministre de la guerre, se trouve absorbé par les fonctions, du reste très-importantes, qui

GARDES NATIONAUX DU GÉNIE CIVIL A L'APPEL.

concernent exclusivement l'administration militaire. Les mouvements des troupes dépendent du général Trochu et de ses subordonnés hiérarchiques, les généraux chefs de corps. De même la garde nationale a son état-major spécial; le général Clément Thomas vient d'être investi du commandement, en remplacement du général Tamisier. Cette diversité d'organisation et d'états-majors entre les deux éléments de nos forces me semble une faute; elle complique les rouages de l'administration. Nous comprenons qu'en temps ordinaire la garde nationale ait des chefs distincts, pris dans la vie civile : mais aujourd'hui les bataillons de guerre devraient être déjà directement sous le commandement militaire.

Le rôle prépondérant, que M. Dorian s'est attribué à Paris, consiste à organiser pour la défense toutes les ressources que présente la multiplicité infinie de l'industrie. Les comités et les bureaux du ministère de la guerre sont astreints à des habitudes, que beaucoup qualifient de routinières ; elles s'accordent mal avec l'expansion, quelquefois turbulente, mais puissante et souvent utile, des forces vives qui, prenant essor dans tous les rangs, dans toutes les professions, dans tous les métiers de la population parisienne, se sont appliquées à la patriotique et unique entreprise de la défense. Dans ce tumulte d'énergies spontanées et indépendantes, les militaires pur-sang sont dépaysés : ils perdraient la tête. M. Dorian, qui par ses habitudes est fait au mouvement de la vie industrielle, s'est dévoué à la tâche de le

GARDES NATIONAUX DU GÉNIE CIVIL A LA CORVÉE.

discipliner, de l'ordonner pour le service du gouvernement. Il est aidé par son personnel de savants, d'ingénieurs, d'administrateurs, d'architectes, etc. Une commission d'études examine les inventions guerrières, émanées de l'initiative des citoyens. Innombrable est la foule des inventeurs ; pensez-donc que toutes les têtes travaillent ! Des projets effroyables de destruction sont proposés ; le mal est que la plupart sont peu pratiques. Dans le fatras, il y a de bonnes idées : en ce moment, on étudie l'emploi de la dynamyte. Une commission d'armement surveille les commandes de matériel et de munitions ; elle fait fabriquer les canons de sept, les mitrailleuses système Gatling et Christophe, ainsi qu'affuts, obus, bombes, cartouches, etc. Les résultats obtenus sont déjà considérables : témoins les nouveaux canons livrés à l'armée. La Commission, enhardie par le succès, aborde la fabrication des chassepots ; elle s'est adressée à une centaine d'armuriers et d'industriels en métaux; ceux-ci ont répondu avec une grande bonne volonté; ils se sont chargés, par catégorie, des diverses pièces du fusil. On sait que le chassepot est une arme très-délicate, très-compliquée : les difficultés du travail sont énormes : les entrepreneurs n'ont pas de types certains, ni de modèles réguliers. Le Comité de l'artillerie, selon son habitude, prédit que l'affaire échouera : il pourrait malheureusement avoir raison.

Enfin le ministre des travaux publics a institué le corps du génie volontaire.

Le corps du génie volontaire se compose d'ingénieurs et d'ouvriers des différents corps d'état : tout ce monde d'hommes distingués et d'artisans habiles a offert ses services au Gouvernement de la défense nationale, afin de concourir, sous la direction du génie militaire, aux immenses et multiples travaux de notre fortification.

Nos volontaires apportaient une aide d'autant plus utile qu'ils avaient l'expérience des travaux civils, lesquels se construisent dans le plus bref délai et le meilleur marché possible; en ce moment, pour Paris, ces conditions tombaient tout à fait à point.

Le décret du 22 septembre 1870 a organisé un bataillon de génie volontaire, composé de six compagnies; chaque compagnie comprend, outre son corps d'officiers, 50 sapeurs embrigadés. Les officiers sont recrutés parmi les élèves de l'École centrale, de l'École polytechnique et les ingénieurs civils.

Les sous-officiers sont pris parmi les entrepreneurs et conducteurs de travaux, les agents secondaires des ponts et chaussées et les anciens sous-officiers du génie militaire. Le service des officiers est gratuit; les sous-officiers et les sapeurs seuls reçoivent une solde.

Le cadre se complète selon les exigences variables du service par l'adjonction d'un certain nombre d'ouvriers libres, quotidiennement embauchés; telles compagnies font travailler jusqu'à huit à neuf cents manœuvres; comme on le voit, le principe de cette institution est celui même de l'industrie privée transporté à l'industrie militaire.

Le capitaine d'une compagnie est un ingénieur-entrepreneur qui exécute gratuitement un ouvrage au profit de l'État, et celui-ci bénéficie de toute l'expérience de l'entrepreneur, de toute la rapidité et de toute l'économie de l'exécution, sans avoir à payer à cet entrepreneur le salaire qui lui revient légitimement dans les transactions privées.

Autre avantage : dans l'organisation du bataillon, les cadres seuls sont fixes et constants. Les ouvriers changent selon que ces cadres se transportent d'un endroit à un autre; supposez que l'armée de Paris vienne à opérer au dehors.

Pas n'est besoin d'emmener un volumineux attirail de génie; dans cha-

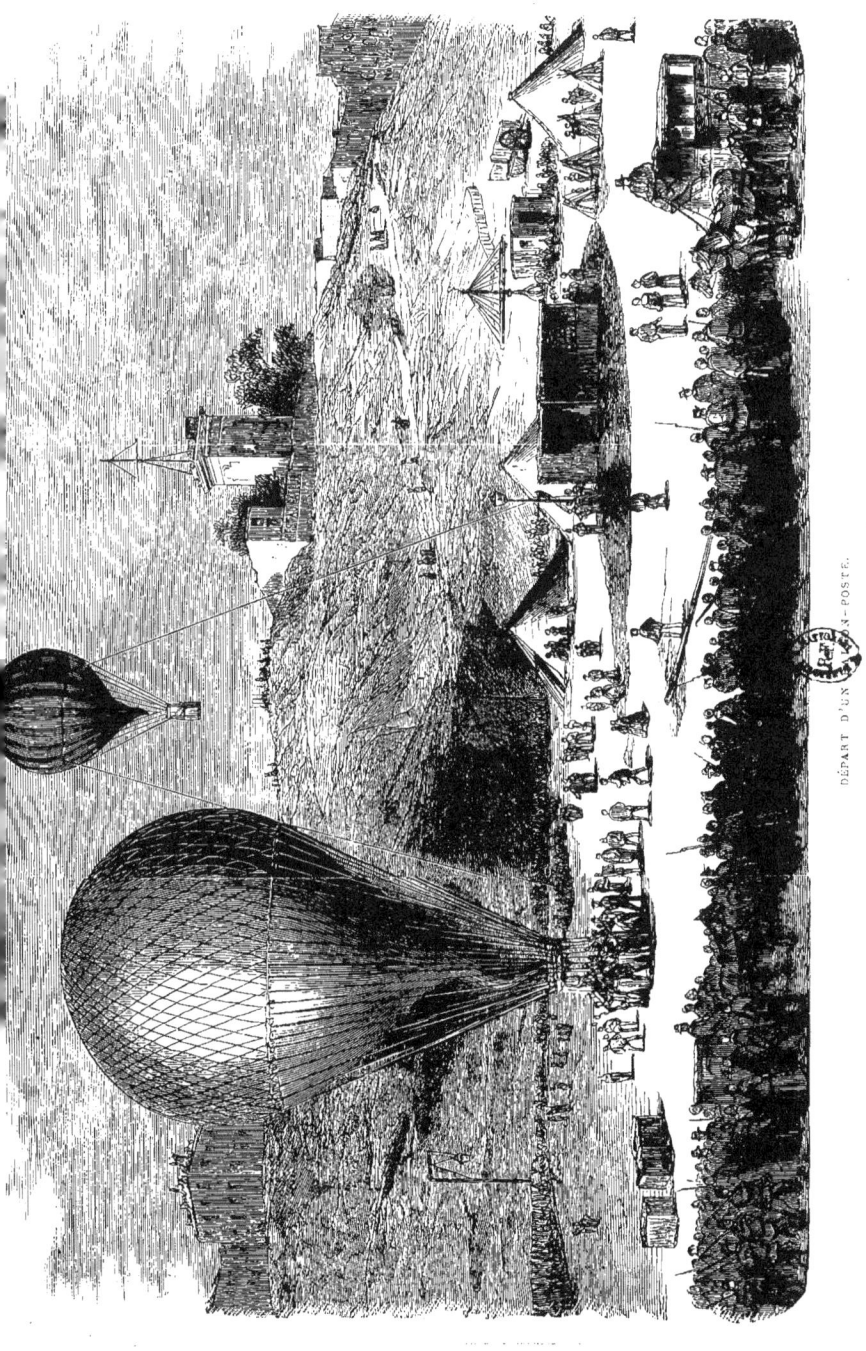

DÉPART D'UN AÉRO-POSTE.

que localité où il faut construire ou démolir, la compagnie recrute parmi les habitants et les paysans son personnel de travailleurs.

Enfin, toujours dans le même système, l'ouvrier est payé suivant le principe de la tâche, et l'État a de l'ouvrage pour son argent. Cela est si vrai, que des capitaines, ayant recruté leurs sapeurs parmi les meilleurs des ouvriers, ceux-ci, du moment qu'ils ont eu la paye fixe de 4 francs, ont cessé de donner la même somme de travail; en conséquence, les capitaines diminuent autant que possible le contingent de sapeurs, n'employant que des ouvriers libres.

On ne s'étonnera plus maintenant du nombre et de l'importance considérable de travaux exécutés par le génie volontaire. Il a garni d'ouvrages de mines, de chemins couverts, de retranchements, la plupart des environs de Paris; au Mont-Valérien, il a construit sur la plate-forme un chemin de fer pour transporter aisément les grosses pièces de marine aux différents points de tir; encore maintenant il y construit des casemates et des abris blindés. J'ai sous les yeux un modèle de batterie blindée, très-ingénieux et très-complet, dressé par un officier du corps.

C'est ainsi que tous les arts, toutes les sciences, qui de leur nature paraissent les plus pacifiques, se sont, en présence de l'ennemi, jetés vers l'objet unique de la guerre. On peut dire que le succès est gigantesque. Ce qu'il y aura de particulièrement remarquable dans le siège de Paris, c'est que la plus grande partie des efforts et des travaux de la défense aura été due à la libre initiative, à la spontanéité volontaire des citoyens. C'est vraiment merveilleux de voir avec quelle rapidité Paris s'est débrouillé, pour employer une expression de nos soldats. Le siége est arrivé comme un coup de foudre. Qui jamais eût pu admettre que la grande ville serait investie et bloquée? Eh bien, les Parisiens se sont faits tout de suite au siége : tout l'esprit, toute l'intelligence, toute l'invention qu'ils dépensaient dans les travaux de la paix, ils ont tout appliqué, du jour au lendemain, sans étonnement, et avec une vaillante belle humeur, à déjouer et à vaincre les difficultés de la situation.

Encore un exemple : les Allemands tiennent toutes les routes de communication. Comment avoir des nouvelles de la province, comment lui en donner des nôtres? Le moyen est bien simple : on prend la voie de l'air. La poste devient une administration aérienne. M. Rampont, le directeur, organise, en lieu et place de chemins de fer, des services par ballons; deux embarcadères, sont établis, l'un à Montmartre, l'autre, à la gare d'Orléans : le soir, lorsque le temps est jugé favorable, un convoi, portant des ballots de lettres et de journaux, conduit par un marin, lesté d'un

GROSSISSEMENT ET TRANSCRIPTION DES DÉPÊCHES.

voyageur de bonne volonté, s'enlève et traverse les lignes prussiennes. Il paraît que rien ne fait plus enrager les Allemands que la vue de nos

KIOSQUE POUR GUETTER L'ARRIVÉE DES PIGEONS-VOYAGEURS.

ballons, violant tranquillement la consigne du blocus. En vérité plaisante est la prétention de nous couper toutes les routes, même celle des nuages ! C'est à eux d'organiser une contre-guérilla par ballons montés !

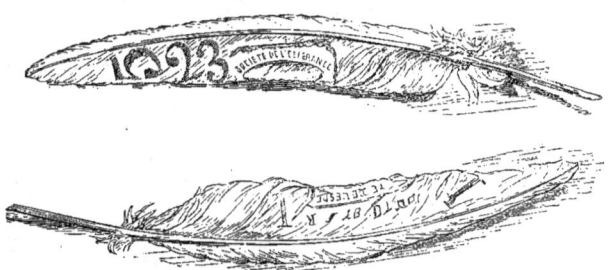

PLUMES DES PIGEONS-VOYAGEURS.

S'ils avaient pu mettre la main sur celui qui, au commencement d'octobre, emportait Gambetta, quel bon coup ils eussent fait là !

Mais ce n'est pas tout de correspondre avec la province : il s'agit de recevoir ses réponses. Ici encore nouveau mode de courriers : les facteurs de M. Rampont, cette fois, sont les pigeons voyageurs. Nos vaillants petits messagers, emportés par les ballons, reviennent à tir d'ailes au colombier natal. Avec quel soin pieux et reconnaissant ils sont accueillis à Paris ! A la poste, on dépouille le courrier. Un timbre officiel, marqué sur le plumage, signale le caractère du pigeon : sous l'aile, une dépêche précieusement dissimulée, imperceptible : elle est appliquée devant un appareil électrique grossissant : aussitôt, se détache en caractères lisibles les lettres de la délégation de Tours ; mille fois heureux, quand, comme la dernière fois, elle nous annonce une victoire ! Puis viennent les lettres particulières, concises, comme il convient ; car la place est mesurée. Quelle joie pour les destinataires ! Quel bonheur d'apprendre que là-bas, les chers absents vivent encore ! Trois fois hurrah nos vaillants pigeons !

Un dernier mot pour nos finances. Il va sans dire que le Trésor public ne fait plus de recettes. Toutefois, le produit de l'emprunt du mois d'Août, joint aux crédits de la Banque, permet de faire face aux dépenses, quelque énormes qu'elles soient. Un décret du Gouvernement a récemment alloué 270 millions au département de la guerre : un crédit supplémentaire de 10 600 000 francs a été du même coup ouvert au ministère des Travaux publics, pour les dépenses d'armement. On peut dire que, malgré tous les embarras du moment, l'argent a été le moindre souci de notre situation.

HORS LES REMPARTS

22 novembre.

Voici deux nuits que la fusillade et la canonnade retentissent au sud de Paris ; dans la nuit de dimanche à lundi, le feu a été intermittent de minuit à cinq heures du matin ; pendant celle de lundi à mardi, il a été assez vif de onze heures du soir à une heure du matin.

Il n'y a pas à tenir grand compte de ces escarmouches nocturnes ; l'obscurité est la plus grande cause de tout ce fracas ; des patrouilles curieuses s'aventurent à portée de nos sentinelles ; celles-ci donnent l'éveil par quelques coups de fusil. La fusillade s'enflamme comme une traînée de poudre; les compagnies de grand'garde tirent, parce qu'elles entendent tirer. Les redoutes et les forts appuient le concert de leurs voix, plus retentissantes que celle de l'homérique Achille. Il y a déjà beau temps que l'ennemi, effrayé de tout ce fracas, a battu en retraite et s'est réfugié dans ses lignes.

Il n'est pas mauvais de recevoir ferme, par quelques bons coups de mitrailleuses, les éclaireurs prussiens qui viennent rôder de trop près autour de nos retranchements. Toutefois, il n'est pas nécessaire de réveiller tous les cantonnements, de mettre tout le monde sur pied et de brûler d'innombrables cartouches, pour quelques algarades de nuit.

En avant de nos positions du sud, l'ennemi peut aisément cheminer jusqu'à nous, à couvert soit des abatis d'arbres, soit des carrières ou des maisonnettes encore debout. Quoi de plus simple que de débarrasser nos approches de ces abris incommodes ou de les occuper par quelques postes? En tout cas, il faudrait restreindre les feux aux points de l'attaque; ceci n'est pas l'affaire des soldats, toujours disposés à tirailler sur ce qu'ils ne distinguent pas nettement, mais des chefs qui peuvent, par quelques précautions très-simples, arrêter et circonscrire, sur un espace utile, la traînée rapide de la fusillade.

Il faut avouer que nous sommes bien bons de laisser aux Prussiens le bénéfice de ces escarmouches. Ne serait-ce pas plutôt à nous d'aller chaque nuit tâter les positions et les ouvrages de l'ennemi, de lui battre la chamade, et, en lui jetant aux oreilles quelques coups de chassepot, de le tenir sur le qui-vive et de lui procurer les agréments de l'insomnie? Ces expéditions sont sans danger : à peu de frais, elles incommodent et inquiètent l'adversaire.

Elles nous sont d'autant plus faciles, que, par le sud nous serrons de près, à une distance de mille mètres, les positions des Prussiens.

C'est dans cette direction que nous avons poussé le plus loin les travaux les plus importants. Le général du génie, Tripier, avait, depuis le commencement du siége, tout un plan de fortifications offensives. Le difficile a été de le faire appliquer. Il faut savoir que la bureaucratie militaire est encore en pleine vigueur : le chef de l'artillerie se confine dans son petit ministère de Saint-Thomas-d'Aquin ; le chef du génie se renferme au dépôt des fortifications ; tous deux ne communiquent entre eux et avec l'état-major général que par correspondance ou dans de rares conseils de guerre. De là, indécision et inaction. Tel commandant du génie, dans un fort, peut recevoir en même temps des ordres contradictoires du commandant du fort, du commandant de la circonscription territoriale du génie, du commandant des

FUSILLADE DE CACHAN.

troupes, qui opèrent aux environs. Le résultat le plus net de cet arrangement multiple et compliqué, c'est l'impuissance affairée et paperassière. Le général Tripier a pu venir à bout des lenteurs et des difficultés administratives ; le gouvernement lui a accordé la zone du Sud. Il s'est mis à l'œuvre, et le voici qui commence à mordre le terrain de l'ennemi, en avant des forts.

A partir de Montrouge, nos tranchées coupent la plaine par saillies vives et hardies ; elles se profilent au-devant du fort, laissant en arrière une tannerie dont les Prussiens, postés à Bagneux, peuvent apercevoir les cheminées fumantes. N'est-ce pas un spectacle étrange que celui d'une fabrique continuant son travail au milieu même des fortifications et à portée des balles ennemies ? Il faut dire que la tannerie n'emploie qu'une partie de son personnel ordinaire ; mais c'est encore très-joli.

Les tranchées atteignent la route d'Orléans à la bifurcation du chemin de Bagneux ; ce village est circonscrit en demi cercle.

A gauche de la grande route, le terrain remonte légèrement pour s'affaisser presque aussitôt sur la vallée de la Bièvre. Au point culminant, une redoute complète, avec chemins couverts, cavaliers, etc.

A cette redoute, une seconde répond de l'autre côté de la vallée de la Bièvre, en avant de l'aqueduc, non moins fortement établie. La première observe Bourg-la-Reine, et la seconde l'Hay ; dans le fond, Arcueil et Cachan sont complétement couverts par les tranchées reliant les deux redoutes.

De ce côté, on aperçoit de nos travailleurs qui continuent, sur le versant de la vallée, en face de l'Hay, la ligne des retranchements, pendant que des tirailleurs, à l'abri derrière les murs, tiennent à distance les Prussiens ; par moments, la fusillade éclate plus vive. Les pionniers se baissent derrière leurs talus, puis les coups s'éteignent, et ils reprennent leur besogne.

Dans ces parages, on est littéralement à portée de fusil. Entre l'Hay et les Hautes-Bruyères, la distance n'est pas de mille mètres, et les ouvrages s'exécutent entre ces deux points. Aussi l'Hay a-t-il reçu du renfort : il se sait envahi par nos cheminements. C'est une position importante pour les assiégeants ; car elle tient le versant gauche de la Bièvre. Par l'Hay, nous pourrions tourner Bourg-la-Reine et prendre Châtillon à revers.

De ce côté, nous sommes en bonne voie, d'autant plus que nous nous appuyons sur la magnifique redoute des Hautes-Bruyères. Cette redoute a sous sa prise toute la plaine qui, à partir de l'Hay, descend sur Chevilly. Il est vrai que, formant un plan incliné sur la gauche, elle s'ouvre, en quel-

REDOUTE DU MOULIN-SAQUET.

que sorte, sur Chevilly, aux feux de l'ennemi. Il n'est pas rare que, dans cette direction, les balles de l'ennemi viennent s'amortir sur le terrain même de la redoute.

De là, notre ligne forme un rentrant sur Villejuif. Ici, nouvel ouvrage installé sur la route de Fontainebleau : il termine les dernières maisons de Villejuif; le champ de tir est vaste, sur toute la plaine largement évasée.

Ce rentrant, sur le front de nos terrassements, n'a rien qui puisse nous inquiéter. Chevilly est en plaine; c'est un point secondaire qui tombera nécessairement sous la main de celui qui tiendra, soit les hauteurs de l'Hay sur la droite, soit les hauteurs de Thiais sur la gauche.

En avant du cimetière de Villejuif, au delà des retranchements, sur un terrain gazonné, on rencontre deux grands tumulus : ce sont les tombeaux de nos morts dans l'affaire de Chevilly. Sur le tertre de gauche, s'élève une croix en pierre blanche, avec cette inscription : « Ici sont ensevelis huit officiers morts au champ d'honneur. » — Suivent les noms.

Cette sépulture est touchante de simplicité : sur les tombes, le canon tonne encore, et nos soldats, pour venger ces morts héroïques, devront faire le coup de feu presque à l'abri des tertres funèbres.

De Villejuif, notre ligne incline de nouveau en avant sur la gauche, elle pique sur Thiais; la redoute du Moulin-Saquet regarde obliquement la vallée de la Seine, que le fort d'Ivry enfile en sens direct.

Au Moulin-Saquet, le terrain atteint sa hauteur extrême; transversalement, il descend en pente droite sur Vitry; mais en avant, il se prolonge sur un plan presque égal jusqu'à Thiais; le point principal de ce plan est le moulin d'Argent-Blanc (101 mètres); la position de Thiais est plus basse (94 mètres environ). Donc, notre premier poste de cheminement doit être le moulin d'Argent-Blanc, intermédiaire entre les positions adverses du Moulin-Saquet et de Thiais : Vitry et Choisy-le-Roi ne sont que l'appoint de ces deux hauteurs.

Déjà, en avant du Moulin-Saquet, nous avons tracé des retranchements en demi-lune, pour menacer le moulin d'Argent-Blanc.

Les Allemands, de leur côté, ont établi des ouvrages de contre-approche. La question est de savoir lequel des deux adversaires saisira l'autre le plus tôt par le plus puissant ouvrage.

L'avancement de nos lignes a forcé les Allemands à reculer leur pont de bateaux sur la Seine, en arrière de Choisy-le-Roi; nos avant-postes dépassent Vitry et nos francs-tireurs vont guerroyer jusque dans les premières maisons de Choisy. Ajoutez que, la pluie ayant grossi la Seine, les canonnières peuvent franchir le barrage de Port-à-l'Anglais, inquiéter le passage de l'ennemi, et, à l'occasion, coopérer à une attaque de nos troupes dans cette direction.

Je crois qu'il est profondément regrettable que le Gouvernement n'ait pas fait construire plusieurs canonnières sur le modèle Farcy : elles auraient pu, dans une sortie, grâce à leur faculté de porter des canons d'énorme calibre, répondre aux batteries d'Ablon et de Villeneuve-Saint-Georges.

De Vitry, nos tranchées se rabattent sur Port-à-l'Anglais, aboutissant à une dernière redoute, qui flanque le bord de la Seine : nos avant-postes s'étendent dans la plaine à environ mille mètres en avant. Ils ne sont pas loin de la Gare-aux-Bœufs, laquelle touche elle-même à Choisy. De l'autre côté de la Seine s'élève une redoute parallèle ; ces deux ouvrages unissent le fort d'Ivry au fort de Charenton, distant de 2 200 mètres.

Je continue mon voyage autour de Paris, en serrant autant que possible les positions prussiennes.

Nous avons parcouru le front sud : tournons à l'est, au delà de la Seine.

Il serait, pour nous, d'un grand intérêt de dégager les abords de la rive droite de la Seine, d'autant plus que la route et le chemin de fer de Lyon côtoient la Seine. Toutefois il faut reconnaître qu'à l'est de Paris, grâce à une série non interrompue de hauteurs et de bois, l'ennemi a le dos solidement appuyé ; par là est sa base d'opération contre nous.

Au sud-est de Paris, la Seine et la Marne décrivent un angle, dont le sommet est à Charenton, et qui, de là, va s'élargissant jusqu'au premier coude de la Marne. A ce point, l'ouverture de l'angle mesure six à sept kilomètres. Le pays est tout en plaine, largement découvert, peu de bois ; les villages n'y sont pas fréquents ; enfin, il est coupé en sens longitudinal par deux routes : celle de Corbeil à droite, et à gauche, celle de Brie, — sans compter le chemin de fer de Lyon.

Nous tenons le sommet de cet angle par le fort de Charenton, qui croise ses feux à 2 200 mètres avec celui d'Ivry, et à 1 900 mètres, avec la redoute de Gravelle située en avant de Vincennes. Donc, sous l'œil vigilant de cette trinité, le passage, soit de la Seine, soit de la Marne, n'est point commode à l'ennemi.

Maintenant, passons aux avantages de ce même ennemi. L'ouverture de l'angle est tout entière fermée par une ligne de hauteurs, sur lesquelles les Prussiens sont établis.

Prenez Villeneuve-Saint-Georges, qui semble étrangler la Seine sous sa prise. — 101 mètres d'altitude ; la crête court droit par Valenton, Boissy-Saint-Léger et Sucy-en-Brie, jusqu'à la Marne. Cette ligne d'investissement coupe chemins de fer et routes; elle ferme la presqu'île de la Seine et de la Marne. Le fort de Charenton, placé en plaine, se trouve n'avoir qu'un champ de tir assez restreint. Il a le bras fort, mais il ne l'a pas long.

Les communications de l'armée allemande sont couvertes par la hauteur de Montmesly, premier degré de la pente qui remonte à Sucy. C'est là que l'ennemi a son premier poste sérieux. Créteil est pays neutre; nous pouvons l'occuper ou non, sans en être guère plus avancés.

Sur la Seine, le point de passage de l'ennemi est mobile : entre Villeneuve-Saint-Georges et Port-à-l'Anglais, il y a plus de 10 kilomètres. A mesure que nous cheminons de chaque côté de la Seine, l'ennemi est contraint d'autant à remonter son pont de bateaux et à allonger sa ligne de communication au-delà des routes les plus courtes. Or, à certain moment, l'intérêt peut être très-grand à ce que les Allemands fassent un détour pour aller de l'est au sud ou du sud à l'est.

De Charenton à Nogent, la Marne se replie en deux boucles consécutives; c'est un fossé naturel que les Prussiens ne peuvent franchir sur aucun point : nous tenons solidement la gorge de la première boucle par les redoutes de Gravelle et de la Faisanderie.

Nos avant-postes sont au village de Saint-Maur; ils observent la Marne de gauche et de droite; le village est barricadé; une compagnie de grand'gardes campe à la gare, au point où le chemin de fer traverse la route de Saint-Maur au port de Créteil. A cet endroit, le pont est coupé; le lieu est tout à fait désert : il a un aspect très-mélancolique. L'arche du pont, mutilée et pendant sur la rivière, et le long du chemin de halage les arbres abattus, les maisons démantelées, toutes ces ruines encore fraîches assombrissent singulièrement le paysage, de nature si douce, si riante.

A Joinville-le-Pont, tout autre est l'aspect. Les maisons sont toujours fermées, — pareilles, avec leurs fenêtres closes, à des aveugles accroupis sur la route; mais dans la rue et sur la berge, c'est un va-et-vient continuel et bruyant de soldats et de maraudeurs. Les premiers se livrent aux mille menus ouvrages domestiques du militaire en campagne, lavant le linge à la rivière, apprêtant savamment la popote ou se délassant à la cantine. Les seconds charrient, qui sur leurs épaules, qui sur des brouettes, qui sur des voitures, des sacs de légumes et de verdure : ce sont d'incessants pourparlers avec les sentinelles; on geint, on dispute tant et si bien, que le sac finit toujours par s'enlever. L'homme tire au brancard, la femme pousse par derrière; l'enfant sautille çà et là, esquivant les taloches de la marâtre. Le maraudeur n'est qu'un petit butineur en comparaison de la maraudeuse celle-ci est insatiable, elle empile et entasse avec une sorte de furie; puis

PRISE DE LA FOURCHE DE CHAMPIGNY PAR LES FRANCS-TIREURS.

courbée, ployée en deux, elle rampe, traînant son énorme fardeau sans broncher, sans s'arrêter. Presque toujours c'est une misérable et horrible créature : cependant, à la voir cheminer d'un pas lourd, tous les membres tendus, le visage contracté et inquiet, il y a certainement, dans cette âpreté sauvage de la fauve qui a faim et qui emporte sa proie, une certaine beauté étrange et triste.

Le pont de Joinville est coupé ; tout à côté, le génie a construit sur chevalets deux petits ponts en planches, sur chacun des bras successifs de la Marne. L'extrémité du pont est fortifiée par une lunette palissadée.

Au delà de cet ouvrage, des francs-tireurs sont de grand'garde. Le poste est installé sur la grande route, dans une maison qui est entourée d'un système de fortifications aussi bizarre qu'ingénieux : c'est un réseau de fils de fer qui s'entre-croisent d'un arbre à l'autre, avec des sonnettes pendues de distance en distance. Quand les Wurtembergeois s'avisent de se promener de nuit autour de nos postes, — ce qui leur arrive souvent, — ils donnent dans ces fils de fer, et le carillon des sonnettes appelle le carillon des chassepots. Cependant, un franc-tireur est gravement perché sur le toit de la maison ; il se prélasse sur une chaise, s'il vous plaît, le dos commodément appuyé au tuyau de la cheminée, son fusil entre les jambes. De cet observatoire, il épie la plaine. Si elle a la chance de ne pas attraper quelque balle, notre sentinelle aérienne, par le temps qu'il fait, récolte certainement un rhume. Mais, à la guerre, qu'est-ce qu'un rhume ?

En poussant plus avant, la grand'route bifurque : à gauche, elle file sur Brie, et à droite sur Champigny. L'auberge, qui faisait l'angle des deux chemins, n'est plus qu'un tas de décombres ; la voie est couverte de plâtras et de moellons ; tout le long de la route, les maisons sont écornées, à demi ruinées, à demi brûlées ; c'est l'effet de nos obus. Dame, tout cela n'est pas gai, mais il est nécessaire de dégarnir la plaine des abris trop favorables aux approches de l'ennemi.

Quant à Champigny même, il est difficile d'y aller constater si les maisons sont debout. Car, à cinquante mètres après le rond-point, on se heurte contre des sentinelles Wurtembergeoises traîtreusement embusquées dans la contre-allée de la route. Il faut battre en retraite.

Mais de là, on aperçoit très-distinctement les positions prussiennes. Elles côtoient le premier détour de la Marne et ferment le second. Elles s'étagent sur un large plateau, dont le point culminant est Chenevières. Ce plateau forme certainement une des têtes de ligne de l'investissement : il s'étend et se prolonge, par contre-forts successifs, de Villeneuve-Saint-Georges à Noisy-le-Grand. Il intercepte les routes de Lagny et de Provins, ainsi que le chemin de fer de Mulhouse, dont on aperçoit le viaduc, coupé entre Nogent et Brie.

En arrière, il se termine par une ceinture de forêts profondes, bois de la Grange, de Grosbois, de Notre-Dame et de Saint-Martin; en avant, il plonge sur la Marne par des pentes rapides. Chenevières enserre le coude de la rivière par une sorte d'amphithéâtre, dont les deux extrémités sont, à droite Ormesson, et Champigny à gauche. Ce point mesure environ 110 mètres de hauteur; le terrain s'affaisse brusquement sur la Marne.

Le second coude de la Marne est ouvert du côté des Allemands; il figure un grand V; d'une extrémité à l'autre courent les crêtes, qui font suite au plateau de Chenevières. C'est d'abord le plateau de Cœuilly, juxtaposé à celui de Champigny; puis vient la hauteur de Villiers, et enfin, touchant à la Marne, la position de Brie ou Petit-Bry. Ce sont actuellement les Wurtembergeois, qui défendent ce canton de l'investissement, qui fait directement face, de l'autre côté de la Marne, à notre redoute de la Faisanderie et à notre fort de Nogent. Comme on le voit, les postes allemands ne gardent pas sur tous les points le passage de la Marne; nous avons des ponts à Joinville, et même nos propres avant-postes s'étendent assez loin sur la presqu'île ennemie.

Il est naturel que l'attention générale se porte présentement sur les positions du sud et de l'est, sur les deux rives de la Seine; car c'est par là que nous devons évidemment pousser une sortie, pour répondre aux efforts de l'armée de la Loire.

Il nous faut de toute nécessité rompre l'investissement soit par la route d'Orléans, soit par la route de Fontainebleau. Il est impossible d'opérer notre mouvement sur les deux points à la fois, parce que notre armée serait divisée par la Seine en deux tronçons. Reste forcément l'adoption exclusive de la rive droite ou de la rive gauche. Voici tout ce qu'il est permis de préjuger. Quant à la direction de la prochaine sortie, le général Trochu vient de le répéter solennellement dans une proclamation aux Parisiens, il a son plan; il nous répond du succès. Ayons confiance.

Il n'est guère probable que les troupes allemandes, autour de Paris, dépassent actuellement le chiffre, déjà bien respectable, de 250 000 à 300 000 hommes. C'est l'économie du plan d'investissement, — plan adapté avec beaucoup de bon sens et de simplicité à la disposition même des lieux, — qui permet à l'état-major prussien de bloquer l'immense circonférence de Paris, avec des forces évidemment non proportionnées à l'étendue d'un pareil blocus, prétendu jusqu'ici impraticable. Si nous parvenons à infléchir une des lignes du tracé géométrique de M. de Molkte, toute l'œuvre périclite.

L'armée de la Loire vient à notre secours; le succès de Coulmiers date du 9 novembre; il est impossible qu'elle ne soit pas à notre portée, toute prête à nous donner la main.

Donc, c'est le moment, ou jamais, d'une action décisive : tout retard ne peut plus que profiter aux Allemands : Donnerons-nous le temps à l'armée du prince Frédéric-Charles d'accourir de Metz sur la Loire, et de tomber sur le général d'Aurelles de Paladines? Que l'on y songe : la capitulation du maréchal Bazaine, date du 27 octobre : voici plus d'un mois que le prince Fréderic-Charles est libre de ses mouvements; d'un jour à l'autre, il va intervenir dans la partie.

Donc, il n'y a plus de temps à perdre : peut-être même avons-nous déjà trop attendu. Avant que l'armée du roi Guillaume se soit doublée de l'armée de Metz, notre salut nous commande d'entamer, sans retard, l'investissement du côté de Paris et du côté de la province, et de prendre simultanément l'offensive avec toutes nos forces.

Incalculables peuvent être les conséquences d'une action immédiate et combinée. Supposons la jonction de l'armée de Paris et de l'armée de la Loire; Dieu nous garde d'espérances trop présomptueuses! Mais les choses ne seraient-elles pas singulièrement modifiées à notre avantage, à coup sûr. Le siége de Paris serait levé; et les Allemands, forcés de tout recommencer à nouveaux frais, hésiteraient sans doute à continuer la lutte : la paix deviendrait possible, sur les seules bases, acceptables pour nous, c'est-à-dire avec l'intégrité du territoire.

Mais ne vendons pas la peau de l'ours.

Toutefois le succès est tellement nécessaire, que nous devons le payer sans marchander et le mériter à force de courage. A nos chefs de tout combiner, hommes et canons, ouvrages et accessoires.

A notre courage et à notre étoile de faire le reste.

BATAILLES DE LA MARNE

Lundi 28 novembre.

La sortie, qui couve depuis longtemps, à laquelle, depuis deux mois le gouvernement travaille, — la sortie qui est combinée avec les opérations de notre armée de la Loire, éclate enfin aujourd'hui. Deux proclamations sont affichées sur les murs de Paris, la première du général Ducrot, général en chef du corps expéditionnaire, la seconde du général Trochu.

La proclamation du général Ducrot a produit sur la population un effet vraiment vertigineux. On la lit, on se la passe de mains en mains, avec admiration, avec enthousiasme. Le général Ducrot est le héros du jour.

Relevons les faits positifs qu'il énonce lui-même sur les forces et les chances de la sortie : « Pour préparer votre action, dit-il aux soldats, la prévoyance de celui qui vous commande en chef a accumulé plus de 400 bouches à feu, dont deux tiers au moins du plus gros calibre; aucun obstacle matériel ne saurait y résister ; et pour vous élancer dans cette trouée, vous serez plus de 150 000, tous bien armés, bien équipés, abondamment pourvus de munitions, et, j'en ai l'espoir, tous animés d'une ardeur irrésistible. »

Ces paroles de confiance enflammée se terminent par un serment à la manière antique : « Pour moi, j'y suis bien résolu, j'en ai fait le serment devant la nation tout entière; je ne rentrerai dans Paris que mort ou victorieux; vous pourrez me voir tomber, mais vous ne me verrez pas reculer. Alors ne vous arrêtez pas, mais vengez-moi. »

Enfin les Parisiens entendent dire par un soldat, par un général : J'ai foi dans la victoire, et comme gage de cette foi, j'engage ma vie. La majorité de la population est toujours demeurée sceptique, à l'endroit des belliqueuses fanfaronnades des clubs. Elle a du bon sens ; elle comprend que la victoire ne se décrète pas, au gré de quelques énergumènes. Elle a patiemment supporté une longue attente de près de trois mois, pleine d'angoisses et de privations. Aujourd'hui, quand les hommes du métier s'écrient eux-mêmes : « tout est prêt, en avant, » elle tressaille d'allégresse et d'espérance.

Quelles sont nos forces? Il est difficile d'établir une supputation exacte. Le général Ducrot dit lui-même qu'il dispose de 150 000 hommes et de 400

LE GÉNÉRAL DUCROT.

pièces de canons. Il faut nécessairement admettre ces chiffres, comme base d'évaluation.

Au plébiscite du 3 novembre, les votes de l'armée (ligne et mobile) ont accusé un effectif de 245 700 hommes. Quelques jours après, un décret du général Trochu a remanié les commandements, et a divisé le total de nos forces en trois armées. La première est composée de la garde nationale ; mais celle-ci n'a ni cadres de régiments ni cadres de brigades ; elle se fractionne en deux grands groupes non encore organisés : les *sédentaires*, que l'on peut évaluer à deux cent mille ; les *mobilisés*, dont le nombre oscille autour de cent mille.

La troisième armée, sous le commandement du général Vinoy, ne compte pas de corps, mais seulement des divisions, six d'infanterie et une de cavalerie. La division de l'amiral La Roncière, à Saint-Denis, est une section indépendante de la troisième armée.

Reste la deuxième armée, sous les ordres du général Ducrot ; celle-là est organisée pour le combat, en corps et en divisions ; elle compte trois corps, commandés par les généraux Blanchard, Renault et d'Exéa ; elle comprend huit divisions d'infanterie, plus une division de cavalerie. La deuxième armée présente un effectif d'environ 80 000 hommes de troupes de ligne, et de 50 000 hommes de garde mobile ; les uns et les autres forment des divisions mixtes. Celles-ci sont très-fortes ; elles comptent en général trois brigades. Les 150 000 hommes se complètent par l'effectif de l'artillerie du génie. Parmi les canons, il y a un certain nombre de nouvelles pièces, fondues depuis le siége ; nos Parisiennes de bronze et d'acier vont recevoir le baptême du feu.

Depuis hier, les corps exécutent leurs mouvements de concentration ; ils étaient dispersés sur toute la circonférence de l'enceinte. Les soldats ont fait leurs paquets : les pièces du fourbil qu'ils n'emportent pas ont été accumulées au Champ de Mars. Les équipages de pont, que le génie a construits dans les chantiers de Bercy, ont devancé l'armée. Les ambulances sont réunies au Champ de Mars en une immense caravane ; elles se tiennent prêtes, sous les ordres du docteur Chenu, le directeur général, à se porter sur le lieu du combat.

Du reste, les portes de Paris sont fermées : la population agitée, fiévreuse, se presse sur le passage des colonnes de troupes, qui par les grandes rues du centre et les chemins côtoyant les remparts, se dirigent en masse du côté de Charenton et de Vincennes. Le chemin de fer de ceinture transporte à force hommes et matériel.

29 novembre au soir.

L'opération du général Ducrot, qui devait s'effectuer ce matin, se trouve ajournée. L'armée est massée autour de Vincennes, devant la Marne; mais la rivière n'a pu être encore franchie. Pourquoi? par suite d'une crue subite, dit-on. Ce phénomène malencontreux est-il bien la vraie cause de notre retard? Le pis, c'est que voici les Allemands avertis : certainement ils sont en train d'appeler du renfort et de concentrer des troupes sur les hauteurs voisines de la Marne, plus particulièrement menacées, de Chenevières à Noisy-le-Grand.

Notre début, arrêté par la plus intempestive malechance, se réduit à l'occupation du plateau d'Avron. Hier au soir, à huit heures, un corps assez considérable, composé de troupes de marine sous les ordres de l'amiral Saisset et de la division d'Hugues, s'est installé sur le plateau, sans coup férir; l'ennemi n'a pas tiré un coup de canon. Aussitôt l'amiral Saisset a fait travailler à l'établissement de batteries; car c'est surtout pour avoir une bonne position d'artillerie, que nous avons occupé le plateau. Avron couvre la gauche de notre champ d'opération sur la boucle de la Marne : de plus, se projetant très-avant sur le bord de la rivière, il menace le flanc de l'ennemi et ses communications entre Montfermeil, Chelles et Petit-Bric. C'est là un champ de tir magnifique; aussi nous avons monté sur le plateau plusieurs batteries de 24 et de 12 de siége, ainsi qu'une batterie de 7 (capitaine Pothier), dont le tir porte aisément à une lieue.

Ce matin, déjà, ces pièces ont ouvert le feu sur la grande route de Gournay à Noisy-le-Grand, par laquelle les Allemands défilent, pour se masser contre nous. Les résultats sont très-satisfaisants.

Cependant, dès la pointe du jour, le général Vinoy, au sud, a dirigé une attaque particulle, sans doute afin d'occuper l'ennemi et de l'empêcher de concentrer à l'Est toute son attention ainsi que toutes ses forces disponibles.

Le commandant en chef de la 3° armée dispose, sur la rive gauche, des trois divisions Pothuau, de Maud'huy et Corréard, ainsi que d'environ six mille gardes nationaux mobilisés. Il a engagé une partie de ces forces contre les deux positions de l'Hay et de Choisy-le-Roi, dans le voisinage de la Seine.

L'amiral Pothuau avait ordre de marcher sur Choisy, avec quelques compagnies de marins, et deux bataillons de la garde nationale, le 106° (commandant Ibos) et le 116° (commandant Langlois). C'est la première fois que la garde nationale entre en ligne : il est vrai que, le 24 novembre, le 72° ba-

WAGONS BLINDÉS

taillon a eu l'occasion de faire le coup de feu à Bondy; mais il ne s'agissait que d'une simple escarmouche. En ce jour, on comprend combien il est regrettable que l'organisation des bataillons de guerre ne soit pas complète, et que la garde nationale mobilisée ne soit pas constituée en corps de troupes. Si la première armée, comme le général Trochu appelle la garde nationale, formait des brigades et des divisions, elle pourrait, à cette heure, remplacer tout autour de Paris les cinq ou six divisions de la troisième armée, lesquelles, à leur tour, pourraient librement renforcer le général Ducrot. Toutefois, comment se servir utilement, pour une opération de guerre, de bataillons dont la bonne volonté est évidente, mais qui marchent isolément, sans cadres supérieurs, comme des unités indépendantes? Aussi le rôle de la garde nationale, dans cette grande sortie, est et doit être forcément restreint.

Simultanément avec l'attaque sur Choisy, le général Vinoy en poussait une seconde sur l'Hay: la brigade Valentin, de la division Maud'huy (deux régiments de ligne, le 110ᵉ et le 109ᵉ, avec deux bataillons des mobiles du Finistère), a été engagée en première ligne.

La canonnade des forts et des redoutes a commencé sur les six heures du matin. Les Hautes-Bruyères battaient à force le village de l'Hay; cependant nos chaloupes canonnières, en amont du Port-à-l'Anglais, croisaient leurs feux avec le Moulin-Saquet sur Choisy-le-Roi. Sur la voie ferrée du chemin d'Orléans, deux wagons blindés, venaient prendre part au combat. C'est la première fois qu'apparaissaient les *wagons canonniers*, pendants fort originaux des chaloupes canonnières.

A sept heures, l'infanterie s'ébranle, soutenue par ce feu très-violent d'artillerie.

Du côté de Choisy-le-Roi, le premier poste allemand est la gare aux Bœufs, bâtiment à toits rouges, placé à 300 mètres en avant du bourg.

Les marins engagèrent la fusillade : le poste ennemi, après quelques coups de fusil, déguerpit lestement sur Choisy, en nous laissant une dizaine de prisonniers. Nous prîmes position dans les bâtiments de la gare; les gardes nationaux s'employèrent activement, sous la fusillade de l'ennemi, à improviser des défenses avec des fascines. Une partie de la journée se passa à tirailler sans grand résultat et sans grand dommage.

Sur la droite, vers l'Hay, l'action a été plus chaude.

Nos colonnes ont eu une très-faible distance à franchir pour passer de nos ouvrages avancés aux ouvrages mêmes de l'ennemi; cinq cents mètres au plus. Il était recommandé de ne pas prolonger la durée du trajet par des tirs inutiles, et de piquer droit sur le village.

VUE DE CACHAN ET DU VILLAGE FORTIFIÉ DE L'HAY.

Les assiégeants, fréquemment attaqués dans les cantonnements du sud, ont habilement disposé le parc de l'Hay en bastion : une enceinte en terre, haute de quatre à cinq mètres, le flanque dans tout son pourtour.

Nos soldats, emportant le cimetière, franchissant les premières maisons, sont arrivés jusque sur cette enceinte même. Sur le haut de l'épaulement même, trois soldats et un officier ont été tués. Là on s'est battu, on s'est fusillé pendant au moins une heure. Les soldats, pour abattre les murs, n'avaient que leurs chassepots; quant aux outils, ils étaient en retard.

Vers les neuf heures, l'ordre venait de battre en retraite, ordre qui s'explique par la nouvelle arrivée au général Vinoy, du retard de la sortie principale. Les troupes se sont repliées sans être inquiétées : elles sont rentrées par le chemin couvert, tracé en avant des Hautes-Bruyères. La fusillade a continué, en diminuant, jusqu'à dix heures.

A dix heures et demie, une suspension d'armes a été conclue jusqu'à deux heures et demie, pour ramasser, de part et d'autre, les blessés et les morts. Sur le champ de bataille, nos ambulances n'ont pas trouvé à recueillir plus de cinquante blessés et soixante morts. Il est vrai que les Prussiens ont annoncé qu'ils avaient à nous quatre-vingt-huit blessés tombés dans leurs lignes, dont sept officiers. Ils se sont offerts à nous remettre tous les noms pour le lendemain. Comme toujours, ils se sont hâtés de faire disparaître leurs propres pertes; toutefois, avec le nombre de troupes qui emplissent l'Hay, et vu la distance de nos batteries, il est impossible qu'ils n'aient pas subi des pertes sérieuses par l'effet d'une canonnade de quatre heures.

Tel est le résumé des combats d'aujourd'hui. Ce n'est qu'une préface. L'action importante, décisive, est imminente.

On signale encore quelques reconnaissances partielles, sur la Seine, vers Gennevilliers, Bezons et Rueil.

Le bruit a longtemps couru que c'est par ce côté, dans la direction de la basse Seine, que le général Trochu se proposait d'opérer sa sortie.

C'était, comme on le voit, une supposition gratuite; il se peut encore que les événements de guerre, en province, aient modifié le plan primitif du gouverneur. Aujourd'hui la trouée se dessine certainement, par l'Est, dans la direction de Fontainebleau.

Mercredi, 30 novembre, 7 heures du soir.

Aujourd'hui, nous avons livré une grande bataille en avant de la Marne, et cette bataille est un premier succès.

Si j'ai déjà clairement défini les conditions de la lutte engagée, on comprendra que notre premier succès ne peut être concluant, et ne saurait rompre du coup la ligne d'investissement.

Contre un ennemi retranché sur chaque hauteur et dans chaque village, il ne nous est permis que de marcher pas à pas; les opérations doivent être enlevées une à une, au prix d'une bataille. A ce compte, la journée est un avantage considérable : elle prouve que nos soldats, quand ils sont énergiquement dirigés vers un but déterminé, sont capables de lutter avec les Allemands en vaillance et en ténacité.

En un mot, nous occupons ce soir un terrain enlevé à l'ennemi. Puisqu'il faut, pour ainsi dire, déraciner les Prussiens hors de leurs lignes de blocus, eh bien! après le combat d'aujourd'hui, il est possible de prévoir avec quelque confiance que le courage ne nous manquera pas pour mener à bien cette rude et longue tâche. Seulement, de la patience, de la persévérance, et sachons nous contenter du travail de chaque jour.

Les troupes avaient été massées le 28, sur tous les points de la base d'opérations; le général Ducrot s'était rendu à son quartier général de Nogent; il devait passer la Marne dans la matinée d'hier. Tout fut ajourné par un accident; soit par mauvaise construction, soit à la suite d'une crue, nos ponts sur la Marne étaient trop courts.

Le génie se mit à l'œuvre, sous la direction de l'ingénieur en chef, M. Krantz. Pendant la dernière nuit, deux ponts étaient déjà en état de porter les trains d'artillerie, et le pont de pierre, à Joinville, était réparé de façon à permettre le passage de l'infanterie.

Ce matin à dix heures, les corps Blanchard et Renault ont en grande partie franchi la Marne, sous la protection de la redoute de la Faisanderie et du fort de Nogent. Le bombardement récent de Champigny avait refoulé les postes allemands hors de la moitié de la presqu'île. Le carrefour, dit de la Fourche, où la grande route envoie deux branches sur le coude inférieur et le coude supérieur de la Marne, se trouvait libre.

Nos troupes l'atteignirent facilement : pendant que les colonnes du général Blanchard poussaient par la route de Champigny, celles du général Renault s'engageaient par la route de Bry. En même temps, par un autre pont jeté sur la Marne sous Nogent, nos forces continuaient à déboucher par la gauche.

De ce côté, l'ennemi était inquiété par l'artillerie du plateau d'Avron, qui tirait sans relâche sur Brie et Noisy-le-Grand ; à notre droite, une reconnaissance, plus importante que vigoureuse, sur Montmesly, en avant de Charenton, tâtait les troupes prussiennes de Bonneuil.

La Marne est franchie ; nous voici dans la boucle, qui se développe et s'élargit dans le sens de notre attaque. Droit devant nous est Villiers ; à gauche c'est Brie ; à droite c'est Cœuilly, qui, accolé au cours supérieur de la Marne, se relie par derrière au plateau de Chenevières. Entre Champiguy et Villiers s'ouvre une trouée, par laquelle filent la grande route et le chemin de fer de Mulhouse.

Dès l'abord, à 3 ou 400 mètres de la Fourche de Champigny, un bois s'étend à gauche et à droite du chemin de Villiers. Il se prolonge jusqu'au chemin de fer, qui le termine en sens oblique. Les Allemands avaient fortifié par deux barricades la percée principale de ce bois. Nos soldats les emportèrent en courant.

Ils s'emparèrent du bois et de ses défenses presque sans coup férir.

Il y avait là quelques postes wurtembergeois ; ils ne purent s'échapper et se rendirent. J'ai vu une cinquantaine de prisonniers que les gendarmes emmenaient au fort.

Les colonnes affluent et nos lignes se déploient en demi-cercle, de façon à enserrer Villiers, tout en faisant face à Bry et à Champigny. La bataille s'engage.

Le général Renault a sous la main ses forces à peu près complètes d'infanterie et d'artillerie ; il dispose ses réserves dans le bois, et il franchit, avec la première ligne, le chemin de fer qui forme un talus élevé d'une quinzaine de mètres : la route passe sous un pont. Nous abordons les positions ennemies.

Notre artillerie couronne les premiers échelons, et nos troupes escaladent les gradins inférieurs des deux plateaux de Champigny et de Villiers.

Nous approchons de Villiers ; mais, sur la côte, en avant du village, des ouvrages sont semés en demi-cercle, enfilant en éventail les abords du plateau et les pentes du vallon ; ces ouvrages d'avant-garde, pour ainsi dire, ont très peu de relief ; ils sont tapis ras terre, à l'abri des accidents de terrain ; ils ne sont armés chacun que de deux ou trois pièces. Plus en arrière, se démasquent deux grosses redoutes, — l'une, en tête, dans le parc de Villiers, — l'autre, en flanc, dans le parc de Cœuilly.

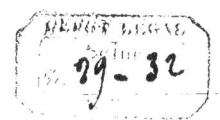

DU SIÉGE DE PARIS. 193

Les obus pleuvent de toutes les directions. Nous installons une batterie de 12 au delà du chemin de fer, à la croisée des routes de Bry et de

LE GÉNÉRAL RENAULT.

Villiers. Un obus, en éclatant, écharpe les six chevaux d'un attelage; un second crève un caisson, et avec les débris tue trois servants de la pièce. En même temps, une fusillade nourrie jaillit, en face de nous, de dessous terre, à l'abri des tranchées.

Nos troupes, surprises par un aussi vif accueil, hésitent et s'arrêtent dans leur élan. Il faut se coucher à terre: les plus exposés font mine de battre en retraite. La situation est d'autant plus critique, que notre gauche, sur Bry, n'est pas encore garnie : le corps d'Exea n'a pas passé la Marne.

La berge de la rivière présente une pente très-escarpée; quelques groupes de soldats la descendent, afin de se mettre à l'abri de ce feu meurtrier. Il est onze heures. Le moment est décisif. Si la débandade commence, elle gagnera le gros de l'armée; l'ennemi nous poursuivra jusqu'à la Marne, et comment, l'épée dans les reins, repasserons-nous la rivière?

Alors, généraux et officiers rivalisent d'énergie. Ils se jettent en avant et au-devant des troupes; ils parlent et agissent; de patriotiques injures sont même de la partie. Ils raffermissent ceux qui tiennent et raniment ceux qui fléchissent.

Enfin les colonnes du corps d'Exea franchissent la Marne, à la hauteur de Ville-Évrard. Grâce à ce renfort, notre ligne, loin de ployer sous l'effort de l'ennemi, se fixe et se fortifie. L'artillerie ne cesse pas un instant de protéger les troupes; les généraux Frébault et Boissonnet disposent de nouvelles batteries qui font feu sans relâche sous le feu même des Allemands. Une première fois, elles se lancent jusqu'à mille mètres des positions ennemies; une seconde fois, elles se rapprochent encore davantage, d'une moitié au moins. De leurs projectiles elles déblayent le terrain : il n'est pas un peloton ennemi qui puisse impunément faire le coup de feu à découvert. Les Allemands rentrent sous terre, dans leurs retranchements.

Revenus de leur premier trouble, nos soldats ont repris vivement l'attaque. A ce moment en plein feu, le général Renault est frappé à la jambe par un obus. Il supporte héroïquement sa blessure, et sa vaillance contre la douleur relève encore le moral des soldats. Il peut être fier de l'admiration qu'il a partout excitée en cette douloureuse circonstance.

L'élan, en se ranimant, nous donne un avantage presque immédiat. Tel est le roulement de notre canonnade et de notre fusillade, que les Allemands se sentent dispersés sur une ligne trop étendue pour résister à un tel ouragan. Ceux qui occupent le village de Bry, se rabattent en courant sur leur gauche et se massent sur le plateau principal de Villiers. Mais nos mitrailleuses sont là. Elles profitent du court trajet de l'ennemi à découvert, pour l'accabler de projectiles. Ce mouvement a dû lui coûter cher. Nos artilleurs ont frappé sans pitié sur les colonnes, qui s'éparpillaient et roulaient dans une espèce de tourmente meurtrière. Si les Allemands, grâce à l'avantage de leurs retranchements, nous ont fait du mal, nous avons pris, à ce moment, une terrible revanche.

Il était trois heures. Les Allemands avaient fait masse de toutes leurs forces. Réunis au-dessus de Villiers, dans le parc retranché, ils nous résistaient avec plus de fureur que jamais. Leurs feux étaient accumulés sur un point, et de là, ils rayonnaient contre la demi-circonférence de notre attaque, concentrés et intenses.

Vraiment la position paraissait insoutenable, et pourtant nos troupes la soutinrent. Deux grandes heures durant, ce fut un crépitement incessant d'obus, de mitrailleuses et de balles, toujours immobile, toujours égal, toujours furieux. Aucun des deux adversaires ne recula d'une semelle. Pour mesurer qui fut le plus héroïque, il faut calculer que les Allemands étaient abrités par leurs retranchements, et que les Français, au contraire, apparaissaient, poitrines découvertes, sur les pentes des hauteurs.

De la chaussée du chemin de fer, on apercevait, tranchant sur le terrain, les lignes sombres de nos bataillons et les lignes blanchâtres de leurs feux, auxquelles répondaient symétriquement celles de l'ennemi. Le spectacle était saisissant; il faisait un magnifique contraste avec le souvenir des autres combats qui me venait à l'esprit.

Sont-ce bien en vérité des recrues de trois mois qui soutiennent, inflexibles et comme fixées au sol, de tels assauts contre la mort? J'ai assisté à presque toutes les grandes batailles de cette guerre; eh bien! jamais je n'ai vu un feu plus violent, et jamais non plus je n'ai vu nos troupes avoir une meilleure tenue.

Aussi, ce spectacle nouveau, presque inattendu, nous émouvait tous profondément : on contemplait ces lignes de fer avec une admiration presque religieuse; c'était la patrie elle-même qui, à tous les outrages, à toutes les menaces, à tous les périls, répondait fièrement : Non, vous ne m'arracherez pas du sol qui est le mien. C'était bien vraiment là le sens de cette voix grondante et imperturbable, qui tonnait aussi haut que celle de l'ennemi.

Si jamais l'expression de baptême de feu a été vraie, c'est en ce moment. Au pied de la lettre, c'était une grêle de projectiles : les rangs diminuaient, mais ne reculaient pas. Tout l'espace occupé par nous était couvert d'obus; ils venaient éclater jusqu'en deçà du chemin de fer; les projectiles sifflaient, s'abattaient, et, à vingt mètres, taillaient dans la chair humaine. J'ai vu un fantassin l'échapper belle : le culot de l'obus l'atteint par derrière, frappe sur la gamelle appendue à son sac; l'homme est jeté en avant; mais grâce à sa double cuirasse, il se relève sain et sauf, et il ramasse l'éclat miraculeusement inoffensif. Par malheur, il n'en arrivait pas toujours de même : beaucoup de nos soldats ont été frappés. Cependant, il ne faut pas s'en exagérer le nombre ; je ne puis le préciser, toutefois je ne crois pas qu'il dépasse le chiffre de trois mille.

Le soleil, qui toute la journée a été magnifique, baissait : la nuit faisait scintiller de rouges éclairs à la gueule des canons. Évidemment la fin du jour, en nous forçant de suspendre notre attaque si tenace, si vigoureuse, a favorisé les Prussiens. A cinq heures un quart précises, le feu s'est arrêté net. A l'immense fracas a succédé subitement un complet silence. L'ennemi n'a pas prolongé d'un seul coup de canon la lutte au delà du terme que nous lui avons nous-mêmes imposé, et même, dans les profondeurs de la route de Villiers, cet arrêt a été accueilli par un hourra, non pas de triomphe, mais de satisfaction : c'est donc fini pour aujourd'hui !

A la sombre clarté des étoiles, comme dit Corneille, nous exécutons les mouvements de troupes et d'artillerie pour la garde de la nuit et la reprise du lendemain ; car nous campons sur le terrain occupé le matin même par les Prussiens, et il y a vraiment de l'orgueil à être maîtres du champ de bataille : nous l'avons bien mérité. Nos positions sont telles que les Prussiens ne peuvent nous les laisser, et que, réciproquement, nous ne pouvons laisser aux Prussiens celles qu'ils occupent encore.

La fusillade recommence, pendant dix minutes, sur la droite : ce sont les grand'gardes qui se touchent et qui font connaissance. Tout retombe dans le silence ; les troupes sont campées, et, de loin en loin, on voit les lueurs des bivouacs qui se dissimulent derrière les maisons. La soirée est froide ; la bise vous glace le visage ; il faut se réchauffer.

Sur les pentes des coteaux, on voit encore errer des groupes, aux formes indécises, dans l'obscurité de la nuit : ce sont les ambulances qui poursuivent leur œuvre de charité et de dévouement. On nous mande pour aider à rapporter un officier prussien, que les infirmiers ont été forcés, par la violence du feu, d'abandonner, couché sur une civière, au bord même de la Marne. Personne n'hésite. Le malheureux est resté deux longues heures étendu côte à côte avec les cadavres frappés en même temps que lui ; le froid l'aurait inévitablement tué. Quand on le ramasse, il articule d'une voix éteinte quelques mots de douce reconnaissance en allemand, puis il retombe en léthargie.

On ne saurait trop être reconnaissant, au point de vue de l'humanité, de l'admirable institution des ambulances libres. L'intendance a bien le droit d'en être jalouse, car elles accomplissent des merveilles. Elles suivent pas à pas les troupes, recueillant les blessés jusque sous le feu. Aussi elles peuvent s'honorer de compter des victimes dans cette journée. Elles se

PARIS, NUIT DU 30 NOVEMBRE.

montrent infatigables et la plupart passent cette nuit sur le champ de bataille.

L'administration a eu l'heureuse idée de requérir pour le transport des blessés les bateaux-mouches. En rentrant à Joinville, j'ai pu assister à l'embarquement d'un convoi.

Les bateaux chauffaient dans le canal de Saint-Maur; ils sont, à l'intérieur, disposés en miniature d'hôpital, avec des couchettes rangées dans les salles basses. Sur le quai, la scène est éclairée par des torches : les longues rangées de brancards, chargés de leurs tristes fardeaux, attendent leur tour d'embarquement : les blessés sont étendus dans des attitudes douloureuses, auxquelles l'obscurité vague du soir ajoute encore quelque chose de lugubre : le froid les a saisis, ils grelottent; çà et là s'élèvent de sourdes plaintes, qui vous poignent l'âme. Et les torches s'agitent, éclairant par de rapides lueurs tous ces visages pâles.

On a besoin de détourner les regards, en face, sur la conquête de terrain que toutes ces douleurs nous ont value aujourd'hui. Alors l'âme se relève, et on sent que le sang répandu est une féconde rosée.

Jeudi, 1er décembre.

Mon récit de la bataille de Villiers, fait au sortir même et presque sur le théâtre de l'action, pèche nécessairement par le défaut d'exactitude complète.

Dans une bataille qui s'étend sur une aussi vaste étendue, il est impossible de saisir tous les faits, et même de saisir au juste l'importance des faits. Hier, le théâtre de l'action était matériellement coupé par les obstacles du terrain, et obscurcie par l'épais rideau de fumée amoncelée par la canonnade. De plus, quoi qu'on fasse, l'attention est toujours quelque peu divertie par la grêle d'obus que les Allemands envoyaient jusqu'au milieu de nos réserves.

Que le lecteur me permette donc de rectifier et de compléter, du mieux que je pourrai, ce que ma relation d'hier a pu avoir de circonscrit et de confus.

Du premier coup, l'opération du général Ducrot, que l'on nous annonçait comme devant être vivement enlevée, se heurte contre un retard inattendu. Le lundi, 28 novembre, le général Ducrot avait sous la main toutes ses troupes, échelonnées de Joinville à Rosny. Le secret du mouvement était d'une importance capitale : raison de plus pour le précipiter. Le hasard d'une reconnaissance ennemie pouvait le compromettre.

Des ponts avaient été rapidement construits sur la Marne, à deux endroits différents, les uns en face de Joinville, les autres à la hauteur de Bry. L'installation présentait quelques difficultés, en cette saison, où la rivière est grossie par les pluies d'hiver. Les pontonniers travaillaient entre le Perreux et Neuilly, au-dessous de la Villa-Plaisance, à l'endroit où est située une plâtrière, dite la Mal-Tournée.

On dit qu'au dernier moment, deux bateaux, par suite d'accident, coulèrent à fond : c'étaient de gros bateaux destinés au pont qui devait servir au passage de l'artillerie. L'heure de l'attaque était forcément retardée; il fallait de toute nécessité attendre, pour opérer, l'arrivée de nouveaux bateaux : — autant de répit donné aux Prussiens.

Cependant l'armée était prête. Dès la première nuit, elle avait occupé silencieusement le plateau d'Avron, qui commande la vallée de la Marne jusqu'au delà de Noisy-le-Grand. La consigne fut donnée de bivouaquer sans feu. Comme on le voit, la veillée d'armes a été rigoureuse pour nos troupes, et ses éperons, notre jeune armée les a rudement gagnés. Cependant le génie fortifiait la position : depuis plusieurs jours, il avait commencé des travaux sur le plateau. Ils furent aussitôt hérissés d'artillerie, grosses pièces de marine et batteries nouvelles, sous le commandement du colonel Stoffel. Le capitaine Pothier, dirigeant une troupe d'élite, 400 volontaires environ, pour la plupart jeunes gens des Écoles, a manœuvré nos jeunes pièces de 7 de la manière la plus brillante.

Dans la matinée du mercredi, la reconstruction des ponts de Bry fut poussée avec d'autant plus de vigueur, que l'action ne pouvait plus être différée. Les troupes de Joinville étaient déjà sur pied; à sept heures, les deux corps Renault et Blanchard avaient passé la Marne, et la bataille s'engageait sur les hauteurs de Champigny, de Villiers et de Bry. Mais à gauche, le corps d'Exea ne put franchir la rivière qu'assez tard dans la journée, si bien que, dans cette direction, notre mouvement n'a pas été poussé d'une manière assez vigoureuse ni assez complète. On voit de quelle importance a été ce premier retard pour notre opération tout entière.

On peut se demander tout d'abord comment l'ennemi nous a laissé franchir la Marne sans encombre.

Ce n'est pas que le passage de la Marne présente, en lui-même, des difficultés bien grandes et que l'ennemi puisse directement s'y opposer; mais il était à craindre qu'avertis à temps, les assiégeants n'appuyassent avec de puissants renforts leurs premières positions sur la rivière et ne tinssent en échec, dès l'abord, nos corps d'armée, séparés et coupés en deux parties, dont l'une aurait eu à lutter dans une condition désavantageuse, et dont l'autre serait demeurée, en deçà de la Marne, inactive et impuissante. Là était le danger; et, par malechance, peu s'en fallut, dès le début, qu'il nous arrêtât court. Mais il faut savoir qu'en face de nous les crêtes de Bry à Champigny étaient gardées par la division wurtembergeoise du général Von Obernitz. A elle seule, elle n'a pas osé s'opposer à notre passage. Elle a dû attendre le renfort du corps saxon campé tout auprès, en seconde ligne, de Chelles à Villeneuve-Saint-Georges.

Donc, hier, dans la matinée, les brigades Faron et Comte du corps Blanchard, composées des 42e, 35e, 114e de ligne et des mobiles de la Vendée, enlèvent le village de Champigny, et s'engagent, au delà, sur la rampe qui monte au plateau. Le plateau est nu et ras; il a une longueur d'environ 1 kilomètre : d'un côté il descend sur la Marne; du côté de Villiers il incline par une pente assez douce dans le vallon, par où passent le chemin de fer et un petit ruisseau dit de la Lande; en arrière il est terminé par le château et le parc de Cœuilly. L'ennemi a crénelé le parc et établi un gros ouvrage sur le plateau.

Cependant le corps Renault aborde directement les pentes de Villiers, qui est placé en arrière d'un second plateau, parallèle au premier. Entre les deux, comme je viens de le dire, courent la ligne de Mulhouse et le ruisseau de la Lande; au premier plan, sur le flanc du coteau, s'élèvent les bâtiments d'une plâtrière; dans le fond, le village de Villiers est dissimulé à notre vue par le dos de la hauteur : tout à fait à gauche vers la Marne, le village de Bry est au pied de la pente opposée.

Ainsi le dessin du champ de bataille est très net : deux plateaux, accolés tous deux à la Marne, et séparés par un petit vallon, telles sont les positions occupées par les Wurtembergeois.

Les généraux Bertaut et de Malroy, du corps Renault, prennent le coteau de Villiers par la plâtrière, pendant que la division de Maussion, du même corps, oblique tout à fait à gauche, contre Bry, pour couvrir notre ligne, que l'absence du corps d'Exea laissait encore dégarnie.

Les Wurtembergeois d'abord ne résistèrent pas à notre élan. Ils battirent en retraite devant nos troupes, qui, enfilant les deux voies parallèles du chemin de fer et de la grande route de Villiers, occupèrent le bas des crêtes de Champigny à Bry, et se développèrent en bataille sur une ligne qui coupe le terrain à peu près à la hauteur de ces deux villages.

En même temps notre artillerie prit position : de nombreuses batteries furent échelonnées en avant de la plâtrière, le long de la côte qui descend au ruisseau de la Lande, ainsi que sur celle qui remonte vers le plateau de Champigny, de façon à couvrir notre front, soit dans la direction de Villiers, soit dans la direction de Bry. On pouvait compter environ cent cinquante canons ou mitrailleuses. Les canons étaient de diverses puissances : j'en ai beaucoup vu du calibre de douze de campagne.

Nous nous heurtions contre les positions fortifiées de l'ennemi. Ses tirailleurs s'arrêtèrent; ils s'abritèrent derrière les tranchées, et les batteries fixes ouvrirent contre nous un feu serré et vigoureux. Le général Renault est frappé; le capitaine de Néverlée, commandant les francs-tireurs du quartier général, est tué raide.

Les batteries de l'ennemi sont disposées sur les deux côtes de Villiers et de Champigny, de façon à battre en éventail les pentes que nous escaladions. En avant de Villiers, s'élève un château avec une large terrasse; cette terrasse a pleinement vue sur tous les environs; elle sert de plate-forme aux canons de l'ennemi, qui visaient surtout le coteau de Bry. La ligne d'artillerie part de ce château, descend par intervalles inégaux sur le fond de la vallée, vers le chemin de fer, près de la station; puis elle remonte la pente opposée de Cœuilly. Sur ce second plateau, on aperçoit distinctement une enceinte de murs blancs avec une maison carrée au milieu; le tout est crénelé. Puis, en avant, presque ras de sol, se cache un ouvrage en terre, bastionné et à cinq pans largement développés. C'est de là que l'ennemi nous a le plus violemment canonnés.

Ainsi, les approches des hauteurs sont couvertes, comme une forteresse, par une série continue de batteries, enfilant de plein fouet nos troupes en contre-bas. Contre des positions si fortement garnies, une attaque de front présente évidemment des périls et des difficultés presque insurmontables. Le bon sens dit qu'il faut, de toute nécessité, la soutenir par une attaque de flanc; au premier coup d'œil, on voit que le point tout indiqué de ce mouvement tournant est le village de Bry; c'est le plus faible de la ligne ennemie, et il se trouve directement placé sous le feu du fort de Nogent. Une fois que nos colonnes eussent, à Bry, fait une trouée dans les lignes de l'ennemi, elles pouvaient rabattre sur Villiers, coopérer en écharpe à l'assaut de front du corps Renault; puis tous ensemble devaient pousser sur Cœuilly, et exécuter contre ce dernier point la même manœuvre, de concert avec nos troupes de Champigny. Le mal a été que le corps d'Exea, chargé de l'opération, s'est trouvé en retard; dans la matinée d'hier, il n'avait pas encore passé la Marne. Cependant l'attaque sur Bry ne pouvait pas être différée; car la bataille était déjà engagée de front. Il fallut donner l'ordre au corps Renault de détacher une division; il s'affaiblissait lui-même d'autant; et une division pouvait-elle suffire pour une action essentielle, capitale, qui demandait au moins un corps d'armée?

L'attaque de Bry fut exécutée par les 123ᵉ, 124ᵉ et 125ᵉ de ligne, et quelques bataillons de mobiles de la Seine. « Mes enfants, à la baïonnette ! » tel fut l'ordre des chefs. Tout le monde s'élança sur le village; l'ennemi fut chassé des maisons, poursuivi sur la hauteur, et obligé de se replier sur Villiers.

Mais il ne se tint pas pour battu; la position, à l'entrée même de la boucle, était trop importante pour l'abandonner du premier coup. Si l'adversaire reprenait cette crête, clef de celle de Villiers, il nous arrêtait net et nous forçait à rétrograder au delà de la Marne.

Aussi les canons de Villiers commencèrent à couvrir Bry de projectiles; puis les Saxons arrivèrent à peu près au même moment. Nos feux d'artillerie, qui d'Avron, de Nogent et du Perreux surveillaient la grande route de Chelles à Brie par Noisy-le-Grand, les avaient forcés de marcher à couvert derrière le parc de Noisy; cependant ils débouchèrent à temps sur le champ de bataille. Leur entrée en ligne permit à la division wurtembergeoise d'abandonner en partie le plateau de Villiers et de se masser sur le plateau de Champigny.

Malgré ce renfort de troupes fraîches, notre résistance, à Bry, fut tenace : on se battit corps à corps. Mais les décharges des Prussiens nous enlevaient des files entières. Dans le 125ᵉ de ligne, 460 soldats furent jetés à terre; 14 officiers manquent encore à l'appel. Le lieutenant-colonel du 122ᵉ, de la Monneraye, et celui du 123ᵉ, Dupuy de Podio, ont été blessés à mort.

Les Allemands regagnaient du terrain; nos troupes, affaiblies par la mitraille et la débandade, reculèrent, abandonnant et la hauteur et le village; 200 hommes du 125ᵉ de ligne tinrent jusqu'au bout. Cette retraite aurait pu nous être désastreuse, si notre artillerie, installée sur le bas de la côte de Villiers, n'avait foudroyé sans relâche le malheureux village : c'était un véritable feu de file, incessant et meurtrier. Nos artilleurs chargeaient et pointaient sans se laisser émouvoir par la pluie d'obus que leur envoyaient les batteries de Villiers; car les Allemands comprenaient que pour réoccuper définitivement Bry, il fallait à tout prix éteindre nos feux. Les nôtres, pour charger les pièces, s'abritaient tant bien que mal derrière l'épaulement des tranchées creusées par les Prussiens eux-mêmes. Les hommes tombaient, les affûts se brisaient, et cependant nos décharges ne se ralentissaient pas.

Les troupes, qui avaient cédé sur Bry, se retirèrent en seconde ligne. Il fallait à tout prix réattaquer la position perdue.

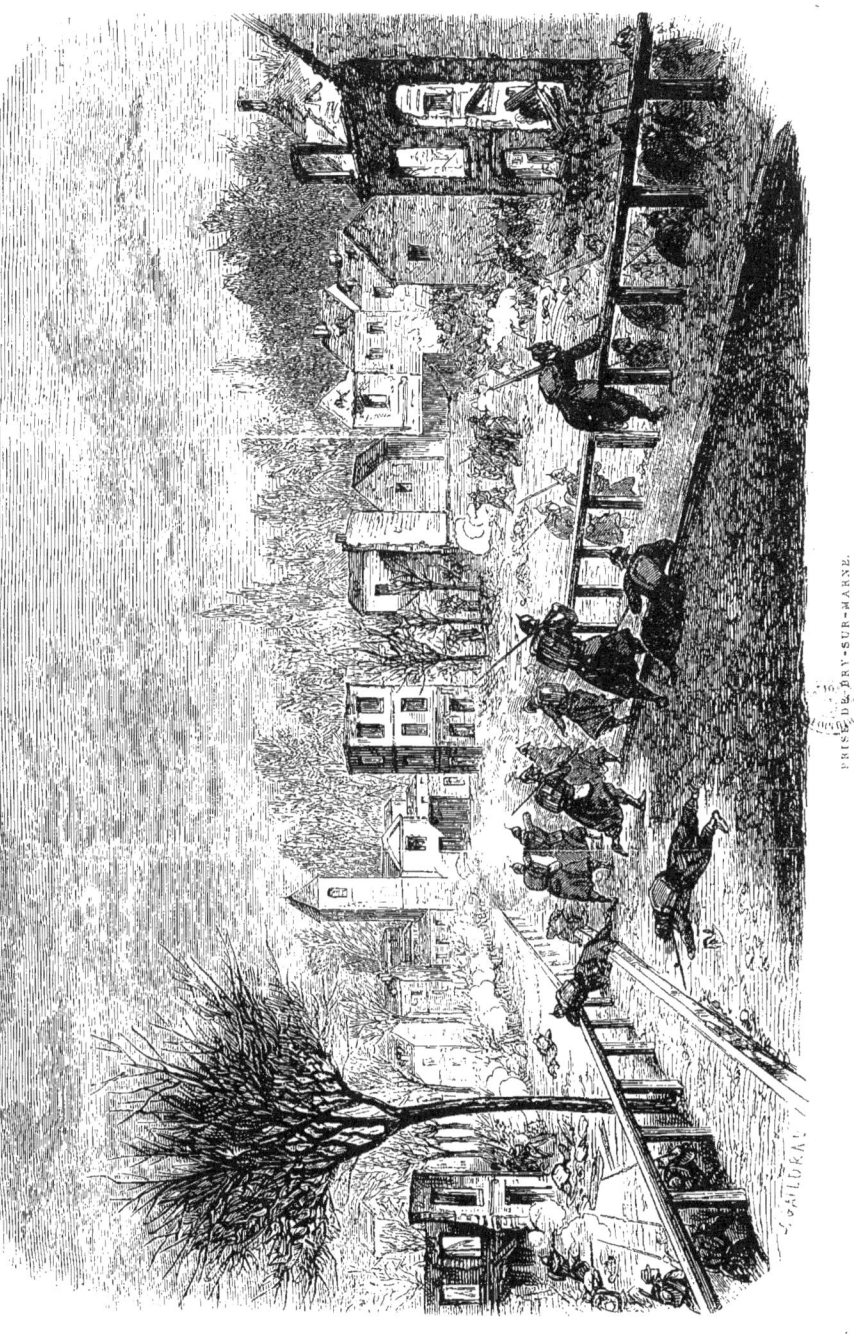

PRISE DE BRY-SUR-MARNE.

Enfin sur les deux heures le corps d'Exea entra en ligne.

A onze heures seulement, les ponts de la Marne, au Perreux, avaient été achevés; nos colonnes étaient aussitôt descendues du plateau d'Avron dans la plaine, sur le bord de la rivière; un fort détachement d'infanterie observait, vers Neuilly, la route de Gournay, afin de couvrir en flanc notre mouvement. A une heure, le passage de la Marne était effectué par nos troupes; sur Bry, grâce à cet opportun renfort, nous reprenions l'offensive.

Le 136e de ligne, avec les zouaves et les mobiles de la Côte-d'Or, montent à l'assaut de Bry, sous la protection de la canonnade. On se bat dans les rues, on se poursuit dans les maisons. Ce fut au tour des Saxons de rétrograder. Ils reculèrent jusqu'au sommet du plateau.

Les nôtres, dépassant le village, escaladèrent le plateau à la suite des Saxons, qui se repliaient sur Villiers, et que l'artillerie de notre centre prenait en écharpe. Nous débouchons obliquement en vue du parc fortifié. Notre mouvement tournant se dessine; il est environ trois heures. La lutte s'engage, plus terrible que jamais, sur les deux côtés de la redoute de Villiers, de face et par le flanc gauche. Ce fut, comme je l'ai déjà raconté, un furieux redoublement de canonnade et de fusillade; pendant deux heures passées le grondement de l'artillerie, le crépitement de la mousqueterie se soutinrent à un degré d'intensité et de violence qu'il est impossible de s'imaginer. Pas une pause dans ce fracas effrayant d'uniformité. Mais le parc de Villiers resta inexpugnable; il nous fut impossible de l'entamer; nous recevions en plein le feu de l'ennemi presque invisible. C'était déjà beaucoup de nous maintenir sur une position aussi dangereuse. La résistance acharnée des Allemands, contre l'attaque en flanc de notre aile gauche, eut nécessairement pour effet de restreindre l'action de notre centre et de notre aile droite.

Du côté de Champigny, nous avions, dès le début, assez heureusement franchi les pentes assez raides grimpant en arrière du village. Les deux routes qui de Champigny débouchent sur le plateau sont bordées de nombreuses maisons : — autant de fortins qu'il a fallu battre à coups de canon. Une fois la crête atteinte, il s'agissait de parcourir tout l'espace découvert de la hauteur sous le feu de l'ennemi embusqué, comme à Villiers, derrière le mur du parc de Cœuilly. Notre artillerie bombardait le pâté de cinq ou six maisons, que l'on aperçoit à un angle du parc, près le château; mais une douzaine de pièces ennemies, merveilleusement abritées dans la grosse redoute du château, ripostaient avec une égale violence. Comment avancer de front et à découvert contre d'aussi formidables défenses? Cependant les

LES PENTES DE VILLIERS.

nôtres tinrent de pied ferme; nos pièces de campagne, pour contre-battre l'ennemi, vinrent se jeter en pleine fusillade.

Sur ces entrefaites, le renfort des Saxons sur Bry permit à la division wurtembergeoise de s'accumuler tout entière derrière les ouvrages de Cœuilly. Pour comble, la fin du combat de Montmesly, qui avait eu lieu en avant de Charenton et dont nous parlerons tout à l'heure, permit encore à une brigade prussienne de venir à la rescousse, par Chènevières. On sait que nous avions, dans la presqu'île de Saint-Maur, à notre extrême droite, une grosse réserve d'artillerie, sous les ordres du général Favé; celle-ci était établie dans le double but, d'abord en cas d'échec, de couper la poursuite de l'ennemi, de l'empêcher de nous culbuter dans la Marne, puis d'intercepter la route des renforts par Chènevières. Le général Favé avait l'ordre d'observer attentivement ce dernier point; il tirait lentement, afin de tirer à coups sûrs : le général Ducrot lui envoya, à diverses reprises, la recommandation d'agir plus vigoureusement; peut-être eût-il dû prendre une offensive plus vive. Ce qu'il y a de certain, c'est qu'une brigade prussienne de renfort vint inopinément déboucher à Cœuilly.

Notre situation devint critique : le 114ᵉ avait la moitié de son effectif hors de combat; son colonel était blessé. Le colonel Prévault, du 42ᵉ, avait été tué. Néanmoins, si nos colonnes ne purent débusquer du plateau l'ennemi sans cesse renforcé, elles se sont maintenues jusqu'à la fin du combat et sans reculer d'une semelle, sur les positions primitivement conquises.

Nous déchaînions un véritable ouragan de mitraille; des pièces ont tiré près de deux cents coups, et on calcule que l'artillerie a brûlé plus de vingt-cinq mille cartouches.

Quant aux ennemis, ils jetaient sur nos troupes les balles pour ainsi dire à pleines poignées, et ils fauchaient nos positions par un jet continu d'obus.

Un instant, ils essayèrent une pointe audacieuse contre notre centre; l'enfoncer eût été le meilleur moyen d'entraîner la retraite de nos ailes. Une colonne, soutenue par de l'artillerie, descendit la côte de Villiers pour nous aborder. Elle fut reçue de la maîtresse façon par une de nos batteries de mitrailleuses; celle-ci, en quelques décharges rapidement multipliées, coucha à terre de nombreux assaillants. Le parti ennemi battit en retraite, regagnant la redoute de Villiers; mais nos mitrailleuses ne le lâchèrent point avant qu'il fût rentré à couvert.

Comme dernier expédient, les Prussiens allongèrent leurs feux et pointèrent au beau milieu de nos réserves. En ébranlant nos lignes de réserve, ils pouvaient rendre nécessaire la retraite de nos lignes de bataille.

Les obus s'abattaient au delà du chemin de fer, au milieu même des blessés et des ambulances, dans le bois du Plant. C'est ainsi que beaucoup de troupes qui n'ont pas donné ont cependant souffert. Trois bataillons de mobiles du Loiret, placés l'arme au pied en arrière de la Plâtrière, furent très-éprouvés; l'un des commandants a été tué.

Notre armée se cramponna au sol. Nous n'avons pas, il est vrai, enlevé dans cette première journée la position maîtresse de Villiers; mais l'ennemi, à son tour, a dû, malgré l'avantage du terrain, nous céder le champ de bataille. N'est-ce pas un succès?

II

Bornée au passage de la Marne et à la bataille de Villiers, la journée d'hier ne serait pas présentée dans tous ses détails complets. Il me reste à raconter les deux combats qui ont été simultanément livrés, sur les deux ailes de l'action principale, l'un à Montmesly, l'autre à Saint-Denis.

Je commence par le plus proche des deux, celui de Montmesly.

Mesly et Montmesly sont deux petits villages, situés entre la Seine et la Marne, environ à une lieue en avant du fort de Charenton. Les deux positions, voisines et peu élevées, n'ont d'importance que parce qu'elles couvrent la route la plus directe entre Choisy-le-Roi, sur la Seine, et Chènevières, sur le coude de la Marne.

Ainsi, l'attaque sur Montmesly, de même que celle en sens opposé de Saint-Denis, n'étaient que des diversions, opérées à la seule fin de forcer les renforts ennemis à prendre par une route plus longue pour déboucher sur le champ du combat principal. Il faut tout de suite ajouter que, soit par suite du retard de notre attaque sur la Marne, soit par suite du repos que nous avons pris aujourd'hui même, l'importance de ces diversions subsidiaires diminue de beaucoup.

Une seule division, celle du général Susbielle, détachée du corps Renault, a été chargée d'opérer contre Montmesly. On peut dire que le résultat n'a pas suffisamment compensé l'inconvénient d'affaiblir les troupes du général Renault sur le point capital de Villiers.

Toute la nuit, le fort de Charenton canonna les cantonnements de l'assiégeant. Entre huit et neuf heures, la division Susbielle, débouchant par les divers chemins de Creteil, prit position sur les pentes qui conduisent à Montmesly.

Malgré la fusillade très-vive qui enfilait dans toute sa longueur la grande route de Creteil, notre gauche emporta successivement les trois barricades qui défendaient cette route; en même temps, la droite occupait par échelons les divers groupes de maisons qui coupent les pentes douces de la hauteur.

Cependant le village de Mesly brûlait, probablement incendié par les obus de Charenton, afin de dégager notre mouvement.

Toutes nos forces obliquèrent à gauche, dans le but de tourner la crête de Montmesly, impossible à aborder de face. Elles donnèrent sur un bois qui fut, à trois et quatre reprises, pris et repris. On s'aborda presque corps à corps, à bout portant. Le bois dépassé, nos troupes se heurtèrent contre le gros des retranchements ennemis, garnis de canons. Alors les Allemands reprirent l'offensive et ils ramenèrent assez vivement dans le bois nos tirailleurs trop dispersés. Ils pointèrent sur le bois quelques coups de mitraille, pendant qu'une fusillade serrée rasait la plaine nue et largement évasée. Les nôtres revinrent un peu à la débandade; c'est en reformant ses colonnes sous le feu que le général Ladreit de la Charrière fut mortellement blessé. A une heure, toute la division, y compris les compagnies de marche de la garde nationale, qui faisaient dans ce canton le service des avant-postes, se rabattait dans Creteil. L'ennemi allongea son tir; ses obus commencèrent à trouer les premières maisons du village. Alors le 128ᵉ se plaça en tirailleurs sur les murs des jardins, pour protéger la retraite et recevoir l'attaque; des mitrailleuses prirent position sur la grand'route. Mais le fort de Charenton tenait l'œil ouvert: en quelques coups, il fit taire l'ennemi.

Puisque nous avions tant fait d'engager un combat à Montmesly, au moins eût-il fallu le soutenir avec plus de persévérance. Nous avions affaire au 6me corps de l'armée allemande; celui-ci put vers une heure, quand notre diversion fut terminée, détacher au secours de Cœuilly le général Tumpling avec une forte brigade d'infanterie.

Passons au combat d'Épinay, qui, le même jour, 30 novembre, était engagé au nord de Paris par l'amiral la Roncière le Noury, commandant de Saint-Denis, contre un poste du 4me corps allemand, disposé entre Chatou et Montmorency.

On sait qu'Épinay borde le haut du coude de la Seine, à 1500 mètres de Saint-Denis. Par ce côté, les lignes françaises et les lignes allemandes se touchent à la distance de 700 mètres.

Dans Épinay, le poste prussien a le désagrément d'être directement tenu par le feu de nos batteries de la Briche, de l'île Saint-Denis et de Gennevilliers. Aussi la garnison ne saurait être nombreuse. Il lui arrive souvent de servir de cible aux expériences de tir de nos nouveaux engins et projectiles.

D'autre part, si nous voulions enlever la position à l'ennemi et nous y établir, ce serait nous jeter au beau milieu des lignes fortifiées de l'adversaire, dans une sorte de trou, ouvert de tous côtés aux feux dominants d'Orgemont et de la Butte-Pinson.

Ajoutons que, bordé à gauche par la Seine, Épinay s'appuie par la

LE GÉNÉRAL LADREIT DE LA CHARRIÈRE

droite sur un petit cours d'eau, marécageux, parallèle à la rivière; il s'étend en long au bout d'une pente qui incline jusqu'au point où la grand'route est coupée par le chemin de fer du Nord; là, le terrain remonte jusqu'au fort de la Briche.

Hier, toute la matinée, le fort de la Briche, en compagnie des batteries flottantes de la Seine, a entretenu un feu assez vif contre le village. Sur les deux heures, la brigade Hanrion (deux compagnies de marins, trois bataillons de mobiles de la Seine et le 135ᵉ de ligne) entame l'attaque. Une première colonne, ayant les marins en tête, file le long de la Seine, pour tourner le village.

Entre la Seine et le cours d'eau, l'espace est coupé en sens transversal, par un mur d'enclos, que les Prussiens n'ont pas manqué de créneler, et qui ferme l'abord du village. La grand'route elle-même, à l'entrée d'Épinay, est coupée par une barricade; à l'autre extrémité, seconde barricade; enfin, par derrière le village, l'ennemi a creusé une tranchée qui relie l'avant-poste d'Épinay aux stations plus importantes.

La sentinelle prussienne, de sa barricade, vit bien nos troupes déboucher dans la plaine; mais les Prussiens se méprirent sans doute sur le but de notre mouvement, car la garnison de Saint-Denis a l'habitude d'aller à l'exercice presque tous les jours sur le terrain, plan et découvert, entre la Briche, Villetaneuse et Épinay : tant est que notre colonne arriva sans encombre à destination.

Reste l'attaque de front, sur le mur crénelé et la barricade. Une compagnie du 135ᵉ fut commandée pour l'office de sapeurs : les soldats, fusils au dos, s'armèrent de pioches et de pelles. Le capitaine fit prendre à ses hommes le pas de course; puis, au bout de 300 mètres, à son signal, tout le monde se coucha par terre. Première décharge des Prussiens. Cependant les canons de nos ouvrages tiraient à force sur le village, couvrant notre assaut. Seconde poussée des fantassins, qui franchissent au galop l'espace jusqu'à 150 mètres du mur : et nouvel arrêt à plat ventre. Nos canons tiraient de plus belle. Enfin, la compagnie, par un troisième élan, parvient au pied même du mur : les Prussiens avaient déguerpi. Nos pionniers attaquent vigoureusement le mur; la première barricade de la route est enlevée pendant que notre détachement de gauche débouche par le milieu même du village.

Les Prussiens sont cernés. Quelques-uns parviennent à s'échapper par la seconde barricade; mais la plupart sont surpris dans les maisons où ils avaient cherché un abri contre nos obus. Notre mouvement s'opéra si vite et avec tant d'ensemble que le poste ennemi n'eut pas le temps d'enlever deux petites pièces qui garnissaient le mur crénelé. Ce sont des sortes de gros fusils de rempart, se chargeant par la culasse, au canon assez court, qui lancent de fortes balles, presque des demi-biscaïens. J'en ai vu une; elle peut mesurer 3 centimètres de long, elle est en acier; la forme se présente oblongue, amincie et évidée à chaque extrémité, le diamètre du milieu peut mesurer 25 millimètres. La cartouche est assez volumineuse, plus longue encore que nos cartouches de mitrailleuse, qui mesurent, balle comprise, 11 centimètres ; elle est garnie d'un très-fort culot, et enveloppée dans une sorte d'étui goudronné. On me dit que ces projectiles ne portent pas très-loin.

Cependant, nos soldats atteignent la seconde barricade au bout du village ; ils la franchissent, et le feu s'ouvre vif, serré sur la tranchée, située en arrière d'Épinay. L'ennemi riposte avec vigueur. La fusillade s'entre-croise, voltigeante et bourdonnante. Le baron Saillard, commandant le 1er bataillon des mobiles de la Seine, reçoit trois blessures.

Le colonel Hanrion, commandant de la brigade, est monté sur la barricade. Autour de lui, c'est une grêle de projectiles. Calme et impassible, une canne à la main, il donne ses ordres et dirige le combat. Cet héroïque exemple de sang-froid maintient et anime nos jeunes soldats. On sait que le colonel Hanrion a eu son fils tué au Bourget. Certes, voilà un deuil vaillamment porté : le père et le fils sont dignes l'un de l'autre.

A ce moment, les Prussiens ont massé des forces, qui accourent sur le lieu de l'action. Déjà leurs obus battent le village ; l'ennemi pointe juste, comme longueur de tir ; mais ses projectiles s'écartent heureusement, à droite et à gauche ; plusieurs vont se perdre dans la Seine.

Le but de notre opération paraît atteint : il s'agit maintenant, non de s'engager à fond, mais de rendre la main, en occupant toujours l'adversaire, et en perdant le moins de monde possible. On commence la retraite ; c'est une opération difficile avec de jeunes troupes, que les reculs, même calculés, même prémédités, découragent.

Déjà des mobiles, en apercevant les colonnes prussiennes, ont précipitamment lâché pied : ils remontent la rue du village en criant : « Les voici ! » A la barricade, ils sont arrêtés par la compagnie qui travaille à démolir le mur crénelé. Le capitaine, avec une énergie qui lui fait honneur, se jette au devant des fuyards ; il en arrête plusieurs le pistolet au poing, et les fait ranger, en bon ordre, à la gauche de sa compagnie.

La majorité des troupes est restée insensible à ce malencontreux exemple. Les compagnies se déploient en tirailleurs, et rétrogradent en échelons. Le feu est violent de part et d'autre ; le nombre des ennemis étant infiniment plus considérable qu'au début de l'engagement, nos pertes augmentent en proportion ; jusque-là, elles ont été insignifiantes ; à ce moment, sans devenir excessives, elles s'accroissent assez rapidement ; nous avons hors de combat environ deux cent soixante hommes, dont vingt-deux officiers.

Les Prussiens ne nous suivent pas au delà d'Épinay : la cannonade continue. A la nuit tombante, toutes nos troupes sont rentrées à Saint-Denis.

Il va sans dire que nous ramenons tous nos prisonniers, — soixante-douze hommes et deux fusils de rempart. Parmi ces prisonniers se trouve

PASSAGE DE LA MARNE

un superbe sous-officier, Antinoüs en moustaches blondes, que l'on dit avoir été, avant la guerre, négociant dans le quartier Montmartre. Il parle très-bien français.

Cette diversion contre Épinay, telle qu'elle a été conduite, fait honneur aux troupes de Saint-Denis ; mais, au point de vue général de la sortie

(VOIR PAGE 191.)

contre les lignes allemandes, elle nous paraît inutile. Comment espérer, en opérant une attaque avec des forces en nombre si faible, avoir donné le change à l'ennemi?

Pendant que la brigade Hanrion se battait à Épinay, d'autres forces ont opéré de simples démonstrations à gauche et à droite de Saint-Denis; le général de Liniers, avec une division, observait la Seine, dans la presqu'île de Gennevilliers; et, de l'autre côté, la brigade Lavoignet faisait une promenade militaire, en avant d'Aubervilliers. Sur toute la ligne, l'ennemi s'est tenu coi. La brigade Lavoignet n'avait pas de canon; en guise d'artillerie, elle était accompagnée par toute la division de cavalerie de l'armée de Paris, sous le commandement du général Bertin de Vaux. C'est la première fois que la cavalerie assiste à pareille fête; jusqu'ici elle a fait campagne soit à l'École militaire, soit au donjon de Vincennes. Elle se compose d'un régiment de chasseurs à peu près complet, de deux régiments de gendarmerie, et d'environ sept escadrons formés avec les débris de l'ex-garde impériale, guides, lanciers, dragons, etc.; dans le nombre, on trouve sept à huit cuirassiers de Reichshoffen.

Même en admettant que, dans les circonstances actuelles, la cavalerie ne soit pas d'usage immédiat, il est difficile de comprendre qu'une trentaine de mille hommes ait été immobilisée dans la plaine d'Aubervilliers et dans celle de Gennevilliers. Est-il si grand besoin de déployer toutes ces forces? A gauche, les remparts de Paris sont deux fois couverts par la Seine; à droite, Saint-Denis est protégé par trois forts, et de plus, par l'inondation de la Morée, qui forme un fossé d'un kilomètre, du fort de l'Est à Stains. Ne serait-ce pas, pour nous, une bonne fortune que les Prussiens essayassent par là une attaque?

Sans doute un bon plan d'opération commande des diversions; mais encore faut-il que ces diversions concourent efficacement à l'action principale. Quel peut être en vérité le résultat sérieux de cette dispersion de troupes aux quatre points cardinaux de l'investissement, de ces escarmouches engagées, pour ainsi dire, du bout des doigts? Ce sont là, non des diversions, mais des reconnaissances; et pourquoi employer à de simples reconnaissances presque la moitié de l'armée de Paris? Au sud, le général Vinoy est en observation avec les trois divisions Pothuau, de Maudhuy et Corréard; ne pouvait-il pas rallier toutes les portions disponibles des autres corps, non engagés sur la Marne, puis pousser une action vigoureuse et importante sur la rive gauche de la Seine? Hier, cette diversion eût morcelé les troupes et la résistance de l'ennemi; elle eût peut-être permis au général Ducrot d'enlever Villiers. Aujourd'hui encore, elle l'eût puissamment aidé à reprendre son attaque.

III

Revenons à la Marne.

Hier au soir, à Bry, à Champigny, nous avons couché sur les positions conquises aux Wurtembergeois et aux Saxons. Mais apparemment, ce n'est pas pour contempler platoniquement et de plus près les terribles ouvrages de Cœuilly et de Villiers, que nous avons combattu la journée tout entière, que nous nous sommes fait tuer ou blesser plusieurs milliers d'hommes.

A la fin du beau combat d'hier, tout faisait présager que, dès ce matin, à l'aube, le général Ducrot reprendrait et continuerait l'opération de la veille. Ne semblait-il pas tout simple de mettre en ligne, immédiatement, pendant la nuit, les réserves très-nombreuses, qui par une excellente prudence avaient été tenues immobiles, pour parer à tout échec?

Le nombre des combattants n'a pas certainement dépassé 40 000 hommes. Pendant que les troupes fraîches auraient donné, celles qui ont supporté les premières les fatigues et les périls de l'action se seraient reposées à leur tour et auraient formé la réserve.

Mais non : le général en chef n'a rien changé à la disposition de ses forces, et toute cette journée s'est passée dans une complète inaction. Si nous ne faisons pas effort pour conduire le succès d'hier à un résultat utile, si nous ne profitons pas de notre victoire partielle, si chèrement achetée, pour rompre enfin les anneaux de la ligne ennemie, alors à quoi bon rester en l'air, avec la Marne à dos? Attendons-nous que les Allemands aient concentré des renforts encore plus nombreux, et qu'ils viennent en masse nous jeter à la rivière? Sera-ce toujours la même tactique, tout ensemble hésitante et imprévoyante?

Du reste, l'inaction inopinée de notre armée a été aujourd'hui fort laborieuse.

Dès le matin, le génie a tracé les lignes des tranchées et celles des batteries fixes. Les troupes travaillent à la pioche; il fait froid, et, en remuant la terre, on s'agite le sang. En face, à 1200 mètres environ, sur Villiers, j'aperçois les Allemands, qui de leur côté rétablissent leurs ouvrages, ravagés par nos feux. On travaille presque sous les yeux les uns des autres, et il n'est pas bon de trop se découvrir. Nos grand'gardes font sentinelle, couchées de tout leur long dans les champs. Le canon, quoiqu'il ne tonne plus qu'avec intermittence, a cependant toujours l'œil ouvert. Tout à l'heure, un groupe s'est avancé à découvert sur le chemin de la plâtrière; un obus a jeté bas deux officiers et trois soldats. Plus loin, du côté de Nogent, on entend les projectiles siffler : c'est Avron qui tire à longue portée dans la direction de Noisy-le-Grand, probablement sur des troupes de renfort marchant vers Villiers.

Nos soldats ont bon courage. Ce n'est pas que le souvenir des camarades disparus ne leur serre le cœur. Puis, après la rude journée d'hier, la nuit n'a pas été fameuse; sur les plateaux, la bise coupe la figure et glace le corps; il a fallu coucher tout habillés autour des feux de bivouacs, sur la terre ou dans de méchantes masures. Mais tout le monde se résigne à ces deuils et à ces misères : l'espérance du succès console de tout.

Le champ de bataille se déblaie. Les ambulances sont venues, ce matin, chercher à Bry les derniers blessés. Ceux de Villiers ont tous ou presque tous été ramenés hier. Je remarque que la proportion des morts est heureusement inférieure à celle des blessés.

La victoire demande toujours de sanglants sacrifices; mais pour une grande bataille qui a épuisé la journée tout entière, qui a commencé à l'aube pour ne finir qu'au crépuscule, nos pertes, quoique bien grandes, ne sont pas néanmoins démesurées. — Il me semble impossible qu'elles dépassent le chiffre extrême de 5000 hommes. Je cite un nombre rond, car il m'est encore impossible de préciser.

Le terrain, sur lequel le gros de l'action a eu lieu, apparaît piétiné, et dénudé le gazon. Çà et là, des flaques de sang; au milieu d'un champ de pommes de terre, un képi avec une large tache rouge; plus loin, une capote dont le pan est déchiré par un éclat d'obus. A chaque pas on rencontre sacs éventrés, fusils brisés, bidons troués : un lourd affût d'artillerie pend sur une roue fracassée. Sur des endroits où les mitrailleuses ont travaillé, c'est un monceau de boîtes à cartouches. La terre est labourée de sillons profonds de forme ovale : ce sont les marques des obus prussiens. La canonnade est en somme moins meurtrière que la fusillade : mais elle produit des blessures horribles. Là, tout près est un pauvre soldat, affreusement mutilé, coupé en plusieurs tronçons : hier, je l'ai vu, au moment où l'obus éclatait sous lui : il a été lancé en l'air, à plus d'un mètre de hauteur; il a pirouetté, puis il est retombé, masse sanglante et informe.

Les infirmiers réunissent en tas les morts dispersés dans les environs : on creuse une fosse dans la terre durcie par la gelée, et on les ensevelit. Le camarade en passant, jette un regard sur l'amas funèbre; il reconnaît le voisin, l'ami : « Pauvre un tel », murmure-t-il, et il s'en va. L'adieu n'est pas long, mais à l'accent il part du cœur. D'ailleurs, ce n'est pas le moment des oraisons funèbres. En de si graves circonstances, une sorte de fraternité relie vivants et morts : on s'est vu hier encore au bivouac; qui sait si demain on ne se retrouvera pas de nouveau dans la tombe commune?

Çà et là errent des chevaux blessés, mornes et tête basse. Vaillantes bêtes ! Les soldats les regardent avec pitié et les laissent tranquilles. Cela leur fait honneur, car la popote est maigre. Un quartier de viande fraîche, vrai, n'est pas de trop pour donner du ton à la soupe. Mais le respect des vivants n'empêche pas de toucher aux morts. Les cuisiniers de chaque escouade entourent les chevaux trépassés. On opère avec prestesse le dépècement et on tire au sort les morceaux.

Les champs conquis foisonnent de pommes de terre et de navets : ce soir il y a régal. De toutes parts les feux flamboient sous les marmites. D'autres cependant s'occupent à construire des abris pour la nuit, les huttes s'édifient à vue d'œil. Elles ne valent pas le Louvre, le fait est clair ; cependant elles suffisent pour empêcher qu'on ne meure de froid à la belle, mais glaciale clarté de la lune.

Le régiment de mobiles bretons qui campe autour de la Plâtrière est le plus heureux de tous : il a dans ses domaines les fours à plâtre et les carrières ; il faut voir avec quel confortable les cavités sont garnies de paille fraîche : on dormira là comme des bienheureux.

Il est assez curieux de visiter Bry au moment même où les Prussiens viennent de laisser le logis tout chaud. Tout le côté qui regarde la Seine a été garni de tranchées, destinées à protéger les sentinelles contre les obus de Nogent et de la Faisanderie. Les maisons du village, pour la plupart démolies et ruinées, prouvent que nos canons surveillaient attentivement les allées et venues des Prussiens dans leur cantonnement.

Au bout de la grand'rue, le château Devinck, vaste contruction d'un assez beau style, n'a plus debout que les quatre gros murs; toitures et planchers ont été effondrés par l'incendie. C'est dimanche dernier que le fort de Nogent a exécuté ce pauvre château. Il était à craindre que les Prussiens s'y retranchassent contre notre assaut.

Le jardin est encore semé des débris du combat d'hier; sacs, gibernes, paquets de cartouches gisent dans l'herbe; les arbres sont meurtris par les énormes cicatrices des obus.

Les indices de lutte acharnée et corps à corps se répètent à peu près tout le long du village; presque dans chaque maison, on rencontre des cadavres, soit allemands, soit français. J'en ai vu deux, un fantassin de la ligne et un Saxon de la garde royale, couchés l'un sur l'autre ; ils se sont entretués derrière cette porte, dans le corridor de la maison.

Les nôtres fouillent avec soin tous les recoins, pour recueillir les blessés, et, à l'occasion, pour mettre la main sur quelques Allemands bien portants, qui, cernés dans notre attaque, pourraient attendre dans une cachette l'occasion de s'évader. Ce matin encore, dans la maison où a couché le général Bertaut, on a découvert par hasard trois pauvres diables enfouis dans la paille. « Kamarad ! » se sont-ils écriés, en se voyant dénichés.

A Bry, j'ai remarqué une précaution topographique, dont il serait bon de faire notre profit. Vers le milieu de la rue centrale, un écriteau est dessiné à la peinture noire ; cet écriteau indique par des flèches la direction de toutes les localités environnantes. Une semblable mesure, adoptée par nous dans nos campements, ne remédierait-elle pas utilement à l'ignorance, trop commune, de nos soldats en matière de routes et de directions ?

J'ai remarqué aussi que messieurs les Allemands pratiquaient la caricature sur notre compte. Dame ! ces caricatures ne brillent guère par l'esprit et la malice ; donc il ne faut pas leur en vouloir. Les Overbeeks du régiment ont représenté sur la façade de la mairie la charge de Rochefort et celle du général Trochu. Celle de Rochefort est la moins mal réussie. Au beau milieu du mur, une grande figure, gauche et raide, représente un soldat français, les mains enchaînées. Hier, nos troupiers se sont chargés de donner la réplique à l'auteur : ils ont montré qu'ils avaient le bras libre et alerte. Un petit dessin, assez gai et vif, représente Napoléon, marchant d'un air piteux, conduit par un paysan allemand, à la figure réjouie, qui saute en agitant triomphalement sa longue pipe ; au-dessous est l'inscription suivante : « Napoléon der herbe », Napoléon le dernier.

Champigny n'a pas tant souffert que Bry. Il est moins directement exposé aux feux de nos redoutes, malgré le voisinage de la batterie de Saint-Maur. Cependant il a eu sa part de bombardement ; mais l'extrémité seule du village a été atteinte, vers la rampe, bordée de maisons, qui monte à Cœuilly. La barricade qui fermait la route a déjà disparu, et nos troupes sont installées dans les logements des Wurtembergeois, qui ont eu la délicate attention de nous laisser, en partant, les cuisines assez bien garnies de provisions de bouche et les greniers remplis de paille. C'est une merveilleuse aubaine pour nos troupiers.

Dans la rue, ce ne sont que soldats qui charrient de la paille pour établir, dans leurs campements respectifs, des couchettes confortables.

On a jeté des cris, et souvent avec raison, contre la dévastation des environs de Paris par nos propres troupes. On a quelquefois dit que les Prussiens observaient, à cet égard, une discipline sévère. Eh bien ! après avoir visité les maisons de Bry et de Champigny, dans lesquelles j'ai pu surprendre sur le vif les habitudes des Allemands, je suis convaincu qu'on leur a fait trop d'honneur. Dans chaque pièce, le mobilier est généralement bouleversé, fracturé, brisé avec un parfait sans-gêne. Est-ce encore là « une des nécessités de la guerre » dont parlaient sans cesse les généraux ennemis, pour justifier le système d'exactions et de pillages, qu'ils pratiquent si savamment en pays envahi ? Peut-être ; mais, sans excuser les déprédations commises par quelques-uns des nôtres, je crois qu'il faut renoncer, pour les convertir, à l'exemple tiré de la modération prussienne.

Vendredi, 2 décembre.

Le 30 novembre, nous forçons le passage de la Marne, en emportant les villages de Champigny et de Bry, qui observent, comme deux sentinelles, la petite vallée décrite entre les deux grands plateaux de Noisy-le-Grand, sur la gauche, et de Chenevières sur la droite.

Le lendemain 1er décembre, la journée se passe sans engagement. Cette inaction était-elle nécessaire? Les généraux l'affirment. Était-elle opportune? Le plus simple bon sens dit le contraire. Après la bataille d'avant-hier, de deux choses l'une : ou la trouée a paru possible ou elle a paru impossible. Dans le second cas, il fallait héroïquement en prendre son parti, rentrer à Paris et garder nos forces pour une meilleure occasion. Dans le premier, nous aurions dû recommencer l'attaque, dès l'aube du 1er décembre.

N'est-il pas évident que, si nous laissions tomber l'offensive un seul jour, l'ennemi la reprendrait pour son propre compte. Étudiez, depuis le commencement, la campagne de 1870; vous verrez que les retours offensifs sont le fort des Prussiens. Messieurs, frappez les premiers! semblent-ils nous dire. Puis, ils calculent promptement la force et l'énergie de notre coup, ramassent rapidement une masse d'efforts plus considérable, et nous accablent. Témoin Forbach, après Sarrebruck.

Ce matin, dès l'aube, sur les six heures, au moment où l'on relevait les grand'gardes de la nuit, le canon prussien, qui, depuis trois heures de la nuit, tirait avec intermittence, éclata tout à coup avec une violence extrême dans la direction de Villiers et de Cœuilly En même temps, des colonnes d'infanterie débouchaient au pas de course sur nos positions, culbutant les premiers postes.

Sur le versant de Champigny, entre le village et la Plâtrière, étaient campés les mobiles du Loiret et du Morbihan. On sauta sur les armes;

mais comment se former en bataille, quand l'ennemi vous tient à la gorge ? Une trouée était faite dans nos lignes : des Prussiens arrivèrent jusqu'à la Plâtrière, où était l'état-major de la division de Maussion : ils tirèrent par-dessus le mur sur les nôtres, surpris d'un tel boute-selle. On me dit que des officiers de l'état-major ont été atteints en montant à cheval.

Les mobiles, assaillis par la fusillade, battus par la canonnade, se replièrent dans Champigny. Les batteries ennemies s'installèrent sur la lisière du plateau de Champigny, dominant tout le terrain jusqu'au pont de Joinville. Le mouvement de retraite, de notre côté, s'accentuait de plus en plus ; notre droite se trouvait débordée.

En arrière de Champigny, à l'abri des dernières maisons du village, nous avions, autant que j'ai pu le constater, trois batteries de 12, garnies, pendant la journée de la veille, d'épaulements en terre. Les artilleurs, cependant, étaient fort à découvert; le terrain, sur eux, descend en pente, et l'ennemi pointait juste. Ils se mirent bravement à l'œuvre, envoyant décharge sur décharge. C'est le pre-

mier obstacle efficace, contre lequel vint se heurter la poussée de l'ennemi.

A gauche, vers Bry, la surprise se répétait à peu près la même.

Les grand-gardes du corps d'Exea, posées sur le plateau qui domine le village, gardaient surtout les abords de Villiers, sur le front et la droite; leur gauche, du côté de la Marne, presque sous les feux d'Avron et de Nogent, paraissait tout à fait à couvert. C'est cependant par là que l'ennemi déboucha sur nos lignes. Il faisait encore nuit; les Allemands se faufilèrent dans un vaste enclos boisé, à mi-côte, au-dessus de la route de Bry à Noisy. Ils arrivèrent sur les nôtres, presque à bout portant. Une partie des grand'gardes fut jetée à bas par les décharges ennemies : le reste fut repoussé en désordre sur le village. Les Prussiens sautèrent sur les fusils, gibernes, sacs épars çà et là, et jetèrent le tout dans les feux de bivouac.

Ils descendirent à Bry sur nos talons. On se battait corps à corps, on se pressait de si près, que beaucoup, n'ayant plus le temps de charger, avaient saisi leurs fusils par le canon, et l'on s'assommait.

Cette vive chamade mit sur pied tous les campements autour de Bry; les troupes se rallièrent, et courant au-devant des Prussiens, les arrêtèrent sur la place du village. Ceux-ci étaient dispersés dans les rues, dans les maisons, chacun s'attachant à son adversaire. A leur tour, ils furent surpris par la brusque attaque de nos renforts. Il y eut un moment de confusion. Plusieurs, comme étonnés de s'être aventurés si loin, furent faits prisonniers; la plupart battirent précipitamment en retraite; puis, rencontrant le gros de leurs colonnes, ils revinrent à la charge.

De nouveau, il nous fallut plier sous le nombre; on se battit encore dans le village, sur la place de la mairie.

Ce malheureux Bry est certainement le point le plus sanglant du champ de bataille. Dans une maison, les cadavres de trente zouaves, tués côte à côte dans l'assaut de l'avant-veille, gisaient encore, glorieux exemple pour cette lutte nouvelle.

En somme, à notre gauche, l'avant-garde de l'ennemi était contenue dans Bry même. Pour nous débusquer du village, les batteries prussiennes essayaient de nous couper la retraite par le pont de bateaux, sur la Marne, au-dessous de Nogent; les obus ne cessaient de plonger dans la rivière, tout autour du pont de bateaux, qui l'a vraiment échappé belle.

Par suite du débordement plus ou moins complet de nos deux ailes à Champigny et à Bry, notre centre se trouvait jeté en l'air, en face de Villiers, sous le feu de l'ennemi, et risquait d'être coupé, dans l'éventualité d'un mouvement tournant rapidement exécuté par l'adversaire. Il fallut donc, là aussi, se replier. Une partie des régiments se rabattit derrière le chemin de fer, dans le bois du Plant. A cet endroit, la voie ferrée coupe le terrain en diagonale.

Nos batteries soutenaient la retraite, tirant furieusement et maintenant l'ennemi à distance. Artilleurs et chevaux tombaient autour des pièces. On dut rétrograder, mais pas à pas. On arriva ainsi à l'angle formé par le chemin de fer et la route de Villiers. Là, notre retraite s'arrêta. Quelques pièces de fort calibre, embusquées derrière un épaulement, sur le chemin de fer même, ne cessaient pas une minute de frapper sur la redoute de Cœuilly; c'est toujours de ce point que les Allemands nous canonnaient le plus vigoureusement. Sur l'arrière-plan, le fort de Nogent envoyait obus sur obus dans la même direction; il grondait avec une violence telle, que l'on eût dit qu'il enrageait de ne pouvoir se détacher du sol pour accourir à la rescousse.

Il est neuf heures. Notre position paraît très-compromise : toutes les hauteurs, conquises l'avant-veille, sont à l'ennemi.

Entre neuf et dix heures, on se bat sans reculer. C'est notre artillerie qui, massée sur le front de notre ligne, arrête l'ennemi et l'empêche de nous pousser dans la Marne. Elle reçoit presque à bout portant les colonnes allemandes.

Les Allemands veulent briser cette barrière; ils redoublent de Cœuilly leurs feux sur nos pièces. Mais celles-ci ne font plus un tour de roue en arrière : les canonniers opèrent au milieu d'une sorte de volcan; les éclats d'obus les renversent. Rien n'y fait. Avec un sang-froid et une prestesse magnifiques, ils chargent, pointent et tirent, puis recommencent. Les détonations se croisent, se confondent, comme une maille serrée. Le général Boissonnet est blessé.

Même résistance à Champigny : les artilleurs restent cloués à leur poste de combat; ils sont tout près de l'ennemi, à portée de balles. Un tout jeune officier, encore élève à l'École polytechnique, se baisse sur l'affût pour pointer, il reçoit une balle en plein front.

Ainsi l'attaque des Allemands hésite et s'arrête devant notre artillerie. C'est, pour nous, l'occasion de reprendre l'offensive.

Le général Ducrot, qui paye vigoureusement de sa personne, a rejoint ses troupes, en arrière de Champigny; il les lance sur le village. Cependant nos canons allongent leur tir, battent le plateau et le bois de Cœuilly. L'adversaire ébranlé abandonne Champigny.

En même temps, sur la gauche, les renforts nous arrivent par le pont de Nogent et celui de Joinville : la division de Bellemare débouche en colonnes rapides sur le champ de bataille. Des batteries nouvelles ainsi que des mitrailleuses galopent sur la route de Villiers.

Au centre, vers le chemin de fer, nos pièces repartent de l'avant, escortées par la fusillade des tirailleurs. Par un mouvement hardi, elles se portent dans le ravin, qui sépare le plateau de Bry et celui de Villiers; de là, elles coupent la ligne de retraite des Saxons, entre ces deux villages. Attaqués en tête par nos troupes de renfort, battus en flanc par notre artillerie légère, leur situation, presque triomphante, devient très-critique; ils se défendirent avec fureur, et ils ne délogèrent pas sans nous tuer beaucoup de monde. On me cite dans un régiment deux compagnies, qui ont été réduites en tout à 50 hommes; elles avaient perdu tous leurs officiers; le commandement commun fut pris par un sergent-major.

Repoussés du village, les Saxons durent se rabattre sur Villiers, en défilant devant l'artillerie de notre centre. Les sinistres détonations des mitrailleuses indiquent les péripéties de cette mortelle retraite.

A midi, nous avons conquis toutes nos positions : l'ennemi a ployé dans son attaque. Notre artillerie a brisé sa force d'élan et a triomphé de sa ténacité. Et cet exploit s'accomplit à 1,200 mètres des batteries fixes des Allemands !

Sur toute la longueur de notre front s'échelonnent des batteries; il ne reste pas un point inoccupé. Sur le bord de la Marne, j'aperçois un bouquet de bois, encore vert et touffu, malgré la saison : au milieu de cette scène terrible, il faisait contraste par son aspect calme et souriant, c'est bien là un coin des gais et doux paysages de la Marne. A cinquante pas sous bois, je tombe sur des mitrailleuses, sournoisement braquées et guettant, comme à l'affût, les Saxons d'en face. Les cartouches étaient prêtes; les deux moules étaient déjà pleins. A travers les branches, le cuivre poli des pièces étincelait comme l'œil d'une fauve.

A une heure, le général Trochu passe sur la route de Villiers, à la tête de son état-major; les troupes l'acclament au passage. Le général jette quelques paroles vibrantes de confiance et de courage. Il a l'air heureux et triomphant. Arrivé au chemin de fer, il descend de cheval et monte sur le talus pour observer le champ de bataille. Le général Ducrot dirige la bataille à Champigny. Nos colonnes longent toutes les routes; les files de tirailleurs couronnent les hauteurs, s'abritant derrière les crêtes, qui forment des banquettes naturelles. L'artillerie arrive toujours en grand nombre.

C'est que la lutte n'est pas encore terminée; il y a un dernier acte.

Après une heure, le feu prussien a cessé sur la gauche; le nôtre continue seul, poursuivant la retraite des colonnes ennemies. Mais, sur la droite, on aperçoit, à la lorgnette, des attelages arrivant au grand trot, du côté de Chenevières. On distingue même les caissons. Quelques minutes après, d'épaisses colonnes de fumée montent en l'air; ce sont les canons prussiens qui, de la hauteur boisée bornant l'horizon à l'extrême droite, prennent en écharpe notre front de bataille.

La manœuvre est habile, réussira-t-elle? Déjà cinq affûts ont sauté dans les batteries avancées. Les canonniers reculent les pièces à bras.

Franchetti, le très-brave et très-intelligent commandant des éclaireurs à cheval du quartier général, a la cuisse fracassée par un éclat d'obus.

En un clin d'œil notre riposte est organisée. Elle part de ce même coin de

LE COMMANDANT FRANCHETTI.

terrain, entre le chemin de fer et la route, bifurquant sur Bric et Villiers, qui a déjà été le théâtre du plus fort de l'action. Deux batteries de 12 sont établies en équerre. Les pièces du chemin de fer, qui se reposaient depuis quelques temps, ouvrent à nouveau le feu. En même temps, le fort de Nogent envoie sur la hauteur des obus à fusée qui éclatent au milieu de blancs nuages.

La batterie ennemie est cernée par une demi-circonférence de feux qui la prennent de front et en flanc; elle résiste vigoureusement. On aperçoit les caissons qui éclatent. Au bout de dix minutes, la hauteur reste muette : le long des arbres, un mouvement rapide et confus indique que les Prussiens emportent leurs pièces.

A ce spectacle terriblement beau, il vous prend au cœur une envie irrésistible de crier : « Bravo! »

A trois heures, la fusillade continue encore aux avant-postes; mais elle se traîne, maigre et clair-semée. Les colonnes de la division Bellemare sont échelonnées au-dessus de Brie. A la Plâtrière, nos tirailleurs, à couvert dans les tranchées, tirent toujours sur les bouquets d'arbres espacés sur la pente opposée du ravin ; de ce point, les balles prussiennes arrivent en essaim sonore, et dépassent presque Champigny. Une ambulance est là, qui transporte des blessés sur des brancards; deux porte-drapeau agitent en l'air la croix rouge de l'Internationale, pour avertir l'ennemi. La fusillade ne s'arrête pas. Mais les ambulanciers n'abandonnent pas leurs blessés; ils franchissent, avec leurs fardeaux, cinq cents mètres de pente, à découvert sous le feu.

Cette scène avait quelque chose de hideux : des blessés, chose sacrée pour tous, poursuivis jusqu'au milieu de leur agonie et jusque dans les bras des hommes de charité et de paix, qui donnent à tous les malheureux, sans distiction d'uniforme ni de drapeau, la même aide fraternelle!

En parlant des ambulances, il faut citer les frères des Écoles chrétiennes; ils sont venus mercredi et vendredi, sur le champ de bataille au nombre d'une centaine et ils ont vaillamment aidé à relever et à transporter les blessés. J'ai remarqué un frère en cheveux blancs qui, modestement et simplement, faisait de la besogne comme quatre; on se relayait pour le transport des brancards : lui, infatigable, allait toujours.

Ces choses-là ne se louent pas, on les raconte; cela suffit.

La journée du 2 décembre a été bien moins meurtrière pour nous que celle du 30 novembre. Beaucoup des voitures d'ambulance sont fort heureusement, ce soir, reparties à vide. Cette diminution se comprend par la raison que le combat a principalement eu lieu entre notre artillerie et l'infanterie ennemie. De notre côté, ce sont les artilleurs, qui, toute proportion gardée, ont le plus souffert : ils ont payé l'honneur de cette journée, qui leur revient en propre. C'est l'habile et énergique général Frébault qui commande en chef toute l'artillerie de campagne du général Ducrot.

Par contre, et par la même raison, les Allemands ont certainement perdu beaucoup de monde. Leurs morts et leurs blessés doivent même peut-être dépasser le chiffre des victimes de la précédente bataille. Ils n'ont pu impunément lancer sur nous des assauts d'infanterie; leurs colonnes ont été battues quatre à cinq heures durant, par notre canonnade.

Un prisonnier disait, ce soir, qu'il y avait derrière Villiers et Chenevières une armée de 200 000 hommes. Ce chiffre est de pure fantaisie; mais avec toutes les réductions raisonnables, il indique clairement ce fait que les Prussiens ont été surpris et effrayés de la vigueur de notre sortie, et qu'ils ont amassé des forces considérables pour la faire avorter.

Cette journée est certainement, pour notre armée, plus méritoire que celle, déjà si honorable, d'avant-hier. Les troupes, bien que fatiguées et désorganisées en partie par le combat du 30, ont eu encore assez de consistance et de ressort pour recevoir l'attaque de l'ennemi dès le surlendemain, défendre leurs positions et refouler l'assaillant dans ses lignes.

II

Je continue mon récit, pour l'après-midi de la journée.

On est toujours sur le qui vive. Les troupes ne se reposent qu'à moitié; les bataillons les plus avancés sont installés dans les tranchées, les fusils couchés sur le talus, le canon vers l'ennemi. Quelques soldats, le corps ramassé en boule, pelotonnés sur eux-mêmes, dorment dans le fond du fossé, sur un peu de paille, le sac au dos et le fusil entre les jambes.

De temps à autre, un obus passe en sifflant : la parabole va tomber dans la Marne; les Allemands cherchent à atteindre notre pont de bateaux, en face Nogent. Plus de cinq cents obus ont déjà fait jaillir l'eau en trombe, mais toujours assez loin du pont. Les artilleurs prussiens, dit-on, sont d'une adresse rare; soit, mais toujours est-il qu'ils n'ont pas touché le pont. Distance : 1500 mètres, 2000 au plus.

Le campement a encore un agrément : à chaque instant les balles le traversent, bourdonnantes comme l'abeille aux premiers jours de printemps. Le jeune conscrit qui dort là d'un si bon cœur, la figure rougie et brûlée par une nuit de grand'garde, peut rêver qu'il est encore dans le jardin paternel, se reposant sous la haie en fleurs, près des ruches au chant joyeux, après avoir, toute la journée, au grand soleil, poussé la charrue et piqué les bœufs.

Cette armée, qui vient d'accomplir une si glorieuse et si dure besogne, a un touchant caractère de jeunesse. Presque tous des conscrits de vingt ans, à la figure imberbe et douce; les traits sont allongés par la fatigue, mais la physionomie est plus accentuée, plus énergique. Voyez-les presque perdus dans leur immense enharnachement, sous le sac, qui s'étage, interminable, au-dessus des épaules, au-dessus de la tête, flanqués par devant de la cartouchière, et sur les côtés de la musette, du bidon, etc. Lorsqu'ils défilaient dans le faubourg Saint-Antoine, les bonnes femmes joignaient les mains : « Oh ! les pauvrets ! Mais, doux Seigneur, ils sont bâtés comme des mulets. Ils vont, bien sûr, tomber en route. »

En avant trompettes et tambours ! Les pauvrets prennent le pas de charge, se moquent du froid et du feu et se battent de tout cœur.

Cette jeunesse a un air à la fois naïf et résolu. Évidemment elle n'a pas l'aplomb automatique du vieux soldat; mais elle a plus de docilité, plus de douceur et plus de confiance. Prenez, par exemple, un bataillon de mobiles; ceux-ci ont encore quelque chose de l'écolier; ils jouent en camarades. Les parties de bouchon font fureur. Le campement est animé et bruyant; le moindre incident le met en train. A la manœuvre, ils déploient ce zèle, encore inexpérimenté, mais vif de l'homme qui y va de tout cœur. Aussi, remarquez que les chefs, dans leurs avis et leurs réprimandes, ne prennent pas ce ton raide, soutenu d'une riche kyrielle de jurons, qui distinguait l'ancien sergent instructeur; d'un côté, il y a plus de patience; de l'autre, meilleure volonté. Au feu, les récentes journées prouvent ce que nos conscrits peuvent et savent faire.

S'il n'y avait qu'à se battre contre les Prussiens, tout serait pour le mieux. Mais il y a les nuits et les lendemains de bataille qui sont plus durs, par le temps qui court, que la bataille même.

Sur les plateaux de Brie et de Villiers, il a fait, depuis quatre jours, le plus beau froid qu'il soit possible d'imaginer. L'aigre bise du nord-est nous coupe la figure et nous pénètre jusqu'à la moelle des os. Une fois que l'on est empoigné par le froid, il n'y a plus moyen de s'en débarrasser; on a beau s'envelopper et se fermer dans sa capote, se mettre sur le feu des bivouacs, on grelotte toujours. « Depuis quarante-huit heures, je n'ai pu encore me réchauffer, » me disait un capitaine.

Quand une armée part en expédition, elle est généralement fournie de munitions; mais la partie vivres et couvert est très-incomplète, surtout quand il faut marcher bon train. Le soldat divise en deux son bagage. Dans le sac, il empile quelque linge et la veste, avec des provisions pour six à huit jours : un peu de pain frais, du biscuit, du riz et du lard. Quant à l'eau-de-vie, elle n'a pas été distribuée d'avance, sur la demande même des chefs : le soldat a beaucoup de l'imprévoyance de l'enfant; huit rations d'eau-de-vie eussent été fort dangereuses. Le reste du fourniment est paqueté; le tout est mis en tas, au dépôt du bataillon, c'est-à-dire au Champ de Mars. On allége autant que possible le sac du soldat, lequel, avec le carré de tente et les ustensiles de cuisine, ne laisse pas de peser encore ses 35 à 40 kilos.

Vous voyez donc que les aises n'étaient pas grandes dans nos campements de Villiers. Mais le succès fait passer sur bien des choses, sur le terrain conquis, on se souffle plus gaiement dans les doigts.

La ligne des camps s'étage sur le revers des mamelons, dont la crête est garnie par les grand'gardes. Chaque bataillon occupe l'emplacement qui lui a été désigné par l'état-major ou par le combat. Autant que possible, on a choisi les terrains en contre-bas, abrités contre le vent; s'il y a des trous, des excavations, c'est une bonne fortune. On se niche aussi dans les fossés bordant les routes.

Sur le front sont les faisceaux; en arrière, les petites tentes en toile grise se suivent, se pressent par groupes inégaux. Tous n'ont pas apporté les pièces de campement; car, dans beaucoup d'endroits, je vois, en place de tentes, des gourbis, petites huttes en branchages que les soldats installent très-vite et avec une grande dextérité. Tout l'ameublement de la chambre à coucher, tente ou hutte, se compose : 1° de cinq ou six gaillards empilés; 2° d'une couche de paille : et encore ceci est du luxe. Mais les nôtres ont eu la bonne chance de mettre la main, dans les villages de Brie et de Champigny, sur de la très-bonne paille, blanche, fine et souple. L'important est de ne pas coucher à cru sur la terre.

Quant aux couvertes, style militaire, elles ne sont arrivées que ce soir même : quelques chariots. Il est inconcevable qu'au départ, ordre n'ait pas été donné à tous de les emporter.

Quand les soldats campent longtemps au même endroit, ils arrivent à se loger avec un certain confortable. Une épaisse couche de terre fait les quatre murs; la maison est en sous-sol, de façon que l'on pourrait s'asseoir sur le toit. Celui-ci est fait avec des débris de zinc ou de tôle, ramassés çà et là et habilement superposés. A l'intérieur, le foyer est creusé près de la porte; car il faut un fort courant d'air pour que le terrier ne s'enfume point. J'ai vu de ces baraques qui avaient des fenêtres vitrées, mais ceci est le comble du luxe.

Ces logis dépendent d'un mode de propriété spécial. Quand les compagnies quittent le poste, après leur temps de garde, elles le passent à celle qui reprend le poste, et celle-ci continue à embellir de son mieux l'héritage dont elle n'a elle-même que l'usufruit.

Le seul inconvénient de ces baraques perfectionnées, c'est que les hommes s'y entassent trop nombreux : l'habitude de s'empiler les uns sur les autres n'est pas saine, et peut donner lieu à des fièvres.

Mais ceci n'est pas à craindre dans nos campements improvisés de la Marne. L'air circule largement, et le vent pourchasse sans pitié le dormeur sous son mince abri.

Aussi les feux de bivouac sont partout allumés, excepté aux postes avancés. Je crois que nos grand'gardes se rappelleront longtemps ces nuits de faction : là, il ne s'agit pas de dormir, ni de se chauffer, ni même de remuer : il faut se tenir immobile, invisible, l'œil au guet, la main à la détente du fusil.

En arrière, les feux flamboient dans les fossés, à l'abri des murs, partout. Pendant la nuit, c'est une splendide illumination. De Joinville, on aperçoit toutes les pentes scintiller avec des éclats rougeâtres, en projetant sur le ciel de larges et brillants refflets. On eût dit que l'armée fêtait la victoire du matin, et que ce coin de terre, arraché aux Prussiens, célébrait sa délivrance.

Par bonheur, le bois ne manque pas : on n'a qu'à couper et à ramasser dans les taillis; en un clin d'œil, la provision est faite. D'ordinaire, on laisse la branche ou la poutrelle tout entière; elle touche au foyer par l'extrémité, et à mesure qu'elle brûle, on la pousse plus avant jusqu'à combustion complète.

Tout autour s'assoit l'escouade, 12 à 13 hommes; c'est là que, le soir, on se compte. Un tel est resté là-bas dans les vignes; on récapitule et commente les faits de la journée. C'est dans ces sortes de clubs que se forment, en grande partie, l'opinion et l'esprit de l'armée. S'il y a là un homme énergique, qui sache se faire comprendre des camarades, les soutenir par une bonne et patriotique parole, dans ces moments de tristesse, où, en considérant les vides, on se dit tout bas : « C'est bien cher tout de même, — tous les autres sont entraînés, et l'enthousiasme fait boule de neige.

Je me rappelle une de ces homélies brèves et simples qu'un sergent, garçon de vingt ans, adressait autour du bivouac, à ses hommes. Au pied de la côte, dans la Marne, un bateau à vapeur remorquait le pont de Nogent : « Il paraît, les enfants, que la chose vous intrigue; pourquoi? et qu'est-ce que cela peut vous faire qu'il y ait un pont ou non, puisque maintenant on ne recule plus? »

Pourtant la médaille a son revers. Je me rappelle un soldat, à l'uniforme débraillé et de triste mine, qui rôdait, à la fois craintif et insolent autour des ambulances : « Comprenez-vous, dit-il, à un médecin, qui avec raison le rudoyait, le gouvernement me force à me battre, et pourtant j'ai payé un homme. Quelle injustice! quel malheur! » Cette couardise avait quelque chose de révoltant et de cynique : jamais je n'ai mieux compris combien « le remplacement militaire » comporte l'égoïsme et engendre la lâcheté.

Au coin du camp, on voit le groupe des officiers, capuchons sur la tête ; ils ne sont guère mieux dotés que leurs hommes ; en plus, il leur faut sans cesse avoir l'œil et tenir la main à ce que tout marche du mieux possible, au moral comme au matériel. En proportion, l'officier, dans ces circonstances, souffre et peine plus que le soldat. Mais ce n'est que justice ; et ce ne sont pas, certes, nos officiers qui se plaignent de cet honorable partage.

Il y a des régiments où l'avancement marche avec une terrible vitesse. On me rapporte que dans le 125e, sur huit sous-lieutenants d'une récente promotion, un seul reste pour passer lieutenant.

Les officiers supérieurs du bataillon représentent le clan sérieux : le commandant est fort occupé ; il va à l'ordre chez le général ; s'il s'entretient sur la route avec ses capitaines, c'est pour leur donner des instructions.

Tout près, il y a le quartier des jeunes lieutenants et sous-lieutenants, plus gai, plus animé. Là on plaisante volontiers ; on rit en racontant de bonnes et fortes histoires en manière de passe-temps ; on médit même un peu du commandant, et à plus forte raison du général. On s'agite davantage, on va voir ce qui ce qui se passe alentour, et à l'occasion, on fait le coup de feu avec le fusil du sergent.

Cet éclat de gaieté persistante et juvénile est une excellente chose : elle relève la monotonie triste et froide du camp et se communique aux soldats.

Là-bas, derrière ce pan de mur, campe une batterie d'artillerie ; les pièces sont en position, silencieuses et discrètes, à l'abri de leur épaulement en terre. Les chevaux sont attachés au piquet ; ils se tiennent droits, frissonnants sous la bise, avec un air de patience et de résignation, qui vous va au cœur ; ils ont le long poil d'hiver ; ils semblent parés d'une robe de velours.

Les artilleurs, avec leur manteau bleu ample et ondulant au vent, sont vraiment superbes. N'avez-vous point remarqué que beaucoup ont, dans les traits du visage, un je ne sais quoi d'arrêté, de bronzé, qui leur donne un air de parenté avec leurs canons ?

Justement, nos artilleurs font la popote. Les chevaux avant tout, avoine et paille, — puis les hommes : la gamelle avec cinq cuillers plantées en signe de propriété, est à terre, fumante et appétissante. Pommes de terre fraîches et choux frisés embellissent ce riant tableau.

Ce pays est une mine vierge de légumes ; les Allemands n'ont pas touché aux champs, non par modération, mais parce les plateaux sont sous le feu de nos forts, et que la cueillette agrémentée d'obus n'était point de leur goût. Ils ont même laissé pourrir les raisins dans les vignes ; un soldat faisait justement remarquer que de la part de buveurs de bière ce dédain n'est point étonnant.

Le même soldat avait déniché un Saxon. Le prisonnier lui montrait son sac, très-rebondi, du reste, et lui en détaillait complaisamment les richesses. « Comprenez-vous, disait-il avec un air d'admiration profonde, que le brigand avait trois paires de chaussettes, oui, trois paires neuves! »

Samedi, 3 décembre.

Hier au soir, après le combat, le froid a continué intense : nos lignes se sont couvertes d'une joyeuse illumination de feux de bivouacs. Pendant la nuit, le dégel est survenu, diminuant le froid, mais détrempant la terre et imprégnant nos campements d'une humidité malsaine.

Au matin, le brouillard rampait à terre. Les Prussiens ont profité de l'occasion pour nous faire deux alertes, l'une sur Brie, l'autre à Champigny. Une demi-heure de fusillade, soutenue par quelques coups de canons : c'est tout.

Pendant cette première période de brouillard, les troupes ont commencé à défiler sur Joinville. A midi, Brie et Champigny étaient déjà presque déserts.

Le soleil perce de midi à deux heures. Cependant les tranchées en face Villiers sont occupées par des lignes de tirailleurs. La fusillade est intermittente. Le fort de Nogent occupe l'ennemi. Un bateau à vapeur remorque le pont de Brie sur Joinville.

Sur les deux heures, le brouillard retombe de nouveau. Tout le reste des troupes évacue les positions, en s'échelonnant par lignes successives ; les épaulements des batteries se dégarnissent.

Tout le mouvement s'exécute lent et silencieux ; on n'entend rien et on ne voit rien du côté des Allemands.

Les routes, le matin encore animées et bruyantes, sont maintenant désertes et muettes ; les gourbis des campements sont encore debout, avec leur couche de paille, et autour des bivouacs les feux brûlent toujours !

Toute l'armée campe, ce soir 3 décembre, dans le bois de Vincennes.

Voilà donc le résultat de deux journées sanglantes. « Soldats, dit le général Ducrot dans sa proclamation aux troupes, je vous ai fait repasser

AMBULANCE DU THÉATRE-FRANÇAIS.

la Marne, parce que j'étais convaincu que de nouveaux efforts, dans une direction où l'ennemi avait eu le temps de concentrer ses forces et de préparer tous ses moyens d'action, seraient stériles.

« En nous obstinant dans cette voie, je sacrifiais inutilement des milliers de braves, et loin de servir l'œuvre de la délivrance, je la compromettais sérieusement, et je pouvais même vous conduire à un désastre irréparable.

« Mais, vous l'avez compris, la lutte n'est suspendue que pour un instant; nous allons la reprendre avec résolution : soyez donc prêts, complétez en toute hâte vos munitions, vos vivres, et surtout élevez vos cœurs à la hauteur des sacrifices qu'exige la sainte cause pour laquelle nous ne devons pas hésiter à donner notre vie. »

Sur le champ de bataille, le général Ducrot a été intrépide : il s'est montré le plus courageux de ses soldats. Mais, comme général d'armée, responsable de la conduite et du succès des opérations, il a commis, ce me semble, une faute funeste : c'est d'être resté inactif sur ses positions, après la lutte du 30; c'est d'avoir laissé aux Allemands le bénéfice d'un retour offensif.

L'adversaire, qui est une forte partie, a saisi le défaut de notre situation; il a profité de ce que le général Ducrot n'a pas su prendre, le 1er décembre au matin, une résolution immédiate et énergique, soit continuer l'effort au delà de Villiers, soit revenir en deçà de la Marne. Malgré les pertes que nous leur avons infligées le 30 novembre, les Allemands sont venus nous attaquer le 2 décembre; il nous ont contraint d'user nos forces dans une défensive stérile. Notre succès du 2 décembre, au point de vue stratégique, n'a pas avancé nos affaires. Pas un pouce de terrain n'a été emporté au delà des points acquis par la première bataille; nous n'avons pas percé l'investissement.

Dans la seconde bataille du 2 décembre, nous n'avons fait que dépenser l'énergie qui nous restait encore. Les généraux allemands ont été fort habiles. Quant aux nôtres, tout ce qu'ils ont obtenu, c'est que notre armée d'expédition ne soit pas rejetée dans la Marne. Et la trouée ?

C'est pour un pareil résultat que notre jeune armée a dépensé tant de patriotisme, qu'elle a laissé six mille des siens sur les pentes glacées de Champigny, de Villiers et de Brie!

Lundi, 5 décembre.

Le froid a commencé assez vif dès le début de notre sortie, aux derniers jours de novembre; il s'est accru, sec et piquant, pendant notre opération, depuis, il se soutient, de plus en plus vif. Cette rigueur de la saison a contribué à aggraver, pour le moral des troupes, l'effet de la retraite du 3 décembre.

L'armée du général Ducrot a pris position dans le bois de Vincennes; comme les soldats, par ordre, n'avaient pas emporté les couvertures, on conçoit que le cantonnement au milieu des bocages ouverts au vent glacé, ait été peu confortable.

Pendant ces combats glorieux, quoique, hélas, stériles, on est frappé de l'absence de la garde nationale. Il est vrai qu'une vingtaine de mille hommes environ ont été concentrés en arrière de la Marne, sur les hauteurs de Joinville et de Nogent; je me rappelle même avoir aperçu le général Clément Thomas assistant, en compagnie d'autres généraux, au défilé de la division de Bellemare, se dirigeant en renfort sur Villiers.

Pourquoi avoir amoncelé en seconde, que dis-je? en troisième ligne, des troupes qui ne pouvaient être d'aucun secours pour l'action, que le général Trochu ne se proposait pas d'engager? Il voulait, selon toute vraisemblance, leur montrer le feu. Je ne sais quel bon effet peut produire, sur des soldats novices, la canonnade entendue d'une lieue, en pleine sécurité, en gelant sur place : mais je sais fort bien que cette masse de troupes inutiles embarrassait le terrain. Les routes et les portes de Paris eussent dû être libres, tout à fait libres, pour assurer la circulation rapide des convois de blessés et le prompt ravitaillement de l'armée. Point du tout; les avenues des remparts ont été obstruées par les bataillons de garde nationale qui, le soir, revenaient du spectacle de la bataille avec plus ou moins d'ordre.

Les voitures de blessés étaient forcées, par le froid de la nuit, de marcher au pas : à la porte de Vincennes il fallait au moins une demi-heure pour passer le chemin de la lunette et franchir le pont-levis.

Avec ce tohu-bohu intempestif, les bateaux-mouches, naviguant à leur aise sur la Seine, ont rendu aux blessés les plus grands services.

Dans Paris, l'élan était universel pour recevoir et recueillir nos pauvres blessés; vraiment, c'est bénédiction d'avoir le bras fracturé ou la jambe cassée; on est soigné, pansé, dorloté comme un prince dans nos innombrables ambulances, publiques ou privées. Les jours de combat, pendant que la canonnade tonnait, de braves femmes, amenant des voitures louées, attendaient aux portes les convois de blessés; elles se disputaient, elles s'arrachaient nos soldats avec une charité, j'allais dire avec une furie, toute française : de leur côté, les ambulanciers défendaient leurs blessés, qu'ils rapportaient du champ de bataille.

Dans la ville, la croix rouge de Genève flotte à chaque pas, dans presque toutes les rues ; le gouvernement a dû prendre des mesures contre un zèle méritoire, mais exagéré : seules peuvent arborer la croix internationale les personnes qui ont au moins six lits disposés pour recevoir les blessés, et ces établissements sont astreints à la visite de médecins spéciaux pour constater la présence et l'état des patients; il y a dans l'armée un certain nombre de vauriens hypocrites qui, comme Panurge, ne haïssent rien tant que les coups, et qui, bien que sains de corps, se cantonneraient volontiers, pour toute la campagne, dans l'hospitalité des ambulances. C'est ainsi que s'explique la nomenclature invariable des disparus.

En première ligne des institutions charitables, viennent les ambulances de la Société internationale, dont le quartier général est au Grand-Hôtel : c'est là qu'ont été transportés le commandant Franchetti et le général Boissonnet. Le directeur, ou plutôt le général, c'est le docteur Chenu : celui-ci suit les combats à cheval, assisté de ses aides de camp, les chirurgiens. Il examine, lui aussi, le champ de bataille; il suit, à l'aide d'une lorgnette, les phases de la lutte, et il dirige sur tous les points ses escouades de brancardiers.

Il y a aussi la société des ambulances de la Presse, auxquelles il faut joindre les ambulances municipales, ainsi que les ambulances de la garde nationale; toutes ces ambulances, dites volantes, vont sur le lieu de l'action. En outre, il y a les ambulances sédentaires avec des lits installés pour recevoir les blessés. L'hôpital militaire du Val-de-Grâce a une magnifique annexe dans le jardin du Luxembourg : de vastes baraquements, où l'air, circulant librement, prévient la pourriture d'hôpital, sont préparés pour plusieurs centaines de malades : c'est le système américain, commode et sain.

La plupart des établissements religieux ainsi que la plupart des théâtres, ont disposé leurs salles aérées à la même bienfaisante destination, Touchante et patriotique alliance! Les actrices du Théâtre-Français et de l'Odéon sont devenues sœurs de charité; les frères de la Doctrine chrétienne, à Champigny, se sont vaillamment acquittés du périlleux office de brancardiers.

Hélas! toute cette charité n'a pas été vaine; la mort a largement fauché dans nos rangs.

On commence à connaître le chiffre exact de nos pertes du 28 novembre au 2 décembre. Pour la seule armée du général Ducrot, le chiffre atteint au moins six mille hommes; le combat de l'Hay nous coûte près de mille hommes, et celui d'Épinay trois cents. Les morts comptent dans ces chiffres pour le sixième; le nombre des officiers hors de combat est d'environ quatre cents.

Deux officiers généraux sont morts de leurs blessures : c'est le général Renault, atteint à Villiers, et le général Ladreit de la Charrière, frappé à Montmesly. Des funérailles solennelles leur ont été rendues.

Les généraux Boissonnet et Paturel n'ont été que blessés.

Nombreuse est la liste tout ensemble funèbre et glorieuse de ceux qui ont succombé: Franchetti; — de Néverlée, un combattant de la première heure qui, après Sedan, était venu à Paris, qui tout récemment avait audacieusement enlevé une patrouille prussienne dans Saint-Cloud même; — le lieutenant-colonel Prévault, du 42ᵉ de ligne; — le chef de bataillon Bedford, du 114ᵉ de ligne; — le lieutenant-colonel de la Monneraye, du 122ᵉ; — le lieutenant-colonel Dupuy de Podio, du 123ᵉ; — le lieutenant-colonel Sanguinetti, du 124ᵉ; — le capitaine de Podenas, du 4ᵉ zouaves; — le colonel de Grancey, des mobiles de la Côte-d'Or, ancien lieutenant de vaisseau, qui s'était déjà distingué au combat de Chevilly, tué au matin du 2 décembre; — le commandant Saillard, du 1ᵉʳ bataillon des mobiles de Paris, mortellement blessé à l'attaque d'Épinay; — le capitaine de frégate Desprès, frappé d'une balle au bas-ventre en dirigeant une reconnaissance contre Choisy; — l'enseigne de vaisseau, Verschneider, tué raide par un obus, sur le bord de la Marne, près le pont de Brie, etc. Il faudrait en citer bien d'autres, comme ces simples soldats, engagés dans un régiment de ligne : Robinet de Cléry, avocat général à la cour d'Alger; Sauzède, substitut à la même cour; Pottier substitut à Versailles.

Une trêve locale a été conclue pour ensevelir les morts; des ambulanciers et des frères des écoles ont accompli cette triste besogne, recevant les corps qui leur étaient rendus par les Prussiens, et les ensevelissant sur le champ de bataille même, au Tremblay et à Poulangis, dans de grandes fosses communes. Il y a fallu plusieurs jours.

Le lendemain de la bataille, qui nous coûte si cher, est bien triste, bien douloureux.

On comprend que le général Trochu se renferme dans une sorte de retraite à Vincennes, et porte le deuil de tous ces braves gens inutilement sacrifiés. Le général Trochu a quitté le fort de Nogent le 1ᵉʳ décembre, il s'est arrêté à Vincennes, et il n'est pas encore revenu à Paris. On le dit malade. Comment ne souffrirait-il pas de l'avortement de toutes ces grandes espérances que, le 28 novembre, lui et le général Ducrot ont jetées à poignées aux Parisiens. Il ne serait pas digne, aujourd'hui, de reprocher ni à l'un ni à l'autre le malheur commun; toutefois il est évident que, si les troupes ont déployé un grand courage, un courage même plus grand qu'on ne pouvait l'espérer, les chefs supérieurs ont péché par le défaut d'un plan bien combiné et vigoureusement exécuté. Notre opération a été décousue; elle a débuté par un retard qui ne fait pas honneur à la prévoyance du commandement : avec ce retard, le combat isolé de l'Hay, le 28 novembre, paraît difficile à expliquer : le jour suivant, les diversions d'Épinay et de Montmesly sont insuffisantes et impuissantes. Le même jour le général en chef manque son mouvement tournant contre Villiers ; il ne sait pas ou ne peut pas, par une manœuvre inspirée par la situation même, suppléer au retard désastreux du corps d'Exéa sur Brie. Enfin, après notre première bataille, nous hésitons et perdons une journée dans l'inaction, ne nous décidant ni à reculer ni à avancer : nous nous laissions de bonne volonté surprendre par l'ennemi !

Le général Ducrot ne conserve pas le commandement général dont il a été spécialement investi en vue de la sortie qui vient d'échouer.

Le corps du général Blanchard ainsi que la division de Malroy passent dans la troisième armée, celle du général Vinoy; celui-ci commande déjà les divisions de Maudhuy, Corréard et Pothuau, cantonnées au sud, les divisions de Beaufort et de Liniers détachées aux environs du Mont-Valérien, et la division d'Hugues qui reste installée sur le plateau d'Avron avec une forte artillerie. De la sorte, l'effectif des troupes est partagé à peu près par moitié entre le général Vinoy et le général Ducrot.

L'unique affaire du moment, c'est de reconstituer et de réorganiser l'armée, cruellement ébranlée. Il fait grand froid ; les régiments qui ont le plus souffert rentrent à Paris, les autres sont cantonnés dans les villages. Il faut remplir les vides et reformer les cadres. Le général Trochu a nommé quatre généraux de division, parmi lesquels le général de Bellemare, le général Faron, commandant la glorieuse brigade du 42ᵉ et du 35ᵉ de ligne, etc., et six généraux de brigade (Valentin, Fournès, etc.). Le grade de vice-amiral est donné au contre-amiral Saisset.

En même temps le gouverneur de Paris a fait une grande promotion de grands-croix et de grands officiers dans la Légion d'honneur. Cette distribution de récompenses honorifiques présente un contraste pénible avec notre situation, qui n'est pas triomphale. L'occasion ne paraît pas opportune pour se distribuer, entre chefs supérieurs, des distinctions personnelles.

Quant aux Prussiens, ils nous laissent tranquilles sur toute la ligne d'investissement. Ils n'ont pas essayé de nous reprendre le plateau d'Avron, qui est notre seule conquête; la division d'Hugues l'occupe avec 65 pièces installées en batteries de position.

LES ARMÉES DE PROVINCE

10 décembre.

Les batailles de la Marne ont produit une grande surexcitation dans l'esprit public. Comme les portes des remparts ont été rigoureusement fermées, comme la publicité de la presse a été suspendue pendant la période de la lutte, comme les nouvelles ne se sont répandues que par les récits, vaguement victorieux, des blessés, et par les rapports très-confiants du général Trochu et du gouvernement, il n'est pas étonnant que la population se soit fait illusion sur le résultat réel de notre sortie.

Dans tous les événements, elle n'a compris qu'une chose, c'est que nous avons une armée, et que cette armée a vaillamment combattu.

L'enthousiasme légitime, provoqué par le courage de nos jeunes soldats, a éclaté si spontané, si vif, que les Parisiens ont accueilli avec une incrédulité confiante une dépêche sèche et froide du général de Moltke, annonçant au général Trochu la défaite de notre armée de la Loire et la reprise d'Orléans.

Voici la lettre du chef d'état major allemand :

« *Il pourrait être utile* d'informer Votre Excellence que l'armée de la Loire a été défaite hier, près d'Orléans, et que cette ville est réoccupée par les troupes allemandes.

« Si toutefois Votre Excellence juge à propos de s'en convaincre par un de ses officiers, je ne manquerai pas de le munir d'un sauf-conduit pour aller et venir. — Agréez, mon général, l'expression de la haute considération avec laquelle j'ai l'honneur d'être votre très humble serviteur. — Le chef de l'état-major, comte de Moltke. »

Il est certain que l'effet de cette dépêche a été savamment calculé par l'adversaire. « Les Parisiens, s'est-il dit, sont démoralisés par l'inutilité de leur effort contre l'investissement. A cette première cause d'affaiblissement, joignons encore la nouvelle que l'armée de secours, sur la Loire, a été également défaite. Les Parisiens seront accablés par ce double coup. Alors il y a chance, de deux choses l'une, ou que Paris accepte nos propositions de paix en désespoir de cause, ou que l'influence de ces échecs amoncelés fasse éclore une insurrection analogue à celle du 31 octobre et précipite le dénoûment. »

C'était bien raisonné. Mais, comme je l'ai dit, la population n'était pas encore en mesure, le 6 décembre, c'est-à-dire le jour où la dépêche de M. de Moltke a été connue, de se rendre froidement et exactemeot compte des résultats stratégiques des combats de Champigny : bien mieux, elle a repris, à l'odeur de la poudre, une plus vive ardeur : en apprenant que Paris possédait une armée sérieuse, elle s'est exaltée aux plus hautes espérances.

De la sorte, l'effet de la dépêche allemande a été manqué. Elle devait nous tomber sur la tête comme un seau d'eau froide : elle n'a fait qu'aviver le feu et surexciter la flamme.

On dit qu'à la réception de la dépêche de M. de Moltke, un conseil a été tenu au gouvernement; la question a été agitée de savoir si la communication de l'état-major allemand devait être prise comme une occasion de négocier : cette opinion aurait été catégoriquement repoussée par le général Trochu.

Il faut que le président du gouvernement ait réussi à rallier la majorité de ses collègues. Car la réponse du général Trochu à M. de Moltke, affichée dans Paris, est une fin de non-recevoir très-catégorique à l'invite de l'ennemi.

« Votre Excellence a pensé qu'il pourrait être utile de m'informer que l'armée de la Loire a été défaite près d'Orléans et que cette ville est occupée par les troupes allemandes.

« J'ai l'honneur de vous annoncer réception de cette communication, que je ne crois pas devoir faire vérifier par les moyens que Votre Excellence m'indique.

« Agréez, mon général, l'expression de la considération avec laquelle j'ai l'honneur d'être votre très-humble serviteur. — Le gouverneur de Paris, général Trochu. »

Le gouvernement a-t-il eu raison de couper court à tout pourparler? Au fond, M. de Moltke ne propose à son adversaire qu'une chose : en finir avec la résistance par une capitulation. Voilà tout.

Il faut lire les quatre lignes de M. de Moltke avec des illusions bien grandes pour s'imaginer, sur la foi de cet unique document, qu'après notre

M. DE BISMARCK.

double échec de la Marne et de la Loire, l'ennemi est disposé à modifier les prétentions, déshonorantes pour nous, qu'il a formulées à deux reprises, à Ferrières et à Versailles, et qu'il nous offre maintenant des conditions plus généreuses.

La paix, dit-on, est souhaitée par les Allemands. Eh! grand Dieu, peuvent-ils la désirer plus ardemment que les Parisiens, investis et affamés? Ce sont les Prussiens qui rendent la paix impossible, parce qu'ils réclament pour la rançon de Paris un lambeau de la chair de la France.

Entendez M. de Bismarck : Les Parisiens sont des entêtés présomptueux et coupables. Entêtement à manger trente grammes de cheval par jour, à grelotter de froid sous le canon de l'assiégeant! — Crime de disputer aux vainqueurs l'indépendance de nos frères d'Alsace et de Lorraine! — Présomption d'espérer que l'Allemand enfin lassé se résignera à ne nous prendre que notre argent!

Eh oui, dans ce sens, Paris est entêté et orgueilleux!

Aussi, pour quiconque se représente au naturel l'état des esprits dans la capitale au 6 décembre, il est évident que le Gouvernement n'aurait pas pu traiter avec l'ennemi, sans provoquer des protestations, des révoltes, une insurrection. En tout cas, si le Gouvernement croyait opportun d'engager des négociations, il aurait dû se garder de publier la lettre du général de Moltke : il aurait dû également garder secrètes les dépêches manifestement apocryphes qui sont arrivées par pigeon, le 9 décembre, du camp allemand. C'est là une plaisanterie qui ne fait pas grand honneur à l'imagination de l'ennemi : la dépêche annonçant que les Prussiens marchent sur Bourges est signée Lavertujon. Or M. Lavertujon est à Paris, où il remplit les fonctions de secrétaire du Gouvernement.

Ces fausses nouvelles n'ont qu'un résultat, c'est de discréditer dans le public la communication de M. de Moltke. Malheureusement, celle-ci est trop authentique; par le nom du signataire, par la modération du langage, elle porte un caractère indiscutable de véracité; notre armée de la Loire a certainement subi un échec. Quelle en est l'importance? C'est ce qu'il s'agit de savoir; nous ne pourrons l'apprendre que par les pigeons officiels envoyés de Tours; mais le temps est si froid, que nos messagers ne peuvent plus accomplir leurs voyages aériens. Que s'est-il passé? Qu'est devenu le général d'Aurelles? La victoire de Coulmiers a-t-elle été suivie d'une défaite complète? Voilà ce que chacun se demande avec une cruelle anxiété.

Il est certain que la capitulation de Metz a affranchi l'armée du prince Frédéric-Charles; celle-ci a dû arriver sur la Loire vers la fin de novembre, juste à temps pour s'opposer au mouvement du général d'Aurelles sur Paris.

Là était le grand péril; il serait maintenant oiseux d'examiner si nos opérations n'ont pas été entreprises trop tard et trop lentement; le mal est fait, mais il n'y a pas lieu de désespérer, parce qu'une armée aguerrie comme celle du prince Frédéric-Charles a triomphé de nos jeunes recrues, tout fraîchement organisées.

L'organisation de la défense a été certainement plus difficile en province qu'à Paris; en effet, elle a été entreprise plus tard, avec des ressources bien moindres et sur un champ d'action bien plus étendu.

Il faut bien comprendre que, six semaines après la déclaration de guerre, l'Empire avait épuisé toutes les forces organisées de la France. Les 250 000 hommes de l'armée du Rhin, écrasés à Forbach et à Reichshoffen, ont été, après les sanglants combats de Gravelotte, annulés dans Metz. L'Empire peut encore réunir une seconde armée, celle de Châlons, sous le commandement du maréchal Mac-Mahon; mais pour me servir d'un terme expressif, c'est le fond du sac; comme cadres, comme personnel de commandement et d'administration, il ne nous reste plus rien ou presque plus rien.

Sedan consomme notre ruine; l'Empire s'écroule, laissant la France complétement désarmée contre l'invasion.

Trois armées allemandes, — celle du prince Frédéric-Charles, celle du prince royal de Prusse, celle du prince royal de Saxe, — comprenant 400 000 hommes, bien exercés, bien approvisionnés, bien commandés, ont forcé nos frontières; et la France, qui compte 38 000 000 d'habitants, un budget de plus de 2 milliards, ne possède, pour résister à ce flot débordant, qu'un seul corps d'armée, celui du général Vinoy, de quinze à vingt mille hommes, réunis depuis quinze jours.

Le crime de l'Empire n'est pas d'avoir été vaincu; ce que la conscience nationale lui reproche avec une juste sévérité, c'est que, s'étant emparé par la force des destinées de la France et détenant en maître le gouvernement du pays, il n'ait rien prévu, rien préparé pour nous sauvegarder contre les terribles calamités qui nous accablent.

Par sa politique indécise et sournoise, il excite la défiance de l'Europe; d'une main il flatte M. de Bismarck, de l'autre main il le menace. La Prusse est notre ennemie déclarée depuis Napoléon Ier; déjà en 1815, elle revendiquait l'Alsace et la Lorraine, et elle récriminait, au nom de l'Allemagne, contre les autres puissances, qui lui arrachaient sa proie; sa victoire de 1866 sur l'Autriche a raffermi sa confiance en elle-même et surexcité son ambition contre nous : la guerre est évidemment imminente. Cependant l'Empire insouciant, besogneux, vivant au jour le jour d'illusions et d'expédients, laisse déchoir l'armée, cette belle armée de la France aux glorieuses traditions, au courage légendaire. Il pousse à la lutte; celle-ci gronde et s'approche; mais il ne la voit pas. Un beau jour M. de Bismarck, averti par M. de Moltke que tout est prêt, lance l'affaire espagnole. Napoléon III, comme un enfant, tombe dans le piége avec une précipitation avide; si bien qu'il met contre nous jusqu'à l'apparence de la provocation! En réalité, l'Empire n'était pas assez fort pour défendre le sol de la France; et M. de Bismarck peut l'accuser de vouloir envahir la terre allemande!

Voici la guerre déclarée. Le chef de l'État l'accepte avec un fatalisme apathique; il a foi dans l'étoile napoléonienne; cette superstition est son unique plan de campagne. Le ministre de la guerre, maréchal Lebœuf, précipite les préparatifs avec une fièvre désordonnée : témoin cette dépêche d'un général nommé à un commandement au 7e corps, en arrivant à Belfort : « Pas trouvé ma brigade; pas trouver ma division; que dois-je faire? ne sais pas où sont mes régiments. »

Quoi d'étonnant, si avec un pareil régime nous avons été surpris par la Prusse en flagrant délit de formation, si au bout de quinze jours la portion la plus robuste de nos forces a été battue et acculée dans Metz? Une seconde armée est organisée avec les débris de Reichshoffen, avec les troupes de dépôt et la garde mobile; mais l'empereur, qui ne veut pas revenir à Paris, s'accroche pour ainsi dire à cette malheureuse armée, notre unique et dernière ressource, l'écarte de Paris, et la pousse dans la souricière de Sedan.

C'en est fait; comme cadres d'organisation, il ne nous reste plus rien : l'immense majorité des officiers et des sous-officiers est prisonnière en Allemagne ou enfermée inutilement dans Metz. La France est riche en hommes; mais comment les armer, les équiper, les diriger? Cependant l'ennemi franchit l'Argonne et les Vosges; il marche sur Paris. Quelle effroyable situation!

C'est la capitale qui est le plus immédiatement menacée; c'est dans la capitale que se concentrent les échappés de Sedan, le corps du général Vinoy après sa belle retraite de Mézières, et les bataillons de garde mobile qui, dans les départements, ont été le plus tôt prêts. Toutes ces forces arrivent éparses, affluent pêle-mêle; elles finissent par constituer une masse respectable.

A Paris, les moyens d'organisation sont relativement faciles, grâce à la présence du Gouvernement, du personnel du ministère de la guerre et des diverses administrations. Puis entre les remparts et les forts, l'abri est sûr; les Prussiens n'attaquent pas, on a le temps de respirer et le loisir de se débrouiller. Le terrain des opérations se trouve limité; il est plus aisé de tenir des troupes en main, de les exercer, de les approvisionner.

Mais, dans les départements, quelle différence! Il y a tout à faire, et les éléments d'organisation sont nuls; cependant pour la province, habituée à la centralisation, il faudrait, bien plus qu'à Paris, une initiative bien ordonnée, bien constituée. Point d'hommes spéciaux pour les services de la guerre; il ne se trouva qu'un sous-intendant pour prendre la direction administrative. Pas un seul cadre de régiments; les arsenaux sont vides de canons, de fusils, de munitions; six pièces, attelées et équipées, formaient toute notre artillerie de campagne!

L'amiral Fourichon, délégué à Tours, le 16 septembre, avec ses deux collègues, MM. Crémieux et Glais-Bizoin, se mit à l'œuvre.

Le fond des dépôts fut épuisé; quelques troupes arrivèrent d'Afrique. C'est ainsi qu'un premier noyau, commandé par le général de Lamotterouge, se constitua sur la Loire; un second groupe fut formé dans l'Est, dans les Vosges, sous les ordres du général Cambriels.

Mais les Allemands, qui avaient renoncé à emporter Paris d'assaut et se résignaient à l'investir, n'eurent pas de peine à écraser ces germes d'une armée de diversion qui pointaient en province : le général de Lamotterouge, attaqué à Artenay, poursuivi à Orléans, fut rejeté au delà de la Loire; le général Cambriels dut abandonner les Vosges et se retirer sur Besançon.

Une crise suivit dans la délégation de Tours; ce fut alors que Gambetta, muni de pleins pouvoirs, quitta Paris; il arriva à Tours le 10 octobre. Gambetta est un des chefs les plus jeunes, les plus énergiques du parti républicain; il possède, à un haut degré, une qualité essentielle dans les circonstances que nous traversons; c'est la foi patriotique. Cette foi juvénile ardente, sincère, active, pénétrant dans les conseils de la délégation, a imprimé au mouvement de la défense un élan inespéré.

Certes Gambetta, homme de l'éloquence et de la politique, est bien loin d'avoir les talents spéciaux du général Trochu; cependant, à voir ce qui s'est fait à Paris, c'est assurément en province que l'œuvre la plus difficile et la plus méritoire a été accomplie.

L'invasion surprit le pays comme un coup de foudre! Qui se fût imaginé, au 1er août, que les Prussiens violeraient le sol de la patrie? Et au 1er septembre, nos frontières étaient toutes larges ouvertes. Il y eut, dans nos villes et dans nos campagnes, une immense stupeur, une douloureuse prostration de l'énergie nationale; ajoutons qu'avec Paris bloqué le lien commun, qui réunissait en faisceau les départements, fut rompu; il s'ensuivit un morcellement non-seulement entre Paris et la province, mais encore entre les diverses fractions de la province, qui ne sont reliées entre elles que par l'intermédiaire de la Capitale. Ce qu'il fallait, par-dessus tout, c'était, dans le pays, réveiller le patriotisme engourdi et inactif; c'était rétablir l'unité des efforts.

Gambetta a eu la foi vigoureuse, nécessaire à une pareille tâche; et c'est

LE GÉNÉRAL CHANZY.

là son grand comme son unique mérite : car l'effort proprement dit de la défense est l'œuvre propre du pays, de sa vitalité, de son courage.

Au commencement d'octobre, nos forces, en province, comptaient de 30 à 40 000 hommes de ligne, autant de gardes nationaux mobilisés et à peu près 100 pièces de canon. Eh bien, déjà au commencement de novembre le général d'Aurelles de Paladines disposait, sur la Loire, de deux corps d'armée : le 15ᵉ directement formé par lui-même, et le 16ᵉ commandé par le général Chanzy ; ces deux corps remportèrent, à Coulmiers, la première victoire de la campagne. A la fin de novembre, nous voyons concentrés autour d'Orléans cinq corps d'armée : — les deux que nous venons de compter, — le 17ᵉ commandé par le général de Sonis, — le 18ᵉ commandé par le général Billot, — le 20ᵉ commandé par le général Crouzat.

Nous ne comptons pas les autres concentrations de troupes, à Lyon, dans l'Est avec Garibaldi, dans l'Ouest, autour du Mans, et dans le Nord, sous la protection de nos places fortes.

C'est ainsi qu'en deux mois l'armée de la Loire a été créée forte de plus de 150 000 hommes. Le tout n'était pas de décréter la levée en masse : les hommes ne manquaient pas dans notre féconde terre de France. Mais il était plus difficile de donner des chefs aux soldats que des soldats aux officiers.

Et les fusils? et les canons? et les munitions pour les fusils et les canons? et les vêtements? et les vivres? Pour comble, c'est en face de l'ennemi qu'il a fallu organiser cet ensemble gigantesque de détails.

Un élan de résistance si rapide et si puissant ne doit-il pas, malgré nos désastres, nous tenir le cœur ferme et nous empêcher de désespérer de notre juste cause et de notre pays? La lutte de la Révolution contre l'Europe coalisée doit nous servir d'exemple; mais quoique vaincus et envahis, nous n'avons pas à rougir devant nos glorieux pères de 1792. Lors de cette magnifique époque, la République disposait de ressources intactes : elle avait profité des dures leçons de la guerre de Sept-Ans; toute une pléiade d'officiers jeunes, instruits s'était formée dans les rangs de l'armée ; la guerre d'Amérique fut l'école d'où ils rapportèrent une intelligence de l'art de la guerre, nouvelle et supérieure.

Lorsque la lutte éclata entre la France et la coalition, l'Allemagne n'entra en campagne qu'après de longs atermoiements, sans coordination, par attaques successives et largement espacées.

De notre temps, au contraire, toutes les forces de l'Allemagne ont été prêtes en même temps, ont donné d'ensemble et avec une rapidité écrasante.

La première République eut du temps devant elle pour élaborer, par une série d'expériences, le système de sa résistance ; elle put organiser la victoire avec Carnot. Ainsi, du mois de juin au mois d'août 1791, l'Assemblée législative demanda aux gardes nationales, dont l'effectif sur le papier était de 2 500 000 hommes, environ 100 000 volontaires ; au mois de septembre suivant, 30 000 volontaires seulement étaient organisés. Paris fournit environ 2000 hommes. Un an après, en 1792, on avait formé à peine 168 bataillons, dont les effectifs variaient indéfiniment ; quelques-uns étaient réduits par les désertions à 300 hommes. Le 10 juillet, l'Assemblée déclara la patrie en danger ; le lendemain, 11 juillet, elle promulgua une loi d'organisation militaire, qui supprimait l'appel aux volontaires, et imposait à chaque compagnie de la garde nationale l'obligation de fournir à l'armée active un certain nombre d'hommes, au prorata du contingent général. Enfin ce système de recrutement acquit son dernier degré de force par la loi de la levée en masse, votée en février 1793.

En 1792, la France eut le temps de se retourner et de perfectionner son organisation : c'est là une condition qui importe beaucoup au succès, et qui malheureusement nous a manqué.

Aussi, il ne faut pas nous étonner et nous décourager parce que notre armée de la Loire a été défaite par le prince Frédéric-Charles. Celle-ci est en réalité plus jeune que notre armée de Paris ; son éducation ne saurait être aussi avancée que la nôtre ; elle est née depuis deux mois à peine, et nous datons de trois mois. En outre, au point de vue des opérations stratégiques des mouvements et des marches, elle fait une campagne plus difficile.

Entre nos forts et nos remparts, nous occupons un cercle d'action inférieur à celui décrit par les circonvallations allemandes ; grâce à cette disposition nous pouvons prendre le diamètre ou le rayon, tandis que l'ennemi, pour arriver au même point, doit évoluer selon la courbe de la circonférence ; mais c'est le contraire qui se présente pour les armées de province.

Là-bas, ce sont les Français qui manœuvrent aux extrémités du plus grand cercle. En face d'eux, le prince Frédéric-Charles est relativement concentré sur lui-même. Il peut porter à notre armée des coups rapides et répétés, qui compléteraient sa victoire et achèveraient notre défaite. Donc aujourd'hui l'intérêt principal, urgent est que l'armée de la Loire échappe à l'ennemi ; il faut à tout prix lui donner le temps de reprendre haleine, de se refaire et de fortifier son organisation.

Attirer sur nous et immobiliser autour de Paris le *maximum* des forces allemandes, — peser en quelque sorte sur les lignes de l'investissement, — forcer l'ennemi à garder fortement et simultanément toutes ses positions, — rendre le blocus effectif de toutes parts et dans toutes les directions, tel est le meilleur moyen, pour nous, de venir en aide à l'armée de la Loire.

« Mais, dira-t-on, et le plan du général Trochu? — Faut-il toujours vivre d'illusions? A quoi donc a abouti ce fameux plan que le général Trochu a pieusement déposé chez son notaire, au début du siége? Le plan du gé-

LE PRINCE FRÉDÉRIC-CHARLES.

néral Trochu! mais, aujourd'hui on le chansonne dans les rues! Personne n'y croit plus; et il est douteux que le général Trochu y croie encore lui-même.

D'ailleurs était-il raisonnable d'arrêter un plan sur minute notariée, alors que la fortune du siége dépend moins de ce qui se passe dans

Paris que de ce qui peut survenir à l'extérieur, en province. Bien extraordinaire serait la prétention de gouverner les événements selon une combinaison préconçue, lorsque soi-même on est enfermé dans les murs d'une ville investie! Ainsi, il paraît que le général Trochu avait tout d'abord prémédité une sortie par la basse Seine, dans la direction de Rouen. Mais cette intention, quelque arrêtée qu'elle fût, a dû nécessairement être modifiée par le succès de notre armée de la Loire à Coulmiers.

Puisque les circonstances de la lutte ont encore changé par l'apparition de l'armée allemande de Metz, il importe que le général Trochu change lui-même son plan selon les circonstances nouvelles; tant pis pour le testament du notaire!

L'expérience des derniers combats nous le démontre, Paris ne peut que bien difficilement se débloquer lui-même. Le salut doit venir des armées de province; donc notre intérêt principal est de protéger ces armées, que l'ennemi, naturellement, s'efforce d'accabler et d'anéantir; donc il nous faut faire feu de toutes pièces, pour appeler de notre côté la plus grande partie de la meute, distraire la poursuite des chasseurs et sauver nos futurs sauveurs. Cette stratégie est vieille comme le monde; le bon la Fontaine nous apprend que l'alouette la pratique pour défendre sa couvée.

Notre position, couverte et centrale, nous donne l'avantage des sorties rapides et répétées: c'est le moment d'en user. Il est probable que, pour mater notre action, pour couvrir leurs mouvements de va-et-vient entre Paris et la province, les Allemands emploieront le moyen extrême du bombardement. Il faut nous y attendre; les journaux allemands, saisis sur les prisonniers, invoquent, avec colère, le suprême argument du canon Krupp. Eh bien, Paris sera bombardé; mais que prouvera cet acte d'épouvantable barbarie, sinon la nécessité de nous dissimuler, par un rideau de fumée, la concentration des Allemands contre nos armées de province? Qu'ils nous bombardent ou non, — du moins n'assistons pas, distraits et inactifs, à cette lutte lointaine dont l'enjeu est le salut de Paris, le salut de la France.

Les timides pourraient objecter que l'armée de Paris est découragée, désorganisée même par les récents combats de la Marne. Il faut bien, au contraire, que le général Trochu ait bon espoir dans la consistance de nos forces, puisque, selon la notoriété publique, il a personnellement combattu, dans le Conseil du Gouvernement, l'avis de ceux qui voulaient engager des négociations sur la dépêche de M. de Moltke.

Du reste, en admettant que l'armée régulière, la ligne et la mobile, ne puissent suffire à une action multiple et continue, n'avons-nous pas le renfort, entier et intact, de la garde nationale? Le Gouvernement vient de prendre une mesure excellente, dont l'unique tort est d'être tardive; par arrêtés du 8 et du 10 décembre, il a organisé vingt-sept régiments de garde nationale à quatre bataillons : l'effectif moyen du bataillon est de 500 hommes. Voici donc près de 50 000 hommes ajoutés à l'armée active.

On sait que le général Le Flô est partisan de la garde nationale; il croit, avec raison, qu'un rôle plus large et plus actif aurait déjà dû et doit encore lui être attribué. Mais cette opinion rencontre de l'opposition parmi les chefs de l'armée; entre autres on cite le général Ducrot. Sans doute, il vaudrait mieux n'employer que des forces régulièrement disciplinées; mais à qui la faute, si la garde nationale n'a point acquis les qualités d'ordre et de consistance, au moins au même degré que la mobile? Ce n'est qu'au bout de trois mois que le général Trochu s'est enfin décidé à organiser la garde nationale pour l'action et le combat. Jusqu'ici il semble n'avoir distribué des fusils aux bourgeois et aux ouvriers de Paris que pour monter des gardes inoffensives sur les remparts et jouer au soldat dans les rues.

Qu'est-il arrivé? C'est que les braves gens usent leur ardeur dans l'inaction, et que les mauvais citoyens ont profité de l'uniforme et du fusil pour faire du désordre et fomenter la guerre civile. La distinction de la garde nationale en bons et en mauvais bataillons, tel est le résultat le plus clair de l'oisiveté prolongée depuis trois mois. Il faudrait se boucher les yeux pour ne pas voir la pernicieuse propagande que la faction démagogique du 31 octobre poursuit dans la partie la plus populaire, c'est-à-dire la moins éclairée de la garde nationale. Dans les journaux, dans les clubs du parti rouge, c'est une imprécation continuelle contre l'impéritie et la mollesse du Gouvernement; ses efforts sont méconnus, ses fautes sont exagérées, ses intentions sont odieusement travesties. Les agitateurs, convaincus ou salariés, crient à la trahison; la grande masse des ignorants et des imbéciles répètent : trahison. C'est ainsi que s'est constitué un clan de vantards, dont la bruyante indiscipline fait le plus grand tort à la garde nationale tout entière; ceux-là sont les véritables *outranciers*, qui injurient nos soldats, et dont nos soldats se moquent, non sans une certaine irritation. Ces *outranciers* font la grosse voix *inter muros* et se donnent de grands airs de pourfendeurs; à eux les chassepots, à eux les canons ; ils feront la trouée, ils débloqueront Paris de par la force invincible du peuple.

Le Gouvernement a pris au mot ces braillards de carrefour. Entre tous se distinguaient les *Tirailleurs de Belleville*, de Flourens ; pour contenter leur

M. FLOURENS.

bouillante ardeur, ils sont commandés de service aux tranchées de Créteil. Le maire de Paris, M. Jules Ferry, va de sa personne présenter un drapeau au bataillon. Déjà les murmures éclatent ; le Gouvernement veut faire assassiner par les Prussiens les héroïques défenseurs de la cause populaire ! Enfin les Tirailleurs de Belleville consentent à quitter Paris et daignent se rendre aux tranchées de Créteil. Grand Dieu, quels patriotes et quels soldats! Le 5 décembre, nos tirailleurs, bien que Flourens se fût rendu parmi eux, se prennent de panique, s'enfuient de leur poste, criant (le trait est de haut comique) qu'ils sont tournés.

Le général Clément Thomas a stigmatisé, dans un ordre du jour énergique, ce fait honteux; les *Tirailleurs* de Flourens ont été ramenés dans Paris.

Tout le monde sait que dans les clubs démagogiques, tout ensemble, on réclame la guerre à outrance et on engage les *purs* à conserver leurs cartouches pour les Prussiens de l'intérieur.

Le Gouvernement veut-il soustraire à d'aussi pernicieuses influences la portion ouvrière, si facile à l'exaltation, de la garde nationale? Veut-il prévenir la guerre civile? Qu'il emploie franchement et sérieusement la garde nationale contre les Prussiens. Sans doute, à l'user, celle-ci perdra de ses illusions, mais elle gagnera en discipline et en véritable force; dès lors elle deviendra capable de sérieux services.

Comprimez la vapeur dans la chaudière; la vapeur éclatera. Réglez mécaniquement l'expansion de la même vapeur; elle produira un mouvement utile. De même pour Paris, cette immense fournaise dans laquelle les passions bouillonnent; l'agitation tumultueuse qui menace l'ordre à l'intérieur, le Gouvernement aurait pu la régulariser en l'appliquant à l'œuvre patriotique de la défense.

Flourens, un des meneurs du 31 octobre, a été arrêté à Créteil où sa présence ne semble pas avoir donné du cœur à ses partisans. De même on a interdit, dans les compagnies de la garde nationale, d'élire des délégués — sorte de chefs officieux qui usurpaient non-seulement l'administration, mais encore le commandement.

Ces mesures de discipline sont bonnes, mais elles viennent bien tard, et elles ne suffiraient pas à réprimer l'insubordination, que l'oisiveté entretient et tend à accroître dans la garde nationale.

Tel brave capitaine eût fait de son mieux contre les Prussiens et eût courageusement accompli son devoir de soldat; mais il n'a pas encore été envoyé au delà du rempart; aussi en conversant avec ses camarades pendant les nuits de garde autour de la cantine il se monte la tête, il s'imagine que les trois galons de son képi l'ont changé lui, honnête cordonnier, en homme de guerre, il estime que *ça va mal*, et il n'a pas tort; mais il fait plus, il accuse tout le monde d'impéritie et de trahison ; sa fièvre travaille, elle invente des plans fabuleux, des sorties *torrentielles* qui doivent pulvériser les Prussiens et sauver Paris. Telles sont les déclamations que l'on entend dans les divers clubs. D'où vient cette maladie morale? Tout simplement de l'inaction dans laquelle le Gouvernement persiste à retenir la garde nationale. Les braillards n'auraient pas le verbe si haut et ne feraient pas tant de dupes dans la population, si l'occasion était donnée aux braves gens de servir leur patrie contre l'ennemi; et nos affaires contre les Prussiens n'en marcheraient pas plus mal.

ON INVENTE DES PLANS FABULEUX, DES SORTIES *torrentielles*.

Depuis un mois environ, les bataillons de marche déjà organisés sont, à tour de rôle, envoyés aux avants-postes; les hommes boudent-ils contre la peine? Non! et pourtant le service n'est pas couleur de rose : depuis le commencement du mois le froid est vif dans les tranchées, surtout la nuit. Ce n'est pas que les gardes nationaux soient encore bien expérimentés; mais, sauf le cas d'indiscipline et de couardise dont j'ai déjà parlé et quelques cas d'ivrognerie, malheureusement plus nombreux, la grande majorité montre de la bonne volonté et même de la crânerie à s'acquitter du service non moins allègrement que les lignards et les moblots; il y va du point d'honneur, et on sait que pour le Parisien le point d'honneur est une grande affaire.

Pourquoi donc sur les 250 bataillons de la garde nationale une moitié à peine est-elle seulement organisée en bataillons de marche? On peut objecter les difficultés d'armement et d'équipement ; et de fait, les uniformes dans les bataillons de marche brillent de mille couleurs comme l'arc-en-ciel ; il y en a de noirs, de gris, de marrons et même de verts ; ceux-là sont plus spécialement appelés, suivant les goûts, *les perroquets* ou *les billardiers*. Pour la garde mobile, les choses ont bien mieux et bien plus vite marché : sur la centaine de bataillons qui sont venus de province, un seul, celui d'Amiens, avait l'uniforme ; il y a maintenant deux mois passés que tout le monde est équipé au complet.

En admettant qu'il soit difficile, nous ne dirons pas de vêtir, mais d'armer convenablement tout le monde disponible, pourquoi, au moins, n'avoir pas organisé depuis longtemps les 80 bataillons qui sont actuellement tout prêts?

Il a fallu deux mois au Gouvernement pour former les bataillons de marche, et ce n'est qu'au bout de trois mois passés qu'il forme ces bataillons en régiment.

Du moins les vingt-sept nouveaux régiments qui forment environ un effectif de 50 000 hommes, sont-ils embrigadés et endivisionnés? Non, pas encore. Le général Trochu veut-il attendre la veille d'une action pour les organiser sur le même pied que la garde mobile?

LE MONT-VALÉRIEN

Mardi, 15 décembre.

Quelque part que vous soyez dans Paris ou dans la banlieue, tournez le regard à l'ouest : vous apercevez le Mont-Valérien. Dès que le fort tire un coup de canon, l'écho parcourt tout Paris, et les gardes nationaux, aux remparts, se disent : « C'est Valérie. » La grosse pièce de 24 du fort, baptisée du surnom de Valérie, remplace pour le moment le bourdon de Notre-Dame.

De loin, à voir la forteresse solidement campée sur sa large base, et, en face, les hauteurs ennemies de Montretout, Buzenval, la Jonchère, Marly, rangées en ligne serrée, il semble que l'on va assister à un combat de géants. Tous sont impatients de forcer la barrière de la presqu'île, et de se précipiter sur la cité. Seul, le Mont-Valérien, fier et impassible, les domine de sa tête crénelée, et, étendant ses bras de fer de la Seine à la Seine, arrête l'élan de la troupe ennemie.

Le contre-fort du Mont-Valérien occupe toute l'entrée de la presqu'île de Gennevilliers; c'est un faîte isolé, dont les pentes commencent, d'abord très-douces à Courbevoie, Nanterre et Rueil, pour se relever brusquement, en forme de piton raide et escarpé. Cette disposition du terrain découverte, dominante est éminemment favorable à la fortification. C'est pour cette raison, sans doute, que le Mont-Valérien a été préféré au plateau de la Bergerie, qui, par son altitude (158 mètres) et par son admirable position entre Bougival et Sèvres, tient sous sa prise toutes les routes et tous les chemins de fer de Paris à Versailles.

Le Mont-Valérien est un fort tout indiqué, tout fait par la nature; de plus, il a l'avantage de se relier de près à Paris, — 4000 mètres jusqu'au bastion d'Auteuil; — il protége sur sa droite, en regardant l'ennemi, la plaine découverte de Courbevoie et Colombes, et, sur sa gauche, le coude de Billancourt et le saillant du Point-du-Jour.

Il ne peut sans doute empêcher les bastions du Point-du-Jour d'être enfilés par les positions ennemies de Sèvres et de Meudon: c'est ce qui explique la nécessité des beaux travaux défensifs exécutés sur ce point si important par l'amiral Fleuriot de Langle, commandant le bastion riverain de la Seine. Mais une attaque, un assaut serait, à coup sûr, balayé par le Mont-Valérien.

Outre ces avantages directs et immédiats, le Mont-Valérien me semble en avoir un autre très-important et même capital dans un système d'offensive qui, de tous, est le plus rationnel et le plus sûr. Un de nos amiraux des plus habiles et des plus compétents disait : « Il faut que tous nos forts fassent des enfants. »

L'expression traduit au vif l'idée très-juste de rompre le blocus par une sorte de marée montante de fortifications. Le mouvement part des forts, puis se développe indéfiniment par séries croissantes de fortins, de redoutes, de flèches et de tranchées. Milon, l'athlète invincible, se brise les mains, en tentant d'écarter les éclats d'un chêne; mais

LE MONT-VALÉRIEN

le bûcheron chétif, avec un coin et sa cognée, fend aisément le cœur de ce même chêne.

Or, de tous les forts, le Mont-Valérien est celui qui, pour continuer l'image de notre amiral, présente, au plus haut degré, la qualité prolifique. Qu'il soit père aujourd'hui, demain il sera grand-père et après-demain bisaïeul; et l'étranger devra céder le sol de la famille commune à ces générations envahissantes.

Considérez les étages qui, sur un large cercle, descendent du Mont-Valérien sur Rueil, la Fouilleuse et Suresnes. Chaque échelon semble appeler son ouvrage fortifié : déjà la redoute des Gibets, installée à la suite du combat du 21 octobre, forme une avancée solide au-dessus de Rueil, à 1500 mètres de la Malmaison.

Les travaux de retranchement se prolongent sur la gauche, dans le vallon de la Fouilleuse. Ces travaux ne sont pas du goût des Prussiens; il arrive souvent que nos travailleurs sont harcelés des hauteurs boisées d'en face, à coups de fusil de rempart; alors les batteries basses du fort fouillent les bois.

Au-dessus de la Fouilleuse, les hauteurs ennemies se profilent en une double rangée : la première, d'une altitude inférieure, commence à la redoute de Montretout, qui, par la couleur jaunâtre de ses terrassements, tranche sur le vert sombre des environs; elle se continue par Buzenval, s'arrête au plateau de Longboyau pour mourir sur la Malmaison.

La seconde ligne, dont à l'horizon on aperçoit la crête haute et touffue, part de Saint-Cloud, suit une pente rapide jusqu'au plateau de la Bergerie, puis incline sur un plan plus doux, par les bois de Saint-Cucufa, jusqu'à La Jonchère.

Le plateau de la Bergerie, du haut de ses 158 mètres, apparaît comme le rival du Mont-Valérien.

Il semble qu'entre eux deux la lutte s'engage par la disposition même des lieux. Altitude presque égale; tous deux sont également armés d'avancées naturelles : égale encore est l'importance, pour chacun, d'emporter l'autre; car la chute de notre fort découvrirait un immense flanc de Paris, et l'occupation de la Bergerie nous livrerait la route de Versailles.

La fortification du Mont-Valérien le rend imprenable; mais nous savons que de leur côté les Allemands ont garni d'ouvrages le plateau de la Bergerie; le terrain, accidenté et boisé, se prête naturellement à la défense. Les journaux pris sur les prisonniers nous ont appris quelle panique la sortie de Rueil du 23 octobre a jetée dans Versailles : il paraît que l'état-major prussien se préparait à déménager au galop. Les espions racontent que ce jour-là, vers Garches, deux généraux ennemis déjeunaient tranquillement à l'hospice Brezin ; au bruit de la fusillade, ils se sont portés vers Buzenval : au bout de quelque temps, ils revinrent au galop, criant d'un ton furieux : Les Français arrivent! prenez garde à vous! nous brûlerons tout ici ! Puis, ils filèrent du côté de Versailles.

Ce n'était qu'une fausse alerte : quoique nos troupes aient montré beaucoup de vigueur, elles étaient trop peu nombreuses pour opérer une sortie à fond : l'ennemi fut bien vite rassuré. Mais la leçon lui a profité; de ce jour, nos avant-postes ont pu remarquer que les Prussiens disposent activement des travaux de défense. Il y a deux positions, qui, au sud et à l'ouest, couvrent Versailles : ce sont Châtillon et la Bergerie. A moins d'illusions volontaires, il faut compter que l'ennemi, dont la prudence a été mise en éveil par nos sorties, a fortifié et fortifie encore ces positions capitales de l'investissement.

Revenons au Mont-Valérien. Le fort couvre, pour ainsi dire, la tête de la colline d'un bonnet, ou plutôt d'un casque de remparts, de bastions, de cavaliers, de flèches et de lunettes. Ce n'est pas un fort, c'est vraiment une citadelle. Les rampes montent à travers une série d'ouvrages et de campements, jusqu'à la plate-forme, où sont situés les bâtiments d'une architecture sévère, qui conservent encore de loin au Mont-Valérien son aspect de couvent.

La fortification, en idée simple, a consisté à flanquer le sommet du cône par deux couches circulaires de bastions, en rejetant le long même de la pente la terre tirée des fossés. Cette terre est de l'argile sablonneuse très-légère, s'émiettant facilement, et prompte aux éboulements. Aussi les ouvrages sont soutenus à l'intérieur par une armature en pierres tassées.

Les casemates, pour loger les troupes, sont creusées dans ces ouvrages, et ce n'a pas été une petite affaire. Il a fallu les construire, à peu près comme des galeries de mine : poser un cadre, puis, avant de placer le cadre suivant, projeter dans le sable même une sorte de toiture, pour prévenir les éboulements. Représentez-vous une galerie, dont la longueur est d'environ 50 mètres, sur 2 mètres de hauteur et 3 mètres de largeur. A deux pieds au-dessus du sol, un plancher continu d'un bout de la galerie à l'autre sert de lit de camp; dans chaque travée, une petite lucarne aère la galerie; il y a, de plus, un appareil ventilateur. Il reste, au pied du lit, le long de la paroi opposée, un espace d'un mètre environ; c'est le salon du soldat, très-proche comme on voit, de sa chambre à coucher : là, il soigne son fourbis, reçoit les camarades ; c'est là qu'il dîne, en cas de mauvais temps.

Le fort avait déjà un certain nombre de casemates ; mais, la garnison a considérablement augmenté ; elle compte environ sept mille hommes ; il a donc fallu construire de nouveaux abris. Le génie est en train d'achever les baraquements, afin d'abriter les postes qui campent encore sous la tente. Avec la boue et l'humidité d'un terrain si mouvant, ce mode d'habitation n'est pas sain pour le soldat ; il l'entretient dans un état forcé de malpropreté qui n'est pas moins nuisible. Au Mont-Valérien, l'eau est rare, excepté toutefois celle qui tombe du ciel, très-abondante ; il faut charrier au fort une partie de la consommation : comme à Paris, on paye le porteur d'eau, du moins pour les suppléments.

De la plate-forme du fort, le panorama est splendide ; le regard rayonne sur toute la campagne de Saint-Cloud, de Garches, de Marly, du Vésinet et d'Argenteuil ; à l'horizon se dégage, avec un reflet bleuâtre, le plateau de Cormeil, qui ferme la presqu'île de Houilles, comme le Mont-Valérien ferme celle de Gennevilliers. Du côté de Paris, l'œil plonge dans un océan de maisons, au milieu duquel émergent, comme les mâts d'un navire, les dômes et les flèches de nos monuments. On se rappelle l'ancienne formule de suzeraineté féodale : seigneur de la plaine et de la cité. Oui, le Mont-Valérien garde, en souverain, tout ce territoire, aussi loin que ses canons peuvent porter.

Et ils portent loin. On n'a qu'à voir les batteries qui garnissent, sur plusieurs étages, le pourtour de la forteresse. Sur la plate-forme même, ce ne sont que pièces marines de 16 et de 19. Au milieu, droit sur la Bergerie, s'élève sur un affût-piédestal, la reine de céans, mademoiselle Valérie. Ainsi, dans la comparaison de Virgile, Diane, aux flèches d'or, dépasse de la tête les nymphes ses compagnes.

Valérie est une pièce de 24, la sœur de la canonnière Farcy : c'est une personne de poids et à fracas. Valérie est le nom qu'elle porte dans le monde ; en petit comité, entre marins, elle prend un petit nom plus familier, plus militaire, si militaire même que je n'ose être indiscret. Elle pèse environ quinze mille kilos, et mesure à la volée un diamètre de 95 centimètres. Elle envoie des obus dont le poids va jusqu'à 100 kilos. Sa portée est de neuf kilomètres. Elle est montée sur un affût dont la disposition particulière éteint le recul. Au moment du coup, la pièce qui se trouve placée sur quatre roues remonte une pente, dont le plan très-incliné joint au poids du canon en modère la poussée. La question de l'affût, pour les pièces à longue portée, est très-importante, moins encore pour le recul, que pour l'inclinaison de la pièce à l'angle voulu.

En ce moment, les pièces de 19 tirent sur le château de Beauregard,

7 300 mètres environ ; les servants de la marine, avec des anspects, commencent à manœuvrer l'affût de la pièce, afin de la mettre en direction ; le chef pointeur indique brièvement : « A droite, à gauche, assez. » Puis il place l'œil sur la mire, haute tige de 50 centimètres ; il prend pour objectif un bouquet de bois, qui se détache nettement sur la crête des hauteurs. A l'aide de coins, les servants abaissent au niveau indiqué la culasse du canon. Comme épreuve du pointage, l'officier pose sur le canon son sectangle, dont les deux branches sont écartées selon l'angle donné par la table de tir pour sept mille mètres. Encore quelques rectifications dans la hauteur. Puis, tout le monde s'écarte. Un marin, droit, immobile, à côté de la pièce, tire brusquement le cordeau de la capsule ; la détonation éclate, l'obus siffle ; dix, quinze, vingt secondes se passent ; l'écho nous renvoie la seconde détonation de l'obus, là-bas, chez les Prussiens.

Du haut du belvédère voisin, un officier en vigie annonce la direction d'arrivée, et indique les rectifications : 50 mètres trop à gauche ou trop à droite.

On recharge la pièce : la culasse est ouverte, écouvillonnée, puis l'obus est introduit au moyen d'un tablier momentanément fixé alors à l'entrée de la culasse ; à la suite vient la gargousse. La culasse est fermée par un obturateur qui s'enfonce dans l'âme, s'adapte exactement aux parois, et se visse à l'intérieur par un tour de clef. La cérémonie recommence.

Les canons de la plate-forme peuvent être transportés sur tous les points du pourtour, grâce à un système de grues et à un chemin de fer circulaire. C'est le génie auxiliaire, dont j'ai déjà parlé, qui a construit cette voie ferrée, très-utile et très-commode.

Ainsi, chaque jour, il y a exercice du canon : car il est impossible de désigner par un autre nom la canonnade, que nos forts exécutent quotidiennement selon les ordres expédiés par le télégraphe de l'état-major. Les bureaux, installés au centre de Paris, indiquent par dépêche, à chaque fort, sur quelles positions il doit tirer, et combien de gargousses il doit brûler : notre tir procède par harmonie préétablie. Nous dépensons notre poudre avec ensemble et régularité ; mais pouvons-nous nous flatter d'empêcher, ou tout au moins, de gêner par nos feux les travaux de l'ennemi ? Ce serait de la présomption. Les Prussiens sont bons observateurs ; ils auront bien vite remarqué que nous ressemblons au héron de La Fontaine, qui vivait de régime et ne mangeait qu'à ses heures : de même, nous mettons notre artillerie au régime ; elle ne tire qu'à certaines heures, et frappe toujours dans la même ornière. Dès lors, quoi de plus simple ? Pendant que nos belles pièces marines font rage, très-habilement pointées sur les buts indiqués dans le cabinet du général, — à cent mètres de là, hors de notre direction routinière, l'ennemi pioche tranquillement la terre, et installe en pleine sécurité ses batteries de siége.

Ni les canons, ni la poudre, ni les projectiles ne nous manquent. Notre défaut n'est pas de tirer beaucoup (il faut bien faire la main à nos artilleurs); c'est de tirer inutilement, selon un système qui ne comporte pas de résultats! Qu'arrive-t-il? La surveillance, dans les forts, devient molle. A quoi bon un service attentif de vigies? A quoi bon des reconnaissances incessantes contre l'ennemi? L'état-major général prévoit tout, pourvoit à tout. Ce régime, centralisateur à l'excès, a pour effet inévitable de paralyser en grande partie l'action de nos forts, qui devrait être si énergique, qui pourrait être si puissante. Que le général Trochu se réserve le contrôle supérieur, qu'il donne des indications générales et d'ensemble, qu'il communique les informations reçues à son quartier-général : assurément, rien de mieux. Mais, par contre, rien de plus nuisible au bien du service, que la tyrannie des détails. Il faut laisser libéralement une plus grande part d'initiative et de responsabilité aux chefs de troupes, aux gouverneurs des forts ; ces officiers sont sur le terrain, ils voient l'ennemi : à eux, de choisir le moment et la direction de la canonnade : ils se trouvent à même de juger des effets obtenus, de rectifier le tir, et cela, sur l'heure, lorsqu'il est temps. L'état-major, qui siége au centre de la ville, peut-il remplir le même office? Non ; le télégraphe ne suffit pas à tout.

Cette digression terminée, achevons notre visite au Mont-Valérien.

Au centre de la plate-forme, la place d'armes s'étend entre trois rangées de bâtiments, hauts et vastes, qui servent de casernes et de magasins : ce sont les restes de l'ancien couvent. Le réfectoire des pères sert de mess aux officiers. La chapelle, qui n'est pas terminée, est un magasin de fourrages. Le quartier-général est à un étage plus bas, au-dessous de la plate-forme.

En passant au quartier-général, il nous faut saluer le général Noël, commandant du fort; rude figure, abord brusque. Au premier coup d'œil on se dit : Voilà le mari de Valérie. Si on le suit de près, on le voit veiller avec une sollicitude infatigable aux mille détails du service, parcourir les coins et les recoins du fort, enfin promener partout son œil farouche et sa grosse voix. Derrière son apparence de vieux loup de mer, grondant et intraitable, il y a un grand fond de bonté. Qu'un soldat passe mal chaussé, il lui pincera rudement l'oreille, et, du ton le plus impérieux, il l'enverra aux magasins chercher, au galop, une paire de souliers neufs. Qu'une tente soit trouée, voilà un poing qui passe à travers le trou, menaçant, terrible;

mais le général aussitôt somme, mais là, d'un ton formidable, l'entrepreneur de terminer demain, aujourd'hui même, les baraques en bois.

Au Mont-Valérien, il faut un général à poigne. La garnison compte sept mille hommes, qui tous ne sont pas des saints, surtout les francs-tireurs et les mobiles. Quelques-uns, profitant de ce que les environs sont abandonnés et déserts, faisaient, principalement à Nanterre et à Rueil, des parties fines de maraudage et d'ivrognerie. Pour couvrir leurs scandaleux exploits, ils prétextaient, tout naturellement, que des habitants, demeurés dans le pays, étaient autant d'espions prussiens.

Le général Noël a coupé court à la démoralisation, que de tels faits devaient entretenir parmi ses troupes. Il a changé le commandant des francs-tireurs des Ternes. Il a institué au Mont-Valérien une cour martiale : ordre est de tirer sur tout soldat, cherchant à forcer la ligne des avant-postes; tout pillard, faisant mine de résister, doit être, séance tenante, passé par les armes.

Cette rigueur salutaire a porté ses fruits. On me dit qu'actuellement, au Mont-Valérien, il n'y a pas dans la prison plus de quinze hommes.

NOS SUBSISTANCES

18 décembre.

Enfin, des pigeons nous sont arrivés de province, grâce au temps qui, après une dure quinzaine, s'est sensiblement adouci.

Le gouvernement a reçu trois dépêches de Gambetta : la dernière, datée du 14 décembre, nous apprend ce qui s'est passé sur la Loire, pendant que nous-mêmes combattions sur la Marne.

Au commencement de décembre, l'armée du général d'Aurelles à Orléans, prononçant un mouvement au secours de Paris, a été attaquée par le prince Frédéric-Charles, qui avait eu le temps de se concentrer entre Paris et Orléans, de Pithiviers à Artenay. Orléans est repris : le gouvernement s'est transporté de Tours à Bordeaux.

La dépêche de M. de Molkte nous a déjà préparés à cette nouvelle; aussi,

Paris a tenu bon. Du reste, il ne s'agit pas d'un désastre, comme Sedan ou Metz.

Notre armée de la Loire existe encore : elle a été scindée en deux tronçons qui, tous les deux, ont pu échapper à l'ennemi. Sur la droite, trois corps, sous le commandement de Bourbaki, ont pu gagner Bourges et Nevers. Sur la gauche, les trois autres corps de l'armée de la Loire, ont été plus vivement poursuivis ; les Prussiens, tout en nous poussant de front vers l'Ouest, ont essayé de nous tourner en longeant la rive gauche de la Loire, et en passant la rivière sur nos derrières. Mais les ponts de la Loire ont été coupés à Mer, à Blois, à Amboise : cependant nos troupes, faisant front à l'ennemi dans la forêt de Marchenoir, se sont repliées intactes, par étapes successives, sur le Perche. C'est le général Chanzy qui a dirigé cette belle retraite ; déjà il s'était distingué à la bataille de Coulmiers : le voilà à la tête de notre armée principale, à la place du général d'Aurelles, qui paraît avoir commis la faute de trop tarder pour prendre l'offensive sur Paris : si bien que le prince Frédéric-Charles a eu le temps d'arriver et de lui barrer la route.

Maintenant, Chanzy doit être derrière la Sarthe : il a pivoté autour de Paris, du sud à l'ouest, ralliant à lui les forces éparses de la Normandie et de la Bretagne.

Quant à Bourbaki, il se réorganise à Bourges ; il prépare une manœuvre hardie, qui consiste à se jeter vers l'est, dans les Vosges, sur les communications de l'armée allemande, qui assiége Paris, pendant qu'à l'ouest, le général Chanzy, également réorganisé, se portera droit au secours de Paris.

Enfin, dans le nord, nous avons encore une armée, qui, par le nombre, paraît moins importante ; mais le général Faidherbe est un homme de guerre habile, qui, avec un noyau de troupes solides, s'entend à manœuvrer à l'abri des places fortes de la Flandre, de manière, tout ensemble, à retenir et à contenir les forces de l'ennemi.

En somme, la victoire du prince Frédéric-Charles n'a pas accablé nos armées de province ; celles-ci préparent un nouvel effort, pour nous venir en aide.

Pour cela, deux conditions :

Il faut que Paris attire et cloue autour de lui le plus grand nombre possible de forces ennemies ; il s'agit donc de secouer cette inaction dans laquelle nous nous endormons depuis vingt jours, de reprendre et surtout d'entretenir une vigoureuse offensive ; cependant nos armées de secours auront les coudées plus franches, pour se raffermir et reprendre opportunément la campagne.

Ce n'est pas tout; il faut encore que Paris puisse résister à la famine, jusqu'au dénouement de ce nouvel effort. La question de temps se résout dans la question des vivres; notre sort dépend donc de la bonne économie des subsistances, qui nous restent encore.

Dans une place assiégée, toutes les lois économiques des temps ordinaires sont suspendues. L'autorité a le devoir, partant le droit, de s'attribuer, pour l'utilité commune, la disposition de toutes les ressources nourricières des particuliers. Or, à Paris, il y a trente mille chevaux, inutiles aux services militaires, dont l'abatage assure à la population de la viande pour deux mois et plus. Il n'y avait pas à hésiter : le gouvernement a ordonné l'expropriation générale de cette viande de boucherie, et il a bien fait.

Un décret du ministre de l'agriculture et du commerce réquisitionne tous les chevaux, ânes et mulets, appartenant aux particuliers; les propriétaires deviennent de simples gardiens. Les animaux seront pesés vivants et payés comptant à raison de 1 fr. 25 le kilog. au minimum et de 1 fr. 75 au maximum.

Ainsi l'administration a sous la main tous les chevaux de Paris. Fort bien : mais pour que cette très-bonne mesure soit efficace, il faut la compléter en faisant dès à présent abattre et saler le plus grand nombre des chevaux réquisitionnés. On sait que, faute de cette précaution, notre approvisionnement de bœufs ne nous a rendu que des services insuffisants. Les animaux, mal soignés et mal nourris dans les parcs, ont maigri, ne rendant qu'un poids inférieur de viande, ou ont péri, perte sèche pour l'alimentation.

D'abord, en fait, la viande de cheval est meilleure au goût et plus tendre à la dent si elle est macérée et marinée par quelque temps de salaison. Fraîche, elle vous rappelle le fameux dicton : dur comme du cheval.

Ensuite, l'abatage en proportion considérable coupe net à l'abus qui se fait actuellement du pain pour la nourriture des chevaux, — de mille à douze cents quintaux par jour. Le pain, par suite de la taxe, coûte 43 francs les 100 kilos; l'avoine, franche de taxe, valait, il y a trois semaines, 72 francs; aujourd'hui, elle vaut 80 francs. Et le pain a une faculté nutritive d'un cinquième supérieure à l'avoine.

En dernier lieu, si le nombre des chevaux debout est restreint, nous pouvons mieux nourrir les bêtes utiles aux services de l'armée et celles conservées en tant que viande fraîche. Enfin, une partie de stock d'avoine devient disponible pour notre propre alimentation.

Toutes ces questions s'enchaînent. L'avoine pure ne saurait être goûtée que par les chevaux; mais mélangée avec des céréales plus humaines, elle peut concourir à la fabrication, dès aujourd'hui nécessaire, de ce que j'appellerai le pain de siége.

Le pain exige une mesure aussi radicale que la viande. Tout d'abord, il est urgent que l'administration connaisse, en compte exact, nos existences de blé, seigle, riz, avoine, etc. Au début du siége, dans la surprise et l'embarras du premier moment, elle a négligé de faire cette enquête. Aussi elle s'est trompée, — en moins, fort heureusement, — sur la quantité de nos approvisionnements. Elle les a dispersés un peu au hasard dans des greniers improvisés, tels que le nouvel Opéra, où, faute de précautions suffisantes, une certaine partie des grains et des farines s'est déjà moisie et charançonnée.

Il faut procéder, dès aujourd'hui, à un recensement complet et méthodique de nos ressources. Si nous continuons à épuiser successivement les magasins publics, les estimant au fur et à mesure des besoins, il est évident qu'avec un pareil expédient nous marchons à l'aveugle, nous vivons au jour le jour : bientôt nous serons au bout de notre froment; après le pain blanc viendra le pain noir, et après? Il importe de pouvoir embrasser d'un seul regard, additionner sur une seule colonne, notre actif de vivres, entier et complet.

Le recensement général des subsistances, combiné avec le recensement général de la population, telle est la véritable balance de la situation. Dès lors, le gouvernement est en état de calculer l'exact bilan de la défense; il peut prolonger le siége au prix de moindres souffrances pour la population, et combiner les opérations de guerre sur des bases certaines.

Le 16 décembre, un avis de la mairie centrale promet encore au public que le pain ne sera pas rationné; mais il ne sera plus vendu et distribué dans la ville que du pain bis. Ces deux parties de l'affiche municipale ne semblent-elles pas contradictoires? Pourquoi s'obstiner à ne pas rationner le pain aussi bien que la viande?

Du reste l'administration nous avertit que le nouveau pain est « nourrissant, agréable au goût et sans inconvénients pour la santé; nos paysans, dans la plupart des départements, n'en mangent pas d'autre, etc. » La Commission d'hygiène a renchéri sur cet excellent certificat; elle explique comment le pain bis, contenant le son et la farine du blé, est même plus nourrissant, plus sain que le pain blanc.

Cette révolution dans la couleur et un peu dans le goût du pain n'a guère ému les Parisiens; du cheval et du pain noir, cela va bien ensemble, c'est du Spartiate tout pur.

Néanmoins, il paraît que nous l'avons échappé belle : nos farines touchent à leur fin : il ne nous reste à peu près que du blé en grains! Et pas de moulins pour le moudre! Du moins les moulins existant ne suffisaient pas aux 7000 quintaux de la consommation quotidienne. Les chemins de fer nous ont tirés d'affaire; la gare de Lyon, la gare du Nord sont devenues des moulins géants; les locomotives font tourner les meules, — 28 paires à la gare du Nord, 16 paires à la gare de Lyon!

Toute cette installation a été improvisée en dix-huit jours. Il faut rendre justice aux compagnies des chemins de fer; directeurs, ingénieurs, employés participent activement à la défense : il est même regrettable que certains directeurs d'une expérience consommée, comme M. Solacroup, de la compagnie d'Orléans, M. Sauvage de la compagnie de l'Est, n'aient pas été appelés à rendre des services plus importants dans l'administration. C'est M. Solacroup qui, de concert avec M. Dupuy de Lôme, a fait construire les wagons-blindés.

Quoique l'administration municipale n'ait pas brillé par sa prévoyance, Paris est assuré de sa farine quotidienne. Ce n'était que temps ; car l'un de ces derniers jours, le pain a manqué chez les boulangers; à Belleville, il a été enlevé en quelques heures; les boulangeries du quartier se sont fermées et beaucoup de familles se sont couchées à jeun. D'autres fois, ce sont les accapareurs qui achètent de grandes quantités de pain pour les revendre plus cher; il faudra, autant par ordre que par économie, en venir au rationnement.

Défense est faite aux boulangers de débiter de la farine. L'heureuse prohibition !

Et les petits enfants, comment vont-ils être nourris, si les mères ne peuvent plus leur faire de la bouillie? Le lait est cher et en quantité insuffisante.

Il y a encore environ quatre mille vaches laitières réquisitionnées, qui peuvent donner vingt mille litres de lait. Mais cinquante litres seulement sont distribués par jour, à chaque arrondissement : les petits enfants sont rationnés à un neuvième de litre, afin de suffire à 450 enfants par arrondissement, 9000 pour tout Paris. Or, le nombre des bébés est au moins de 100 000, — dont 15 000 nés depuis le commencement du siège. On ne peut compter les quelques vacheries privées, qui débitent le lait trempé d'eau à quatorze sous le litre, et le lait pur à deux francs; les mères en foule y font queue pendant des heures entières; mais cette ressource est bien minime. Comment donc expliquer l'irréflexion cruelle de l'administration, qui interdit la vente de la farine, et enlève leur maigre pitance de bouillie aux enfants, ces pauvres et chers êtres, qui, eux surtout, dans l'infortune commune, pâtissent et meurent!

Nous voici en plein dans la période des rudes épreuves; les privations se sont terriblement accrues; elles sont en général supportées avec la vaillante et belle humeur du tempérament parisien. L'imagination des restaurateurs fait merveille; sous les titres les plus alléchants, ils cuisinent des mets invraisemblables, sans nom; les animaux exotiques du Jardin des plantes sont fort à la mode; il est plus facile de se faire servir un bifteck d'ours qu'un bifteck de bœuf. C'est avec orgueil que les patrons des établissements renommés, Véfour ou Magny, font visiter à leurs clients quelques quartiers de viande fraîche, bœuf ou vache, à 28 francs le kilo. Les maraudeurs font la chasse au petit gibier, aux oiseaux frileux de la banlieue. Comme condiments de cette cuisine étrange, il ne reste plus que le riz ou le céleri, lesquels s'accommodent à toutes les sauces.

La Halle est devenue un désert. Quelques rares légumes, hors de prix, sous les vastes arcades. Le poireau se vend jusqu'à 50 centimes la pièce; le choux-fleur, gros comme le poing, vaut 3 francs la tête. Les volailles, inutile d'en parler; elles sont cotées leur pesant sinon d'or, du moins d'argent.

Les ménagères se rabattent sur le chocolat; on fait queue devant les confiseurs. Les marchands de comestibles n'étalent plus, sur leurs rayons jadis si gais, si réjouissants, que des boîtes de fer-blanc, portant l'étiquette fallacieuse de conserves.

Par le temps actuel, la queue aux boucheries est, pour les femmes de Paris, une corvée comparable à celle des avant-postes. Il faut se lever de grand matin, même pendant la nuit, pour prendre son rang : puis, pendant de longues heures, on piétine sur place pour attendre, d'abord l'ouverture de la boucherie, puis son tour. Que de rhumes, de grippes, de fièvres, de fluxions dans ces longues stations! La mortalité s'est considérablement accrue; la petite vérole sévit cruellement.

Il y avait dans Paris 1730 bouchers, soit de 80 à 100 par arrondissement.

Dans certains quartiers, les boucheries ordinaires ont été maintenues; mais la plupart des mairies ont eu l'idée ingénieuse de les remplacer, pour le tiers ou seulement pour la moitié, par des étaux municipaux : d'où les difficultés et les lenteurs interminables de la vente.

Il n'y a pas de règle uniforme pour le rationnement de la viande; les quantités allouées par tête ont toujours été très-différentes selon les quartiers; et l'inégalité n'a fait que s'accroître en proportion de la nécessité des réductions. Ainsi dans tel arrondissement, la portion est de 50 grammes, de 35 grammes dans un autre, de 30 grammes dans un troisième;

LES MARAUDEURS DÉVASTENT LES CLÔTURES EN PLANCHES ET COUPENT LES ARBRES.

suivant la zone municipale, les patients reviennent aux boucheries tous les jours, ou tous les trois jours, ou tous les quatre jours. Il arrive parfois que la ration de viande est remplacée par une distribution de riz, voire même par un hareng, mais un hareng pour trois jours ou pour trois personnes. Mêmes variations dans le prix de la viande ou des denrées qui remplacent la viande.

On plaisante beaucoup le maire du IIIe arrondissement, M. Bonvallet.

Un avocat ceint de l'écharpe municipale, passe encore! mais un ancien restaurateur, allons donc! Eh bien, M. Bonvallet est un excellent maire; son arrondissement se réjouit, dans les circonstances présentes, d'être administré par un maître-queux, intelligent et expert.

Le pis, c'est que la rigueur du froid coïncide avec la rigueur de la disette; nous n'avons pas même la consolation de manger nos 50 grammes de cheval, par un doux et riant soleil.

Le charbon et le coke sont réquisitionnés; tout approvisionnement excédant 5000 kilos doit être déclaré, même dans les établissements de l'État. Les cornues des usines à gaz sont éteintes, faute de houille; le soir, on n'allume plus qu'un seul bec de lumière sur quatre et même sur cinq. En fait de chauffage, il ne reste plus que du bois vert. Comme toujours l'administration a attendu le dernier moment pour ordonner des coupes dans les bois de Boulogne et de Vincennes, ainsi que sur les promenades et les boulevards. Dans les chantiers, les bois blancs sont réquisitionnés pour les boulangeries; les autres espèces sont prises par l'administration de la guerre et par les ambulances.

Les marchands de bois au détail sont, à la vérité, requis de débiter les 100 kilos à 8 francs; mais ils ont presque tous fermé boutique. On voit que, même avec de l'argent, il n'est point du tout commode de se chauffer. Qu'est-ce donc pour les pauvres gens!

Dans certaines mairies, on distribue 50 kilos de bois vert, c'est encore une *queue* à ajouter à celle de la boucherie; il faut apporter sa carte de rationnement, et en plus, une attestation que l'on est père de trois enfants âgés de moins de dix ans.

Faut-il s'étonner que, dans les quatiers excentriques, les arbres des promenades soient ébranchés ou coupés pendant la nuit, par de pauvres diables, poussés à bout!

Il est fréquent, sur les boulevards extérieurs, de voir, — autour de quelque gros hêtre, gisant à terre, — une bande d'enfants abattue comme un vol de corbeaux, cassant d'abord les petites branches, puis attaquant les grosses, et enfin dépeçant par menus éclats le tronc lui-même.

Les maraudeurs, les *chapardeurs*, dans les endroits déserts, dévastent les clôtures en planches qui entourent les terrains non bâtis ; ils envahissent les jardins pour couper les arbres ; quelques bandes ont essayé de piller les chantiers. De la charité pour les nécessiteux ; mais sus aux voleurs !

Au point de vue de la vie matérielle, la population de Paris peut se diviser en trois catégories : 1° celle des gens aisés, qui subsistent par leurs propres ressources ; 2° celle des pauvres gens, ouvriers, petits employés, etc., qui vivent, eux et leur famille, de la solde de la garde nationale ; 3° celle enfin des nécessiteux, femmes, vieillards, enfants, que le chômage de l'industrie réduit absolument à la misère, ainsi que la clientèle ordinaire des bureaux de bienfaisance, tels que malades et infirmes. Cette dernière classe s'élève au chiffre énorme de 478 000 personnes, selon le relevé qui vient d'être fait par les municipalités des vingt arrondissements ; le XIXe, celui des Buttes-Chaumont, compte pour le chiffre le plus fort, 66 000 ; puis viennent le XVIIIe (Butte-Montmartre) pour 60 000, — le XVIIe (Batignolles) pour 39 000, — le XIIIe (Gobelins et quartier Mouffetard) pour 34 000, etc. Les arrondissements les moins chargés sont le Ier (Louvre) et le VIIIe (Élysée), qui ne sont inscrits chacun que pour 8000. Comment cette masse de 500 000 malheureux parvient-elle à vivre chaque jour ? Le gouvernement fait ce qu'il peut. Ainsi il a suspendu le payement des loyers ; c'est déjà une grosse charge de moins ; il contribue à l'établissement des cantines municipales ; il vient d'allouer à la ville pour cette destination une somme de 500 000 francs. Mais qu'est-ce que ce chiffre en comparaison des bouches à nourrir ?

Dans les clubs, les économistes de l'école Blanqui et Pyat demandent à grands cris que le gouvernement s'empare par réquisition de tous les moyens de subsistance, et les distribue gratuitement à tous par rations égales. Le système du rationnement gratuit et obligatoire, selon le terme adopté, serait parfait, s'il pouvait être appliqué sur une population de deux millions d'âmes. Mais le gouvernement a déjà grand'peine à se tirer d'affaire, pour les choses essentielles telles que le pain et la viande : que serait-ce donc, s'il s'agissait de l'universalité des vivres ? Comment serait-il possible de perquisitionner toutes les denrées des particuliers ? on n'en finirait pas, et quelle tyrannie ! quel gaspillage ! C'est là une matière essentiellement délicate, qu'il faut toucher d'une main prudente. L'administration a essayé du *maximum* ; la tentative ne lui a pas réussi ; par exemple, depuis que le bois de chauffage et les pommes de terre sont tarifés, le peu qui reste a disparu des marchés publics, et se vend sous main à des prix excessifs.

Dans la crise actuelle, nous croyons que le gouvernement a des devoirs à l'égard de cette partie de la population, qui est exposée sans ressources aux souffrances de la faim et du froid ; mais la bonne volonté des particuliers, stimulée par le patriotisme, par le sentiment de la fraternité, en face du péril commun, est nécessairement plus efficace que l'action toujours restreinte, toujours superficielle du gouvernement. Dans chaque quartier, on s'aide entre soi ; les plus aisés donnent la main aux plus pauvres ; on se cotise pour installer des *fourneaux économiques*, qui font bonne concurrence aux *cantines municipales*. Les dons affluent aux mairies ; celles-ci, outre leurs attributions multiples, ont la charge de l'assistance publique ; elles ont, par exemple, des bureaux transformés en magasins d'habillement ; elles fournissent aux instituteurs et aux institutrices des ballots de vêtements en laine pour les enfants de leurs écoles. Chaque jour, il y a de nobles exemples de générosité ; ainsi M. Richard Wallace, qui, bien qu'étranger, est resté parmi nous à Paris, a organisé à ses frais une ambulance confortable ; à plusieurs reprises, il a fait don de sommes considérables, pour être distribuées aux nécessiteux.

Ce n'est pas à dire que toutes les détresses soient soulagées. Hélas non ! les misères croissent trop nombreuses et trop profondes. Du reste, en ce moment tout le monde souffre dans une proportion relativement égale, — les pauvres, par le manque du nécessaire modique des temps ordinaires, — les riches, par le manque de ce superflu, dont l'habitude fait aussi une nécessité. Il faudrait que, dans les terribles calamités qui nous accablent, un homme, même heureux par la fortune, fût singulièrement détaché de tout sentiment patriotique, de tout sentiment humain, pour ne pas ressentir par quelque endroit les angoisses de notre situation présente. Où allons-nous ? que deviendrons-nous ? Joignez à ces incertitudes douloureuses les inquiétudes pour les absents, dont on ne reçoit pas de nouvelles, qu'on ne reverra peut-être jamais. Nous vivons ici comme dans un tombeau : l'avenir est aussi sombre que le ciel fermé par les nuages, gros de neige.

Les femmes souffrent encore plus que les hommes ; elles sont frappées dans ce qu'elles ont de plus cher, dans leurs pères, dans leurs maris, dans leurs enfants ; elles voient de plus près les privations du foyer, et elles sentent plus directement les douleurs de la famille. Pour bien comprendre la lugubre grandeur du siége, il faut, après avoir porté les yeux au delà des remparts sur les champs de bataille, considérer, à l'intérieur, dans la ville même, les luttes que les femmes de Paris soutiennent contre les fléaux infligés par les Prussiens ; là aussi on est soldat, là aussi on combat contre la famine et le froid ; là aussi on meurt sous la faux des

CANTINE MUNICIPALE.

maladies. Les fièvres et la variole font des victimes de plus en plus nombreuses ; le chiffre de la mortalité ordinaire a triplé ; pour ce mois-ci, qui n'est pas encore terminé, il dépasse déjà 2000.

Il y a bien quelques révoltes et quelques défaillances : Eh! que me font les Prussiens, disait une femme, portant dans ses bras un bébé pâle et maigre ; je ne veux pas que mon enfant meure! Mais la très-grande majorité des femmes se montre héroïque ; elles se font une glorieuse page dans l'histoire de la défense de Paris. Elles mettent, à résister aux privations, aux souffrances, une furie toute française ; elles sont exaltées jusqu'aux suprêmes sacrifices. Notre pays est bien vivant, puisque ses filles ont au cœur une telle virilité de patriotisme !

Toutes les industries civiles sont mortes ; une seule survit, celle de la guerre ; elle fait subsister la plus grande partie de la population. Les uns travaillent dans les ateliers d'armes et de munitions. Le plus grand nombre, 300 000 environ, répartis en 260 bataillons, fait le service de la garde nationale. Chaque homme touche une solde de 1 fr. 50 par jour. Au début, le payement de la solde a donné lieu à des abus ; il était fait sur un reçu en bloc signé par le chef de bataillon : plusieurs cas de prévarications ont été poursuivis en conseil de guerre. Maintenant les choses se passent plus régulièrement : les receveurs de la ville, qui font fonction de payeurs, donnent les fonds contre des états de solde, dressés nominalement par compagnie.

En outre des 30 sous quotidiens, un supplément de 75 centimes est accordé aux hommes mariés ; on remarque malicieusement que le nombre des mariages s'est accru dans une subite proportion ; la plupart des publications portent que les futurs habitent même rue, même numéro ; c'est ce qu'en langage parisien on appelle aujourd'hui des mariages à *quinze sous*. On voit que tout au moins le supplément de solde a une excellente action morale ; il a fait régulariser un grand nombre d'unions libres.

Les gardes nationaux des bataillons de guerre, de service aux avant-postes, ont les vivres de campagne fournis par l'intendance. On loue beaucoup l'administration de la guerre ; elle a su habilement aménager ses approvisionnements de salaisons, de biscuit et de riz : chaque jour, pour distribuer la viande fraîche, elle fait abattre une centaine de chevaux. Pourtant la ration des troupes a déjà été diminuée ; mais pourquoi la réduction est-elle étendue jusqu'au vin ? Le vin ne manque pas dans Paris ; les gardes nationaux en font même une très-libérale consommation. Pourquoi donc restreindre les distributions pour nos soldats, qui par ces temps humides et glacés ont plus que jamais besoin de réconfortant ? Du reste, et d'une manière générale, — en observant ce qui se passe dans nos cantonnements aux environs de Paris, — on est étonné de voir combien l'organisation des *popotes* (pour me servir du terme militaire), est peu en rapport avec les ressources qu'offre le voisinage immédiat de Paris.

Le ventre ne passe point pour une partie noble ; mais tant est qu'à la guerre il tient un rôle principal ; alors il devient réellement le proche parent du cœur. Vous voyez le soldat partir, les épaules chargées de provisions pour cinq ou six jours ; ce poids, très-utile assurément, le fatigue néanmoins pendant les marches et contre-marches préliminaires de l'action proprement dite. De plus, ces vivres, dans la confusion des campements et des combats, se gaspillent, se détériorent, se perdent. Enfin, pour préparer la popote, soit avant, soit après le combat, l'homme use en menus travaux quelques heures qui lui seraient bien utiles pour se reposer ou se préparer plus spécialement au coup de feu.

Par le temps qui court, avec l'humidité et la neige, il importe que le soldat soit lesté d'un aliment chaud qui lui soutienne l'estomac et le courage ; il importe encore que l'homme puisse le soir d'une action se restaurer le plus promptement et le mieux possible, afin de bien dormir et d'être frais pour le lendemain. Or, je vois que souvent les troupes donnent, le matin, avant d'avoir pu faire bouillir le café ; et le soir de la bataille de Villiers, à dix heures passées, il a fallu qu'elles se préparassent à souper.

Il paraît que la question d'un ravitaillement mieux ordonné est à l'étude au ministère de la guerre ainsi qu'au ministère des travaux publics. M. Dorian fait exécuter des cuisines mobiles ; elles sont montées sur des fourgons attelés, et elles suffisent à cuire les aliments, chacune pour un bataillon. Mais entre l'invention et l'exécution d'une bonne idée, il passe, comme on dit, bien de l'eau dans la rivière. En ce moment le projet des cuisines mobiles est encore à l'étude ; il faut l'enquête des bureaux, qui ne se pressent jamais. En attendant, les quatre ou cinq voitures déjà installées font le soir des voyages dans les camps, pour distribuer des boissons chaudes, du thé légèrement relevé de rhum. On s'imagine si elles sont les bienvenues.

Notre armée commence à se remettre des épreuves de Champigny ; le général Trochu a réorganisé les cadres, réparé autant que possible le matériel, et augmenté l'artillerie. Pour le moral, il a repris également, malgré le froid et la portion congrue. Un de ces jours derniers, j'examinais la vaste plaine de Saint-Denis ; c'était du fort de l'Est jusqu'à Stains, sur l'inondation marécageuse du Crould, une immense nappe blanchâtre, irisée de bleu par les pâles rayons du soleil ; le froid mordait la peau ; la silhouette des sentinelles recouvertes de leur peau de mouton apparaissait immobile.

Dans le silence morne, les coups de feu retentissaient plus sourds, plus mats. Le fort de l'Est semblait comme enseveli sous un virginal linceul ; seules les embrasures se découpaient en noir. La route dure, glissante, fatigante, se refusait à la marche. Tout, dans ce paysage muet, disait : tristesse et découragement.

J'entends approcher quatre mobiles. Le premier, d'une main triomphante

et d'une voix joyeuse, montre à ses camarades un gibier microscopique : « Eh ! les amis, voici le dessert de notre souper. Un moineau pour quatre ! qu'en dites-vous ? quelle chance ! » Et mes quatre lurons passent, en ébauchant une gaie chanson.

Où est la neige terne et morne ? Le soleil de cette gaieté l'a fondue.

LE PLATEAU D'AVRON

19 décembre.

De Paris au Japon, il n'y a certainement pas un endroit, inondé et défoncé par la pluie, tapissé d'une nappe de boue liquide, que l'on puisse

comparer au plateau d'Avron. La couche de terre végétale est très-mince; immédiatement au-dessous vient le rocher, qui retient l'eau presque à la surface. Ajoutez que, par là, il y avait, autour de l'ancien château d'Avron, actuellement démoli, de vastes douves et de larges pièces d'eau, qui subsistent encore à l'état latent de marécages. Les chemins sont autant de rivières vaseuses, miniature de la Bièvre ; dans les prés, grandes mares glacées, le pied enfonce jusqu'à la cheville. Vous pouvez, si le cœur vous en dit, vous réfugier vers les carrières, dans les carrés d'argile blanche, visqueuse et glissante ; alors c'est tout un travail pour se maintenir en équilibre, et vous avez l'allure d'un patineur inexpérimenté qui ne se redresse à droite que pour pencher à gauche.

Çà et là, les roues de l'artillerie et des fourgons ont tracé de longs et droits sillons, profonds d'un pied, des rails de chemins de fer à l'envers. Le piétinement incessant des soldats, qui vont et viennent en corvée d'Avron à Rosny, a rasé la culture, élagué les vignes et dénudé le plateau, de telle sorte qu'il ne reste plus que la boue et rien que la boue. D'où cette phrase imagée d'un malin moblot : « Il paraît que nous nous sommes couverts de gloire en nous emparant d'Avron ; eh bien maintenant ! pour le conserver, nous nous couvrons de boue. »

Le plateau est, pour ainsi dire, un fort en état de construction. Le service de la garnison n'est pas couleur de rose ; alternativement les troupes de la division d'Hugues sont de grand'garde, ou fournissent des escouades au génie, pour le travail des batteries et des tranchées. Moblots et lignards piochent la terre sous la direction des sergents de sapeurs.

Les avant-postes, dans la vallée de Villemonble, touchent presque ceux de l'ennemi. Les Prussiens sont au château Launay, en avant de la ligne du chemin de fer de Strasbourg. Au bout de l'allée de peupliers, qui conduit au château, est plantée notre première sentinelle. De même, pour le parc Marchand, à l'autre extrémité de Villemonble.

Au milieu, les Prussiens tiennent la barricade qui ferme la rue du Raincy ; mais ils ne posent là leurs grand'gardes que pendant la nuit. Alors, les deux sentinelles pourraient presque engager la conversation ; on s'entend marcher. Il n'est pas à craindre qu'elles s'endorment.

En inclinant sur Villemonble, à côté d'un bois encore debout, quelques maisons de campagne forment une sorte de village ; la plupart des volets et des portes ont fourni des couchettes aux soldats. Le général d'Hugues, qui commande à Avron, a son quartier-général dans une de ces maisons. Voici un tableau d'intérieur : un lit bas, en fer, se repliant à la tête, avec un matelas de l'épaisseur d'une galette ; en face deux tonneaux qui supportent une planche en bois blanc chargée de cartes et de papiers.

Dans la cheminée, au-dessus de laquelle pend à un clou un portrait, — portrait aimé, cher souvenir, — fument quelques bûches. C'est tout ; le propriétaire se dit très-confortablement logé.

A l'entrée du quartier-général, un magnifique gaillard, haut de six

LE QUARTIER GÉNÉRAL DU GÉNÉRAL D'HUGUES AU PLATEAU D'AVRON.

pieds, drapé dans un large manteau rouge, se tient de planton. C'est un ex-cent-gardes. Eh bien ! il fait encore mieux dans ce paysage de couleur vraiment militaire, que devant une portière de velours en tapisserie, à la porte d'un salon, comme au temps des parades impériales.

Le génie auxiliaire est en train de construire des baraques pour loger les troupes ; c'est signe d'une installation à poste fixe. En attendant, les soldats campent sous la tente ; par le temps qui court, la toiture et le plancher de telles habitations laissent quelque peu à désirer. Après la gelée glaciale, la pluie humide ; au moins, il y a de la variété ; c'est une consolation.

Au début de l'occupation (fin novembre), il y avait sur le plateau des bois taillis ; quand le froid fut venu, comme dit la fable, et cela ne tarda pas, nos soldats firent bon feu ; maintenant il reste peu d'arbres, et il faut souffler dans ses doigts, sans compter que le plateau chauve, pour ainsi dire, se présente à découvert aux coups de l'ennemi.

Tout d'abord, les troupes avaient sous la main des vivres en abondance ; les légumes s'étalaient, plantureux et variés, dans les larges potagers, sur lesquels les maraudeurs prussiens n'avaient fait que de rares et nocturnes incursions. Mais, adieu paniers, vendanges sont faites.

Des belles soupes appétissantes sur lesquelles choux et pommes de terre s'épanouissaient pour le plaisir des yeux et des estomacs, il ne reste plus que le souvenir. Chaque jour, sur le coup de midi, les corvées descendent à Rosny chercher, à l'intendance, les rations de riz et de cheval. Il y a toujours une journée de vivres en avance. Les distributions sont très-suffisantes. Chaque homme a encore quotidiennement 150 grammes de viande ; dame, il faut cela pour résister au service des tranchées et des postes. Quant au vin, il est assez rigoureusement rationné : un quart tous les deux jours. La sobriété est à l'ordre du jour ; ce n'est pas un mal. Ajoutez six centilitres d'eau-de-vie. Pourtant il me semble qu'à Montreuil et autres lieux, quelques-uns dépassent amplement la mesure des quarts et centilitres administratifs.

La popote, dans les campements, ne rappelle pas les noces de Gamache ; mais les cuisiniers sont très-ingénieux ; ils inventent des sauces qui rallongent considérablement le rôti et qui varient à l'infini le goût du riz. Et puis, autour des gamelles, il y a un assaisonnement souverain : c'est la belle humeur, cette qualité vraiment admirable de la jeunesse française, qui fleurit partout et toujours, malgré pluies et gelées.

Voyez cette cuisine installée dans un avant-poste : quatre pierres juxtaposées, voilà le foyer ; au-dessus, un bidon, dans lequel bouillonne le riz ; à côté, la gamelle de l'escouade, que surveille gravement un moblot barbu,

LE PLATEAU D'AVRON.

retournant les morceaux avec un bout de fleuret, en guise de fourchette. C'est une grillade, qui a bonne odeur et encore meilleur goût. Le souper est prêt : « Messieurs, à table, s'il vous plaît, » s'écrie poliment le cuisinier. Car, parmi nos mobiles, on est on ne peut plus courtois ; on se donne du monsieur, et peut s'en faut qu'on ne renouvelle le traditionnel : « Après vous, monsieur. — Je n'en ferai rien, monsieur, etc. » Et le dîner s'accomplit à 400 mètres des Prussiens, qui peuvent constater que nous ne mourons pas encore de faim.

Le ton poli, que j'ai généralement remarqué parmi nos jeunes soldats, — qu'il ne faut pas sans doute s'exagérer, mais qui est réel, — ne me fait nullement regretter les façons brutales et même grossières des anciens grognards, la terreur des conscrits. Il indique dans nos jeunes troupes un degré supérieur d'éducation et d'instruction.

En somme, comme on le voit, bien que, sur le plateau d'Avron, la besogne soit rude ; bien qu'il faille travailler dans la boue et passer les nuits sous la pluie, cependant le moral des troupes se soutient encore. Il y a dans notre caractère un ressort admirable, dont les chefs peuvent, dans les circonstances difficiles, tirer un parti presque inespéré.

En revenant sur Rosny, je pataugeais dans un océan de boue, par un temps à décourager un chien ; pour comble, un gros nuage nous grésillait sur la tête. La matière à plaisanterie faisait tout à fait défaut. En traversant une tranchée, je tombe sur une escouade de travailleurs qui manœuvraient de la pioche, enfoncés jusqu'à mi-jambe dans la vase délayée. C'était, dans le groupe, un feu roulant de gaillardes gaietés. Le dialogue, entre-croisé et entre coupé, portait sur un menu de festin imaginaire pour la soirée, avec complément de spectacle. Chacun de nos théâtres parisiens y passait, militairement vanté ou critiqué, suivant le goût artistique de l'orateur. De temps à autre s'élevait la voix brève du sergent : « Allons, vous autres, pas tant de coups de langue, et plus de coups de pioche. » Et la terre retentissait, plus vivement attaquée.

Il serait mesquin de contester le courage dont nos ennemis peuvent être doués ; mais mettez une armée prussienne dans les conditions de la nôtre, il y a gros à parier qu'elle ne serait pas défendue contre les inquiétudes et les angoisses d'un investissement prolongé par une fermeté d'entrain moral égale à la nôtre ; qu'elle céderait à l'abattement morne et apathique, et qu'elle deviendrait bientôt incapable de tenir jusqu'aux chances plus heureuses que la fortune nous doit à notre tour.

Aujourd'hui, bien plus encore que dans nos époques de prospérité, il apparaît avec évidence combien heureusement le caractère français est doué.

Il se prête et s'accommode aux nécessités rigoureuses de la plus terrible situation que notre histoire ait encore présentée.

Le plateau d'Avron s'étend de l'ouest à l'est sur une longueur d'environ 1500 mètres; sa largeur extrême ne dépasse pas 800 mètres. Je parle du plateau lui-même, sans tenir compte des pentes qui descendent sur la plaine par lentes inclinaisons. Avron figure à peu près deux triangles soudés par la base. La pointe ouest touche au village de Rosny, séparée du fort de ce nom par un vallon large de 1 kilomètre; la pointe est regarde la Marne. Gournay est à peu près à 3500 mètres; Neuilly, plus rapproché sur le côté droit, est à 2000 mètres sur le val même de la Marne. Entre ces deux villages, on aperçoit droit à l'est d'abord la Maison-Blanche, puis le Chesnay, le long du chemin de fer de Strasbourg. Plus bas, sur la Marne, c'est Ville-Évrard.

Au nord, le plateau (112 mètres d'altitude) court parallèle à la ligne des hauteurs occupées par les Prussiens; d'abord le Raincy (110 mètres), qui s'élève au-dessus de Villemomble, puis Gagny (116 mètres) à droite sur un second mamelon; au pied, dans le vallon, court le chemin de fer de Strasbourg.

Le Raincy et Gagny, séparés par une échancrure de terrain, avancent comme deux cornes pointées contre Avron : les ouvrages auxquels les Prussiens travaillent depuis longtemps, se dissimulent dans les bois, qui couvrent ces hauteurs; ils sont, comme la nature du terrain l'indique, divisés en deux groupes. D'un côté, ceux du parc du Raincy, disposés en demi-cercle autour du carrefour des Hêtres, au-dessus du chemin de l'Hermitage, visent à la fois le plateau d'Avron et Bondy. De l'autre côté, ceux de Gagny, accumulés à la droite du village, au-dessus de carrières, dont le ton blanchâtre tranchent sur la terre vert sombre, regardent tout ensemble le plateau d'Avron et la vallée de la Marne.

Au point de vue défensif, notre position d'Avron prolonge jusqu'à la Marne la ligne des forts de Romainville, Noisy et Rosny, laquelle fait un coude en rebroussant à angle droit par Fontenay et Nogent sur Joinville-le-Pont. Au point de vue offensif, le même plateau prend en lisière la forêt du Raincy; sur la droite, il s'interpose entre les positions d'où l'ennemi pourrait diriger une attaque directe contre nos forts, et il coupe le passage de la vallée de la Marne par la route de Chelles à Gournay. Avron tient, sur ses pentes de l'est, des dépendances naturelles, qui sont les villas et châteaux étagés sur les coteaux bordant la rivière, tels que : Maison-Blanche, le Chesnay et Ville-Évrard : ce sont autant de postes pour couler le long de la Marne et intercepter les communications des deux rives.

De plus, soit qu'on veuille agir au nord-est ou au sud-est, le plateau est un excellent pivot d'évolution et une belle position d'artillerie. On se rappelle que, pendant les batailles de la Marne, les obus d'Avron ont coupé la route aux renforts ennemis, de Gournay à Brie. Les Prussiens accouraient à la rescousse de leurs corps attaqués, amenant de longs convois. Notre feu a culbuté cette file; en un moment les voitures renversées et amoncelées en désordre sur la route ont fait une haute barricade interceptant le passage.

Par contre, le plateau d'Avron présente le désavantage d'être jeté en l'air; de front, il est directement sous la prise des positions rivales de Raincy et de Gagny; sur la droite, il est entouré par les ouvrages fortifiés de Noisy-le-Grand et de Gournay; en arrière, les forts de Nogent et de Rosny le flanquent faiblement; la masse même du plateau protége l'ennemi contre nos feux. Les Prussiens pourraient bien être tentés de nous déloger par une vigoureuse surprise de nuit, dans l'espérance que nous serions forcés de laisser là notre grosse artillerie, empêtrée sur ce terrain difficile. Toutefois, contre une attaque d'infanterie, le général d'Hugues est en forces très-suffisantes; sa division comprend un régiment de ligne, le 137e, trois bataillons de mobiles de la Seine, quatre bataillons de la Vendée et deux bataillons de Bretagne, — plus de 9000 hommes. De plus, il a reçu récemment un renfort d'infanterie de marine. C'est le colonel Stoffel, qui commande l'artillerie, installée sur le plateau, — 45 pièces environ, dont quelques-unes du plus fort calibre, 30 de marine et 24 court. Les ouvrages pour les batteries ont d'abord été construits sur l'éperon de l'est, du côté de la Marne, regardant en demi-cercle Gagny, Gournay, et Noisy-le-Grand; puis les travaux ont été continués sur la pointe faisant face au Raincy, enfin ils se relient en longeant le contour du plateau, au fort de Rosny.

Les premiers ouvrages, ceux qui datent de l'occupation, sont suffisants; ainsi la batterie dite du Bois, sur Gagny, construite par le génie volontaire, a des parapets, qui mesurent quatre mètres d'épaisseur en crête. Mais le grand froid a ralenti les travaux; après le froid, c'est le dégel et la boue; enfin le sol rocheux est difficile à creuser. En somme, la fortification va lentement : il faut songer qu'en face, au Raincy et à Gagny, les Prussiens ont sur nous deux mois d'avance. La situation est périlleuse.

Jusqu'ici nous n'avons pas fait d'efforts sérieux pour arrêter les travaux qu'ils poursuivent sur ces positions. De temps à autre, nos forts, par acquit de conscience, ont dirigé quelques reconnaissances aux abords du Raincy. C'était tout à fait inoffensif; un jour nous avons trouvé l'inscription suivante, tracée à la craie sur la porte d'une maison : « Messieurs, nous vous avons vu venir et nous nous retirons; quand vous serez partis, dans une heure nous reviendrons. »

LES TROIS BATTERIES ENNEMIES DU RAINCY.

Pourtant, on cite, au fort de Rosny, trois ou quatre officiers de marine, qui ont exploré, en hardis éclaireurs, tout ce canton suspect.

SORTIE DU BOURGET

20 décembre.

A partir d'hier midi, les portes des remparts ont été rigoureusement fermées ; une grande sortie se prépare au nord-est de Paris, depuis Saint-Denis jusqu'à la Marne. Le général Trochu était toujours, depuis les combats de Champigny, en retraite à Vincennes ; le 16, il est revenu à Paris pour présider un grand conseil de guerre, dans lequel les opérations de la sortie ont été arrêtées ; il s'agit d'exécuter contre les lignes allemandes un vaste mouvement tournant, dont le plateau d'Avron est le pivot. Ce point étant pris pour centre, notre armée doit rayonner sur la gauche dans la plaine de Saint-Denis jusqu'au Bourget, enlever cette position, attaquer en sens oblique les batteries fortifiées de Pont-Iblon et de Blanc-Ménil, puis se rabattre, dans la direction de la Marne, contre les hauteurs du Raincy, lesquelles, situées en face du plateau d'Avron, se trouveront ainsi abordées de front et à revers.

Les positions du Raincy constituent le contre-fort culminant de la rive droite de la Marne ; elles sont couvertes d'un côté par la forêt de Bondy, et de l'autre côté elles se prolongent jusqu'à Gournay, sur la Marne, par les pentes également boisées de Gagny, de Montfermeil et de Chelles. C'est là un des quartiers-généraux de l'investissement ; les Allemands l'ont protégé par des travaux importants, qui battent en écharpe la plaine de Saint-Denis. Quant au val de la Marne, il est défendu par des ouvrages construits sur la rive opposée, à Noisy-le-Grand et à Gournay.

La direction de notre sortie est évidemment combinée en vue d'une action que le général Faidherbe doit simultanément engager dans le nord, du côté d'Amiens.

La sortie avait d'abord été fixée pour le 19 : le froid des premiers jours de décembre s'est beaucoup radouci ; mais le dégel a défoncé le sol ; on veut attendre que celui-ci soit un peu raffermi ; l'opération a été remise à demain 21 décembre.

La plus grande partie de nos forces sont appelées à y coopérer; elles sont divisées en trois groupes. Le premier, commandé par le général Vinoy, est chargé de prendre position au plateau d'Avron, et de cheminer dans la vallée de la Marne, le long du versant est de la hauteur du Rainey. Le second, composé des forces les plus considérables, sous les ordres du général Ducrot, entreprendra la partie active de l'expédition ; c'est lui qui doit pousser sur les positions de Pont-Iblon et de Blanc-Ménil. Cependant le troisième groupe, détaché de la garnison de Saint-Denis, concourra à l'attaque préliminaire du Bourget, destiné à affranchir le flanc gauche du général Ducrot : en somme, le Bourget est la porte que nous devons d'abord ouvrir ou plutôt forcer, pour engager la lutte contre les lignes allemandes.

La concentration des troupes a commencé dans la journée d'hier; elle se continue pendant toute celle d'aujourd'hui. Le général Vinoy s'est déjà rendu à son quartier-général du fort de Rosny. Il dispose de la division d'Hugues, qui garde le plateau d'Avron, — de la brigade Blaise, détachée de la garnison du Moulin-Saquet, au sud, — de la brigade d'Argentolle, comprenant la garde républicaine et la gendarmerie à pied, — de la brigade Salmon, composée en grande partie de troupes de marine. Comme artillerie, il n'a pu obtenir que deux batteries de 4 et une batterie de mitrailleuses, sous les ordres du général Favé. Il est vrai que cette partie de nos forces ne doit opérer que dans le champ de tir des pièces à longue portée, établies sur le plateau d'Avron. Elle a un rôle expectant : c'est probablement pour ce motif que le général Trochu a attribué au général Vinoy les bataillons de guerre de la garde nationale, qui pour la première fois entre en ligne. Pour son début, il lui donne des positions de réserve; 38 bataillons, environ une quinzaine de mille hommes, sont échelonnés de Rosny à Nogent. La plupart ont déjà fait le service des avant-postes.

Il y a quelques jours, j'accompagnais au delà des remparts un ami, lieutenant dans une compagnie de marche. Il partait avec bon courage; mais au fond il se défiait un peu de lui ; il allait à l'inconnu et il se demandait tout bas si cet inconnu ne le prendrait pas au dépourvu. Aujourd'hui, je le retrouve aux bivouacs de Rosny. Mon brave est tout changé : allure délibérée, ton ferme, et dans le langage cette résolution de l'homme qui a pris son parti en connaissance de cause. Dire que tous, absolument tous les camarades sont aussi crânes que mon jeune lieutenant, je n'oserais; d'abord quelques-uns brillent par leur absence : ils ont fait la sourde oreille au rappel; mais la majorité a bonne contenance et fera son devoir.

L'armée du général Ducrot compte la plus grande partie des troupes qui ont déjà combattu sous ses ordres à Villiers : son artillerie de campagne a été renforcée par trois nouvelles batteries de 7, toutes neuves; en outre, le vice-amiral Saisset a disposé, tout autour de Bondy, le long du chemin de fer de Strasbourg et du canal de l'Ourcq, une dizaine de batteries de position, armées de grosses pièces de siége et de marine; c'est afin de couvrir le flanc droit du général Ducrot et de contre-battre l'artillerie de l'ennemi, qui, du Raincy, pourrait prendre en écharpe notre évolution dans la plaine.

C'est ce matin que les troupes du général Ducrot ont quitté les cantonnements de Vincennes pour se rendre sur leurs positions de combat ; elles ont défilé entre les remparts et les forts, sur trois colonnes parallèles, pour se concentrer de Bondy à Aubervilliers. Tous ces mouvements s'exécutent en plein jour, sous le regard de l'ennemi, qui est ainsi averti de prendre ses précautions. Ne serait-il pas prudent de masquer nos concentrations derrière les nombreux villages, situés en deçà des forts, et de ne nous découvrir qu'au moment même de l'attaque? Ce n'est pas que dans ces grandes opérations le secret soit strictement possible ; toujours il y a des fuites qui révèlent, au flair exercé des Prussiens, nos projets d'attaque. Il n'est pas de ruses dont ceux-ci ne se servent pour éventer nos mouvements. Ainsi, un capitaine d'artillerie me racontait que dernièrement, à Champigny, sa batterie de mitrailleuses fut traversée par une patrouille de mobiles, donnant le mot d'ordre pour aller soi-disant relever les avant-postes. La patrouille passa; mais la défiance du capitaine fut éveillée par la circonstance anormale de cette visite. A tout hasard, il prit ses précautions ; et bien il s'en trouva ; car, une heure après, il était assailli par une colonne ennemie, qui, grâce à une désignation exacte, put arriver à 200 mètres de son front. Mais il était en position, et les Prussiens furent reçus par le feu roulant des mitrailleuses.

Toute la journée, ça été sur les routes une longue procession de régiments. Les rangs sont lâches et en zigzags ; le soldat marche blindé de tout son appareil : armes, munitions, vivres, abri. Sur le haut du sac, il porte six jours de vivres en biscuit, lard, riz et café ; l'intendance retient pour les approvisionnements journaliers, le vin et l'eau-de-vie. De temps en temps, la colonne s'arrête pour serrer les files et donner aux retardataires le temps de rejoindre. Ici, ce sont les attelages d'artillerie, avec les canons qui sonnent sur les affûts. Là c'est une compagnie du génie, escortant des cacolets, symétriquement enharnachés de pelles et de pioches.

Dans les marches, il y a toujours quelques épisodes désopilants. Voyez cette honnète ordonnance, qui conduit la bête de somme des officiers, por-

tant bagages, vivres, cantine et fourrage; de plus, personnellement, il a lui-même sur les épaules son sac bondé des charges réglementaires. Le tout, homme et équipement, est monté sur la bête, qui va son train de bon courage. Mais la route est glissante; les faux pas sont fréquents. L'équilibre du monument se dérange, et voilà mon soldat qui dextrement passe par-dessus le cou de sa bête et se retrouve sur ses pieds sur la route. Les camarades font des remontrances; répétition de la fable de La Fontaine, *le Meunier, son fils et l'âne :* « Prends-le par la guide. » Le soldat se décide à se porter tout seul, ce qui n'est pas une mince affaire. Il est probable que dix pas plus loin d'autres camarades lui persuaderont de se remettre en selle.

Cependant, dans de tels moments, à la veille d'une bataille, la plupart marchent sérieux et graves : sait-on qui reviendra? Les amis se réunissent de plus près; on cause des chers souvenirs et des espérances lointaines. On se remet mutuellement des gages pour les affections du pays; on parle de la famille. Avant de tenter le suprême hasard des batailles, l'homme se sent une joie infinie de se rattacher de plus près, ne fût-ce que par quelques bribes de conversation et de confidence, à ce qui, sur cette terre, lui tient le plus au cœur : les parents et le pays natal.

Pendant la soirée, le spectacle au-dessus du cimetière de Romainville est magnifique : l'armée s'étage sur les pentes du coteau jusque dans la plaine, comme sur les gradins d'un vaste amphithéâtre. Les uniformes de nos troupes sont, il est vrai, plus voyants que ceux des Prussiens; mais ils s'harmonisent en belles et riantes couleurs : le rouge et le bleu chatoient comme une fête des yeux. Le temps, toujours assez doux, est légèrement estompé de brume.

Dans la plaine de Saint-Denis, nos forces se développent en éventail. Les branches de l'éventail, en prenant pour point d'attache le fort d'Aubervilliers, suivent, à intervalles presque égaux, et selon une disposition symétrique, la route de Dunkerque (Pierrefitte et Stains), la route de Lille (le Bourget), la route dite des Petits-Ponts (le Drancy), la route de Metz (Bondy et Raincy).

Toutes les positions de l'ennemi sont situées sur les lignes ou dans les intervalles de ce plan. Celui-ci est coupé longitudinalement tout près du sommet de l'angle par deux lignes ferrées, celle de Strasbourg et celle de Soissons; elles peuvent nous aider à relier et à renforcer plus rapidement les différents efforts de notre attaque; quatre wagons blindés manœuvrent en grand'gardes sur la ligne de Soissons.

Dans le fond, la demi-circonférence terminant l'éventail est fermée par un horizon de plateaux dominants, Arnouville, Gonesse, Blanc-Ménil, Aulnay-lez-Bondy, le Raincy, qui sont occupés par l'ennemi. Cette série de hauteurs est bordée, sur le versant qui nous fait face, par les inondations marécageuses de la Morée. A l'abri de ce fossé naturel, les Allemands ont installé des groupes nombreux de batteries fines, notamment à Pont-Iblon et à Blanc-Ménil. A Pont-Iblon, ils ont même un camp baraqué, pour couvrir contre nos attaques leurs communications de Gournay à Montmorency. Le Bourget est leur poste avancé dans la plaine de Saint-Denis ; il est évident que depuis notre entreprise du 29 octobre ce village a dû être solidement fortifié ; il est protégé, sur la droite, par la petite rivière la Molette, qui a débordé.

Mercredi, 21 décembre.

Ce matin le jour très-brumeux ne s'est levé que vers sept heures passées. Pendant la nuit, froide et obscure, les voitures d'ambulances étaient déjà massées en longues files sur les routes de Flandre et d'Allemagne ; elles sont escortées par de nombreuses escouades de gardes nationaux brancardiers, vêtus de toile grise et portant le brassard à croix rouge.

L'immense plaine du nord est encore muette ; les troupes de Saint-Denis prennent silencieusement leurs positions sur la ligne de bataille. Elles sont divisées en trois colonnes : la première (général Lavoignet), composée d'un régiment de ligne, le 134e, d'un régiment de mobiles et des francs-tireurs de la Presse, va s'établir, en avant du fort d'Aubervilliers, sur la grande route de Lille qui conduit au Bourget ; — la seconde, sous les ordres du capitaine de frégate Lamothe-Tenet, composée d'un fort détachement de marins, du 138e de ligne et d'un bataillon des mobiles de la Seine, se place en avant du village de la Courneuve, à la gauche du chemin de fer de Soissons ; elle regarde le Bourget en sens transversal ; — la troisième (général Hanrion) reste en réserve à la Courneuve.

Au centre, à Drancy, le général Ducrot porte deux bataillons de ligne dans ce village déjà occupé par les éclaireurs Poulizac. A droite le général Vinoy dirige deux brigades sur Neuilly, entre Avron et la Marne.

A sept heures et demie, le fort d'Aubervilliers, où le général Trochu s'est rendu depuis la veille, donne le signal de l'attaque. La canonnade éclate : le fort de l'Est, nos batteries de la Courneuve et Aubervilliers concentrent leurs feux sur le Bourget. Nos colonnes s'élancent contre le village qui est divisé en deux cantons par le petit ruisseau, actuellement débordé, de la Molette : le premier, celui du sud, où se trouve le château avec parc retranché, est abordé de front par le général Lavoignet ; le second canton, où se trouve l'église, est pris de côté par les troupes du capitaine Lamothe-Tenet. Celles-ci franchissent à gué la Molette, enlèvent le cimetière, débusquent les Prussiens des barricades qui défendent l'issue des rues, les poursuivent de maison en maison, pénètrent jusqu'à l'église, sur la grand'route.

La partie supérieure du village est tournée ; nous avons une centaine de prisonniers. Mais la portion inférieure, en deçà de la Molette, est encore intacte ; par là le général Lavoignet s'efforce en vain de forcer l'entrée du Bourget. Les Prussiens, retranchés à l'abri des murs du parc et des barricades qui ferment la grand'route, entretiennent un feu très-vif. Le 134e a abordé très-résolûment le premier obstacle, un grand mur blanc terminé par un pavillon rouge, à la gauche de la route ; ce mur, soutenu par une banquette, est un terrible rempart ; les balles pleuvent comme grêle, sur nos soldats manœuvrant à découvert. De même, sur la droite de la route, vers le chemin de fer, nos francs-tireurs sont tenus à distance par la violence de la fusillade. Cette première attaque nous coûte du monde ; il faut se coucher à terre, riposter par des feux de tirailleurs, et le temps se passe sans résultat.

Il est dix heures. Le général Lavoignet n'a pas d'artillerie pour battre en brèche ces obstacles crénelés qui l'arrêtent. Les forts ont dû arrêter leurs feux crainte d'assommer celles de nos troupes qui occupent les environs de l'église. D'ailleurs leur tir n'est guère efficace. Qu'un fort se protège lui-même contre une attaque, qu'il couvre nos troupes manœuvrant dans le rayon de son envergure, — très-bien ; il est disposé pour cela. Mais s'agit-il de coopérer à l'attaque de positions ennemies, même rapprochées ? Alors son action devient manifestement insuffisante. En effet, l'adversaire a précisément installé ses retranchements de manière à se défiler, autant que possible, de son incommode voisin. Ainsi, le Bourget est à moins de trois kilomètres du fort d'Aubervilliers, lequel a des canons qui portent à cinq ou six mille mètres ; cependant quelques pièces de campagne, pour le moment, feraient bien mieux notre affaire.

Depuis la première affaire du Bourget, l'ennemi n'a pas perdu son temps. De front, le village nous oppose une ligne de murs crénelés, de barricades et de tranchées ; sur les deux ailes s'étendent des ouvrages pour le canon ; à gauche, ils couvrent la route de Dugny ; à droite, ils se prolongent sur la Molette. Enfin, en arrière, à 2500 mètres, les grosses batteries de Pont-Iblon et de Blanc-Ménil croisent leurs obus sur le Bourget.

Du côté d'Avron, le général Vinoy a ponctuellement exécuté son mouvement dans le val de la Marne. Il avait d'abord voulu piquer droit sur les

ATTAQUE DU BOUR

positions de l'ennemi au Raincy; pendant la nuit, toutes ses dispositions avaient été prises. C'était une rude affaire de grimper à l'assaut de telles hauteurs fortifiées; mais en cas de bonne chance, le succès devenait décisif. Le général Trochu a décommandé expressément l'opération; a-t-il craint que, si nous portions le combat sur le Raincy, où les Allemands ont de

(VOIR PAGE 291).

puissantes batteries, l'artillerie de l'amiral Saisset, à Bondy, fût annulée, sous peine de tirer indistinctement sur amis et ennemis, et que, par suite, les Prussiens eussent pleine liberté de canonner en écharpe les divisions du général Ducrot ? Mais alors, la diversion du général Vinoy ne pouvait plus être que très-restreinte. Il avait à tourner autour du Raincy et à s'engager dans le val de la Marne; mais comme la vallée est étroite, comme les rives sont dominées par des hauteurs, garnies elles-mêmes par l'artillerie ennemie, il semble difficile que le général Vinoy puisse aller bien loin sans jeter ses troupes sous le feu croisé et supérieur des Prussiens, sans même les exposer à être coupées et enlevées.

Deux brigades tournèrent parallèlement sous le plateau d'Avron. Pendant que celle du capitaine de vaisseau Salmon se porte vers le parc de la Maison-Blanche, lequel ferme sur la Marne le débouché de la vallée du Raincy, — la brigade Blaise suit, sur le bord de la rivière, la route qui conduit au pont de Gournay; elle enlève Neuilly sans coup férir et pousse sur Ville-Évrard, hospice encore inachevé, qui est entouré d'un parc. Le mur nous faisant face est couvert par un petit ruisseau débordé : par derrière, le poste, composé de Saxons, nous reçut par une fusillade serrée. Alors le général Favé, fait pointer quelques coups de 4 ; aussitôt l'ennemi riposte de l'autre côté de la Marne, avec les batteries de Noisy-le-Grand : mais le général Favé a couvert son artillerie à l'abri des maisons de Neuilly; il soutient son feu contre Ville-Évrard. Les obus de Noisy-le-Grand passent par-dessus Neuilly et poursuivent les troupes en marche de la brigade Salmon; d'autres sont pointés sur Avron même, qui répond ferme. Cependant Ville-Évrard a été enlevé ainsi que Maison-Blanche.

Revenons à la partie centrale du champ d'opération; le général Ducrot attend toujours, pour donner, le résultat de l'attaque sur le Bourget. Nos lignes se développent dans la plaine, d'Aubervilliers à Bondy, sur les trois grandes routes de Pont-Iblon, d'Aulnay et de Livry. Une locomotive remorque sur le chemin de fer de Strasbourg une longue file de fourgons contenant sans doute des munitions et des vivres. On est déshabitué d'un tel spectacle; cela fait vraiment plaisir de voir, dans le paysage, un train roulant et fumant.

Autour de Drancy, nos tirailleurs nettoient la plaine. Mais le gros de la fusillade est toujours au Bourget. Le général Trochu, suivi de son état-major, dans lequel se trouve le général Clément Thomas, vient de gagner au galop la Suifferie; là, il s'arrête sur la grande route, à environ mille mètres du parc, où les Prussiens résistent si vigoureusement. A la même hauteur, quatre bataillons de mobiles de la Seine sont massés en réserve derrière les hauts et larges bâtiments de la Suifferie. En arrière, sur la route encombrée d'abattis (comment n'est-elle pas déjà déblayée ?), les voitures d'ambulances chargent les blessés, que les brancardiers apportent en assez grand nombre ; ce sont pour la plupart des hommes du 134°. Les frères de la doctrine chrétienne se distinguent, comme à Champigny, par leur zèle à relever nos soldats ; en voici deux, qui rapportent sur un brancard en toile un officier des francs-tireurs de la Presse, tout sanglant. Le temps se met au froid ; les blessés grelottent douloureusement. Des feux sont allumés dans les masures ruinées, aux bords de la route : on est triste, on sent que la journée ne s'annonce pas bien.

En avant de la Courneuve deux wagons blindés manœuvrent sur la voie ferrée ; ils envoient des décharges sur le Bourget. La fusillade bourdonne incessamment ; mais le fort d'Aubervilliers recommence à tirer sur le Bourget, — signe que l'ennemi gagne du terrain.

Sur l'ordre du général Trochu, l'artillerie arrive au grand trot : une batterie de 4, puis deux batteries de 12 défilent sur la route, tournent à gauche en plein champ, s'installent en vue du mur blanc, et ouvrent vivement le feu. La distance est bonne ; mille à neuf cents mètres. Les obus frappent sur le mur à coups redoublés ; mais l'obstacle est solide ; il est soutenu en arrière par une banquette en terre ; les brèches s'ouvrent lentement. Du côté de Drancy, une autre batterie bat encore le village par la droite, pour forcer les Prussiens à abandonner les maisons qu'ils défendent encore, au delà de la Molette, contre les troupes du capitaine Lamothe-Tenet. Mais l'ennemi tient bon ; il ne ralentit pas son feu de mousqueterie contre notre infanterie, dispersée en tirailleurs sur les ailes des batteries.

Le capitaine Lamothe-Tenet essaye de prendre le parc à revers, pour renforcer l'attaque opposée du général Lavoignet ; une compagnie de marins commandée par le lieutenant Peltereau, s'engage contre la barricade de la grande route sur la Molette. Mais les obus d'Aubervilliers ainsi que ceux de nos batteries de campagne tombent sur nos combattants, qui simultanément sont assaillis par les obus ennemis, que lancent les batteries de Dugny, de Pont-Iblon ; par là nous sommes pris entre trois feux, par le nord, l'est et le sud.

En même temps des renforts d'infanterie arrivent aux Prussiens, qui résistant déjà avec succès au général Lavoignet, reprennent l'offensive contre le capitaine Lamothe-Tenet. Celui-ci avec ses marins et le 138°, défend avec énergie le canton qu'il a conquis ; son aide de camp est mortellement frappé ; la compagnie Peltereau est coupée, cernée et enlevée. La position n'est plus tenable ; sur les midi, la colonne bat en retraite sur la Courneuve ; elle est soutenue par la brigade Hanrion. Les marins, dont l'effectif est de 700 hommes, ont hors de combat 260 hommes, dont 8 officiers. Le 138° a perdu près de 400 hommes, dont 7 officiers.

Après la retraite du capitaine Lamothe-Tenet, nos feux d'artillerie redoublent sur le Bourget ; mieux eût valu exécuter ce bombardement au début de l'opération, et lancer nos colonnes d'attaque seulement lorsque le terrain eût été déblayé.

Puisque la prise du Bourget était le préliminaire indispensable de notre opération, pourquoi ne l'avoir pas entreprise avec des moyens d'action plus puissants ? Pourquoi n'avoir pas renforcé la colonne Lamothe-Tenet, quand elle a fait coin dans la partie supérieure du village ? Pourquoi ne pas avoir plus vigoureusement soutenu la colonne Lavoignet ? Pourquoi, enfin, n'avoir pas poussé une attaque par la droite, simultanément avec celles de gauche et de face ? Certes les troupes et les canons ne manquaient pas ; car le général Ducrot, réduit à l'inaction, pouvait envoyer autant de renforts qu'il eût été nécessaire.

A une heure, les tirailleurs de la brigade Lavoignet cessent également le feu ; le général Trochu rentre au fort d'Aubervilliers.

Le Bourget restant aux Allemands, l'exécution de notre plan se trouve arrêtée ; toute la journée, l'armée du général Ducrot demeure immobile sur ses positions de Drancy.

A partir du canal de l'Ourcq, la plaine monte en pente très douce jusqu'au village, lequel est borné, en regardant l'ennemi, par le parc du château Ladoucette. Ce parc est occupé par nos tirailleurs ; les avant-postes allemands sont sur le chemin de fer de Soissons, à moins de 600 mètres. Notre ligne de tirailleurs court parallèle au chemin de fer jusqu'à la ferme de Groslay, située sur la grande route d'Aulnay ; ce sont deux grands bâtiments de culture, tout à fait démolis par les obus ; les toits pendent menaçants sur la tête de nos soldats, qui déjà ont installé leurs bivouacs au milieu des gravats ; la ferme est entourée du côté de l'ennemi par un repli de la Molette.

En arrière de Drancy et de Groslay, sur le versant légèrement ondulé, nos troupes sont massées, attendant le moment de l'action.

Les états-majors ont mis pied à terre ; les chevaux sont au piquet, tout sellés. Cependant les soldats se promènent de long en large, afin de remplacer, par l'exercice, les feux de bivouac absents. Car le froid est intense : il brûle la figure et engourdit les membres. Par une innovation tout à fait heureuse, les hommes portent la couverture suspendue par-devant, pliée sur la poitrine et le ventre ; ainsi ils ont le corps plus chaud, et, à l'occasion, cet épais plastron de laine les garantit contre les balles déjà mourantes. Enfin, avantage non à dédaigner, les replis de la couverture servent de manchon commode pour les mains

Nous jouons vraiment de guignon avec le temps. Il s'était radouci : la journée de mardi avait été à la fois douce et non brouillassée ; voilà que, le jour même où nous partons en campagne, il se met à geler à pierre fendre.

La position de notre armée devenait critique ; elle se trouvait massée dans la plaine, à 3 000 mètres des ouvrages ennemis disposés en arc de cercle, sur notre front et nos flancs. N'était-il pas à craindre que Pont-Iblon, Blanc-Ménil, Aulnay, le Raincy croisant leurs feux sur nos régiments amoncelés, frappant dans la masse, ne nous infligeassent des pertes sensibles?

Le général Ducrot mit en première ligne son artillerie et attaqua vigoureusement celle de l'adversaire. Sur la droite de Drancy, à l'abri des murs du cimetière, qui donnent sur la campagne, il fut établi plusieurs batteries de fort calibre : pièces de 12 et pièces de 7. Tout à fait en avant, derrière une petite ferme, dite de l'Alouette, on plaça trois énormes canons de marine de 16 centimètres, mobilisés par un système de traction fort ingénieux ; les affûts portent sur deux avant-trains, reliés dos à dos ; une grosse poutre fixée à l'arrière sert à manœuvrer la pièce. Cette batterie géante est dirigée par le lieutenant de vaisseau Lavison. On s'étonne qu'elle soit jetée si en avant, en première ligne sur le champ de bataille ; puisqu'elle porte à six ou sept mille mètres, pourquoi la placer à deux kilomètres, sous la riposte de l'ennemi? C'est l'annuler ; en effet, les canons prussiens l'ont bien vite dépistée, et ils font rage contre les servants du lieutenant Lavison.

Pendant trois heures, la canonnade tonna très violente ; les coups se succédaient continus et acharnés. Les pièces de Blanc-Ménil répondaient, mais de très-loin, en se tenant à distance. Les obus ne dépassaient pas Drancy ; ils ont fait peu de mal ; quelques artilleurs et quelques chevaux seulement ont été mis hors de combat.

A notre droite, sur Bondy, même tactique. Sauf, quelques légères fusillades, là, pas plus qu'à Drancy, les troupes n'ont été engagées : toujours l'artillerie.

A la gauche du village, vers le chemin de Drancy en équerre sur le canal de l'Ourcq, une très-forte batterie de marine observe Aulnay ; elle riposte à cette position, qui nous canonne en écharpe.

Plus en avant, toujours sur le canal, quelques pièces de 4 sont braquées derrière des clôtures de jardins, tout près d'un ouvrage prussien, que l'on aperçoit distinctement sur la lisière de la forêt. Elles le fouillent ; l'ennemi réplique, mais faiblement, si bien qu'une estafette de chez nous a cru que le poste nous appartenait. Pour passer par le plus court vers Drancy, elle pique droit sur l'ennemi et va donner sur un cavalier bleu de Prusse. Aussitôt elle enlève son cheval et passe d'un trait devant son vis-à-vis, ébahi d'une telle audace.

Deux autres batteries sont installées à droite de Bondy, l'une au cimetière, l'autre à la Station du chemin de fer de Strasbourg ; elles font face au Raincy, qui reste muet.

C'est ainsi que pendant toute la journée notre artillerie a donné, pour couvrir l'armée immobile du général Ducrot.

A trois heures et demie, la canonnade s'éteint. Nos troupes se disposent à camper sur le terrain occupé le matin même. Une division se loge à Drancy ; quelques maisons, au sud du village, sont en ruines, abattues par les obus ; mais la plupart des habitations sont encore intactes et hospitalières.

Ces demeures désertes et dévastées ont je ne sais quelle odeur d'antiquité ; on croirait pénétrer dans quelque Herculanum. C'est avec un sentiment de curiosité attristée que, par exemple, dans la maison de l'école, je feuillette dans les pupitres de bois blanc, les cahiers noircis d'exercices enfantins. Dans la salle, toute une escouade fait la soupe ; naturellement cahiers et pupitres alimentent le feu.

Les bivouacs projettent dans le crépuscule des lueurs rougeâtres : subitement une rafale d'obus s'abat sur nos campements. C'est le bonsoir des Prussiens ; aux avant-postes la fusillade répond en écho ; puis tout se tait.

La nuit est tombée, obscure et glaciale ; il n'y a pas de nuages au ciel ; cependant on ne distingue pas à dix pas devant soi ; le froid est noir. Vers le front de nos positions, on entend un bruit sourd ; c'est le génie qui creuse des tranchées ; les pioches résonnent sur la terre dure.

Jeudi, 22 décembre.

Cette nuit, nous avons eu une vive alerte, sur l'extrême droite de nos positions, à Ville-Évrard.

On se rappelle qu'hier, à midi, les troupes du général Vinoy occupaient, dans le val de la Marne, Ville-Évrard et Maison-Blanche.

Dans ces positions, elles se trouvaient en plein sous les obus des batteries ennemies placées sur les hauteurs de la rive opposée ; pour les protéger, l'artillerie du plateau d'Avron tirait par-dessus leur tête, sur Noisy-le-Grand. Peu à peu, les Prussiens éteignirent leur feu ; mais ils le reprirent plus loin, à Gournay, à près de 5 kilomètres d'Avron. Nos pièces de 12 devenaient trop courtes : on riposta avec les canons de 7, qui, de nouveau, forcèrent l'adversaire à se déplacer. Cette fois il passe la Marne; ce sont les batteries de Chelles, couvertes contre la vue d'Avron par la côte boisée de Gagny, qui continuent le duel. Les pièces marines du plateau ripostent, mais leur tir ne peut être bien réglé.

Notre artillerie de campagne, réduite à ses propres forces, tient vigoureusement; le général Favé a disposé ses trois batteries, deux de 4 et une de mitrailleuses, en avant de Ville-Évrard. Les mitrailleuses ont balayé le terrain, dispersé les tirailleurs Saxons et débusqué les artilleurs ennemis de Noisy-le-Grand. Nos canons de 4 entreprennent bravement la batterie de Chelles; le feu est très-violent; le général Favé tombe frappé à la cuisse par un éclat d'obus.

Grâce à ce combat singulier d'artillerie, très-vivement conduit, nos troupes n'éprouvent que des pertes minimes.

A la chute du jour, le canon ennemi se tait; une dernière bordée d'obus vient éteindre les bivouacs un peu trop promptement allumés à Neuilly.

Le général Vinoy prend ses dispositions pour la nuit : la brigade d'Argentolle est installée à Neuilly; plusieurs bataillons de garde nationale prennent position en arrière, dans le redan naturel formé par Avron, le fort de Nogent et la Marne, à Fontenay, à Plaisance, au Perreux, etc.

En avant, la brigade Blaise reste à Ville-Évrard; la brigade Salmon reçoit l'ordre de se replier de Maison-Blanche. C'est un tort; car le poste de Maison-Blanche, placé lui-même sous la protection immédiate d'Avron, flanquait notre avancée de Ville-Évrard.

La nuit tombe très-noire; le général Blaise a quatre bataillons de ligne, deux du 114ᵉ et deux du 112ᵉ. Les soldats disséminés dans les bâtiments de l'hospice et dans le parc, font la soupe. Tout à coup, vers six heures et demie, la fusillade retentit sur la route de Gournay; ce sont les Saxons qui reviennent inopinément à la charge. Il faut croire que malgré la proximité de l'ennemi nos troupes se gardaient bien mal; cependant la grille du parc fut fermée à temps, et les soldats, s'embusquant aux embrasures percées dans les murs, purent contenir l'ennemi. Dans l'obscurité la confusion était grande.

En même temps, pendant que notre attention est attirée sur la route de Gournay, un second détachement ennemi, filant entre Maison-Blanche et Ville-Évrard, nous attaque à revers sur la route de Neuilly. Pour comble, voici que la fusillade éclate au milieu même des bâtiments de l'hospice.

Lors de notre attaque du matin, 150 Saxons environ s'étaient cachés dans les caves de l'hospice; on ne les avait pas fouillées. Profitant du désordre produit par l'alerte des leurs, ils sortent de leur cachette, et s'embusquant dans le dédale ténébreux des bâtiments, ils tirent sur les nôtres, désorientés par cette triple attaque.

Au vacarme, le général Blaise sort de son quartier; il est tué raide. Plusieurs des nôtres sont enlevés dans la bagarre. Le colonel Roger, du 112ᵉ, prend le commandement; il rallie les troupes qu'il trouve sous sa main, et il se replie sur Neuilly. Mais une partie de sa colonne se débande à la sortie de Ville-Évrard; un certain nombre de fuyards, parmi lesquels cinq ou six officiers, arrivent en courant à Neuilly, et même plus loin encore, à Plaisance; là, ils entraînent le 32ᵉ bataillon de garde nationale, qui, pris de panique, retourne précipitamment et sans ordre, dans Paris, à Montmartre. D'autres débandés arrivent à Nogent et à Rosny, propageant les bruits les plus imaginaires et les plus alarmants.

Cependant le général Vinoy, instruit de la surprise de Ville-Évrard, prend le parti de laisser l'affaire se débrouiller jusqu'au lendemain; les renforts, pendant la nuit, n'auraient pu qu'augmenter le désordre. Ce fut très-sage.

Les troupes qui défendent le parc de Ville-Évrard, sur la route de Gournay, ont tenu bon; pendant la nuit elles parvinrent à repousser l'ennemi en tête. Alors les Saxons, qui nous ont tournés par la route de Neuilly, se sentent eux-mêmes pris entre deux feux : ils se décidèrent à battre en retraite; ils défilèrent sous notre fusillade, qui borde les murs du parc. Le reste de la nuit s'acheva tranquillement.

Ce matin, il ne fallait pas songer à s'enfoncer davantage dans le défilé de la Marne ; d'une autre part, il n'était pas prudent de rester en l'air à Ville-Évrard avec des troupes impressionnées par le combat de la nuit. Puisque l'opération principale sur le Bourget était manquée, le mieux, pour le général Vinoy, était d'abandonner Ville-Évrard et de se replier sur des positions moins périlleuses. Tel est le parti qui fut exécuté.

Afin de protéger l'évacuation définitive de Ville-Évrard, le général Vinoy, a fait dans la matinée réoccuper Maison-Blanche par la brigade Salmon. Les batteries de Noisy-le-Grand ont recommencé à tirer sur nos colonnes; mais devant la réplique d'Avron, elles se sont tues assez rapidement.

Un ordre du jour traduit en conseil de guerre les officiers et les soldats qui ont abandonné leur poste devant l'ennemi. On dit qu'un officier de mobiles a passé hier aux Prussiens; il aurait livré, sur nos positions, des renseignements qui ont amené l'attaque de la nuit.

Aujourd'hui il ne s'est passé aucun événement militaire; quelques coups

LES BIVOUACS S'ABRITENT TANT BIEN QUE MAL DANS LES TRANCHÉES.

de canon, de loin en loin, ont seuls rompu le silence qui a succédé au fracas de la journée d'hier. Les trois pièces marines de 16 tirent sur Sevran, où l'on aperçoit des concentrations d'infanterie. De part et d'autre on a passé le temps à s'observer, à se mesurer, à se fortifier.

Le Bourget est toujours notre principal objectif; tant qu'il tiendra, l'armée ne peut s'engager plus avant dans la plaine ; elle serait mitraillée en écharpe, elle risquerait d'être coupée. Nous faisons le siége de la position : des tranchées appuyées de batteries cheminent de Drancy à la Courneuve, enserrant le Bourget, défilant le feu des ouvrages ennemis. La plus proche de nos batteries coupe la route de Lille au delà de la Suifferie, à environ mille mètres du Bourget, Drancy est couvert, à droite par la batterie du cimetière; à gauche par celle du château ; cette dernière creusée profondément dans le parc, à l'abri des arbres, n'est pas à 1200 mètres des ouvrages Est du Bourget. La ferme de Groslay, qui se trouve jetée en avant à 1 kilomètre sur la route d'Aulnay, est déjà reliée à nos lignes par une tranchée circulaire. Les troupes sont employées à tous ces travaux; mais il fait très-froid ; la terre est dure à piocher; les hommes sont fatigués et se rebutent vite : la besogne va lentement.

Quoique les Prussiens se dissimulent soigneusement à l'abri des murs des villages jetés çà et là, comme à profusion, sur la plaine, cependant la surveillance rigoureuse de leurs reconnaissances, ainsi que bien d'autres indices, comme des terres fraîchement remuées, indiquent qu'ils se préparent activement contre nos tentatives d'attaque.

Si quelques soldats, d'aventure, s'approchent un peu trop curieusement des maisons situées aux abords des positions ennemies, d'apparence silencieuses et inoffensives, — aussitôt, des fenêtres, part une grêle de balles qui force les indiscrets à une vive et prompte retraite.

Ainsi, aujourd'hui, sur la gauche du parc de Drancy, je suivais avec une lorgnette quatre à cinq soldats maraudant à quelque cent mètres au delà de nos retranchements. L'imprudence de ces soldats était d'autant plus grande qu'ils étaient enveloppés de leurs couvertures blanches; ils ressortaient sur la plaine comme des moutons sur un pré vert. Ils s'approchèrent à courte distance du chemin de fer. Là est une maisonnette, sur les pans de laquelle on voit fréquemment apparaître les silhouettes des vedettes ennemies.

Tout à coup je les vis s'arrêter, puis arpenter le terrain à toutes jambes ; en même temps, les sifflements des balles nous arrivaient rapides et multipliés. Rien de plus pénible que l'émotion de cette espèce de chasse; un de ces coureurs de maraudes s'en allait d'un pas lent et tranquille, de l'air d'un homme tout à fait sûr de la maladresse des tireurs. En effet, aucun coup ne toucha dans cette cible ambulante.

Cependant, la brise du nord-est souffle la glace; cette nuit, il y a eu cinq degrés au-dessous de zéro. La plaine d'Aubervilliers est devenue un coin de la Sibérie; le canal de l'Ourcq est gelé; pas d'abris protecteurs sur cette surface unie et plane, ouverte au vent. La campagne, déjà ravagée par trois mois de guerre, est rase; plus de buissons ni d'arbres pour fournir en quantité suffisante les matériaux du bivouac. Nos soldats font bois de toutes flèches : ils arrachent les souches vertes, encore debout; c'est une bonne fortune de trouver, dans les villages abandonnés, le cadre d'une porte ou d'une fenêtre.

Les bivouacs, fumeux et maigres, s'abritent tant bien que mal dans les tranchées.

Çà et là dans des replis de terrain, les minces tentes de toile, flottant à tous les souffles, envahies par l'atmosphère glacée, font peine à voir. Les visages sont marbrés par les pâles morsures du froid. Les cadavres de la veille, ramassés par les ambulances, se tiennent raides dans les tristes attitudes de l'agonie. On ne peut, sans frissonner, penser aux souffrances des avant-postes, réduits à passer la nuit entière, sans le moindre feu.

Dans le parc du Drancy, le long du mur des grand'gardes, sont des piles de bûches disposées par le propriétaire dans les temps meilleurs. Certes la tentation est grande; c'est un véritable héroïsme, pour nos malheureuses sentinelles, d'endurer les affres de la froidure, à côté de ces foyers latents, qui semblent les tenter.

Le bruit a couru dans Paris que l'armée avait forcé les lignes allemandes, et que même nous étions maîtres de Chelles. Dans ces jours solennels de bataille, quand la canonnade tonne dans le lointain, la population s'enfièvre; l'imagination publique prend des ailes rapides ; elle emporte positions et batteries ; rien ne l'arrête. On commentait avec ardeur, avec enthousiasme, cette communication du gouvernement, datée d'hier, 2 heures :

« L'attaque a commencé ce matin sur un grand développement, depuis le Mont-Valérien jusqu'à Nogent. Le combat est engagé et continue avec des chances favorables pour nous sur tous les points. Cent prisonniers prussiens, provenant du Bourget, viennent d'être amenés à Saint-Denis. Le gouverneur est à la tête des troupes.

« Par ordre, le chef d'état-major général,

« *Schmitz.* »

Aujourd'hui la réalité est apparue sous un jour bien moins triomphant;

on connaît l'échec du Bourget ; la nouvelle de l'échauffourée de Ville-Évrard a été répandue par les gardes nationaux de Plaisance. Le public, déçu dans ses illusions, s'émeut contre le général Trochu. « Comment une opération, engagée avec la presque totalité de nos forces, a-t-elle échoué dès le début ? Comment le général en chef s'est-il laissé arrêter par le Bourget ? Lors du 31 octobre il a prétendu que cette position était en dehors du plan de la défense, et qu'il n'était pas besoin de la conserver ; aujourd'hui ce même Bourget se trouve être le point important de notre attaque et nous sommes impuissants à le reprendre ! Que signifie l'inaction de nos troupes ? C'était bien la peine de les masser sous le feu de l'ennemi, pour s'en tenir à une simple canonnade ! Le général en chef s'imaginait-il que les Allemands auraient la naïveté de venir attaquer notre armée dans la plaine d'Aubervilliers, sous le canon de nos forts ? etc. » Voilà ce que l'on se dit dans Paris avec inquiétude et même avec irritation ; il va sans dire que les clubs rouges lancent feux et flammes contre l'impéritie, contre la trahison du général Trochu.

Cette émotion du public, — raisonnée chez les uns, exagérée et insensée chez les autres, — a gagné le gouvernement.

Jusqu'ici le gouverneur de Paris a dirigé sans contrôle les opérations du siége ; mais il devient évident que malgré ses talents militaires, réels et sérieux, le général Trochu ne suffit pas aux difficultés de sa situation exceptionnelle. Les faits donnent malheureusement raison à ceux, — très-nombreux dans le public, dans l'armée, dans le gouvernement, — qui lui reprochent de n'agir qu'avec indécision et mollesse, de n'avoir pas su mettre en œuvre toutes les ressources de Paris et imprimer à la défense une impulsion énergique. Déjà bien souvent l'on s'est demandé s'il n'y a pas nécessité de remettre le commandement entre des mains plus énergiques.

Mais ici se présente une question bien grave :

Parmi nos chefs militaires quel est l'homme plus capable de mener nos affaires ? S'il existe, les événements ne l'ont pas révélé. Le général Ducrot, très-brave de sa personne, n'a certainement pas montré, dans les batailles de la Marne, le coup d'œil, le sang-froid, la fertilité de ressources d'un grand capitaine. Le général Vinoy inspire plus de confiance ; il s'est fait grand honneur, en ramenant, après Sedan, son corps d'armée de Mézières à Paris ; dans les opérations du siége, il n'a eu qu'un rôle secondaire ; mais il a toujours exécuté avec correction et souvent avec vigueur les ordres qui lui étaient donnés. Toutefois il manque au général Vinoy, — de même, du reste, qu'au général Ducrot, — une qualité essentielle dans les circonstances présentes ; c'est la foi. Suffit-il, pour un général en chef, d'accomplir son devoir sans illusion, avec résignation? Non, évidemment. « Dans une situation extraordinaire, a dit Napoléon Ier, il faut une résolution extraordinaire; que de choses qui paraissent impossibles ont été faites par des hommes résolus, n'ayant plus d'autres ressources que la mort! »

Indépendamment de la difficulté du choix, le gouvernement est lié envers le général Trochu par le souvenir des services rendus et de ces trois mois passés en commun. Dans la crise que nous traversons, il recule devant le danger de porter atteinte, par des changements, au principe d'autorité, dont l'influence sur l'armée a besoin d'être conservée intacte.

Les membres du gouvernement, réunis aujourd'hui, ont adopté un moyen terme; ils ont résolu de convoquer en conseil de guerre nos principaux chefs militaires, afin d'aviser en commun à la situation. MM. Jules Favre et Jules Simon sont allés aussitôt au fort d'Aubervilliers, pour informer le général Trochu de cette résolution; ils l'ont trouvé confiant dans l'issue de la sortie; il ne doute pas que par des travaux d'approche nous ne prenions bientôt le Bourget, et alors l'opération engagée se poursuivra avec succès. Il a donc ajourné la proposition du conseil de guerre.

Est-il vrai qu'au début du siège le général Trochu ait qualifié l'entreprise d'héroïque folie? Je ne sais; mais maintenant il paraît tout à fait converti. Que cette foi ne s'affirme-t-elle plus agissante et plus habile?

Vendredi, 23 décembre.

Ce matin le *Journal officiel* a publié la note suivante : « 22 décembre, 3 heures. — La journée d'hier n'est que le commencement d'une série d'opérations. Elle n'a pas eu et ne pouvait avoir de résultat définitif; mais elle peut servir à établir deux points importants : l'excellente tenue de nos bataillons de marche, engagés pour la première fois, qui se sont montrés dignes de leurs camarades de l'armée et de la mobile, et la supériorité de notre nouvelle artillerie, qui a éteint complétement les feux de l'ennemi. Si nous n'avions pas été contrariés par l'état de l'atmosphère, il n'est pas douteux que le village du Bourget serait resté entre nos mains. A l'heure où nous écrivons, le général gouverneur de Paris a réuni les chefs de corps pour se concerter avec eux sur les opérations militaires. — Jules Favre. »

Aujourd'hui, les troupes du général Ducrot se sont de nouveau mises sous les armes. Lorsque le soleil sec et sans chaleur a dissipé la brume du matin, des concentrations considérables ont été aperçues en arrière du Bourget, vers Pont-Iblon. Cependant un retour offensif, de la part de l'ennemi, était bien improbable ; il serait venu se jeter sous le canon de nos forts. Il est plus vraisemblable que les Allemands s'attendaient, pour aujourd'hui, à un vif effort de notre part sur le Bourget ; ils se tenaient prêts. De notre côté, le général Ducrot a garni ses positions ; et le jour s'est encore passé à s'observer mutuellement, avec intermittence de canonnade.

Par l'effet de cette prise d'armes, nos travaux contre le Bourget n'ont point avancé ; les soldats ont eu une journée très-fatigante après une nuit cruelle. Le froid est descendu à onze degrés ; aux avant-postes, on a trouvé des hommes morts par congélation ; là, en effet, il est impossible d'allumer des feux, qui serviraient de point de mire aux balles et aux obus de l'ennemi ; les sentinelles restent immobiles, l'œil fixé en avant. Quelle terrible épreuve ! Souvent le malheureux soldat est mal vêtu ; peu à peu l'air glacial lui engourdit les membres et lui fige le sang dans une silencieuse agonie.

Sur la droite, le général Vinoy a renvoyé une partie de ses troupes dans leurs anciens cantonnements ; il ne conserve que l'effectif suffisant à la garde d'Avron et des positions en arrière.

Le 2ᵉ régiment de garde nationale, colonel Jannin, reste à la redoute de Montreuil ; le 46ᵉ, colonel Ulric de Fonvielle, reste à Rosny. Au moment du départ, le général Vinoy a passé en revue la brigade Blaise, il a fait publiquement désarmer les officiers qui dans l'échauffourée de Ville-Evrard se sont laissé entraîner par les fuyards. Cet exemple de rigueur est plus que jamais nécessaire : le surcroît de souffrances, que le froid impose aux troupes, produit une sorte de torpeur qui engourdit les courages ; on s'abandonne, on se laisse aller. Il faut lutter contre le terrible fléau de la démoralisation ; il faut resserrer le lien du devoir militaire.

Vendredi, 24 décembre.

Le froid s'est encore accru ; le ciel est pur et limpide ; le soleil brille d'un éclat glacial ; la bise souffle sans cesse, enlevant des tourbillons de poussière et faisant frissonner les tentes. Cette nuit, la température a dépassé 15 degrés ; les cas de congélation se multiplient. La terre est dure comme du rocher ; elle est gelée à une profondeur de 50 centimètres ; les travaux sont arrêtés. Du côté de l'ennemi comme du nôtre, l'inaction est complète ; c'est à peine si aux avant-postes on échange quelques coups de fusil. Dans l'après-midi, le général Tripier est venu à Groslay; il a inspecté les terrassements que le génie auxiliaire est en train d'exécuter autour des bâtiments de la ferme; il a visité les travaux avancés, avec un état-major nombreux, à cinq cents mètres des postes ennemis, établis sur le chemin de fer de Soissons; il n'y avait qu'à tirer dans le tas; cependant les Prussiens n'ont dit mot.

Du côté de Rosny, deux bataillons de garde nationale, commandés par le colonel Ulric de Fonvielle, ont poussé une reconnaissance sur Villemomble; les Prussiens ont répliqué par une assez vive fusillade : c'est tout. Ils se tiennent, en forces, sur la défensive.

Nos soldats vivent dans les tranchées; ils se pressent les uns contre les autres, autour des brasiers fumeux; on grille par devant, mais on grelotte de dos. Chacun se calfeutre de son mieux dans sa capote, dans sa couverture. Heureux celui qui a soit un tricot, soit une ceinture, ou un capuchon de laine, ou une peau de mouton. Les uniformes sont bariolés de hardes; ils ont pris, dans la poussière des tranchées, une teinte usée et sale.

Entre les forts, dans les villages où la garde nationale est cantonnée, toutes les boiseries des maisons passent aux feux; les toitures mêmes sont démolies. Les chambres étant ouvertes aux quatre vents par l'absence des portes et des fenêtres, on s'installe dans les caves; la fumée vous aveugle : on s'y fait.

A chaque instant, on voit défiler sur la route d'Aubervilliers des voitures d'ambulances, chargées de pauvres gens, à la mine étirée, aux yeux rougis, qui grelottent la fièvre, avec de longues quintes de toux, creuses et rauques. La maladie nous abat plus de monde que ne l'eût fait une sanglante bataille. Mais la bataille du moins, mieux combinée, plus vivement enlevée que cette malheureuse affaire du Bourget, eût servi à quelque chose. Ce qui ruine physiquement et moralement notre armée, c'est l'immobilité, compliquée des fatigues du qui-vive, de l'excès du froid et des privations de nourriture. Dans les longues stations au fond des tranchées, il se tient des causeries rien moins que gaies; pour me servir d'un terme expressif, on broie du noir : « Que faisons-nous ici, à nous battre contre la bise? » Les camarades de retour des grand'gardes, racontent les atroces factions de nuit : « Un tel a été trouvé raide mort de froid, dans le petit bois de Groslay; il a fallu envoyer à l'ambulance tel autre, qui ne pouvait plus se tenir sur ses jambes. » Les timides, les poltrons haussent la voix : « Pourquoi nous laisse-t-on crever de faim et de froid? Les Prussiens sont les plus forts; mieux vaut se rendre tout de suite. Si Paris veut se défendre, eh bien, qu'il se défende tout seul avec sa garde nationale ! » Ces jérémiades ne laissent pas que d'ébranler la majorité des soldats, pourtant vaillante et patriotique ; mais on souffre tant, et à quoi cela avance-t-il ? Ce découragement influe sur la discipline, sur l'autorité du commandement ; les chefs sentent qu'ils n'ont pas les troupes dans la main : quelques-uns fléchissent et se renferment dans une inertie apathique. La plupart remplit virilement son devoir. Un jeune colonel qui parcourt sans cesse les bivouacs et les postes de son régiment, me disait : « Je n'ai pas trop à me plaindre de mes hommes ; c'est moi qui les plains. Quel damné métier ! J'ai tricot, caleçon, triples chaussettes, fortes bottes et épais caban ; pourtant je ne suis pas à mon aise ; je n'ose descendre de mon cheval : quand je mets pied à terre, je sens de telles secousses dans les jambes que, Dieu me pardonne, il me prend envie de pleurer. Qu'est-ce donc pour mes hommes ? Je vois ces pauvres malheureux, vêtus à la diable ; quelques uns sont chaussés sans bas, de souliers si minces, si minces que le froid mord à même à la peau. » Et mon colonel ajoutait : « Je demanderais au premier venu de mes hommes, ce qu'il préfère, ou soutenir douze heures de bataille, ou repasser par les trois journées que nous venons d'endurer dans cette plaine, je gage qu'on me répondra sans hésiter : Douze heures de bataille, mon colonel. »

Sans doute le froid est un des accidents de la guerre ; et il serait étrange de désespérer, d'abandonner la partie parce que le thermomètre baisse de quelques degrés. Nos armées de province supportent des épreuves plus rudes encore ; le froid ne les empêche pas de tenir campagne et de combattre. Nos troupes souffrent, oui ; mais si ces souffrances ont un effet démoralisant, c'est surtout parce qu'elles n'ont pas de cause déterminée et d'objet bien net. Évidemment l'opération engagée le 21 est manquée ; les Allemands ont eu tout le temps de se préparer ; aujourd'hui encore, on a aperçu dans leurs lignes de grands mouvements de troupes. Au lieu de prolonger ici le spectacle de notre impuissance, ne vaut-il pas mieux recommencer sur nouveaux frais et dans une autre direction ? Seulement de la décision, de la hardiesse ; et ne trébuchons plus à la première pierre du chemin, comme au Bourget.

Le général Trochu s'est rendu ce matin à Paris, où il a assisté à la séance du gouvernement ; il a offert sa démission, qui a été unanimement refusée ; il a accepté pour après-demain la convocation de tous les chefs de corps en conseil de guerre.

« NOS SOLDATS SE PRESSENT LES UNS CONTRE LES AUTRES, AUTOUR DES BRASIERS FUMEUX.... (VOIR PAGE 307.)

Samedi, 25 décembre.

La nuit de Noël n'a pas été moins rude que les précédentes ; le froid sévit toujours avec la même intensité. C'est un triste réveillon pour notre armée ; mais il faut bien croire qu'en face, chez l'assiégeant, la Christmas n'aura pas été non plus bien gaie. C'est aujourd'hui, dit-on, que le roi de Prusse a promis à ses troupes qu'elles entreraient dans Paris ; il a vendu trop tôt la peau de l'ours.

Après un conseil tenu au fort d'Aubervilliers entre nos généraux, l'armée a quitté les tranchées de la plaine ; elle a été cantonnée en arrière dans les villages environnants. Les routes sur Paris sont sillonnées par des colonnes en marche d'infanterie et d'artillerie ; des bataillons de la garde nationale, qui se trouvaient en seconde ligne, rentrent dans Paris ; nos positions de Drancy restent toujours occupées par des détachements. Encore une retraite ! C'est pour la seconde fois que le Bourget nous est funeste.

Dimanche, 26 décembre.

Ce matin le *Journal officiel*, annonce la retraite de l'armée :

« Un froid de plusieurs degrés, allant jusqu'à 10 degrés 5 dixièmes et 11 degrés 7 dixièmes au-dessous de zéro, développé au plus haut point par la limpidité même de l'atmosphère, a sérieusement éprouvé les troupes placées sur les plateaux élevés de nos lignes de circonvallation. Du côté du Bourget seulement, les nuits dernières ont frappé de congélation près de *six cents hommes*. Des mesures urgentes étaient à prendre si l'on ne voulait courir à un désastre imminent. »

Le *Journal officiel* ajoute : « Ces mesures n'impliquent à aucun degré l'abandon des opérations commencées. Le gouvernement, le général, l'armée, le peuple persévèrent plus que jamais dans la résolution de continuer la défense, au prix de tous les sacrifices, jusqu'à la victoire définitive. »

On se rappelle qu'un grand conseil de guerre doit être tenu demain 27 ; il arrêtera sans doute le plan d'une prochaine sortie ; on compte qu'elle aura lieu le plus tôt possible, pendant que les forces ennemies sont encore concentrées au Nord ; toutefois il faut donner à l'armée le temps de se réconforter.

La température ne se radoucit pas; déjà avant-hier la Seine charriait des glaçons; ceux-ci ont emporté les ponts prussiens de Choisy-le-Roy, dont les débris se sont amoncelés contre notre pont d'Ivry. La rivière est entièrement prise en aval; notre flottille, qui manœuvrait dans ces parages, se trouve bloquée.

Depuis deux jours, on signale sur le Raincy des travaux suspects; du plateau d'Avron, on voit l'ennemi transporter des matériaux. Aujourd'hui un gros détachement de gardes mobiles a fouillé le Parc de Maison-Blanche et démoli les murailles, qui pourraient abriter une attaque d'infanterie contre Avron.

Pourquoi les 60 grosses pièces marines établies autour de Bondy, de concert avec les forts de Noisy et de Rosny, ne soutiennent-elles pas l'artillerie d'Avron, pour bombarder le Raincy? ne pourrait-on essayer de culbuter les ouvrages que l'ennemi achève avec une hâte manifeste sur cette position?

LE BOMBARDEMENT

27 décembre.

Toute la nuit, la neige est tombée; la campagne est toute blanche; une brume grisâtre flotte dans l'air.

Ce matin, sur Avron, les travailleurs du génie s'étaient, comme de coutume, mis à l'ouvrage, aux abords de nos batteries, sur le versant qui regarde Gagny. Au jour, entre huit heures et huit heures et demie, d'énormes obus, comparables pour la dimension à ceux de nos pièces de marine, sifflent en tout sens sur le plateau. La cannonade l'enveloppe en demi-cercle, convergeant du Raincy, de Gagny, de Chelles, de Gournay et de Noisy-le-Grand. Toutes ces batteries croisaient leurs feux sur Avron; simultanément, elles atteignaient à une distance presque double, les deux forts de Nogent et de Rosny, qui en arrière flanquent le plateau. Aux premières notes de cette diane formidable, nos avant-postes sur le front du Raincy se replient précipitamment. La rafale balaye bruyamment le plateau;

un certain nombre de soldats surpris, décontenancés, abandonnent les tranchées.

Le désordre est accru par les ouvriers du génie civil, qui filent au grand trot. On descend à la débandade la pente de Rosny. Ce flot de fuyards fut arrêté par la garde nationale qui forme cordon à Fontenay et Montreuil. Cependant nos artilleurs ont sauté sur leurs pièces, et le colonel Stoffel organise la réplique.

Depuis plusieurs jours, on sentait, pour ainsi dire, quelque chose dans l'air ; on savait, à des indices certains, que l'ennemi armait ses batteries du Raincy. De notre côté, il y avait encore à fortifier les épaulements des batteries, blinder les magasins à poudre, creuser plus profondément les tranchées, les défiler des vues de l'ennemi, etc. Mais ces travaux indispensables à notre sécurité et qui auraient déjà dû être achevés, ont encore été retardés par le froid, qui, sur Avron, est encore plus âpre que dans la plaine. En effet, l'eau et le vin sont gelés ; il faut casser le pain à coup de hache. Pour se chauffer, les soldats ont achevé d'éclaircir les bouquets d'arbres, qui masquaient quelques points, notamment le village ; sur le plateau tout ras, les baraques construites pour le logement des troupes s'offrent à nu au tir de l'ennemi. Le général Vinoy avait compris heureusement à temps le péril de cette installation ; dans la soirée d'hier, il a fait évacuer les campements ; une partie seulement de la division d'Hugues et de l'infanterie de marine de la brigade Salmon, a été conservée sur Avron, à l'abri des tranchées ; le reste des troupes a établi ses bivouacs sur le versant de Nogent et de Rosny, soit derrière le remblais élevé du chemin de fer de Mulhouse, soit dans les cavités de la carrière à plâtre. En seconde ligne, à Noisy-le-Sec et à Vincennes, les deux divisions Mattat et de Bellemare de l'armée du général Ducrot, ont reçu l'ordre de se tenir prêtes à porter secours à la division d'Hugues, si celle-ci est attaquée par l'infanterie allemande.

Ce matin, quand la canonnade a éclaté, les projets de l'ennemi n'étaient pas bien clairs ; on pouvait douter s'il se contenterait de bombarder notre position ou s'il préparait un assaut. En conséquence, les réserves prirent les armes, et allèrent s'échelonner sur les pentes du plateau, au-dessus du village de Rosny. Des hauteurs du Raincy, les Prussiens apercevaient nos mouvements de troupes ; ils pointèrent dans cette direction, sans nous faire grand mal ; quelques hommes du 112e de ligne sont touchés.

Cependant on forme les faisceaux ; les soldats causent et se promènent, pour tromper l'attente et le froid. Par une invention qui me rappelle le

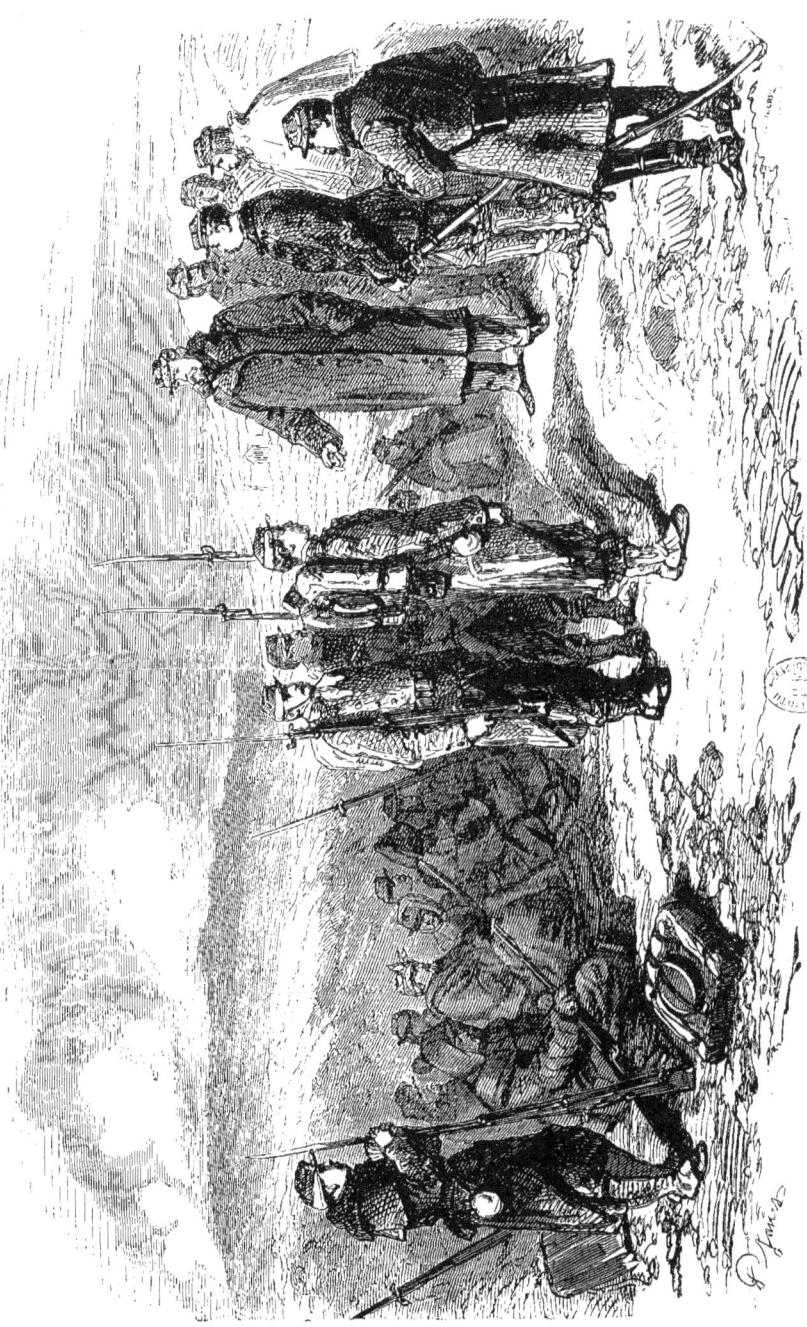

LE GÉNÉRAL VINOY PARCOURANT LES TRANCHÉES DU PLATEAU D'AVRON PENDANT LA CANONNADE.

collége, des bandes de jeunes soldats courent en rond à la file afin de se dégourdir les jambes. Les obus passent en sifflant.

Sur le plateau même, le général d'Hugues a rétabli l'ordre dans les tranchées. Le général Vinoy, dont le quartier général est à Rosny, les passe en revue ; tout le monde est à son poste. Dame ! le premier moment a été dur ; les nerfs de nos jeunes mobiles ont été ébranlés par tout ce fracas meurtrier. Mais peu à peu on s'aperçoit que l'obus fait généralement plus de bruit que de mal : c'est un gros homme, à vaste embompoint, qui souffle fort, mais qui marche lentement. Il a la poigne vaste et solide, mais il est facile de l'éviter.

Les nôtres s'habituent à la manœuvre ; il suffit de rester à son poste, en bon ordre, et de se garer, de sang-froid, à l'abri des mille obstacles du terrain. Mais, si les soldats se dispersent, s'ils courent çà et là, à l'aventure, les chances de mort se multiplient.

Le vieux général Tripier, à la vivacité juvénile, inspecte nos ouvrages ; il a pu remarquer l'incommodité des raidillons rares et raboteux, côtoyant les carrières, qui donnent accès sur Avron. Le génie ne s'est point assez préoccupé des voies de communication qui devraient être plus larges, plus nombreuses, surtout pour le transport de l'artillerie. L'observation n'est pas neuve ; Carnot démontrait déjà la nécessité d'ouvrir autour des places des avenues libres et faciles, contrairement au système ancien qui étranglait, pour ainsi dire, les routes aboutissant à la fortification. Cette vérité de bon sens est encore plus évidente, lorsqu'il s'agit de relier deux positions, comme Avron et Rosny, dont la première a besoin, pour être défendue avec succès, de recevoir, de l'autre, approvisionnements et renforts.

La journée était très-brumeuse ; la neige tombait en flocons minces et déliés qui s'amoncelaient sans fondre sur la terre dure et glissante : un brouillard terne et froid obscurcissait les positions des deux adversaires, laissant à peine apercevoir les crêtes et les grandes lignes ; dans cette atmosphère épaisse, les coups retentissaient plus sourds, avec de lointains prolongements ; on voyait l'éclair scintiller à la gueule des canons.

Notre artillerie tirait avec courage, mais elle se trouvait terriblement exposée. En effet, les défenses d'Avron n'avaient pas été tracées en vue d'un bombardement exécuté dans de si vastes proportions et convergeant de points si divers.

La demi-circonférence, décrite par les batteries ennemies, mesure près de quatre lieues, du Raincy à Noisy-le-Grand, en passant par Chelles. Pour les rayons de tir sur Avron, la distance varie : du Raincy, elle est de 2700 mètres, — de Gagny, 3200, — de Chelles, 5700, — de Noisy-le-Grand, 4500.

Nos ouvrages se profilent le long du rebord du plateau, en face du Raincy et de Gagny, contournent l'Éperon, qui pointe sur la Marne, puis font retour sur le bord opposé, au-dessus des carrières, vers Nogent. Dans cette disposition, nos batteries sont toutes ouvertes aux feux de l'ennemi ; Noisy-le-Grand canonne en écharpe les défenses nord de l'Éperon, et Chelles les défenses sud. Le Raincy bat à revers les ouvrages, au-dessus de la carrière ; de même, Noisy-le-Grand frappe, par la gorge, sur ceux qui font face au Raincy. Nos artilleurs sont assaillis par devant, par le flanc et par le dos.

Le colonel Stoffel n'a, pour se défendre, que des moyens insuffisants ; il ne peut, à de telles distances, se servir de ses pièces de 4 et de ses mitrailleuses ; il lui reste douze pièces marines de gros calibre, deux batteries de 12 et deux batteries de 7, pour tenir contre les soixante bouches à feu, environ, qui l'entourent. Il est vrai que les forts de Rosny et de Nogent soutiennent le tir du plateau ; mais ils sont eux-mêmes bombardés par les feux croisés du Raincy et des hauteurs de la Marne.

Rosny reçoit des obus du Raincy, à plus de 4 000 mètres ; ses marins ont riposté avec des pièces de 30 ; alors la batterie du Raincy s'est déplacée, et elle a continué le feu : avec la brume, il est difficile de pointer. On entend peu nos canons de Bondy, qui pourtant sont bien placés pour soulager Rosny et Avron, en prenant d'écharpe le Raincy.

Peu à peu, sur Avron, l'ennemi a réglé son tir par rectifications successives. Sur l'Éperon, deux de nos pièces marines de 24, qui tenaient vigoureusement tête contre Gagny et Chelles, sont mises hors de combat.

Les obus rasent le plateau ; leurs courbes semblent suivre l'inflexion du terrain. L'ennemi cherche à atteindre nos réserves. Les maisonnettes du village et les baraques de nos campements sont écrasées. Le commandant du 6ᵉ bataillon de mobiles de la Seine déjeunait en compagnie de cinq ou six de ses officiers et de l'aumônier ; un obus effondre le toit ; les éclats trouent les murailles ; la trombe de fer et de pierre meurtrit horriblement les convives.

Le général d'Hugues est, toute la matinée, resté sur le plateau à son bivouac ; il se décide à porter son quartier-général en arrière à Plaisance ; le poste télégraphique, dont le bureau est bouleversé, déménage également.

Bien que les projectiles labourent le plateau, nous ne perdons pas beaucoup de monde ; la position est à peu près déserte ; les troupes de garde se tiennent immobiles dans les tranchées. Elles souffrent du froid, mais le tir de l'ennemi ne leur fait pas grand mal. Les artilleurs sont plus exposés.

CANTONNEMENT DES MOBILES

LES CARRIÈRES D'AVRON.

Quant aux casernes du fort de Rosny, elles sont criblées de projectiles ; la garnison s'abrite dans les casemates.

Le bombardement n'a pas épargné les villages avoisinants, où la garde nationale est cantonnée : à Fontenay, le cimetière a reçu une grêle d'obus ; à Rosny, plusieurs maisons ont été crevées.

Malgré la surprise d'une attaque poussée si subitement et de si loin, nos gardes nationaux ont tenu bon sans s'exagérer le danger ; on peut dire, cependant, qu'il était assez nouveau pour leur donner quelque émotion. Beaucoup s'amusaient à recueillir les débris d'obus, — sans doute, comme souvenirs de Noël. Un d'eux, en ramassant imprudemment un obus non éclaté, a eu la main emportée par l'explosion tardive du projectile.

Nos gardes nationaux viennent, par groupes, sur la route stratégique, aux alentours de Rosny, assister au bombardement. Certains s'entêtent à monter sur le plateau, et ils y vont ; on sait que les Parisiens sont d'incorrigibles curieux. Dans les bivouacs, la bonne humeur tient toujours ; je connais un excellent acteur du Vaudeville, — sergent, s'il vous plaît, — qui fait la joie de son escouade. Dame, il fait grand froid, et pour se réchauffer il n'est rien de tel qu'un peu de gaieté, d'autant mieux que le bois est rare.

La canonnade a duré toute la journée. Point de fusillade ; les Prussiens n'ont dessiné aucune attaque d'infanterie. Dans la vaste arène, qui s'étend au pied du plateau d'Avron, les canons seuls, formidables lutteurs, remplissent l'amphithéâtre de leurs sifflantes haleines.

Peu à peu l'ennemi restreignit l'étendue de ses feux ; sur les quatre heures, quand le jour tomba, une seule batterie, en arrière de Villemonble, sur le Raincy, continua à tirer, assez vivement du reste, comme si elle voulait épuiser ses munitions ; le brouillard est de plus en plus épais ; on pointe au jugé. A cinq heures, le silence est complet.

Nous avons environ une centaine d'hommes hors de combat ; on voit combien ces pertes sont minimes en raison de l'énorme dépense de poudre et de projectiles, faite par l'ennemi : on compte que, seulement sur le plateau, il tombait près de 150 obus à l'heure.

Dans la soirée, une nouvelle brigade est venue renforcer les troupes qui, depuis le matin étaient en observation en arrière d'Avron. La trêve de la nuit est accueillie non sans plaisir ; pour la plupart, les soldats étaient à jeun, et on s'était bien gardé, pendant l'action, d'allumer des feux de cuisine, qui eussent dirigé le pointage de l'ennemi.

Le grand conseil de guerre, qui devait avoir lieu aujourd'hui dans Paris, a été remis.

28 décembre.

Pendant la nuit, les batteries prussiennes ont entretenu un feu intermittent contre nos positions; par intervalles inégaux, les obus venaient éclater, soit sur le plateau d'Avron, soit autour des forts. Dans le lointain, on entendait le roulement des convois de munitions. Au petit jour, le fort de Rosny tâte les hauteurs adverses; aussitôt celles-ci, comme reprenant flamme à cette étincelle, ouvrent une canonnade générale. Le tir semble plus précis que la veille; et pour échapper à la riposte des forts, le feu de l'ennemi change fréquemment de place.

Avron reste muet; le colonel Stoffel a renoncé à un duel disproportionné; hier les épaulements et les embrasures de ses batteries ont été fortement endommagés; bien qu'on ait envoyé de Paris un millier de pioches, il n'a pas été possible de refaire les réparations nécessaires.

Il ne peut être que superflu et dangereux de répondre, obus pour obus, aux batteries de l'ennemi, qui nous prennent de tous côtés, et que, de notre côté, nous ne pouvons que difficilement atteindre, même les plus proches; celles-ci sont profondément encaissées derrière les rideaux des bois et les abris des murs. C'est aux forts à entretenir la lutte. Pourquoi n'a-t-on pas déjà disposé des batteries dans les redoutes toutes prêtes de Montreuil et de la Boissière, qui ont vue, à bonne portée, sur le Raincy? Que font donc nos grosses pièces à Bondy? Pourquoi le fort de Noisy ne tire-t-il que par occasion et en second rôle? Il semble que les moyens ne manquent pas de venir en aide à l'artillerie d'Avron.

Sur le plateau, canons et servants se tiennent à l'abri des épaulements. Une partie des tranchées, trop peu profondes ou directement enfilées par les obus, ont été abandonnées; on n'y laisse qu'une très-forte grand'garde. Ainsi l'ennemi ne foudroie que des échalas de vignes et que des baraques vides.

Le gros du feu éclate toujours sur le groupe de maisons éparses au milieu de rares bouquets de bois; le sémaphore, qui se dresse à cet endroit, sert de point de mire. Peut-être l'ennemi voyant le plateau silencieux, croira nos batteries complétement éteintes par le bombardement d'hier, et se décidera à l'aborder avec de l'infanterie? Dans cette espérance, nos colonnes de troupes se rangent, comme la veille, sur le versant de Rosny; à la hauteur des forts, la garde nationale sert de réserve. Mais l'ennemi est prudent, il se garde bien de se jeter sous la prise de nos forts; il veut, non point occuper

Avron, mais nous en chasser, pour ainsi dire du bout du bras, sans approcher lui-même.

Le temps est gris; le ciel s'enveloppe d'un manteau de brume, silencieux et mat; l'horizon, bas, semble peser sur la crête des coteaux. Les ondulations du terrain sont blanches de neige; cette blancheur contraste avec la teinte sombre des bois qui couvrent les hauteurs ennemies. Çà et là, les villages apparaissent comme enfouis sous la neige des toits que les obus, en passant, balayent et font voler en poudre.

Au-dessus des rangées de coteaux, qui entourent le champ de bataille, on voit les colonnes de fumée qui montent lentement au ciel, presque droites; car le vent est insensible. Chaque fois que, sur le Raincy, les pièces ennemies font feu, on aperçoit distinctement les flammes rouges et ardentes comme des langues de feu. Elles jaillissent au-dessus de lignes noires qui rayent les pentes des hauteurs. Toutes ces batteries sont tracées de manière à converger sur le plateau et à croiser leurs feux en équerre.

Hier, la canonnade tonnait le plus violemment sur la pointe Est du plateau: aujourd'hui, elle semble avoir reculé à l'ouest et se concentrer moins dans la vallée de la Marne que sur la plaine de Bondy.

Sur les onze heures, le général Trochu arrive à Rosny, pour examiner de ses propres yeux la situation, que les rapports du chef de corps ont dépeinte comme assez alarmante; il monte sur le plateau, visite les tranchées et les batteries. De retour au fort de Rosny, il réunit un conseil de guerre, auquel le colonel Stoffel, ainsi que son collègue du génie, le colonel Guillemaut, prennent part.

Il est décidé qu'Avron sera évacué dès la prochaine nuit.

L'ennemi se doutant bien que malgré son silence, notre artillerie n'a pas quitté le plateau, allonge son tir afin de frapper sur les troupes de soutien. Des obus de calibre énorme s'abattent sur le village de Rosny; les maisons de la grande place, devant l'église, sont très-maltraitées; au milieu, la fontaine est brisée en morceaux; du coup, la neige, sur le toit de l'église, se soulève en nuages. Plusieurs personnes sont touchées; un médecin de l'Internationale est blessé en pleine poitrine. J'ai mesuré le trou fait dans le sol par un des projectiles; il a bien 90 centimètres de profondeur, sur une largeur de 1 m. 50. Et cependant la terre gelée est très-dure.

Le tir de l'ennemi enveloppe le fort de Rosny; celui-ci a reçu, pour le service des pièces, un renfort de 150 gardes nationaux, de la légion d'artillerie: ils aident les marins avec beaucoup de zèle; ils ont là d'excellents maîtres. Le fort se défend bien, et malgré la précision du feu prussien, il y a peu d'hommes frappés. Chaque fois que l'éclair du canon reluit sur le Raincy, un matelot de garde sur le bastion, sonne de la corne : à ce signal, les camarades se garent; et l'obus éclate le plus souvent inoffensif.

La nuit tombe : c'est le moment du bouquet. Les sifflements, suivis de détonation, s'entendent de tous côtés autour du fort : la longueur et la sonorité de ces sifflements indiquent la distance assez éloignée du tir et le fort calibre des projectiles. Ceux-ci tombent presque tous dans les champs, heureusement déserts, entre la route militaire et Montreuil. A cinq heures, la canonnade cesse presque subitement.

29 décembre.

L'évacuation d'Avron a occupé toute la nuit. Ce n'a pas été un mince travail que d'enlever notre artillerie; il y avait une douzaine de pièces marines d'un poids énorme. Les deux chemins, qui de Rosny mènent au plateau, sont raides, étroits, défoncés par les ornières; le verglas les rend très-glissants. Les chevaux se soutiennent difficilement; le plus souvent, il faut manœuvrer à bras. Nos soldats de l'armée de terre n'ont pas l'habitude de pareils travaux; ils se pressent, ils s'agitent au hasard, tumultueusement. Par bonheur, les marins de l'amiral Saisset arrivent sur les dix heures et donnent un coup de main.

En même temps, dans les poudrières, on enlève obus et gargousses. Vers minuit, Gagny mis en éveil par le roulement des fourgons tire quelques coups, qui s'égarent dans l'obscurité. Point de mal, le travail va rondement; à cinq heures, il ne reste plus que deux pièces, — l'une de 24, dont l'essieu a été cassé par un boulet, — l'autre de 30, qui a chaviré pendant le transport sur la route de Neuilly; elle a roulé à cinq mètres en contre-bas de la route. Il faudrait au moins trois heures pour les relever; mais il est trop tard pour aujourd'hui; les troupes, toute la nuit sur pied, ont déjà commencé à se replier; le mouvement doit être terminé avant le jour. Toutefois ce n'est que partie remise; on reviendra reprendre nos deux canons la nuit prochaine.

A huit heures du matin, la cérémonie du bombardement recommence. Tout comme les jours précédents, l'ennemi foudroie Avron; il ne paraît pas se douter que le plateau est complétement abandonné.

Il n'est pas à craindre que les Prussiens viennent l'occuper avec de l'infanterie. La position est inhabitable pour eux comme pour nous. Les forts de Rosny et de Nogent les feraient bien vite déloger, de même que les batteries du Raincy et de Gagny nous ont forcés à la retraite.

Néanmoins ce nouvel échec, succédant à l'insuccès de notre sortie du 21, ne peut qu'émouvoir péniblement l'opinion publique.

Il en a beaucoup coûté au général Trochu pour se résoudre à évacuer Avron. La retraite avait été décidée hier par le conseil de guerre, réuni au fort de Rosny; cependant, dit-on, le général a hésité jusqu'au soir à donner les ordres d'exécution. La conquête d'Avron était l'unique succès matériel que nous eussions obtenu depuis bien longtemps. Après les batailles de la Marne, le public s'était un peu consolé en pensant qu'au moins nous occupions toujours Avron. Depuis un mois Paris a beaucoup parlé du plateau, et, le plus souvent, avec exagération et illusion. Voilà qu'aussitôt après notre vaine tentative contre le Bourget, l'ennemi réplique par le bombardement d'Avron ! Il semble prendre un malin plaisir à nous apprendre combien il est aisé, avec des moyens d'artillerie, de débusquer d'une position son adversaire.

On comprend donc que le gouverneur se soit péniblement résigné à ordonner l'évacuation, qu'il ait été inquiet de l'effet que cet abandon pourrait produire sur Paris. Toutefois, au point de vue militaire, il n'est pas douteux que le général Trochu a eu tort de ne pas prendre son parti plus tôt, avant l'attaque de l'ennemi.

N'aurait-il pas dû prévoir que les ouvrages extérieurs exécutés sur le plateau seraient complétement insuffisants? La véritable faute était déjà commise : elle consiste à n'avoir pas, dès le début de l'occupation, fortifié la position de manière : 1° à compenser l'inconvénient d'une pointe lancée en l'air au milieu des hauteurs ennemies ; 2° à empêcher l'ennemi d'installer à proximité, sur les plateaux parallèles du Raincy et de Montfermeil, des batteries de bombardement. De deux choses l'une : ou des travaux complets et efficaces étaient possibles, et alors pourquoi n'ont-ils pas été exécutés ? Ou ils ont été impossibles, et alors pourquoi sommes-nous restés sur Avron ? Est-ce pour donner aux Prussiens le plaisir de nous en chasser ?

Mais, dira-t-on, — comme pour la première affaire du Bourget, au 31 octobre, — Avron est un point inutile à la défense. A-t-il donc été inutile, le 30 novembre, lors des batailles de la Marne? Était-il encore inutile, tout récemment, lors de notre tentative de sortie par le Bourget ?

La vérité est que, placé entre la vallée de la Marne et la plaine de Saint-Denis, c'est un point indispensable dans toute opération tentée au nord et à l'est de Paris. Qui sait si, pour donner la main aux armées de province, nos efforts ne devront pas de nouveau se porter dans ces directions? Maintenant Avron est annulé par les ouvrages redoutables, que les Prussiens ont achevés à notre barbe, depuis un mois que nous occupions le plateau avec une division et 50 pièces d'artillerie!

Les opérations de la défense, examinées d'ensemble, et en prenant encore le résultat de ces huit derniers jours, trahissent je ne sais quoi d'aventuré, de hasardeux et de timide. On va et on revient; on marche de l'avant et on recule, sans qu'au milieu de toutes ces fluctuations apparaissent une idée nette et un projet constant.

En définitive, le bombardement est commencé. Le roi Guillaume qui a vainement flatté son armée de l'espoir de célébrer Noël dans Paris, lui accorde en compensation les joies du canon Krupp. On sait que depuis longtemps, les journaux de l'Allemagne, — de cette Allemagne si sensible, si humaine, si civilisée, — réclament à grands cris la ruine et l'incendie de la capitale de la France.

— Patience, bonnes et douces gens, répliquait M. de Bismark; attendez le *moment psychologique*. Il paraît qu'enfin le moment psychologique est arrivé.

C'est par nos forts de l'est que le bombardement a débuté. Mais il est évident que les Prussiens ne vont pas user leur poudre uniquement contre ce front de Paris, protégé par une large ceinture de fortifications et de hauteurs : pour atteindre la ville même, il faudra bombarder dans une autre direction.

En ces circonstances terribles, n'est-il pas plus que jamais urgent que le gouverneur de Paris s'arme enfin de décision et d'audace? Allons-nous laisser tranquillement mitrailler nos femmes et nos enfants, démolir nos maisons et nos monuments? Puisons au moins dans le désespoir la force de rendre à l'ennemi œil pour œil, dent pour dent.

Aujourd'hui c'est le fort de Rosny qui a supporté presque tout le feu des batteries prussiennes : la force et le poids des projectiles sont tels, que ceux-ci percent les murailles; ainsi un obus a traversé la casemate des artilleurs de la garde nationale, tuant deux hommes et en blessant cinq.

Le capitaine de vaisseau Mallet, commandant du fort, fait consolider avec des sacs à terre, les blindages des casemates et des poudrières.

On peut remarquer déjà que la construction de nos forts, datant de près de trente années, répond médiocrement aux progrès récents de l'artillerie de siége, dont l'action est formidable. Avec des obus de 100 kilos, portant à sept kilomètres, les défenseurs et leurs pièces sont terriblement exposés ; l'ancien système de terrassement et de blindage ne suffit plus ; il faut que des parapets aient, comme dans notre redoute des Hautes-Bruyères, des six mètres d'épaisseur. Toutefois même dans ces conditions, il n'est pas vraisemblable que, pour s'emparer d'un fort, le bombardement puisse suppléer au siége classique par tranchées et parallèles. D'ailleurs nos forts ont le cœur vaillant : ils tiendront ferme. A Rosny, les marins font merveille pour *parer* le bâtiment contre les bordées écrasantes des Prussiens.

31 décembre.

Le bombardement de Rosny continue.

Nos deux canons, momentanément abandonnés sur le plateau d'Avron, ont été ramenés au fort de Noisy par les marins de l'amiral Saisset, qui sont retournés sur le plateau. Ils ont eu beaucoup de mal à remettre dans le droit chemin la grosse pièce de 30, qui gisait au bas de la butte des Carrières. Enfin, nous n'avons pas laissé ces trophées entre les mains de l'ennemi.

La division d'Hugues est établie à Charenton ; le corps d'Exea a remplacé dans les cantonnements de l'Est les bataillons de garde nationale, qui rentrent dans Paris ; toutefois il en reste toujours dans cette zone de l'investissement ; ainsi le 33ᵉ régiment, lieutenant-colonel Lavigne, campe à Joinville sur la Marne. Les bataillons qui partent ont reçu de l'amiral Saisset des adieux sympathiques :

« Les vingt bataillons de garde nationale mobilisée placés sous mon commandement rentrent dans Paris, selon les ordres de M. le Gouverneur, pour se remettre des rudes nuits de bivouac passées dans les tranchées de l'Est. En attendant de nous revoir pour une prochaine action, je regarde comme un grand honneur pour moi d'avoir le devoir et le plaisir de remercier ces bataillons de leur active coopération, de leur bon esprit et de la fermeté de caractère qu'ils ont constamment déployée au milieu de nos épreuves. — Noisy, le 31 décembre 1870. — Le vice-amiral, Saisset. »

A cet honorable témoignage il faut joindre l'ordre du jour du général

A ROSNY, LES MARINS FONT MERVEILLE, ETC., ETC.

Clément Thomas, daté de la veille. Le commandant supérieur cite deux lettres qu'il vient de recevoir au sujet des bataillons mobilisés aux avant-postes.

Voici la première :

« Vitry, le 29 décembre 1870. — Monsieur le commandant supérieur, les huit bataillons de garde nationale sous mes ordres rentrent aujourd'hui à Paris. Je ne veux pas les laisser s'éloigner sans vous faire connaître combien j'ai eu à me louer de leur attitude énergique et de leur bon esprit. Il ont occupé nos postes avancés avec autant de solidité que de sang-froid, et j'ai l'honneur de vous demander, si les exigences de votre commandement le permettent, de me renvoyer ces mêmes bataillons à Vitry quand leur tour de marche sera revenu. Ce serait donner à la défense de nos lignes des troupes connaissant déjà le terrain et disposées, je l'ai vu, à les défendre vigoureusement. Je dois aussi ajouter que les officiers supérieurs placés à la tête de ces deux régiments ont exercé ici leur commandement avec un tact et une fermeté qui ont puissamment contribué à la régularité du service et évité toute espèce de conflit. — Le contre-amiral commandant la 3e division du corps de la rive gauche (3e armée), Pothuau. »

Ces huit bataillons sont : le 17e, 83e, 105e, 127e formant le 9e régiment de Paris, lieutenant-colonel de Crisenoy, — puis le 18e, 19e, 83e, 85e formant le 10e régiment de Paris, lieutenant-colonel Germa.

La seconde lettre, citée par le général Clément Thomas est ainsi conçue :

« Quartier général à Neuilly-sur-Seine, 29 décembre 1870. — Mon général, au moment où vous rappelez à Paris les 8e et 18e régiments de la garde nationale mobilisée qui avaient été mis à ma disposition et qui sont, je me fais un devoir de le dire, parfaitement commandés, je tiens à vous répéter que j'en ai été on ne peut plus satisfait pendant les douze jours qu'ils sont restés sous mes ordres. Lors des opérations que nous avons faites le 21 de ce mois en avant du Mont-Valérien, ces régiments ont montré une très-bonne attitude : dans leurs cantonnements ils ont été patients, disciplinés comme de vieilles troupes, et je suis certain qu'en toutes circonstances j'aurais pu compter sur leur courage et leur dévouement. Si tous les bataillons mobilisés de Paris sont animés du même esprit que ceux-ci, nous pouvons nous rassurer et attendre avec calme l'effet du bombardement qui commence et les attaques de vive force que l'ennemi oserait tenter. — Recevez, mon général, etc. — Le général commandant la 3e division (rive droite) : Beaufort. »

Le 8e régiment de Paris, lieutenant-colonel de Narcillac, se compose des

15ᵉ, 16ᵉ, 131ᵉ, 165ᵉ, 178ᵉ bataillons. Le 18ᵉ régiment, lieutenant-colonel Langlois, se compose des 116ᵉ, 35ᵉ, 211ᵉ, 212ᵉ bataillons.

Le général Clément Thomas ajoute dans son ordre du jour :

« De pareils témoignages, émanant de juges aussi compétents que les deux officiers généraux qui ont bien voulu les transmettre, sont assurément des plus flatteurs pour les troupes qui les ont mérités. Le commandant supérieur ajoute que les renseignements, les rapports qu'il a reçus et reçoit chaque jour sur les nombreux bataillons employés à l'extérieur, lui permettent d'affirmer que ces éloges donnés à quatre régiments peuvent s'appliquer à tous les autres. M. le général Ribourt, commandant supérieur à Vincennes ; M. le colonel Le Mains, commandant supérieur à Créteil, parlent dans les mêmes termes des troupes qu'ils ont eues sous leurs ordres. Ce dernier officier signale le 200ᵉ bataillon comme ayant effacé, par sa bonne conduite, le fâcheux souvenir de la tenue dans laquelle il est arrivé la première fois aux avant-postes. Le commandant supérieur n'a jamais douté des dispositions de ses compagnons d'armes. Ils apprécieront bientôt, par la grandeur des efforts qu'il réclamera d'eux, quelle confiance il met dans leur abnégation, leur patriotisme et leur courage. »

Actuellement le nombre des régiments de la garde nationale s'élève à 59 : on sait que le décret du 10 décembre en avait déjà constitué vingt-sept ; ces jours derniers, trente-deux nouveaux régiments ont été créés. C'est un total de 236 bataillons, — environ 90 000 hommes. Sur les 59 lieutenants-colonels, 52 sont d'anciens officiers de l'armée, capitaines ou chefs de bataillon. Le commandant du 1ᵉʳ régiment, M. Lardier, a été colonel ; ce titre lui est maintenu. Tous les commandants sont nommés par le gouvernement ; les autres grades ont été maintenus à l'élection. Le gouverneur, il est vrai, a le droit de révocation ; ainsi depuis trois mois il a cassé 6 chefs de bataillon, 84 capitaines, 80 lieutenants et sous-lieutenants. Cependant ce mode de commandement est éminemment défectueux. Admettons qu'au début il ait été impraticable de choisir les 28 000 officiers de la garde nationale ; on pouvait conserver l'élection dans les bataillons sédentaires ; mais quant aux mobilisés, destinés à tenir campagne, le gouvernement devait, de toute nécessité, se réserver le droit de nomination ; c'était là une des principales conditions de discipline et d'ordre.

Voyez la garde mobile ; elle aussi élisait ses officiers ; mais à mesure que les mobiles sont devenus de véritables soldats, le gouvernement a dû tout d'abord apporter une restriction à cette prérogative, en décrétant que nul ne passerait à un grade supérieur, s'il n'est pourvu du grade immédiatement inférieur : puis il a complétement abrogé l'élection. C'est le ministre de la guerre qui maintenant choisit les officiers de la mobile; et on s'en trouve bien.

Sur nos deux cents et quelques bataillons de marche, beaucoup ne sont qu'imparfaitement équipés et armés : ainsi dans le 16e régiment il y a quatre sortes de fusils. C'est déjà un progrès, si on songe que les fusils de la garde nationale appartiennent à seize modèles différents; 125 000 environ sont à tir rapide; ils reviennent de droit aux mobilisés, mais comme ils se trouvaient déjà placés dans les bataillons, il a fallu faire des échanges, qui demandent du temps et n'ont souvent donné que des résultats incomplets.

Pour l'habillement, les difficultés ont été peut-être encore plus grandes, si l'on tient compte de la saison qui réclame un supplément considérable de vêtements : tricots et chaussettes de laine, chemises et ceintures de flanelle, gilets, passe-montagnes, moufles, etc.... Le nombre des hommes à habiller explique les variétés de couleur des uniformes. Dans tel régiment de garde nationale, un bataillon a la capote bleue de la ligne, un autre est équipé de noir, le troisième, de gris, etc. Mais ce n'est là qu'un détail.

Si l'on considère que les bataillons de marche n'ont été institués qu'au milieu de novembre, évidemment il a fallu un grand effort d'organisation pour avoir en fin décembre mis déjà sur pied plus de cinquante régiments. Le mal est d'avoir attendu deux mois et plus, de septembre à novembre, pour se mettre à l'œuvre. Dès le premier jour du siége, il fallait constituer militairement la garde nationale, en procédant pour toutes nos forces selon un mode unique et égal, analogue à la loi d'*amalgame*, votée en 1793, par la Convention, sur le rapport de Dubois-Crancé : alors il fut décrété que deux bataillons de ligne et un bataillon de volontaires seraient réunis pour former des demi-brigades.

Quel n'eût pas été l'avantage d'une semblable fusion, opérée à temps, dès le principe? Nous aurions eu plus tôt une armée tout ensemble plus considérable et plus homogène; depuis longtemps, le contingent spécial de la ville de Paris eût été en état de concourir à la défense, à conditions égales. Quelle diminution de fatigues pour l'armée proprement dite ! Quelle marge plus large pour les combinaisons de la direction militaire ! Le résultat le plus précieux de l'amalgame eût été de prévenir cet antagonisme, qui perce entre les troupes régulières et la garde nationale, au détriment de l'intérêt commun. Les soldats ont souffert davantage et depuis plus de temps ; leurs fatigues, suivies presque constamment de revers, leur laissent plus de courage que de confiance. Les gardes nationaux ont été, et ce n'est pas leur faute, beaucoup moins éprouvés; aussi ils montrent, non certainement plus de courage, mais à coup sûr plus de confiance que leurs camarades de l'armée. De là une dissonance funeste : les âmes ne sont pas montées au même diapason. Le mieux serait que par le mélange des deux éléments il se fût formé une alliance entre l'exaltation patriotique des uns et l'esprit de discipline des autres.

Tels qu'ils sont, les gardes nationaux justifient le proverbe « que dans tout Français il y a un soldat. » Voilà des conscrits qui, il y a quatre mois, apprenaient encore à faire des à-gauche et des à-droite; il y a un mois, en moyenne, ils ont fait leur première sortie, ils ont vu la tranchée pour la première fois.

Les officiers, pour la plupart, ne sont guère moins novices que les soldats. En somme, pour produire les effets que l'on obtient ordinairement par l'autorité du commandement, par l'habitude de la discipline, par la pratique des manœuvres, nous n'avons eu ici que la force morale et le patriotisme.

Sans doute il s'est produit quelques cas d'insubordination, de désordre, d'ivrognerie et même de lâcheté ; ces scandales ont fait beaucoup de bruit, et certes non sans raison. Mais pensez donc qu'il s'agit d'une masse de 300 000 hommes, qui comprend côte à côte avec la majorité des citoyens honnêtes et bons patriotes toute la lie ignorante et ingouvernable d'une ville immense comme Paris. Les beaux ordres du jour cités plus haut ne compensent-ils pas l'inqualifiable équipée de *tirailleurs de Belleville* que j'ai également rapportée ?

Il importe de noter que la moralité publique s'est accrue sous le coup de nos malheurs : les assassinats sont devenus plus rares ; la misère n'a jamais été si grande, et les vols ont diminué. Les conseils de guerre ont eu à juger jusqu'ici 74 cas de voies de fait envers les supérieurs, — 275 cas d'excitation à la révolte, — 114 plaintes de vol. Le bureau de la discipline a reçu en total 1788 plaintes. Et, il faut le répéter, il s'agit de 300 000 hommes, qui, du jour au lendemain, ont reçu des armes, et se sont trouvés investis d'une immense puissance. Cette statistique ne prouve-t-elle pas que pour l'immense majorité le patriotisme est la passion dominante ?

Si la garde nationale n'est pas encore mieux disciplinée, mieux exercée, plus consistante, plus apte à coopérer à la défense, à qui la faute ? La bonne volonté n'a pas fait défaut. Certes le gouvernement était tout-puissant pour tout demander, pour tout obtenir. Ceux mêmes qui sous le dehors du patriotisme le plus emphatique méditent des desseins de discorde civile, n'auraient pu reculer devant le devoir nettement formulé, résolument imposé. Tant mieux s'ils eussent tergiversé ; leurs véritables projets eussent éclaté au grand jour ; leur hypocrisie ne tromperait pas les simples, les crédules, les imbéciles. Beaucoup exiger de la garde nationale, c'était le meilleur moyen soit de produire contre l'ennemi un effort heureux, soit de faire toucher du doigt aux Parisiens l'impuissance de notre défense ; et dans les deux cas, le gouvernement était affranchi de cette crainte des émeutes, qui apparaît lors de chaque opération militaire, qui le distrait et l'affaiblit. Le gouvernement a préféré ménager, flatter même la garde nationale tout en se défiant d'elle au fond. Qu'est-il arrivé ? Le reste de l'armée s'est pris d'une certaine jalousie pour la favorite ; et celle-ci, loin d'être reconnaissante envers le gouvernement de ses ménagements et de ses flatteries, lui reproche, lui impute à faute sa faiblesse, préjudiciable à la cause nationale.

Ce sentiment est-il injuste, exagéré ? Peut-être, mais il est en fait que le gouvernement, et surtout la direction militaire se discréditent de plus en plus. La majorité de la population n'accepte pas les odieuses et bêtes calomnies du parti rouge ; néanmoins elle commence à désespérer, sinon de la probité, du moins de l'énergie du général Trochu. Les violents crient et font du bruit. Les gens sensés observent plus de réserve sans concevoir plus de confiance : ils comprennent que jamais homme n'a été chargé d'une situation si terriblement difficile ; ils gémissent que celle-ci n'ait pas enfanté un de ces génies extraordinaires, assez forts pour lutter contre la destinée ; mais ils redoutent, dans une crise si affreuse, les hasards et les aventures de changements nouveaux ; enfin, par d'honorables scrupules, ils respectent les hommes qui, dans nos désastres, se sont dévoués non sans mérite au salut de la patrie.

Cependant le bombardement succédant à l'échec du Bourget a encore accru le mécontentement général : « Comment avons-nous pu laisser les Prussiens établir des ouvrages de bombardement à portée de nos forts ? Comment a donc été employée la puissante artillerie de marine ? Qu'a-t-on fait de notre armée de 150 000 hommes ? Et nos 90 000 gardes nationaux de marche, ne les a-t-on armés pour rien ? » Avec le danger, avec le malheur, les courages se roidissent plus fiévreusement contre la réalité. Il faut aussi mettre en ligne de compte cette illusion cruellement orgueilleuse, par laquelle les foules rejettent sur quelques têtes expiatoires la responsabilité des malheurs dont elle est la victime.

On se rappelle que le 22 décembre, au lendemain de la sortie du Bourget, M. Jules Favre a été député par le gouvernement auprès du général Trochu pour lui représenter la nécessité de délibérer en conseil de guerre sur la situation militaire. Ce conseil jusqu'ici a été ajourné, par suite du bombardement de l'Est. Un de ces derniers jours, une réunion extraordinaire des magistrats municipaux de la Ville a eu lieu, au Ministère de l'intérieur, sous la présidence de M. Jules Favre. D'habitude, le vice-président du gouvernement délibère chaque semaine avec les maires sur l'organisation des services intérieurs. Cette fois, les maires amenèrent avec eux leurs adjoints ; la discussion roula tout entière sur les événements militaires ; elle fut très-orageuse. M. Delescluze attaqua violemment le général Trochu. Mais le ton exagéré et menaçant, les opinions notoirement démagogiques de l'accusateur firent, sur l'esprit de la majorité de l'auditoire, une réaction en faveur du gouverneur. Toutefois l'émotion était grande; on se demandait si le parti de M. Delescluze n'allait pas tenter une nouvelle émeute.

Dans ce péril, le général Trochu a pris le parti d'affirmer hautement, par la proclamation suivante, l'union du gouvernement politique et du commandement militaire :

« Citoyens et soldats !

« De grands efforts se font pour rompre le faisceau des sentiments d'union et de confiance réciproque auxquels nous devons de voir Paris, après plus de cents jour de siège, debout et résistant. L'ennemi, désespérant de livrer Paris à l'Allemagne pour la Noël, comme il l'a solennellement annoncé, ajoute le bombardement de nos avancées et de nos forts aux procédés si divers d'intimidation par lesquels il a cherché à énerver la défense. On exploite devant l'opinion publique les mécomptes dont un hiver extraordinaire, des fatigues et des souffrances infinies ont été la cause pour nous. Enfin, on dit que les membres du gouvernement sont divisés dans leurs vues sur les grands intérêts dont la direction leur est confiée. L'armée a subi de grandes épreuves, en effet, et elle avait besoin d'un court repos, que l'ennemi lui dispute par le bombardement le plus violent qu'aucune troupe ait jamais éprouvé. Elle se prépare à l'action avec le concours de la garde nationale de Paris, et, tous ensemble, nous ferons notre devoir. Enfin, je déclare ici qu'aucun dissentiment ne s'est produit dans les conseils du gouvernement, et que nous sommes tous étroitement unis, en face des angoisses et des périls du pays, dans la pensée et dans l'espoir de la délivrance.

« *Le gouverneur de Paris,*

« Général Trochu. »

L'orage s'est momentanément dissipé ; mais au fond, suffit-il d'une proclamation pour améliorer la situation, tant à l'intérieur qu'à l'extérieur de Paris ?

1er Janvier 1871.

Le gouvernement nous donne nos étrennes ; le ministre du Commerce et de l'Agriculture a adressé aux maires la circulaire suivante :

« Le gouvernement a pensé qu'il fallait inaugurer l'année 1871 par une mesure dont chaque citoyen profiterait, et il m'a chargé de la mission très-agréable de donner aux vingt arrondissements de Paris :

1° 104 000 kilogr. de très-bonne viande de bœuf conservée (au lieu de viande de cheval) ;
2° 52 000 kilogr. haricots secs ;
3° 52 000 kilogr. huile d'olive ;
4° 52 000 kilogr. café vert en grains ;
5° 52 000 kilogr. chocolat.

Vous voyez que nos magasins ne sont pas encore vides, quoique nous y puisions depuis le 7 septembre. Nos ennemis ne nous empêcheront pas de fêter la nouvelle année et d'avoir la foi la plus inaltérable dans notre délivrance et dans la régénération de notre patrie. » — J. MAGNIN.

Ces énumérations par milliers de kilos donnent le mirage ; mais combien de convives à ce banquet du bout de l'an ? Le recensement de la population vient d'être terminé ; il donne le chiffre de 2 005 709 habitants, non compris l'armée et la garde mobile. Aussi on voit que, pour chaque ménagère, le cadeau du gouvernement se réduit à une portion microscopique. Aux plus pauvres, le trésor public alloue 400 000 francs de dégagements gratuits au Mont-de-Piété ; les bureaux de bienfaisance ont reçu des dons particuliers, 200 000 fr. des Rothschild, 24 000 fr. du syndic des agents de change, etc.

Il semble que Paris ait à cœur de bien accueillir la nouvelle année, afin de nous la rendre plus propice et meilleure que sa devancière. Quoique le jour soit froid et brumeux, la ville s'anime d'un certain air de fête ; il y a plus de monde dans les rues ; tous les hommes naturellement ont le képi et la capote de la garde nationale ; les femmes sont vêtues de noir. L'après-midi, le Théâtre-Français a représenté le *Misanthrope* et le *Malade imaginaire*. Ce soir, l'Opéra donne concert.

Dans les familles, on a, pour le dîner traditionnel, relevé de son mieux le menu du gouvernement.

LE GOUVERNEMENT INAUGURE L'ANNÉE 1871 PAR UNE DISTRIBUTION SUPPLÉMENTAIRE DE VIVRES.

Le *Diable boiteux* de Lesage, dont le regard pénétrait dans les maisons à travers le toit, eût bien aperçu, sur quelques tables riches, une volaille, un jambon, un rôti de bœuf entouré de pommes de terre; ce sont là des festins de Lucullus. Une oie vaut 80 francs, une dinde, 100 francs, un jambon, 120 francs! Quant aux pommes de terre, 50 francs le boisseau, et encore il est difficile d'en trouver, même à ce prix.

On peut se rabattre sur la ménagerie du Jardin des Plantes, qui livre ses canards et ses perruches, ses mérinos et ses antilopes, jusqu'à ses éléphants! Déjà trois de ces grosses et pauvres bêtes ont été abattues à coups de carabines; un boucher du boulevard Haussman les a, dit-on, achetées 27.000 francs. Aujourd'hui même, Castor et Pollux, les deux éléphants jumeaux, bien connus des petits enfants habitués du Jardin des Plantes, ornent la devanture de cette boucherie exotique, où les chalands ne manquent pas. La trompe et les pieds se débitent à 60 francs le kilo. Préférez-vous du chameau? c'est moins cher : 2 francs; le cerf est coté selon les morceaux, de 6 à 12 francs la livre; le bélier du Thibet, de 6 à 10 francs, le porc-épic à 8 francs; le saucisson d'ours, garanti véritable, vaut bien encore 6 francs.

Mais toutes ces merveilleuses victuailles sont du fruit défendu pour le commun des martyrs. Dame! avec les 30 sous de la garde nationale, il faut se contenter d'en manger approximativement, comme dit le sergent de la légende, — du regard ou en imagination. C'est déjà bien magnifique de servir sur la table un roosbeef saignant de cheval, suivi de l'inévitable et monotone riz au chocolat. C'est encore beau d'avoir un reste de morue, depuis longtemps ménagé.

Comme on le conçoit bien, les étrennes se ressentent de la situation. Des bonbons et autres niaiseries, fi donc! Un sac de pommes de terre à la place d'un sac de marrons glacés, une livre de fromage au lieu d'une livre de pralines, un quartier de jambon au lieu d'un bibelot de Klein ou de Tahan, voilà le genre nouveau et le bon ton. Voulez-vous conquérir la faveur d'une maîtresse de maison? Offrez-lui un petit pot de beurre.

C'est ainsi que Paris sourit encore au milieu des misères et des calamités qui l'accablent. Mais attendez la nuit; les rues s'assombrissent; de loin en loin, dans les carrefours, devant les postes de police, quelques rares becs de gaz, avares de lumière.

D'ordinaire, à cette époque, c'est foule sur la ligne des boulevards, resplendissante d'illuminations et bourdonnante du va-et-vient des voitures; des flots de promeneurs circulent — autour des baraques coquettes et joyeuses, qui étalent leurs trésors de bonbons et de jouets aux yeux des enfants ravis,

— autour des théâtres, qui ce jour-là ont affiché leurs plus gais spectacles. Mais aujourd'hui, l'écho lointain et sourd de la canonnade, que le vent apporte de l'Est, semble sonner le couvre-feu pour les plaisirs coutumiers du jour de l'an; plus de barraques ni de spectacles; les promeneurs sont clairsemés sur les larges trottoirs blancs de neige; de loin en loin, quelques voitures de place. Le nombre en diminue tous les jours; la réquisition a mis en coupes réglées les chevaux de la compagnie Ducoux. De même pour les omnibus, qui sont réduits à 80 voitures pour tout Paris; leurs forts attelages ont été, en grande partie, affectés aux services de la guerre.

A travers la brume épaisse, les cafés éclairés par des lampes au pétrole scintillent tristement.

A l'intérieur, on voit attablées ces demoiselles du boulevard, dont la gaieté vénale ne connaît pas de patrie et n'a pas fait trêve dans le deuil public. Au commencement du siége, le préfet de police a expulsé de Paris environ un millier de ces misérables créatures; c'est dommage que la mesure n'ait pas été plus complète; la santé des troupes s'en serait bien trouvée, et les espions allemands n'auraient pas autant de retraites commodes. Thucydide raconte que dans Athènes ruinée par la guerre et décimée par la peste, la débauche s'accrut avec une sorte de rage désespérée. Il n'en est pas ainsi pour Paris, tant s'en faut; mais enfin le côté honteux de toute grande ville est plus particulièrement triste à voir en ce moment.

Dans les cafés, tout le monde est en uniforme; qui donc maintenant oserait se montrer en pékin? Puis la vareuse est commode; elle dispense de tous frais de toilette. Ceux qui reviennent des avant-postes ont le verbe haut et fier : ils n'ont pas manqué d'apporter leurs fusils; on discute sur le mérite des armes; on compare, en faisant jouer les mécanismes, les chassepots, les remingtons et les sniders. Les conversations roulent animées et chaudes : les orateurs racontent, critiquent, s'emportent : il faut entendre de quelle verte façon est traité le général Trochu ! Dieu sait les prouesses mirifiques qui éclosent au milieu des bocks ! C'est le triomphe des braves qui font plus de bruit que de besogne.

Un de ces beaux parleurs pérore avec volubilité sur la guerre à outrance :

« C'est une infamie, on veut nous empêcher de nous battre; il faut que ça finisse.... — Que diantre faites-vous donc toujours ici à boire et à fumer? réplique un assistant, ennuyé de toutes ces gasconnades; pourquoi ne vous êtes-vous pas engagé dans une compagnie de guerre? — Moi, c'est différent, réplique notre héros; je ne puis digérer le cheval de ce gueux de gouvernement;

je suis malade. — Ah, vous êtes malade, s'écrie l'interlocuteur, eh bien, moi, je suis bien plus malade que vous; car j'ai peur; et cependant je marche avec mon bataillon !... »

L'exactitude me force à citer ces menus détails : mais il ne faut pas insister; ce serait voir les choses par le petit bout de la lorgnette. Plus la détresse s'accroît par la famine et le froid, plus la généreuse ville élève haut son cœur : ceux qui la voient de près dans ces terribles épreuves se sentent pénétrés pour toujours de respect et de tendresse.

Dans cette dernière semaine de l'année, 3280 personnes sont mortes de privations et d'épidémies : la variole a tué 454 malades, et la fièvre typhoïde 250. La semaine précédente a compté 2728 victimes. On voit quel effrayant appoint le froid a donné à la mortalité! Eh bien, loin de s'abattre, la population réclame à grands cris que la lutte prenne un élan plus énergique par l'effort commun de l'armée et de la garde nationale. C'est pour répondre à ce sentiment supérieur que le gouvernement a fait afficher ce matin la proclamation suivante :

« Au moment où l'ennemi menace Paris d'un bombardement, le Gouvernement, résolu à lui opposer la plus énergique résistance, a réuni en conseil de guerre, sous la présidence du gouverneur, les généraux commandant les trois armées, les amiraux commandant les forts, les généraux des armes de l'artillerie et du génie. Le conseil a été unanime dans l'adoption des mesures qui associent la garde nationale, la garde mobile et l'armée à la défense la plus active. Ces mesures exigeront le concours de la population tout entière. Le Gouvernement sait qu'il peut compter sur son courage et sur sa volonté inflexible de combattre jusqu'à la délivrance. Il rappelle à tous les citoyens que, dans les moments décisifs que nous allons traverser, l'ordre est plus nécessaire que jamais. Il a le devoir de le maintenir avec énergie; on peut compter qu'il n'y faillira pas. »

On se rappelle que depuis huit jours il était question d'un grand conseil de guerre, imposé par le Gouvernement au général Trochu; il a été retardé jusqu'au 31. Hier soir, tous les membres du Gouvernement ainsi que les généraux Vinoy, Ducrot, de Bellemare, Tripier, Guiod, Chabaud-Latour, Clément Thomas et le vice-amiral La Roncière-Le-Noury se sont réunis au Louvre, sous la présidence du gouverneur. Celui-ci, après avoir résumé ce qui a été fait jusqu'ici, a posé les termes de la délibération : Faut-il se tenir purement et simplement sur la défensive, en se contentant de repousser les attaques de l'ennemi? Vaut-il mieux adopter un système offensif contre les lignes allemandes? Enfin comment et dans quelle mesure doit-on employer la garde nationale?

BOMBARDEMENT DE PARIS. — BATTERIE DE BRETEUIL.

La discussion s'est engagée sur ces trois points; les opinions se sont produites successivement. Quelques-uns se prononcèrent pour une action aussi restreinte que possible. Le général Ducrot, dit-on, a soutenu très-vivement ce système : Paris ne peut plus raisonnablement espérer le secours des armées de province, et sans cette assistance, il lui est impossible de se débloquer. C'est presque un miracle d'avoir pu tenir pendant près de quatre mois. Comment espérer le succès, maintenant que les obstacles sont formidables et que l'armée est à bout de forces? Cette opinion si découragée et si décourageante n'a rallié qu'une minorité d'approbateurs.

Elle a été ardemment combattue, dit-on encore, par le général de Bellemare; celui-ci a soutenu qu'on pouvait faire fond sur la garde nationale, qu'il y avait encore chance de forcer l'ennemi, en opérant avec vigueur et précision, que tout au moins Paris avait la ferme volonté de bien finir.

Le général Trochu s'est prononcé avec énergie en ce sens; et le conseil a résolu d'entreprendre, dans le plus bref délai, une nouvelle opération, dans laquelle la garde nationale marchera et combattra côte à côte avec l'armée.

Montrouge, jeudi 5 janvier.

Ce matin sur les six heures, plusieurs compagnies des mobiles de la Somme et de la Seine sont allées faire une reconnaissance en avant du fort de Vanves, sur la droite, vers le Moulin-de-Pierre. C'est un petit ouvrage, construit par nous, puis abandonné; les Prussiens y viennent de temps à autre; et à notre tour, nous leur rendons leurs visites. A cette heure matinale, les mobiles se logèrent dans le poste sans coup férir; ils n'y rencontrèrent personne. Sur le bord du fossé, une corde était tendue, se distinguant à peine sur la neige du terrain : cette corde est en quelque sorte une sentinelle muette. Nous avançons en tapinois; le pied d'un homme touche à la corde; celle-ci aboutit à une clochette, qui, aussitôt, sonne l'alarme. C'est ainsi que nous fûmes annoncés aux Prussiens, qui ne sont pas loin; ils occupent les maisons voisines du moulin, et ils sont dispersés dans les tranchées qui sillonnent, en sens transversal, les abords de Meudon et de Clamart.

Selon leur habitude, ils se gardèrent bien de se montrer; mais, à couvert, ils commencèrent des feux de tirailleurs contre nos mobiles. Ceux-ci ripostèrent. La mousqueterie devint assez vive, sans grand dommage; il faisait sombre; on y voyait à peine. Chacun des deux partis était abrité.

Voilà que, sur les sept heures, un incident nouveau relève tout à coup la monotonie de la fusillade. Les détonations sourdes et prolongées du canon se font entendre du côté de Châtillon, et les obus coupent l'air au-dessus des mobiles.

Le bombardement du front sud commençait, sans plus de cérémonie. Notre reconnaissance se rabattit dans ses postes de Vanves.

Les projectiles s'abattent à coups redoublés sur nos trois forts d'Issy, Vanves et Montrouge. Quelle est la position exacte des batteries allemandes? Il est assez difficile de le reconnaître, vu l'obscurité de l'aube naissante ; toutefois il apparaît que les feux de l'ennemi s'entre-croisent, venant de deux directions principales, le plateau de Châtillon et la terrasse du château de Meudon.

Le soleil se lève, mais le temps ne devient guère plus clair ; car le soleil ne fait que rendre le brouillard plus brillant, sans le dissiper. A neuf heures, c'est à peine si l'on voit s'estomper en lignes vagues les crêtes de Châtillon. Ce fut, de la part des Prussiens, le moment de la plus violente canonnade. Les obus roulent et s'entre-croisent sans trêve ni relâche autour des forts ; ils frappent également sur les terrains environnants, où l'ennemi pense sans doute que nos troupes sont agglomérées. Beaucoup d'obus tombent dans l'ancien parc de Montrouge et sur la route de Bagneux ; l'un d'eux s'abat sur la maison qui sert de logement à un commandant de mobiles ; personne n'est atteint. A Vanves, deux obus tombent sur les cantonnements des troupes ; même résultat.

D'ailleurs, je crois que le brouillard ne permettait pas aux Prussiens de rectifier leur tir. Ils tiraient évidemment sur jalons posés d'avance.

Cependant, nos troupes, — pour la plupart mobiles et gardes nationaux, — ne s'émeuvent point de cette sérénade à grand orchestre. Pour assister au spectacle, on se rassemble sur les routes ; on observe la direction des coups ; quand l'obus, au bout de sa trajectoire, éclate sur la terre durcie, de hardis compagnons partent en rampant et vont ramasser les éclats. C'est une véritable chasse qui s'exécute sur le ventre. Un magnifique projectile s'abat, derrière le fort de Montrouge, juste auprès du poteau télégraphique ; l'endroit était moins sûr que toutes les forêts de Bondy du monde. Un mobile du Mâconnais court aussitôt et rapporte en triomphe un culot d'obus, épais de 6 centimètres et mesurant en diamètre 24 centimètres.

Si les Prussiens cherchent par ces joujoux, aussi énormes que bruyants, à terrifier nos troupes, ils en sont pour leurs frais.

Sur les onze heures, la canonnade se ralentit ; à midi, elle reprend de plus belle. Elle s'étend sur une immense ligne demi-circulaire, partant du plateau de Châtillon, passant par la terrasse de Meudon, et se terminant au coteau de Sèvres ; là est une nouvelle batterie, que l'ennemi vient de démasquer au-dessus du château de Breteuil. Celle-ci vise les remparts du Point-du-Jour, sur la Seine. Nos trois forts, aidés par les bastions d'Auteuil, répondent en chœur aux obus de l'ennemi.

La journée est superbe; le soleil étincelle. Le plateau de Châtillon appa-

BOMBARDEMENT DE PARIS. —

raît plus distinct à l'œil ; on aperçoit l'éclair des canons ennemis briller, à intervalles répétés, au-dessus des maisons du village et au-dessous du bois qui environne la crête de la hauteur; puis, les sifflements se croisent au-dessus des forts, suivis d'éclats formidables ; parfois, le bruissement de l'obus glisse haut, jusque sur la ville. A la gauche du fort de Montrouge, la grande route d'Orléans est balayée en sens oblique par les projectiles trop longs.

Petit épisode : deux dames, la mère et la fille, arrivent à la barricade placée au bout du village. Elles vont porter quelques provisions au père de famille, garde national qui est de service à Cachan avec son bataillon. Des officiers, qui sont à la barricade, leur représente qu'il y a danger à aller plus loin. Un coup d'obus strident appuie péremptoirement notre observation. La jeune fille, enfant blonde et rose, se serre avec un léger tressaillement contre sa mère; puis : « A la grâce de Dieu! reprennent-elles aussitôt, il faut voir le père. » Elles poursuivent leur route ; c'est avec un vrai

CHÂTEAU DE MEUDON.

soulagement de cœur que nous les voyons sans encombre tourner la route d'Arcueil. Décidément, les monstres de Krupp ne font pas peur, même aux femmes.

On n'apprend pas que le bombardement ait fait grand mal; une cinquantaine de soldats ont été touchés ; à Montrouge, l'affût d'une pièce a été brisé. A Vanves et à Issy, ce sont les casernes qui ont été le plus endommagées.

Pour l'intérieur de Paris, plusieurs obus sont tombés dans la matinée sur le quartier Saint-Jacques ; deux éclatent dans le cimetière de Montparnasse; d'autres arrivent jusqu'à la barrière d'Enfer; un projectile va même jusqu'à la rue Gay-Lussac, au coin du boulevard Saint-Michel, où il bouleverse une mansarde. Dans l'après-midi, le quartier d'Auteuil reçoit les obus de la batterie de Breteuil; il en éclate plusieurs autour de la maison de retraite de Sainte-Perrine, hospice des vieillards. La population ne paraît nullement effrayée; les visiteurs sont nombreux au Trocadéro; on fait, ici encore, activement la chasse aux éclats d'obus.

Que signifie donc toute cette poudre jetée en l'air par les Allemands, d'ordinaire si parcimonieux de leurs munitions? Le bombardement, qui a commencé par nos forts du Sud, et qui, aujourd'hui, — par une rage inutilement cruelle et gratuitement sanguinaire, — blesse la cité elle-même, annonce clairement que l'action est engagée, au delà de Paris, entre nos armées de secours et le prince Frédéric-Charles.

Qui sait si le fracas du bombardement ne couvre pas la canonnade de Chanzy? Qui sait si l'ennemi ne se flatte pas de nous amuser aux sombres bagatelles du bombardement, pendant que ses forces se détachent de Paris et courent renforcer les troupes de l'Ouest?

Mais, dit-on au gouvernement, on n'a pas de nouvelles. Eh! qu'importe? Le canon est un messager qui, pour les hommes intelligents et résolus, a toujours un sens précis et clair. C'est ce sens qu'il nous faut déchiffrer aujourd'hui même, sous peine d'un désastre peut-être irréparable. C'est selon ce sens que demain, sans plus tarder, il nous faut agir.

Depuis quatre ou cinq jours, nos avant-postes avaient remarqué sur Châtillon une agitation extraordinaire: des monticules de terre ont pris l'aspect inquiétant d'épaulements; on a entendu incessamment rouler de lourds convois.

Ça été, de notre part, un tort immense, un aveuglement impardonnable, de laisser l'ennemi fortifier tranquillement, à notre portée, des positions devenues formidables par cela seul qu'il a eu le loisir d'établir des batteries fixes. Nous n'avons pas su user des sorties. Les Prussiens ont bien pu nous déloger d'Avron: c'est une leçon qu'ils nous ont donnée. Le mal est fait: le laisserons-nous porter tous ses fruits?

Pensez-vous qu'en nous envoyant des obus du Raincy et de Châtillon, les Prussiens se bercent de l'espoir d'enlever nos forts par un bombardement? Non; ils veulent simplement nous faire sentir les piqûres de la ceinture fortement clouée dont ils ont entouré Paris, afin de nous distraire par ces attaques inopinées, nous empêcher de jeter la vue plus loin, et élever une sorte de rideau de fumée et d'artillerie entre nous et les combats de la province.

BOMBARDEMENT DE PARIS. — ENLÈVEMENT DES MALADES DES AMBULANCES DU LUXEMBOURG.

Certes voilà, pour le gouvernement, une belle occasion de tenir la promesse qu'il a solennellement faite dans sa proclamation du 1ᵉʳ janvier!

6 janvier.

Décidément, c'est bien la ville même, les maisons et les habitants que les Prussiens bombardent, sans même se donner la peine de passer par les sommations d'usage, ordonnées par le droit international. Est-ce que la force ne prime pas le droit?

Toute cette nuit, leurs batteries ont pris pour champ de tir les quartiers de Montrouge, de l'Observatoire, du Luxembourg, du Val-de-Grâce, du Panthéon, de Grenelle, sur la rive gauche, et d'Auteuil, sur la rive droite. Une trentaine de maisons ont été atteintes; dix personnes, dont quatre femmes, ont été touchées; cinq ont été tuées.

Entre le Panthéon et le plateau de Châtillon, la distance est d'environ 7 kilomètres. Ce tir, à si longue portée, n'est donc pas un hasard; il est prémédité: car l'intervalle du plateau aux forts varie entre 1800 mètres et 3 kilomètres; celui du même plateau aux remparts n'est que de 4 kilomètres. Une erreur si persistante du double dans le pointage n'est pas admissible de la part d'artilleurs aussi habiles que les Prussiens.

Sur la rive gauche, ils tirent principalement dans la direction de l'Observatoire, du Luxembourg, du Panthéon, du Val-de-Grâce. Les dômes sont d'excellents points de mire; toutefois, ceux du Luxembourg et du Val-de-Grâce se trouvent sous la protection sacrée des drapeaux d'ambulance, à croix rouges; l'ennemi les aperçoit certainement, mais il n'en tient pas compte. Au Val-de-Grâce, un projectile a brisé une corniche; tout près, à l'angle de l'établissement hospitalier et de la rue Saint-Jacques, on peut voir la devanture d'un marchand de vin largement balafrée par un autre projectile. De ci, de là, dans le quartier, les Parisiens considèrent avec plus de curiosité que d'émotion les traces de la civilisation prussienne. Hier, au moment où un obus éclatait dans une fenêtre, trois jeunes gens en uniforme, — presque trois enfants, — s'arrêtent court, se dressent tout droits, et accompagnent l'éclat d'un magnifique « Vive la France! Vive la République! » Ce trait ne révèle-t-il pas toute la mâle exaltation des Parisiens?

Il faut le dire, si cet essai de bombardement produit un effet moral, c'est au détriment de l'honneur allemand. La guerre ne comporte pas de sensibilité et surtout de sensiblerie; mais, il y a quelque chose d'odieux et de

BOMBARDEMENT DE PARIS — HABITANTS RÉFUGIÉS DANS LES CAVEAUX DU PANTHÉON.

révoltant dans le fait de frapper aveuglément sur une population de femmes, d'enfants et de vieillards. Pour la condamnation de cette barbarie monstrueuse, le hasard a voulu que presque tous les obus ennemis soient tombés jusqu'ici sur des ambulances.

Voilà bientôt quatre mois que les Prussiens nous tiennent enfermés et nous affament. Pourquoi? Est-ce nous qui voulons la guerre? Est-ce que nous prétendons leur enlever quoi que ce soit? Non! L'ambition d'un seul homme ruine la France, ruine l'Allemagne, et pour satisfaire à cette ambition qui jettera l'Europe dans une série sans fin de guerres et de désastres, le Prussien n'hésite pas à bouleverser, à brûler une ville qui est une des gloires et une des nécessités de la civilisation moderne.

Pendant que le canon tonne au-dessus de Paris, les enfants jouent dans les rues; un obus peut d'un instant à l'autre écraser ces jeux et ces rires : là est toute l'horreur du bombardement; ce massacre des innocents est une honte criminelle pour la nation qui ose encore employer de tels procédés.

Nous l'apprenons par les journaux allemands saisis aux avant-postes, l'ennemi prétend châtier, par le bombardement, cette population parisienne, assez insolente pour résister aux armées invincibles du roi Guillaume. Cet homme se guinde au rôle hypocrite, pédantesque de justice divine, et il lance les foudres célestes sur la moderne Babylone! Allons donc! M. de Bismarck, le psychologue, sait que les faubourgs populeux et ouvriers se montrent particulièrement exaltés pour la lutte à outrance et impatients de l'inaction du gouvernement. Très-bien ; ce sont ces faubourgs, Montrouge, Vaugirard, Grenelle, etc., que les krupp bombardent avec prédilection. Toujours le même calcul psychologique, escomptant soit l'abattement, soit l'exaspération de la population parisienne : ou les quartiers ouvriers perdront courage en se sentant mitraillés par les obus prussiens, ou ils se soulèveront contre le gouvernement, en l'accusant à tort et à travers de cet horrible accroissement de calamité.

Il faut bien peu connaître le tempérament de Paris pour imaginer comme vraisemblable la première de ces hypothèses ; la grande majorité s'est préparée à tous les sacrifices, les uns en conscience et par devoir, les autres avec l'emportement d'illusions irréfléchies. Quant à la seconde hypothèse, celle de la guerre civile, quoique malheureusement bien moins irréalisable, elle n'a pas chance de se réaliser, parce que, malgré les passions et les emportements aveugles de la foule, l'agitation révolutionnaire paraît trop clairement, dans les circonstances actuelles, aider aux affaires de l'ennemi.

Comme il arrive invariablement chaque fois que la crise devient plus aiguë, et que survient un nouveau malheur, la Commune n'a pas manqué de reparaître en scène. Hier matin, on pouvait lire affichée sur les murs une proclamation ainsi intitulée : « Au peuple de Paris, les délégués des vingt arrondissements. » Ledit factum demande la démission en masse du gouvernement, son remplacement par la Commune, le réquisitionnement général, le rationnement gratuit, la sortie en masse. Il est signé d'environ cent cinquante noms, la plupart fort inconnus, quelques-uns célèbres dans les clubs rouges. Quels sont ces délégués? Quel est leur droit? Quels sont leurs titres? Autant de questions que chacun se pose et auxquelles nul ne peut répondre. Le gouvernement a pris le parti de traduire en conseil de guerre vingt et un des signataires de ce triste appel à la guerre civile. De plus, le général Trochu a fait la proclamation suivante :

« Au moment où l'ennemi redouble ses efforts d'intimidation, on cherche à égarer les citoyens de Paris par la tromperie et la calomnie. On exploite contre la défense nos souffrances et nos sacrifices. Rien ne fera tomber les armes de nos mains. Courage, confiance, patriotisme! Le gouverneur de Paris ne capitulera pas. »

Déjà le premier jour du bombardement le général Trochu avait adressé aux habitants une première proclamation :

« Le bombardement de Paris est commencé.

« L'ennemi ne se contente pas de tirer sur nos forts, il lance des projectiles sur nos maisons, il menace nos foyers et nos familles. Sa violence redoublera la résolution de la cité qui veut combattre et vaincre. Les défenseurs des forts couverts de feux incessants ne perdent rien de leur calme, et sauront infliger à l'assaillant de terribles représailles. La population de Paris accepte vaillamment cette nouvelle épreuve. L'ennemi croit l'intimider, il ne fera que rendre son élan plus vigoureux. Elle se montrera digne de l'armée de la Loire qui a fait reculer l'ennemi, de l'armée du Nord qui marche à notre secours. Vive la France! Vive la République! »

Voilà assurément de belles et bonnes paroles ; mais comme un peu d'action ferait bien mieux notre affaire! Chacun remarque que la canonnade est bien plus violente de la part de l'ennemi que de notre côté. Pourquoi cette différence? Est-ce en économisant les obus que nous empêcherons nos forts et nos maisons d'être ravagés et incendiés, que nous exercerons les « terribles représailles » dont parle le général Trochu? Le bombardement du plateau d'Avron nous enseigne comment on peut éteindre le feu de l'adversaire sur une position et l'en déloger. Pourquoi, à l'exemple des Prussiens, n'entreprenons-nous pas un effort d'artillerie, vigoureux et d'ensemble, contre les batteries de bombardement, de manière à bouleverser les terres, à ruiner les terrassements, à enfouir les pièces?

Il est vraisemblable que, tout au moins sur le premier plan, l'artillerie ennemie n'est pas très-solidement installée; autrement, nos forts, depuis trois mois, auraient eu des yeux pour ne rien voir. Or depuis deux jours, nos forts du Sud se battent vaillamment; mais, dans le duel engagé avec Châtillon et Meudon, ils semblent réduits à un rôle purement défensif; ils parent de leur mieux les coups de l'adversaire. Pourquoi laisser toujours aux Prussiens l'initiative et la direction de l'attaque?

7 janvier.

Les phases du bombardement semblent réglées : le jour, les batteries prussiennes frappent sur les forts : la nuit, c'est le tour de la ville ; telle est la consigne. La zone bombardée comprend l'angle sud-ouest de Paris, dont le sommet tombe sur la Seine, au Point-du-Jour. Elle semble circonscrite par une ligne courbe d'environ 8 kilomètres, partant du rempart d'Auteuil, à la hauteur de la Muette, coupant la Seine au pont de Grenelle, obliquant sur le Luxembourg et le Panthéon, et venant rejoindre le rempart de Montrouge à la porte de la route d'Orléans. Cette ligne se trouve, à tous les points, distante d'environ 7000 mètres soit des batteries de Meudon, soit des batteries de Châtillon : la surface de la ville ainsi bombardée représente à peu près 1500 hectares, le cinquième de la surface totale de Paris.

Sur la rive droite, le champ du bombardement est bien plus limité que sur la rive gauche; en effet, les quartiers d'Auteuil et de Passy s'étendent en longueur sur une étroite éminence d'environ 1500 mètres, resserrée entre la Seine et le rempart; là, les maisons sont largement espacées, coupées par de larges avenues, des jardins et des parcs. Sur la rive gauche, la ville se présente en pleine poitrine aux obus de Châtillon; les Prussiens ont large vue sur une double ligne de quartiers, jusqu'à la Seine; d'abord Grenelle, Vaugirard, l'Observatoire et les Gobelins; puis les Invalides, le Luxembourg et le Jardin des Plantes. Une partie seulement de cette immense agglomération d'édifices et de maisons a jusqu'ici été atteinte; mais il est évident que l'ennemi peut à sa fantaisie allonger et étendre son tir. Cette nuit, les projectiles ont encore atteint dix personnes, dont quatre mortellement : sur ce nombre, il y a sept femmes; un vieillard a été tué dans l'établissement des Petites-Sœurs des Pauvres, rue Notre-Dame-des-Champs. Deux incendies se sont déclarés dans Vaugirard. Aussi, dans les quartiers menacés, on prend les précautions qui avaient déjà été prescrites au commencement du siège :

BOMBARDEMENT DE PARIS.

à l'intérieur des maisons, des tonneaux remplis d'eau sont installés dans la cour et à chaque étage.

Hors les remparts, les forts d'Issy et de Vanves sont très-chaudement bombardés, surtout Issy. L'ennemi tire bien aussi sur Montrouge, mais c'est seulement quand ce fort taquine par trop le plateau de Châtillon. Le capitaine de vaisseau Amet, commandant de Montrouge, manœuvre vigoureusement de ses pièces marines, afin de provoquer les batteries adverses et de soulager ses voisins de Vanves et d'Issy. En arrière, les bastions des secteurs de Montrouge, de Vaugirard et surtout du Point-du-Jour alternent leur riposte avec celle des forts.

En somme, le principal succès du bombardement jusqu'ici est d'avoir ruiné les casernes de nos forts. Les obus prussiens n'ont fait qu'accomplir la besogne dont nous aurions dû nous charger nous-mêmes. Dans un fort, tout ce qui n'est pas casematé est toujours un luxe inutile et parfois un péril. Quant aux bastions et aux courtines, ils passent également par de rudes épreuves; mais les trous et les éboulements sont réparés chaque nuit.

Le général Trochu a diminué au strict nécessaire la garnison de chaque fort. Ainsi à Montrouge, de même qu'à Issy, il y avait près de 3000 hommes; il n'en reste que 1500. Il suffit qu'il y ait assez d'hommes pour la manœuvre de l'artillerie et le travail des terrassements; les autres seraient inutilement exposés.

Nos pertes sont presque insignifiantes, si on les compare à la trombe de fer qui se promène sans cesse sur un espace de près de deux lieues : chaque jour, c'est en moyenne une quinzaine d'hommes tués ou blessés. Ceux-là, au moins, ce sont des soldats; mais les femmes, les vieillards, les enfants, assassinés à l'intérieur par ces lâches obus !

Depuis le bombardement, le service des avant-postes est devenu plus dur; les corvées journalières sont aggravées par les fatigues d'une vigilance plus rigoureuse; les gardes, surtout la nuit, sont doublées; puis, il faut compter l'énervement de ces obus continuels qui sifflent dans l'air et parfois crèvent le toit du campement.

Les gardes nationaux sont aux postes les plus exposés, après les forts; ils gardent les tranchées d'Arcueil et de Cachan; ils ont plusieurs blessés à l'ambulance des Pères d'Arcueil; un sergent-fourrier a été broyé, tandis que dans la chambrée commune il faisait tranquillement ses comptes.

Toutefois le bombardement n'a pas mordu sur le moral de l'armée; la vaillante tenue de Paris contribue à tenir à tous le cœur ferme contre ces nouvelles épreuves.

HABITANTS DE MONTROUGE FUYANT DEVANT LE BOMBARDEMENT.

Chaque nuit, les soldats aux avant-postes entendent les obus cingler l'air au-dessus de leur tête et tomber avec un sourd retentissement sur les masses sombres de la ville. Lorsqu'on leur dit : « Les Parisiens n'ont pas peur et les Parisiennes recueillent sur leurs étagères les éclats d'acier, » alors ils se sentent eux-mêmes plus vaillants et plus forts. « Comment! des bourgeois n'ont pas peur! les femmes même se moquent du péril! et nous, des soldats, nous aurions le cœur remué par ce feu d'artifice qui fait plus de bruit que de mal? Allons donc! » Et le généreux sang français leur monte aux joues.

On se fait à tout : la vie quotidienne a repris son train. Sur la route de Montrouge, en face du quartier du général de Chamberet, qui commande le poste de la maison Millaud, je voyais aujourd'hui défiler un bataillon de mobiles qui, après l'appel de midi, allait d'un pied leste et léger faire un bout de promenade. Les dix clairons en tête chantaient à pleine voix; il a fallu qu'un officier de l'état-major vînt avertir le bataillon de marcher avec plus de prudence et surtout moins de bruit.

A la barricade de la maison Millaud, sur la route d'Orléans, il y a tous les jours nombreuse compagnie; sur le coup de midi, le soleil est tiède et la place est commode : le fort de Montrouge tout près à droite, et en face, le plateau de Châtillon; on entend et on voit parfaitement pour juger les coups du duel.

Notre fort fouille vigoureusement les positions de Bagneux; par les embrasures des bastions, les éclairs jaillissent continus, comme des cornes de feu. Tout d'abord l'ennemi semble ne pas prêter attention à ces avances, coquettement brutales; il répond mollement. Les marins de Montrouge redoublent les décharges; ils pointent droit sur le plateau, au cœur de l'ennemi.

Tout d'un coup, les batteries prussiennes se piquent; alors c'est une véritable furie. Les obus se suivent sans interruption, de droite et de gauche, par bouquets de quatre et de cinq; c'est dans l'air un ouragan d'éclats. Les pans de casernes s'écroulent, les toitures prennent feu. Le fort continue imperturbablement sa riposte.

Ah! les braves gens que nos marins!

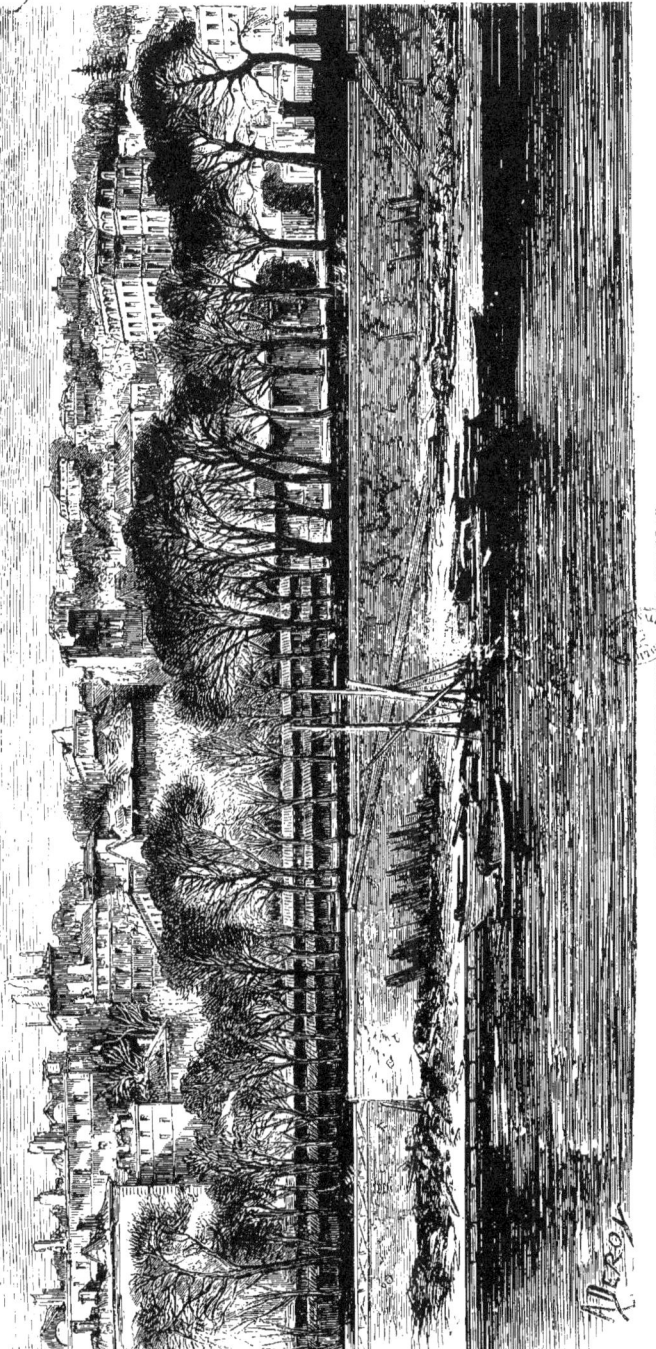

RUINES DE SAINT-CLOUD. — LE CHATEAU.

janvier.

Cette nuit, la violence du bombardement s'est sensiblement accrue : les obus sont tombés plus nombreux, et toujours ce sont les hôpitaux, notamment le Val-de-Grâce et la Pitié, qui sont les plus éprouvés. On compte officiellement, selon les rapports des commissaires de police, quinze victimes, sur lesquelles trois femmes et trois enfants.

Cette canonnade plus intense coïncide avec un projet d'attaque que nous devions entreprendre hier ou aujourd'hui contre Châtillon. Il semble que l'ennemi ait prévu notre dessein, et qu'il veuille nous prouver la puissance et le nombre de ses batteries. Les ignorants crieront à la trahison ; mais le simple bon sens indique aux Allemands que nous devons chercher à éteindre, par une attaque de vive force, leurs foyers de bombardement, au sud de Paris. En gens méthodiques, ils tiennent à nous aviser qu'ils sont sur le qui-vive.

Il faut savoir qu'aussitôt que les obus ont commencé à tomber à l'intérieur de la ville, les maires d'arrondissement ont senti combien l'inaction dans un pareil moment, de la part du pouvoir militaire, peut faire une impression funeste sur l'esprit très-excité de la population. La majorité des habitants souffre patiemment ; mais on veut que cette patience serve à quelque chose. Ajoutons les sourdes excitations de la faction démagogique, qui exploite le bombardement dans des déclamations insensées. En résumé, nulle trace d'abattement, tout au contraire, une surexcitation nerveuse, qui peut se traduire ainsi : « Allons-nous supporter, les bras croisés, les insultes des obus ennemis ? Nous voici frappés au cœur ; enfin il est temps de riposter. »

Les maires réunis ont proposé à M. Jules Favre d'adjoindre au général Trochu un conseil de défense, mi-partie militaire, mi-partie civil. Puisque la garde nationale devait enfin participer activement aux opérations militaires, il leur semblait légitime que les représentants de la population concourussent à la direction de la lutte, soit pour éclairer le général Trochu sur les sentiments de la garde nationale, soit même pour l'encourager et le stimuler.

M. Jules Favre mit en présence les maires et le général Trochu. Celui-ci, dit-on, a produit sur eux une grande impression en leur exposant fidèlement l'état des choses, ce qu'il avait fait et ce qu'il se proposait de faire. Les maires se sont retirés, avec quelques illusions en moins ; comme ils ont pu toucher du doigt les terribles difficultés de la situation, et comme en somme ils se savent non compétents dans les choses de guerre, ils n'ont pas osé toucher à la responsabilité du général Trochu. Tout est donc demeuré en l'état; toutefois le président du gouvernement a compris, dans cet entretien, l'urgence de tenter quelque chose en quelque sorte contre le bombardement.

Le général Vinoy avait, dès l'ouverture du feu sur Paris, émis l'idée d'une vaste sortie, combinée à la fois contre les batteries de Châtillon et en avant du Mont-Valérien, poussée par ces deux directions contre Versailles, le quartier général de l'investissement. Le plan est hardi ; on reconnaît là le général énergique, qui, lors de notre sortie du 20 décembre, se proposait d'enlever droit devant lui le plateau du Raincy. Par l'ampleur de la conception et le péril de l'exécution, il répond du moins, dans des conditions stratégiques, à la sortie torrentielle que les esprits naïfs caressent dans leurs rêves comme l'expédient suprême du salut ou du désespoir.

Le général Trochu, dit-on, s'est rallié au projet Vinoy; mais en le réduisant, il lui coupa une des deux ailes ; deux opérations parallèles lui parurent trop délicates à mener de front; il se décida pour Châtillon.

On s'occupa aussitôt du dispositif de l'action, qui devait être dirigée en chef par le général Vinoy. Les préparatifs furent commencés. L'état-major de la garde nationale reçut l'ordre de mettre sur pied environ 50 000 hommes, avec bagages et vivres, toutefois avec recommandation de ne pas s'embarrasser d'impedimenta, tels que voitures d'approvisionnements. Le général Clément Thomas convoqua les colonels des régiments qui devaient marcher; il leur dévoila le plan, sans leur dissimuler la gravité du péril ; il s'agissait d'attaquer la plus formidable position de l'ennemi : la garde nationale ferait-elle honneur à la mission glorieuse, qui pour la première fois lui était imposée? Tous les colonels se levant, jurèrent de faire leur devoir.

Au dernier moment, le général Trochu réunit en conseil de guerre les officiers généraux de l'armée. S'il était sérieusement décidé à agir, c'était une faute. Il n'aurait pas dû prendre l'avis de ses chefs de service sur le plan, mais uniquement sur le mode d'exécution de la sortie. Il est évident qu'un conseil de guerre, délibérant sur le fonds même de l'opération, devait par la diversité des opinions, par la multiplicité des objections embarrasser et réduire à l'inaction le général Trochu, déjà par lui-même trop naturellement porté à l'indécision. Ce qu'il faut critiquer ici, au point de vue militaire, ce n'est pas le sens de la délibération, qui peut être fort juste, c'est la délibération, qui à coup sûr était inopportune. A la guerre, jamais rien ne se ferait, si le général en chef, qui est seul responsable, soumettait ses plans aux

BOMBARDEMENT

appréciations nécessairement divergentes et même contradictoires de ses subordonnés.

C'est ainsi que le projet de sortie tomba à l'eau. Dans le conseil on fit valoir les difficultés très-réelles de l'entreprise. Il ne fallait évidemment pas songer à une attaque de nuit avec les troupes que nous avons sous la main, et à plus forte raison avec le fort contingent de garde nationale, qui servirait d'appoint aux troupes de ligne. Mais de jour, comment sous le feu clairvoyant de toutes les batteries prussiennes, former les colonnes d'attaque, et leur faire franchir l'espace considérable qui sépare nos positions de celles de l'ennemi? n'était-ce pas les exposer à être exterminées avant d'aborder l'adversaire? Évidemment, ces objections sont de grande valeur. Mais est-il possible, dans notre situation, de réaliser un plan quelconque, devant produire un effet décisif, sans s'exposer aux mêmes périls, sans risquer les mêmes pertes! La prudence était à coup sûr du côté de la majorité du conseil; mais au point où nous en sommes, l'audace n'est-elle pas l'unique planche de salut? On rapporte que la réunion a mis à l'étude un nouveau plan, qui doit être prochainement exécuté; quant à celui du général Vinoy, il a été définitivement abandonné.

Ce matin, le travail des préparatifs qui se trouvait presque achevé, a été subitement interrompu; à l'état-major de la garde nationale, on était sur le point de distribuer aux colonels leurs lettres de service. Les régiments devaient partir le soir même.

On signale aux environs de Châtillon, chez l'ennemi, des concentrations de troupes. Les Allemands sont en alerte; le bombardement, qui depuis hier tonne avec plus de rage, le témoigne clairement.

Lundi 16 janvier.

Malgré quelques vives canonnades des forts et malgré quelques reconnaissances tentées pendant la nuit, il ne paraît pas que nous ayons rien fait pour opposer une résistance efficace et d'ensemble au bombardement de Châtillon; veut-on laisser les munitions des Prussiens s'épuiser en réservant nos économies de projectiles pour un coup décisif? Veut-on laisser l'ennemi étaler librement son jeu sur le tapis, afin de l'étudier et de répliquer à ses attaques en connaissance de cause? Veut-on enfin, avant de rien essayer, attendre des nouvelles de province qui nous permettront de diriger notre résistance sur des points utiles?

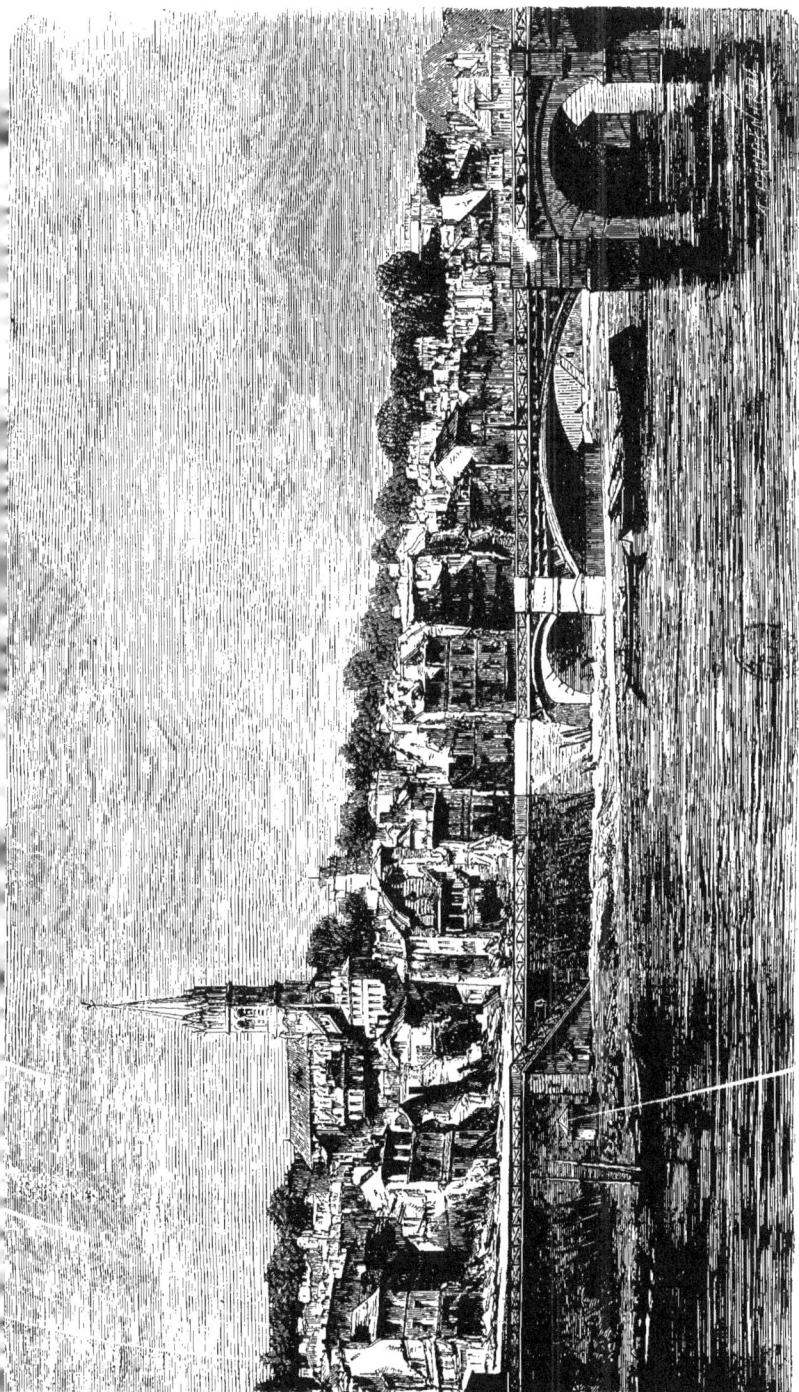

RUINES DE SAINT-CLOUD. — CÔTÉ DE L'ÉGLISE.

Il est probable qu'il y a un peu de tout cela dans notre inaction actuelle; mais, sans discuter l'inopportunité plus ou moins énergique, il me semble évident que le moment psychologique, pour employer le terme allemand, est venu de fortifier le moral de nos troupes contre l'énervement d'une canonnade supportée les bras croisés et l'arme au repos.

Prenons-y garde, le bombardement n'est pas un acte de légèreté, ni d'étourderie : c'est une opération préméditée et calculée dont l'intensité, sans cesse croissante, vise à un but déterminé, lequel, selon toute probabilité, n'est autre chose que l'écrasement de nos forts du sud, ceux du moins compris entre Seine et Bièvre. Quand les Prussiens se proposent un effet moral, le plus souvent ils se trompent grossièrement; ainsi, en lançant sur Paris même des bombes meurtrières, ils ont exaspéré la population, loin de l'intimider; nos femmes, maintenant, sont les premières à crier: « Vengeance! lutte à outrance, guerre sans trêve ni merci! »

Mais, quand l'ennemi se renferme dans des vues strictement militaires, quand il se tient à des opérations purement stratégiques, il est rare que son plan n'ait pas un principe juste et ne se développe pas d'une manière sérieuse.

A ce point de vue, le bombardement persistant de notre fortification du sud semble dénoter comme conclusion une attaque prochaine.

La première tâche, sans doute, est de nous préparer à la repousser victorieusement. Mais ne peut-on se demander si la défensive doit être reculée à ses dernières limites, si par ce système nous ne donnons pas à l'ennemi la facilité de la rendre de notre part, non sans doute moins énergique et moins sérieuse, mais peut-être moins aisée et moins complète?

L'expérience nous a appris qu'il est d'une mauvaise stratégie de permettre à l'ennemi de prendre ses avantages, de faire son jeu; si, dès le commencement, nous avions, avec plus d'initiative, barré la route aux Prussiens, il est certain qu'aujourd'hui leur situation serait moins favorable pour nous bombarder. Avec des gens qui ne donnent rien au hasard et qui agissent toujours par dessein, la prudence commande d'arrêter dès le principe toute entreprise agressive, et d'agir plutôt trop vite que trop tard.

La journée d'hier a été remplie de part et d'autre par une violente canonnade qui a duré de sept heures du matin à cinq heures du soir; toute notre ligne a donné de Bicêtre à Issy. Aux feux des forts se sont joints ceux de la redoute des Hautes-Bruyères et de la batterie Millaud, sans compter le bastion 73 du rempart.

Ce sont toujours les forts de Vanves et d'Issy qui servent principalement

RUINES DE SAINT-CLOUD. — LA RUE ROYALE.

d'objectif aux batteries ennemies; la canonnade de Meudon sur Issy ne discontinue pas, elle gronde soutenue, violente, acharnée.

Nous avons détruit le château de Saint-Cloud, qui ne nous faisait pas grand mal, et sans doute, nous avons bien fait. Pourquoi sommes-nous plus cléments pour celui de Meudon, entouré d'une véritable ceinture d'artillerie, qui harcèle sans cesse nos ouvrages; il est vraiment irritant de voir au-dessus de cette magnifique esplanade, s'élever paisiblement les nuages vaporeux de la fumée des canons.

Aujourd'hui, par exemple, le temps était clair, l'air plus léger rapprochait les lieux et vous les mettait, pour ainsi dire, sous le regard; est-il donc impossible de labourer la terre des travaux ennemis avec nos gros projectiles, dont on voit de si belles provisions dans les casemates des forts; il en est qui pèsent jusqu'à cent kilos; ils défient les fameux obus Krupp.

Que ne faisons-nous comme les Prussiens, qui alternent un boulet plein et un obus percutant? Avec ce manége il n'est pas de maçonneries qui résistent.

Les feux de l'ennemi sont très-variés. Outre les projectiles pleins ou creux, ils nous envoient encore des boîtes à balles et des obus incendiaires; le volume de ces derniers est d'assez petite dimension. Ils sont percés de quatre conduits placés deux à deux de chaque côté du projectile. Par ces issues s'échappe le pétrole enflammé. Jusqu'ici ils n'ont pas eu grand succès. Ce sont surtout les éclats des obus creux qui ont détérioré les bâtiments de nos forts. Je ne compte pas les menus suffrages, tel que balles de fusil de rempart. Il est encore un projectile assez singulier dont l'ennemi nous a bénévolement gratifiés : c'est un obus qui contenait, au lieu d'une charge de poudre, une mesure de pois secs. Cette bombe légumineuse serait-elle un cadeau que les Prussiens veulent nous faire pour la fête de leur roi?

Il paraît démontré que l'ennemi a parsemé la côte de Châtillon d'un très-grand nombre d'ouvrages propres à recevoir des canons, et qu'ils changent fréquemment l'emplacement de leurs pièces, soit pendant la nuit, soit même dans les intervalles de la canonnade. — On sait que les pièces sont très-longuement espacées; quand l'une d'elles a tiré quelques coups sur un point, les servants la chargent sur une sorte de chemin de fer américain spécialement construit à cet usage, et la transportent derrière une autre embrasure.

Cette manœuvre est habile, mais elle se trouve éventée; car des officiers très-compétents étudient de près les divers tirs de l'ennemi, qui se meuvent nécessairement sur un espace déterminé. Leurs calculs nous mettent à même de connaître exactement l'emplacement de tous les ouvrages; de plus, ils permettent d'affirmer que la portée des pièces ennemies ne dépasse pas encore 6500 mètres.

Dans la soirée d'hier, une batterie nouvelle a fait son apparition sur l'Hay. Pour ses débuts, elle a envoyé cinquante à soixante obus sur le moulin Cachan; il est à peu près certain que les Prussiens travaillent à une autre batterie du même genre, toujours sur l'Hay. La redoute des Hautes-Bruyères laissera-t-elle ce village se couronner de canons à portée de 1000 à 1200 mètres? Les formidables bastions de notre redoute resteront-ils à l'état d'épouvantail et de menaces inutiles?

Les Allemands ne se gênent pas pour le dire dans les journaux, ils convoitent la magnifique hauteur de Villejuif, et il est plus que probable qu'ils exécutent activement des travaux d'artillerie pour nous en déloger; il est certain que si, comme à Avron, nous les laissons travailler à notre nez et à notre barbe, d'ici quelques jours la redoute des Hautes-Bruyères sera tout étonnée de se voir battue par les canons Krupp.

Ce matin, dès le jour, le fort de Montrouge a vigoureusement entamé les positions de Bagneux; par les embrasures des bastions de droite, les éclairs jaillissaient continus; de leur coté, les Prussiens ripostaient, mais avec moins de vivacité; toutefois, leurs obus arrivaient par bouquets de quatre en général. On dit que le fort en est à son huit-millième numéro. Je ne sais si le calcul est exact, mais on ne doit guère être loin de compte; en tout cas, mince est la besogne des Prussiens, car le fort est toujours en très-bon état.

La partie gauche de nos ouvrages, vers le sud, est certainement la mieux résistante et la plus épargnée; aussi, de ce côté, nos batteries font tous leurs efforts pour détourner sur elles les feux de l'ennemi; souvent elles parviennent à le piquer, et alors c'est une véritable furie. Les obus tombent à Montrouge comme par trombes; c'est dans l'air un ouragan d'éclats.

La canonnade s'est calmée vers une heure de part et d'autre, mais il est certain que les Prussiens la recommenceront ce soir sur Paris. Pendant le jour, le bombardement des forts; pendant la nuit, le bombardement de la ville, telle semble être la consigne des batteries de Châtillon.

On sait que nous avons envoyé sur les lignes ennemies diverses reconnaissances de nuit : elles ont toujours trouvé les Prussiens sur leurs gardes, et elles ont été accueillies par de vives fusillades partant des tranchées.

Il faut s'y attendre; l'ennemi a sur le plateau un matériel considérable; il a engagé une opération importante; partant il a réuni, pour défendre l'un et soutenir l'autre, des forces suffisantes. De nos avant-postes, on voit très-bien les tranchées adverses remplies d'un nombre inusité de soldats; de plus, chaque soir on remarque des concentrations de troupes prêtes à partir en expédition.

Ce matin en avant de Bagneux, tout proche de Montrouge, nos sentinelles ont été tout étonnées de voir surgir de terre un certain nombre de fantas-

BOMBARDEMENT D

sins ennemis : ils débouchaient d'une carrière dont l'entrée est située aux abords mêmes de Bagneux. Inutile de dire la réception qui leur a été faite; nous en avons jeté bas une dizaine; le reste s'est enfui sur Bagneux et a rentré précipitamment dans la carrière.

Ces souterrains, tracés en tous sens dans les environs, constitueraient un péril sérieux, en donnant à l'ennemi la facilité d'établir des ouvrages de mines, si toutes les précautions n'étaient pas prises, en connaissance parfaite des lieux.

Quant à nos reconnaissances de nuit, je crois qu'elles eussent pu être menées plus vigoureusement; mais, outre la vigilance de l'ennemi, naturellement en éveil, il faut tenir compte de ceci, c'est que nos jeunes troupes n'ont pas été jusqu'ici habituées aux opérations de nuit, qui demandent tant de sang-froid et tant de discipline; c'est une raison de plus pour les multiplier; dans l'état actuel des choses, elles seront de plus en plus utiles.

A l'appui de cette observation, je dirai, en ce qui concerne la garde nationale, qu'il n'est pas bon de changer trop souvent les bataillons envoyés dans les cantonnements du sud.

Les gardes nationaux font avec beaucoup d'entrain leur apprentissage de la guerre; ils supportent bravement les fatigues et les périls des tranchées; ils font preuve de beaucoup de bonne volonté et vraiment, surtout vers le sud, ces débuts sont méritoires.

Pour ces raisons mêmes et en raison des circonstances exceptionnelles du moment, il faut autant que faire se peut et sans exagérer le poids de la besogne, acclimater les hommes sur chaque position; de cette manière, à l'avantage du courage, ils joignent celui non moins précieux et non moins important de la connaissance des lieux; ils s'habituent à leur poste, ils l'étudient dans les petits détails; de là, soit pour la résistance, soit pour l'attaque de précieuses ressources.

Depuis que le bombardement a commencé, le service est très-dur pour toutes les troupes; il est d'autant plus dur que les corvées journalières s'aggravent d'un péril constant et de fatigues d'une vigilance plus rigoureuse. J'ajoute que l'esprit des troupes n'est pas distrait et relevé par les émotions d'une énergique offensive. On vit toujours du même train avec l'énervement en plus de ces obus continuels, qui sifflent dans l'air et parfois crèvent le toit de la maison.

Peut-être nos généraux devraient-ils se préoccuper de l'idée qu'au moment où s'ouvre une période décisive du siége de Paris, il est indispensable de fortifier l'esprit des troupes, de leur inspirer un redoublement de courage moral en rapport avec la grandeur de leur tâche. Je ne puis ni ne veux entrer dans les détails; mais il y a là un point qui mérite toute l'attention de véritables hommes de guerre : il s'agit de prouver aux soldats que l'on s'occupe de leur bien-être, que l'on apprécie leur conduite, et que l'on compte sur leur courage. Ce qu'il faut éviter par-dessus tout, c'est de laisser les courages s'engourdir dans une sorte d'isolement moral.

Un petit fait pour finir.

Aux avant-postes de Montrouge, nos sentinelles ont recueilli un faucon prussien, étourdi sans doute par le vent d'un obus. Cette trouvaille montre que l'ennemi imagine tous les moyens de donner la chasse à nos pigeons.

Les nouvelles que ces braves messagers nous apportent de la province seraient-elles bonnes?.

Mardi, 17 janvier.

Le bombardement est monotone, c'est là son moindre défaut. Des noms nouveaux de femmes, d'enfants, de vieillards s'ajoutent à la liste publiée par l'*Officiel;* toutefois, que l'on mette en balance, d'une part, le nombre des victimes inoffensives, surprises traîtreusement pendant la nuit, devant le foyer domestique ou même dans un lit de souffrances, et d'autre part ce poids d'acier énorme dépensé depuis dix jours par les batteries ennemies; l'on conclura que le bombardement est non-seulement une bien lâche, mais encore une chose bien stérile et bien inutile.

J'irai plus loin : je dirai que ce danger de mort qui plane incessamment sur nos familles et qui, chaque nuit, fend l'air d'une aile lugubre, sonne comme un tocsin de vengeance aux oreilles de nos défenseurs. Prenez le garde national en lui-même; c'est un honnête bourgeois, ami du calme et de la tranquillité: mais montrez-lui le spectacle de la patrie envahie, le voilà qui saisit son fusil, et, s'inspirant d'une grande idée, il devient presque un héros par la patience et par l'enthousiasme. Les Prussiens font mieux encore, pour transformer ce bourgeois en soldat; de loin et comme derrière une embuscade, ils le frappent dans tout ce qu'il a de plus cher, ils l'attaquent dans ce qu'il a de plus sacré. Cette demeure, où les laborieuses économies de la famille s'amassent peu à peu, un obus brutal l'éventre; ces enfants pour lesquels on travaille, joie du présent et espérance de l'avenir, un canon impie les frappe jusque dans l'asile respecté de l'école.

Les Allemands le prennent de bien haut, et, ce qu'ils n'ont pu faire avec leurs masses de troupes si savamment organisées, si magnifiquement disciplinées, ils espèrent l'achever par le canon Krupp. Erreur grossière! L'homme, disait Pascal, est un roseau pensant; ce qui fait sa supériorité sur l'univers qui l'écrase, c'est qu'il a la conscience de sa ruine. Eh bien, la supériorité de l'homme sur la matière est véritablement plus grande; l'être humain puise dans sa pensée et dans sa conscience une puissance invincible contre toutes les forces de la nature, fussent-elles accumulées par un stratégiste allemand.

C'est là un ordre d'idées supérieur aux calculs habituels de la guerre, que les Prussiens n'ont pas pu admettre en ligne de compte et dont nos généraux n'ont pas su peut-être assez profiter. Cette puissance morale éclate aujourd'hui dans sa plénitude, si bien qu'elle doit s'imposer dans le plan de la défense comme un élément d'une importance capitale.

Chaque nuit les soldats aux avant-postes entendent les obus cingler l'air au-dessus de leur tête et tomber avec un sourd retentissement sur les masses sombres de la ville ; lorsqu'on leur dit : « Les Parisiens n'ont pas peur et les Parisiennes recueillent sur leurs étagères les éclats des obus, » alors ils se sentent eux-mêmes plus vaillants et plus forts. « Comment ! des bourgeois n'ont pas peur, les femmes même se moquent du péril : et nous, des soldats, nous aurions le cœur remué par ce feu d'artifice qui fait plus de bruit que de besogne ; allons donc ! » Et le généreux sang français leur monte aux joues.

Paris est un incomparable foyer de courage ; il rayonne par sa chaleur vivifiante sur tous ceux qui l'approchent.

Ce phénomène de contagion morale, je l'ai vu se produire au lendemain de Sedan. Des hommes arrivaient des champs de bataille, découragés, désespérés ; ils touchaient terre à Paris, et, sans qu'ils sussent ni pourquoi, ni comment, l'espoir leur revenait au cœur.

Je le répète, malgré tous les défauts de la population parisienne, lesquels, au point de vue strictement militaire, sont réellement grands et nombreux, il est incontestable qu'un véritable homme de guerre peut, à Paris, accomplir un miracle, et cela par une raison bien simple. A la guerre, comme en tout, l'esprit est souverain, le moral est tout ; or, il n'est pas au monde une force morale, une puissance intellectuelle comparables à celles que vous avez là, sous la main, à Paris ; aussi, est-ce avec une conviction profonde que je dis à nos chefs : Osez ! ne craignez pas d'oser ; plus vous nous demanderez, plus vous obtiendrez. Vous avez ici un monde de ressources, d'habiletés, de courages, et, par-dessus tout, vous avez une volonté inébranlable de tout souffrir, de tout supporter plutôt que de se résigner à la honte d'une capitulation.

La journée a été bonne, la canonnade s'est circonscrite, du moins de notre côté, au fort de Montrouge.

Le fort a tiré avec une ardeur soutenue et une grande habileté. Les Prussiens ne sont pas maladroits, il faut le reconnaître ; presque tous leurs obus tombaient sur le fort lui-même, et il faut qu'ils soient terriblement chargés, car leurs éclats arrivaient jusque sur la route d'Orléans ; des deux casernes du fort, celle de droite est déjà percée à jour.

Mais les canons de Montrouge répondaient deux coups et même trois coups pour un ; ils y mettaient une sorte de rage. A peine le projectile prussien arrivait-il, que une, deux, trois détonations du fort suivaient, précipitées, avec un fracas qui indiquait le tir des grosses pièces de marine.

Il est à remarquer que le plateau de Châtillon, à proprement parler, est resté muet toute la journée. Quelle est la raison de ce silence subit? Il serait aventureux de l'attribuer à notre tir ; car, dans ces parages, les batteries doivent être construites avec un soin particulier.

Ce qu'il y a de certain, c'est que ce soir le feu des Prussiens est bien moins violent ; de temps à autre, ils envoient quelques coups dans des directions différentes ; mais c'est plutôt par habitude que pour produire un effet quelconque. Des remparts, on entend comme un roulement de chemin de fer se produisant dans le lointain, accompagné d'un bruit de cornes, ressemblant à peu près au signal que l'on donne dans les forts lorsque l'obus arrive.

Sans tirer de ces faits, trop imparfaitement observés, des inductions positives, il est à croire que les Prussiens préparent un second acte au bombardement, et que le fort de Montrouge pourrait bien être l'acteur principal de ce second acte.

En effet, quel que soit le succès de la canonnade sur Vanves ou sur Issy (ce succès ne présage pas jusqu'ici la possibilité d'un enlèvement de vive force), il faudra toujours, bon gré malgré, en arriver au fort de Montrouge, parce que c'est la clef de la position, comme le plateau de Châtillon lui-même est la clef de la position adverse.

A bien considérer les choses, il n'y a au sud qu'un point important, et pour ainsi dire culminant, c'est Villejuif ; Montrouge est le premier gradin, l'étage principal de cette hauteur à laquelle correspond comme importance la hauteur parallèle de Châtillon : ce sont deux rivales qui ont engagé la lutte.

Nous avons laissé l'avantage de l'attaque aux Prussiens ; c'est une faute, mais une faute encore réparable, pourvu qu'à une offensive très-énergique, nous nous résolvions à opposer une offensive plus efficace encore. Est-ce facile, est-ce possible? C'est une question d'ordre militaire ; mais la chose doit être faite.

Le plus grand péril du bombardement serait celui-ci : que nous le considérions en lui-même comme un accident intrinsèque et complet du siège. Dans ce cas, les Prussiens auraient réussi dans leurs intentions, ils nous opposeraient un rideau de feu, au delà duquel nous ne verrions plus rien.

Dans la réalité, le bombardement n'est qu'une opération secondaire, accidentelle, subordonnée à des événements antérieurs et supérieurs, ceux, par exemple, qui se passent en province ; le pis pour nous serait de nous laisser absorber, enserrer par cette opération subalterne, de telle façon que nous ayons les bras liés au moment où il serait besoin d'agir dans une proportion plus large.

Ce qui doit actuellement nous préoccuper surtout, c'est en quelque sorte de dominer la conduite du siège, de rester maîtres de nos faits et gestes, afin de diriger en temps convenable nos efforts sur tel ou tel point, sans être arrêtés ni embarrassés par une canonnade qu'il aura plu à M. de Moltke de tirer quelques jours avant, ou au jour même de l'action principale.

BATAILLE DE BUZENVAL

Rueil, jeudi soir, 19 janvier, 10 heures.

Cette journée est le début d'une opération qui s'étend sur une longue ligne, de Garches à la Jonchère, se développant sur tout le terrain compris entre les deux bras de la Seine. Les Prussiens, cantonnés à droite sur Saint-Cloud, à gauche sur Bougival, tiennent l'entrée de la presqu'île par l'importante position intermédiaire de la Bergerie. Cette position elle-même s'étage sur deux contre-forts moins élevés, mais d'accès très-difficile par la pente du terrain et le retranchement naturel des bois environnants. Le premier de ces contre-forts, du côté de Garches, est Buzenval, château entouré d'un parc et situé sur le penchant du coteau, un peu au-dessus et à droite de la Fouilleuse. Les murs du parc figurent une sorte de rectangle; à l'extrémité droite de ce rectangle se trouve une maisonnette, à pignon élevé, dite maison Hérat; elle porte le nom du garde-chasse pour lequel elle a été primitivement construite. On l'aperçoit distinctement au travers de la masse noirâtre et décharnée des arbres du parc.

Que l'on se représente bien la position de Buzenval, et l'on verra qu'elle forme redoute, dominant tout à fait le premier plateau découvert, qui s'élève directement au-dessus de Rueil.

Partez de Rueil, en inclinant quelque peu à gauche, sur le sud-ouest; après avoir dépassé les carrés de maisons, vous montez par une pente arrondie sur une butte parsemée de ceps de vigne disposés en longues rangées. Là, vous avez à votre droite le bois Préau d'abord, puis le parc de la Malmaison; ces bois, avancées en quelque sorte de la grande forêt qui va jusqu'à Versailles, ondulent doucement jusqu'à la grande route de Rueil à Bougival, laquelle longe le coude de la Seine.

Le château de la Malmaison est en contre-bas, au fond de la vallée ; c'est à peine si on peut en apercevoir les toits en zinc ; il faut pour le voir, le toucher presque de la main.

Poursuivons notre route sur Buzenval. Le terrain, d'abord montant, s'étend ensuite en surface légèrement inclinée jusqu'aux limites du château. Là, nous entrons en forêt, comme on dit dans le pays. Un peu avant d'arriver à Buzenval, vous coupez par une route, dite route de l'Empereur, qui court, parallèle au parc, de la Malmaison à Saint-Cloud. La route perpendiculaire de Rueil à Buzenval aboutit à la maison Hérat, à l'entrée d'une gorge ou à la porte d'une vallée dite de Longboyau ; le chemin de Longboyau descend en serpentant dans la vallée de Cucufa, au fond de laquelle est un étang ; ce pli de terrain, roide et escarpé, se continue jusqu'à la Malmaison, au pied de la Jonchère.

Cette vallée relie la position de Buzenval à celle de la Jonchère. Celle-ci présente tout à fait sur la droite, et dominant la Seine, une côte dénudée, portant à son sommet deux grandes maisons : l'une toute blanche, dite maison du Clocher, et l'autre très-remarquable par le badigeonnage jaunâtre dont elle est revêtue. L'arrière-plan de la position est couronné de bois.

L'avantage de la Jonchère consiste dans son escarpement même ; elle est défendue en flanc droit par le fossé de la Seine ; de front, elle est protégée par la profonde vallée de Cucufa ; en flanc gauche, elle s'appuie sur Buzenval.

Si je détaille le terrain, c'est afin d'expliquer combien, dans cette direction, l'attaque doit être laborieuse. Il serait chimérique d'espérer l'enlever au pas de course. Il est bon de comprendre qu'au milieu de tant de difficultés naturelles, compliquées par des ouvrages de fortification, il n'est possible d'avancer que par enjambées successives et répétées. Mille mètres de terrain sont là une conquête précieuse, et qui revient cher.

Si aux positions ci-dessus énumérées on ajoute, comme troisième, celle de Montretout et Garches, dernier anneau de la chaîne, qui barre la presqu'île de droite à gauche ; si on se rend compte que la possession de ces divers points donne l'accès de la position culminante de la Bergerie et de la Celle-Saint-Cloud, on verra que le succès d'une telle série d'opérations nous livrerait Versailles.

En effet, la Bergerie est à cheval sur toutes les routes qui, de Paris et de Saint-Germain, convergent en équerre à Versailles. Nous serions établis à l'intérieur d'un triangle dont il nous devient très-facile de couper les deux côtés. Versailles, dit-on, est fortifié, soit ; mais que devient cette place forte, au point de vue de l'investissement, dès qu'elle est interceptée de ses communications sur Saint-Germain et sur Sèvres ?

Si grave doit être le résultat de l'opération qui paraît se révéler par les combats d'aujourd'hui, que les Prussiens doivent avoir fait tous les préparatifs possibles pour en déterminer l'échec, et que, de notre côté, il nous faut déployer toute la somme d'énergie et de patience dont nous sommes capables pour en assurer le succès.

Il ne s'agit pas d'une campagne achevée; donc le lecteur me permettra d'omettre dans ce récit toute estimation relative aux chiffres de nos forces. Ce que chacun sait, c'est que depuis plusieurs jours, des forces avaient été amassées derrière le Mont-Valérien, à l'abri du pli de terrain qui va de Neuilly à Asnières.

Du Mont-Valérien, des reconnaissances ont été poussées soigneusement sur tous les environs de Montretout, de la Fouilleuse, de Rueil et de Chatou, afin de s'assurer du nombre et des dispositions de l'ennemi. Et sans doute l'attaque d'aujourd'hui a été engagée, autant afin d'empêcher un mouvement des Prussiens, soit contre nos positions du sud, soit surtout contre nos armées de province, que pour entamer la ligne d'investissement. Donc, pour toutes ces raisons et à tous les points de vue, elle constitue une opération souverainement importante; notre tort, peut-être, consiste à l'avoir retardée; mais, à coup sûr, un tort plus grand serait de la pousser mollement et sans vigoureuse haleine.

Pendant la nuit dernière, nos troupes ont exécuté leurs derniers mouvements; à partir de minuit, elles ont marché pour occuper leurs lignes de bataille. Le Mont-Valérien s'est abstenu de toute démonstration, qui eût trahi nos desseins. Dès la première lueur du jour, sur les huit heures, l'attaque a commencé. Malheureusement, les troupes n'étaient pas toutes arrivées sur le théâtre de l'action; de nombreuses colonnes n'ont pas cessé, jusqu'à deux heures environ, de défiler sur les routes qui longent le Mont-Valérien.

Point à noter : des bataillons nombreux de la garde nationale de marche étaient fraternellement embrigadés avec les bataillons de mobile et les régiments de ligne. Enfin, le général Trochu traite les gardes nationaux en vrais soldats ; que ne l'a-t-il fait plus tôt ? Ceux-ci avaient une tenue très-satisfaisante, côte à côte avec leurs camarades, les vétérans de quatre mois. Ils manifestaient, dans leur allure, quelque chose de vif et de gai, qui tient d'abord au caractère parisien, et qui s'explique aussi par l'émulation très-légitime et fort généreuse de faire honneur pour le début, sous les yeux de la troupe, à leurs jeunes drapeaux. Ils défilaient d'un bon pas, sans laisser

SORTIE DU 19 JANVIER. — LA COLONNE BELLEMARE PÉNÉTRANT DE BUZENVAL DANS LE PARC.

en arrière trop de traînards ; il faut avouer que l'uniforme de certains bataillons éclate en nuances bizarres ; mais la plupart portaient déjà la capote aussi aisément que les vieux troupiers. A Nanterre, un bataillon de *marrons* cheminait en accompagnant la musique de la canonnade par une bonne chanson, sans forfanterie ; la cantinière tenait son rang de revue, portant crânement un fusil sur l'épaule.

L'engagement débuta de bonne heure par la droite sur Montretout. Une batterie prit position en avant du cimetière de Suresnes ; la fusillade commença dans la plaine, au pied du Mont-Valérien, puis dépassa rapidement la Fouilleuse, grande ferme s'étendant dans le fond du vallon ; puis elle remonta dans la direction de Montretout et de Garches. Des colonnes de fumée s'élevaient lentement au-dessus de Saint-Cloud.

Mon récit se restreint nécessairement à l'action de droite, sur Buzenval, à laquelle j'ai plus directement assisté.

Le temps était assez propice, sauf un gros nuage de pluie qui se posa, comme un capuchon grisaille, sur le sommet du Mont-Valérien ; le temps resta la journée entière assez doux et très-clair.

Vers onze heures seulement, notre mouvement sur Rueil était à peu près complet, et encore on attendait quelques régiments. Dès lors, l'attaque, en retard sur celle de gauche, reçut une impulsion plus vive. C'était le corps du centre, celui du général de Bellemare, qui avait dû, pendant la matinée, suppléer à l'intempestive absence du corps Ducrot.

Sur l'extrême aile droite, les bataillons de Montrouge occupent lestement le Bois-Préau, entre Rueil et la Malmaison. Cependant les 15e et 16e régiments, avec le 119e de ligne et les mobiles du Loiret, marchent droit sur Buzenval, en prenant par la première côte, tapissée de vignes, dont j'ai parlé plus haut ; sur l'aile gauche le château est attaqué par une troisième colonne, formée, si je ne me trompe, du 11e régiment de garde nationale, des zouaves et des mobiles de Seine-et-Marne.

Comme d'ordinaire, les Prussiens se replient de leurs premiers postes sur leurs positions principales ; sur toute la ligne, ils rentrent dans les bois. Nos tirailleurs couronnent le premier plateau ; ils traversent la route dite de l'Empereur, et s'engagent vivement contre le parc de Buzenval. Ils débusquent l'ennemi du premier mur et entrent en forêt. Les Prussiens se massent de l'autre côté du second mur, à la hauteur de la maison Hérat ; on les voit tirer, haut la crosse, à feux plongeants sur leurs adversaires trop mal couverts par les arbres du bois.

L'épreuve est rude pour les gardes nationaux qui, en somme, en sont à leur coup d'essai. Mais ils tiennent bon, concurremment avec la ligne et la

SORTIE DU 19 JANVIER. — LES LOCOMOTIVES BLINDÉES COURAIENT SUR LA VOIE, ETC.

mobile. Ils manœuvrent avec assez d'habileté, se couchant par terre, et faisant une riposte violente, plus violente peut-être qu'efficace.

Mais comment voulez-vous atteindre des tirailleurs abrités par un mur, fortifié aussi solidement qu'un rempart de redoute. Les Prussiens l'avaient soutenu en arrière par une banquette en terre, qui le rend presque impénétrable, même aux obus ; c'est un véritable bastion ; il couvre les pièces d'artillerie, embusquées çà et là dans le bois. Il est évident que notre infanterie tout entière peut aller se faire fusiller devant cet obstacle sans l'entamer.

Nos batteries gravissent la côte et s'installent sur le premier plan du plateau en deux groupes assez largement espacés. Dans le nombre, il y a quelques mitrailleuses. Elles ouvrent le feu contre le mur, mais la brèche n'est pas facile contre cette masse compacte de pierre et de terre. Les canons prussiens répondent. Toutefois, en se sentant appuyés par l'artillerie, les nôtres tiennent avec plus d'énergie ; mais ils sont fatigués par les marches de la nuit et la lutte de la matinée. De Rueil, arrivent les renforts du général Ducrot pour relever les combattants de la première heure.

A midi, telle était à peu près notre situation. Il y avait bien un sensible mouvement en avant ; mais ce mouvement se heurtait contre la résistance obstinée des Prussiens ; il flottait, tantôt progressant, tantôt reculant, devant les retranchements ennemis, sur un espace d'environ cent mètres.

Peut-être l'artillerie eût-elle pu être engagée, de notre côté, avec plus de vigueur et en plus grand nombre. Nos principaux points de tir étaient d'abord, comme je l'ai dit, sur la route dite de l'Empereur, puis, en second plan, sur le moulin des Gibets ; c'est une redoute que nous avons à l'extrémité de la rampe même du Mont-Valérien ; de là, les vues sont excellentes, à la fois sur la côte de Buzenval et sur le pays de Chatou, Croissy et Carrières. Une dizaine de pièces de campagne descendaient encore plus bas sur Buzenval : elles étaient en batterie vers le haut de Rueil, à gauche, auprès d'une maison appelée, dans le pays, le Moulin-au-Comte. Enfin, pour soutenir l'extrême droite, quelques pièces garnissaient le chemin de fer de Saint-Germain, vers la gare de Rueil. Il ne faut pas oublier deux locomotives blindées, qui couraient sur la voie, lâchaient une bordée, rebroussaient chemin, et ainsi de suite. On ne peut apprécier si le tir de ces batteries à vapeur est très-efficace ; mais je défie les pointeurs ennemis de leur casser une aile dans ces évolutions constantes et rapides.

Quant aux Prussiens, leurs batteries tracent un vaste demi-cercle autour de Rueil, pris comme point central. L'arc commence au-dessus de la Fouilleuse; par-dessus les bois, on voit à chaque instant monter en l'air des

SORTIE DU 19 JANVIER. — BARRICADE, RUE DU CALVAIRE A SAINT-CLOUD

flocons de fumée ; l'obus pince l'air, dépasse nos lignes et s'abat sur Rueil.

Le plateau de la Jonchère reste muet; au dire de tous, l'ennemi doit avoir là de l'artillerie de position : mais comme la position n'est pas directement menacée, il ne se hâte pas de la démasquer.

C'est sur une côte moins élevée, entre Bougival et Marly, sur Louveciennes à peu près, que le second point de tir des Prussiens est établi. De Buzenval, ils répondent directement à nos batteries du chemin de l'Empereur, à celles du Moulin-au-Comte et à la redoute des Gibets. De Louveciennes, ils prennent obliquement notre mouvement ; enfin, troisième position, ils tirent des hauteurs situées entre Chatou et Carrières ; dans cette direction, ils prennent en écharpe, tout proche, nos pièces de la gare de Rueil, et, plus loin, nos autres batteries et notre ligne de bataille.

Ils semblent, pour le tir, nous suivre, pour ainsi dire, pas à pas, répondant à chacune de nos décharges, mais évitant eux-mêmes de les provoquer. En effet, c'est le combat de mousqueterie qui leur est, dans les conditions du terrain, le plus favorable. Ils ne demandent pas mieux que de restreindre l'engagement à la fusillade. Nous aurions dû, ce me semble, au lieu de trop laisser aux Prussiens le choix des armes, changer hardiment, par une violente canonnade, les chances de l'engagement.

Ainsi, nos pièces du chemin de fer, qui, de onze heures à une heure, donnèrent avec assez de vivacité, s'arrêtèrent et se turent le reste de la journée ; et cependant l'ennemi s'apercevait distinctement sur la côte de Carrières, envoyant des volées sur nos lignes de réserves, stationnant en arrière de Rueil.

Sur la droite comme sur la gauche, l'action me parut aller s'affaiblissant; mais, au centre sur Buzenval, elle prenait une intensité croissante. Là, autour de la maison Hérat, devant ce maudit coin de mur, on se battait avec acharnement, la fusillade ne cessait pas ; elle crépitait avec une sonorité doublée par l'écho des bois, entremêlée des coups sourds du canon et des éclats perçants des mitrailleuses.

De la Fouilleuse à la Malmaison, nos lignes flottaient par un flux et un reflux perpétuel. Il faut dire que, dans les bois, les chemins sont étroits et âpres : il a donc été très-facile à l'ennemi de les couper et de les barricader. On n'a pas en quelque sorte de prise dans cet inextricable fouillis de tranchées et de taillis.

Les Prussiens contenaient les assaillants par la fusillade; mais leurs obus frappaient surtout plus loin, en arrière, sur les réserves, dans Rueil, où ils les supposaient campés. Toute la grande route était balayée dans la direction de la caserne, sur laquelle ils n'ont cessé de tirer depuis plusieurs jours, du moment où ils ont appris que nous y avions garnison.

Les obus éclataient encore sur la place de l'Église, où une voiture d'ambulance fut mise en morceaux ; ils entouraient la mairie, remplie de blessés ; le feu prit dans une ou deux maisons. Il est à remarquer que les projectiles sont tous d'assez faible dimension. Évidemment, les grosses pièces n'étaient pas arrivées.

Sur les quatre heures, les Prussiens donnèrent un violent effort sur Buzenval ; ils redoublèrent leurs feux, afin de nous débusquer des positions conquises. Il nous fallut fléchir de quelques pas. Ce mouvement, par lui-même, était sans importance ; mais il permit à l'ennemi de se dégager sur la droite et de pousser l'offensive sur le parc de la Malmaison. Là étaient campés, en réserve, les volontaires de Montrouge ; ils ne s'attendaient pas à ce brusque abordage.

Les Prussiens débouchèrent par Saint-Cucufa, se dissimulant dans les jardins ; la plupart des nôtres vaquaient tranquillement aux mille et un soins du soldat au repos. Les coups de fusil arrivèrent à bout portant : une partie des troupes fut prise de panique, l'autre tint bon, mais eut beaucoup à souffrir.

Il était cinq heures ; le jour baissait et la nuit arrivait, éteignant peu à peu la fusillade. Sur l'extrême droite comme sur l'extrême gauche, notre ligne revient sensiblement aux positions de la matinée.

Le soir, nos troupes campent sur le plateau, en avant de la Fouilleuse, et au-dessous de Buzenval. La division Susbielle, composée en partie de gardes nationaux, revient à Rueil.

Les hommes ont beaucoup souffert ; cependant ils ne me paraissent pas découragés, tant s'en faut.

La nuit est très-sombre : tout le champ de bataille est plongé dans une obscurité silencieuse ; quelques coups de fusil dans le fond de la vallée de Cucufa ; sur la crête du plateau, une mince ligne de feux de bivouacs. Le Mont-Valérien ne tire pas, et les batteries prussiennes semblent dormir.

C'est le moment de relever les blessés : les brancardiers, en blouse blanche, affluent dans Rueil, rapportant à la file leur triste fardeau.

Pendant la journée, le service a été fait avec beaucoup d'ordre par les ambulances de Paris ; mais, le soir, elles sont parties, de sorte que les blessés abondent dans les trois ambulances de la ville, surtout à celle de la mairie.

On met des matelas entre les lits. Le docteur Delaunay, dont le nom est déjà bien connu, se met en quatre : il panse d'une main prompte et légère ces braves gens, accompagnant le tout d'une bonne parole.

La mairie est sans cesse envahie par des groupes de gardes nationaux qui demandent le coucher. Le maire se multiplie, afin de suffire à tout : dame, étant donnée une ville aux trois quarts déserte, il n'est pas commode d'installer, en deux heures, douze ou quinze mille hommes de troupes.

Il y a quelques désordres : maisons enfoncées, au moins dévalisées, mais ces désordres sont partiels ; les soldats ne demandent qu'une chose : à se reposer bien vite après une aussi rude journée.

On a accusé Rueil d'être prussien : eh bien, je sentais toute l'injustice de ces légères et coupables accusations, en voyant avec quel dévouement on accueillait et on soignait nos malheureux blessés.

J'en ai vu arriver de trois à quatre cents ; on me dit qu'il y en a encore deux cents à la Fouilleuse. Parmi les victimes, il y a un bon nombre de gardes nationaux. L'un d'eux, jeune homme de vingt ans, m'a frappé tant par son courage que par sa vaillance toute parisienne, dans le bon sens du mot. Le docteur Delaunay lui travaillait la jambe. Il lui annonce que la balle est sortie :

— Allons, tant mieux, je pourrai plus tôt rejoindre mon bataillon ; si je crie, que cela ne vous empêche pas, docteur, d'opérer.

Je vois arriver un garde national, en cheveux blancs, le visage pâli et défait :

— Je ne demande rien, me dit-il, que la permission de me coucher dans un coin.

Ceci me rappelle un autre vieillard héroïque, qui, malade à l'ambulance, a voulu, coûte que coûte, rejoindre son bataillon dès qu'il a entendu le canon.

Je comprends ce brave soldat de la ligne, blessé au bras, qui disait :

— Je souffre mort et passion de cette damnée blessure ; eh bien, je souffre encore davantage, en voyant ces pères de famille se faire tuer, mais là, sans broncher.

P. S. Vendredi, 8 heures du matin. — La nuit a été très-calme ; l'ennemi n'a fait aucune démonstration sur nos campements. Cependant, pendant la nuit nous avons évacué le plateau de Rueil. A trois heures du matin, l'ordre d'une retraite générale a été donné.

Ce matin, le champ de bataille est désert ; aucune détonation, et pourtant, la journée d'hier n'est pas un échec ; c'est la préparation trop lente, et traînée, d'une opération, qui, menée par la suite plus énergiquement, avec des moyens d'artillerie et d'infanterie plus considérables, pouvait nous conduire à des résultats sérieux.

Vendredi soir, 20 janvier.

En rentrant à Paris je lis la dépêche du général Trochu, annonçant « qu'il faut parlementer d'urgence pour un armistice de deux jours. » Pour quiconque a assisté à la journée et au lendemain de l'engagement, cette dépêche est un étonnement et même une douleur.

A midi, à nos avant-postes de Rueil, j'ai vu un parlementaire qui se dirigeait sur Bougival; le bruit courait qu'il portait une demande de suspension d'armes limitée au délai nécessaire pour relever les blessés que nous pouvions encore avoir dans le bois de Buzenval; car les Prussiens, tout en laissant nos brancardiers vaquer à leurs recherches sur le plateau lui-même, les empêchaient de pénétrer dans le bois où s'est passée une partie de l'action.

A deux heures on recevait avis que les Prussiens consentaient à une trêve de deux à quatre heures; et comme le bois n'est pas très-grand, comme, de plus, une grande partie des blessés de Buzenval a été évacuée hier et dans la nuit sur la Fouilleuse et Rueil, ce terme paraissait suffisant. Une douzaine de nos ambulanciers avaient déjà pénétré dans le parc; un grand nombre de voitures se trouvaient à proximité, prêtes à recueillir morts ou blessés; à trois heures, malgré les recherches, la plupart étaient encore vides.

Comment donc expliquer la dépêche du gouvernement? Elle donnerait à croire que nos pertes sont énormes; il est certain que, quelles qu'elles soient, elles sont trop grandes; mais, d'après ce que j'ai cru voir et entendre, elles n'atteignent pas l'étendue que le général Trochu laisse à supposer par sa demande.

J'ajoute que beaucoup de blessés rapportés à Rueil n'étaient pas grièvement touchés; la plupart étaient atteints ou aux pieds ou à la main, circonstance qui s'explique par la nature même de l'engagement; car l'action s'est, en grande partie, passée dans les bois, et les hommes pouvaient, tout en tirant, se couvrir le corps à l'abri des arbres.

Enfin, l'artillerie ennemie n'a fait que des ravages insignifiants dans nos rangs; pendant presque tout le courant de la journée, elle n'a pas été très-nombreuse, et elle était composée de pièces de petit calibre; le plus souvent ces projectiles, pointés sur nos batteries de la Maison brûlée et de la redoute des Gibets, étaient trop courts, et tombaient sur Rueil, sans atteindre nos lignes d'attaque ni même nos réserves.

Je ne puis donner des chiffres à coup sûr, mais la plupart des bataillons engagés ne se plaignent pas d'une diminution exagérée d'effectif, et, en défalquant les 7 à 800 blessés déjà ramassés, il ne faut certainement pas deux jours pour recueillir le restant sur le terrain occupé par l'ennemi.

La dépêche du général Trochu ne peut avoir qu'un effet très-malheureux, en donnant à croire à la population de Paris et aussi à l'ennemi, que la journée hier est un désastre; de plus, elle indique de la part du gouverneur de Paris un certain découragement, une sorte de renonciation à poursuivre les opérations militaires. Or, en admettant (ce qui est fort contestable) que cette idée soit juste, est-il bon de la publier et de la découvrir à l'ennemi?

Il est une vérité de bon sens répétée par tous les maîtres qui ont traité de la défense des places : c'est que l'important, dans une ville assiégée, est de soutenir le moral des défenseurs, de les tenir en garde contre les nouvelles décourageantes que l'ennemi ne manquera pas de semer dans la place; appartient-il donc à nos chefs, dans cette crise capitale du siége, de se faire eux-mêmes les auteurs de bruits plus ou moins fondés, qui ne peuvent qu'amener la défaillance parmi nous?

En examinant mieux, dans son ensemble et dans son résultat, la bataille d'hier, il faut avouer que, tout en souhaitant un meilleur succès, nous n'avons pas cependant à déplorer un échec capable de nous décourager complétement.

Il y a eu des fautes d'exécution. De plus, le général en chef, en calculant ses chances, devait bien savoir qu'il ne pouvait pas espérer un succès décisif, dans les conditions difficiles du terrain et pour les débuts de troupes nouvelles, telles que la garde nationale. Parce que, dans une lutte de quelques heures mal engagée, nous n'avons pas enlevé les positions les plus importantes des Prussiens qu'ils fortifient depuis quatre mois, il faudra publiquement jeter le manche après la cognée, et rentrer ostensiblement dans un système d'inaction tout ensemble commode et pernicieux!

Reprenons le combat.

Dans le plan primitif, l'action devait être engagée sur toute la ligne de Montretout à Rueil, de très-grand matin, à six heures et demie ; c'est pour cela que les divisions ont été mises en mouvement dès minuit.

Mais il faut que les dispositions aient été mal prises; car il est certain que, sur la droite, les troupes sont arrivées après l'heure fixée; plusieurs manœuvres même ont éprouvé des retards considérables ; ainsi, j'apprends que trois divisions ont été arrêtées dans leur marche, parce que des batteries d'artillerie, mal dirigées et se trompant sur leur itinéraire, les ont coupées. Je m'explique maintenant pourquoi les régiments débouchaient encore à une heure sur la route de Nanterre à Rueil.

A six heures et demie, comme il était convenu, le général Noël lançait du Mont-Valérien ses colonnes d'attaque sur Montretout et Garches.

Celles-ci arrivèrent lestement sur la crête des coteaux faisant face au Mont-Valérien, à la hauteur de la maison dite Maison du curé. Des mobiles et des gardes nationaux pénétrèrent dans les bois de Saint-Cloud; ils s'établirent dans les maisons tout le long de la rue qui aboutit à la station du chemin de fer; les Prussiens répondaient à notre feu du tunnel de Saint-Cloud.

Mais notre gauche opérait isolément; la droite sur Rueil n'était pas encore prête; ce retard eut un double inconvénient : d'abord, il nous empêchait, sur Garches, de pousser notre attaque à fond; de plus, il avertissait toute la ligne ennemie de notre assaut général. C'était payer bien cher les 55 ou 57 prisonniers faits à Montretout.

Ainsi, dès le début, la surprise était manquée; notre effort, au lieu de faire masse et de procéder d'ensemble, se divisait en attaques partielles et successives : la première, par Montretout, entre six et sept heures; la seconde, par Buzenval, entre huit et neuf heures; et encore, sur ce dernier point, notre tardive entreprise n'a point, dès le début, l'intensité nécessaire; les troupes empêchées et arrêtées par la difficulté d'un mouvement considérable, n'entrèrent en ligne que fort lentement.

Or, il était d'autant plus important de marcher vite et en masse, qu'il s'agissait d'une position exceptionnellement retranchée.

Les rapports des avant-postes ont signalé les travaux défensifs exécutés par les Prussiens : on sait que des rangées de retranchements courent de Garches à la Jonchère, suivant la lisière des bois, et s'échelonnent en parallèles tout le long de la pente, qui monte au plateau culminant de la Bergerie. Quand ce n'était pas de trop d'une surprise vigoureuse, appuyée par une non moins vigoureuse canonnade, le calcul mal combiné de nos marches nous réduit, dès le début, à agir mollement, par groupes isolés.

C'est ainsi qu'à Montretout, nos troupes perdirent le bénéfice de leur pointe hardie : elles durent stationner dans les positions conquises dès l'abord, pour attendre que les forces de droite vinssent compléter, à la suite, la ligne de bataille.

Notre droite a gravi la côte qui, par le bois Préau, par le château Masséna, le château Richelieu et la maison Crochard, aboutit au plateau, long à peu près d'un kilomètre, au bout duquel s'élève la seconde côte du château de Buzenval.

Le corps d'armée du général Ducrot doit opérer sur Buzenval, se rabattre, par la porte de Longboyau, sur la Jonchère, et tourner par la Celle-Saint-Cloud pendant qu'à gauche, les généraux Vinoy et Bellemare avancent par Garches pour tenir tout le versant de Saint-Cloud sur la Seine.

Ce plan poursuit un objet capital : couper et occuper les routes de Versailles. Mais il présente de terribles difficultés d'exécution.

On avait bien compris qu'il était impossible de les enlever d'un seul coup et en une seule attaque ; aussi avait-on résolu, si l'entreprise réussissait, que notre droite s'arrêterait le premier jour au carrefour de la Jonchère ; au centre, le général de Bellemare devait coucher au Chesnay, nœud des deux massifs de hauteurs boisées, qui couvrent Versailles, au nord et à l'ouest ; les corps étaient accompagnés de compagnies armées de pelles et de pioches, et le général Tripier avait amené deux mille ouvriers du génie, afin de fortifier dans la nuit même les positions occupées.

L'entreprise, même réduite à ces termes et fractionnée en attaques successives, restait encore très-difficile, non-seulement à cause du terrain très-montueux, hérissé d'obstacles, dénué de routes viables pour l'artillerie, mais encore à cause de la nature des troupes engagées de notre côté.

En effet, comme je l'ai dit hier, un régiment de gardes nationaux était encadré dans chaque brigade ; la mesure est très-bonne ; de cette façon, les divers contingents de troupes dont notre armée se compose, donnaient également ; sans compter les divers avantages d'émulation et de sympathie, nos forces recevaient, par cette adjonction, un appoint considérable.

Mais on peut affirmer que cet encadrement s'est fait trop tard, et que, pour être tout à fait efficace, il eût dû être accompli dès le premier jour de l'organisation de la garde nationale.

Il est certain que des bataillons de cette garde ont déployé dans cette affaire la plus grande énergie et le plus brillant courage ; plusieurs ont tenu sur la lisière du bois de Buzenval, avec une ténacité véritablement héroïque ; ils avaient devant eux des retranchements palissadés, d'où la fusillade leur arrivait invisible et meurtrière ; à diverses reprises ils s'élancèrent à la baïonnette, entreprise aussi courageuse que téméraire ; avec les armes à tir rapide, les assauts à l'arme blanche sont toujours mortels pour l'assaillant.

Sur la droite encore, des bataillons de Montrouge ont eu la meilleure tenue, quand déjà, de ce côté, notre ligne faiblissait. Le général de la brigade disait, en parlant d'eux : « Ceux-là sont de vrais soldats ! »

Toutefois, il faut avouer que, bien que la conduite des gardes nationaux ait été en général honorable, cependant il y a eu des cas de désordre et de

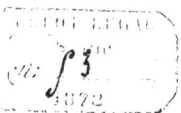

H. REGNAULT.

retraite sous le feu, et l'on sait que lorsque les troupes inexpérimentées se débandent, il n'est pas humainement possible de les retenir ; elles filent comme un troupeau de moutons, malgré les exhortations, les menaces, les injures méritées des chefs.

Ce défaut de consistance doit être attribué à deux causes : d'abord la cohésion n'est pas assez grande dans les bataillons, parce que la discipline ne serre point vigoureusement les rangs ; il y aurait là, s'il en est temps encore, une réforme à opérer, qui dépend autant de la vigueur des chefs, que de la bonne volonté des soldats. Les gardes nationaux sont assez intelligents pour comprendre eux-mêmes que, de la discipline sérieusement observée, dépend non-seulement le succès de la bataille, mais encore le salut de chacun.

Seconde cause : on n'a pas su disposer l'ordre des marches et des campements de façon à amener sur le terrain des troupes fraîches et reposées.

Il est sans doute des fatigues nécessaires, dont il serait futile de se plaindre ; mais faut-il encore que ces fatigues concourent au but proposé et n'affaiblissent pas l'effort de l'entreprise. Or, voici des troupes équipées de quinze jours ou un mois, habituées encore à la vie civile ; — pour leur coup d'essai, vous leur mettez sac au dos le soir ; vous les faites aller et venir toute la nuit, le ventre creux, et le matin vous les lancez à l'ennemi. N'est-il pas évident que beaucoup traîneront en route, et que parmi les présents, beaucoup encore auront perdu, avec la force physique, une partie de leur énergie morale ? Mais, dira-t-on, il y a nécessité de marches, de tactique et de préparatifs. Il est, je crois, facile de répondre que, dans tout plan, le premier point à étudier, c'est le caractère, la nature des soldats que l'on a sous la main. Il faut savoir user de ce que l'on a et en tirer le meilleur parti possible.

Ne ménagez pas aux soldats les fatigues et les périls utiles ; il est inimaginable ce que l'on peut tirer d'eux quand ils sont convaincus que leurs chefs agissent pour le mieux ; mais soyez à cet égard d'une économie prudente et sévère.

C'est par de telles raisons que j'explique les faiblesses, plus rares qu'on ne pense, de la garde nationale : on voit qu'il eût été facile de remédier à des défauts qui résultent plus de l'organisation que de l'esprit du soldat.

Toutefois, il est vrai de dire qu'hier, pour enlever un succès complet et efficace, il eût fallu des troupes plus solides et plus expérimentées.

Il me semble encore que pour renforcer l'attaque de notre armée et lui donner une violence et une rapidité plus grandes, il eût été opportun de disposer sur le terrain une masse proportionnellement très-considérable d'artillerie.

A Buzenval, la voie à travers les bois et les retranchements ne peut être frayée par la baïonnette ; il faut qu'elle soit ouverte ou par la pioche ou par le canon ; or, puisque nous n'avons pas de travaux de contre-approche, la canonnade nous restait seule comme moyen d'attaque indispensable.

Ce n'est pas que nos batteries du Moulin-des-Gibets, de la Maison-Brûlée et du plateau de Rueil n'aient vigoureusement donné ; notamment, les pièces de 7 ont eu plein succès contre les batteries de l'adversaire établies sur Carrières. L'ennemi avait été fort habile en choisissant ce point de tir, car il nous prenait en flanc sur la droite et enfilait toute la ligne de notre artillerie, de la gare de Rueil à la redoute des Gibets.

Toutefois, il n'avait que des pièces à courte portée, car les obus dans cette direction n'arrivaient qu'à Rueil. Le mal, je crois, de notre côté, c'est de n'avoir eu qu'une artillerie à peine suffisante, surtout contre Buzenval. Dans les bois, les obus font très-peu de mal, car les éclats sont arrêtés par les troncs d'arbres, et il est facile de se garer ; dans ce cas, n'est-il pas urgent de multiplier la quantité des projectiles par la proportion même des coups inoffensifs ?

C'est ainsi que, quoique nos pièces ne restassent pas inactives et fussent en nombre raisonnable, cependant le combat est resté une affaire de fusillade, lorsque la fusillade était pour nous la pire condition d'engagement.

Il est à peu près certain que les Prussiens ont été surpris, surtout à la gauche, et que, bien que mis sur leurs gardes par le retard de notre attaque de droite, ils n'ont cependant pu nous opposer d'abord que des forces assez restreintes.

Mais les causes que j'ai expliquées plus haut ont fait que ces forces ont pu tenir le temps nécessaire à l'arrivée des renforts. Sur les trois heures, je voyais sur Carrières des masses considérables se dirigeant vers Bougival et en même temps la fusillade redoublait ses roulements ; l'ennemi, certain d'être appuyé et soutenu, peut-être même déjà renforcé par des troupes nouvelles, reprenait l'offensive.

Dans cette dernière période de la bataille, sous l'effort intense de la ligne ennemie, notre gauche et notre droite ont fait un mouvement de recul : à droite, sur le bois Préau à côté de la Malmaison, la défense a été très-brillante, les positions ont été à peu près conservées ; à gauche, la retraite, surtout en avant de la Fouilleuse, a été plus accentuée.

Nos troupes auraient fléchi avec quelque désordre et même notre artillerie de campagne a été un instant en péril. Il faut dire que dans ces

SORTIE DU 19 JANVIER.

BOIS DE LA JONCHÈRE

cantons il y a fort peu de chemins, et que ces rares chemins sont à peine praticables à cause des boues du dégel. On conçoit donc que les lourds attelages des canons aient peine à manœuvrer au milieu d'une retraite précipitée.

Toutefois, nous n'avons rien perdu. Le mouvement en arrière au-dessus de la Fouilleuse a laissé en l'air notre extrême gauche ; celle-ci s'est trouvée trop jetée en avant et exposée au péril d'être coupée ; c'est ainsi que s'explique la disparition d'un bataillon de mobiles qui tenait la tête sur Garches. Mais au centre, sur Buzenval, nous avons tenu bon et ferme jusqu'à la nuit.

Le général Ducrot, avec son état-major, était à la maison Crochard, qui, sur le plateau de Rueil, regarde en face le bois de Buzenval ; la distance est juste d'un kilomètre. Le mur du parc coupe l'extrémité du plateau sur une longueur de 2 kilomètres ; c'est un mur peu élevé, couvert de lierres et percé d'entrées de distance en distance. Au milieu, tout contre la clôture, s'élève le château, grande maison blanche flanquée de deux tourelles : elle est à moitié cachée par des arbres ; autour, des clairières remontent la côte, elles s'épaississent bientôt, et l'on entre dans cette longue forêt qui s'étend jusqu'à Versailles.

A droite, le mur se continue en formant quelques rentrants jusqu'à la maison du garde, dite maison Hérat. Alors il tourne à angle droit dans la direction de la Jonchère ; là est la porte de Longboyau, point principal de notre attaque.

Notre artillerie, établie dans les vignes, à 700 mètres de la maison Hérat, fouillait le bois et frappait sur les retranchements ennemis.

Notre infanterie exécutait un mouvement oblique de gauche à droite, partant du château de Buzenval et attaquant les bois situés autour de la maison Hérat. C'est là que l'on s'est toute la journée fusillé. Le soir, quand le feu a cessé, nous y étions encore ; mais si l'ennemi ne nous avait point rejetés hors de Buzenval, nous n'avions point, de notre côté, forcé l'entrée de la vallée de Cucufa.

De même, à notre gauche, nos troupes tenaient le soir encore Montretout ; des gardes nationaux tenaient toujours, plus en avant, le parc Pozzo-di-Borgo et la maison Armengaud.

On passa le commencement de la nuit sur les positions chèrement acquises. Le général Ducrot avec son chef d'état-major, le général Appert, ainsi que les généraux de Maussion, Faron, Frébault et Tripier, se couchèrent tant bien que mal dans la maison Crochard, laquelle, avec ses murs troués par les obus et ses chambres saccagées par l'incendie, n'est guère hospitalière.

Les Prussiens ne donnaient pas signe de vie ; mais comme je l'ai entendu dire par un de nos blessés, ramassé le lendemain dans Buzenval, ils se remuèrent toute la nuit ; on travaillait à force aux retranchements.

A une heure du matin, le général Ducrot estimant, sans doute, qu'une attaque des Prussiens était imminente pour le lendemain, et que dans nos positions, il nous serait difficile de soutenir l'assaut des forces imposantes accourues en renforts, donna l'ordre de la retraite : la division Susbielle était déjà à Rueil, les autres suivirent, et de Montretout à Buzenval nos troupes rentrèrent dans les cantonnements de la veille.

Il est assez difficile d'apprécier au juste le chiffre des forces que nous avions en ligne, mais je ne crois pas que le nombre de celles qui ont réellement donné ait dépassé 25 à 30 000 hommes.

La journée d'hier n'est certainement pas une victoire, mais est-ce, dans la force du mot, une défaite? Je ne le pense pas. Un beau jour, nous nous mettons en campagne, nous allons, dans un ordre plus ou moins bien combiné, nous jeter sur l'ennemi, et parce que le soir nous ne couchons pas à Versailles, faut-il s'imaginer qu'il ne nous reste plus qu'à nous croiser les bras, à manger nos dernières provisions, en attendant que la province vienne nous délivrer ? Sachons mieux voir ce que nous pouvons faire et mieux apprécier ce que nous avons fait.

Comment comprendre ces batailles subites, coups de désespoir plutôt que d'audace, qui donnent beau jeu aux Prussiens, parce qu'ils ont tout le loisir de masser leurs forces sur les points attaqués, et de jeter sur le champ de bataille des troupes reposées par de longs jours de répit? Notre situation nous commande des opérations de longue haleine, combinées avec les mouvements de province, et nous conduisant, par des engagements multipliés, sur tous les points de l'investissement, à un résultat médité, voulu et déterminé.

Rien de pire que de passer un mois à organiser une troupe de sortie pour la jeter aussitôt contre les Prussiens, quitte à en organiser à la suite une seconde et une troisième.

L'ARMÉE

Dimanche, 29 janvier.

Une des conditions les plus importantes de l'armistice est certainement celle qui concerne le sort réservé à l'armée, troupe de ligne et garde mobile. L'armée ne représente-t-elle pas, à Paris, l'élément national et patriotique de la défense? C'était, en quelque sorte, le gage volontaire de la province qui, hélas! n'a pu à temps nous tendre la main, l'otage spontané de la résistance commune.

En voyant au milieu d'eux les soldats de la ligne et de la mobile, ces délégués armés de toutes les provinces et de tous les départements, les Parisiens ont senti qu'ils ne restaient point seuls à lutter, et qu'ils demeuraient en communication d'idées, de souffrances et d'efforts avec la France tout entière.

Ce sentiment de fraternité a été, assurément, la première de nos forces morales. C'est elle qui nous a soutenus, malgré les mauvaises nouvelles de l'extérieur, malgré les insuccès de l'intérieur. C'est elle surtout qui nous a conservé le cœur ferme et toujours espérant, jusqu'à ce que la famine nous ait forcés d'accepter de l'ennemi un pacte bien triste, qui sauvegarde notre honneur.

Voici un service dont Paris doit être profondément reconnaissant envers l'armée. Mais ce n'est pas tout. Cette aide morale s'est manifestée pendant quatre mois, par les dangers et les fatigues d'une campagne toujours patiemment et parfois vigoureusement soutenue.

Depuis septembre, l'armée campe au delà des remparts, faisant le service des forts, des tranchées, des avant-postes, vivant, jour et nuit, en présence de l'ennemi, sous le feu de ses canons, sous les balles de ses fusils.

Que l'on mette en regard l'immense périmètre de nos forts et le nombre relativement restreint de nos soldats; on verra qu'ils ne chômaient pas dans les campements, et que les tours de garde et de veillées revenaient souvent.

Considérez encore que nos troupes sont de jeunes recrues. Bien dur était l'apprentissage, et bien terrible le métier pour tous ces garçons de vingt ans.

Passe encore pour la belle saison; mais, quand vint l'hiver, avec ses bises glaciales, avec ses nuits neigeuses, avec ses alternatives de gelée et de

DERNIERS COUPS DE FUSIL.

dégel ; alors les souffrances s'accrurent à un point tel que, pour les comprendre, il faut les avoir vues de près.

On parle de balles et d'obus, d'assauts à la baïonnette : tout cela n'est rien en comparaison de la lutte sourde, obscure, tenace et implacable que nos malheureuses sentinelles avaient, chaque nuit, à soutenir contre le froid, cet ennemi mortel.

Sur le champ de bataille, l'odeur de la poudre nous enivre : le fracas de la fusillade nous enlève, et l'ardeur française, ce vin généreux, nous emporte. Mais geler au fond d'une tranchée, sous l'abri flottant d'une tente, même auprès d'un feu, qui, maigre et fumeux, vous brûle le visage et ne vous réchauffe pas les membres, n'y a-t-il pas là plus de vrai courage et plus de vrai mérite ?

Je me rappelle cette parole d'un colonel, pendant que nous campions dans la plaine de Drancy : « Je demanderais au moins brave, au plus poltron de mes hommes, lequel des deux il préfère, ou endurer douze heures de bataille, ou repasser par les trois jours que nous venons de passer sur cette plaine, je gage qu'il me répondra sans hésiter : Douze heures de bataille, mon colonel. »

De plus, l'outillage du soldat contre le froid était assez imparfait : les vêtements chauds faisaient défaut ; il n'était pas rare de rencontrer des malheureux, chaussés, sans bas, de souliers dont la semelle si mince, si mince, livrait le pied, presque à nu, aux morsures du froid. Enfin, la ration décroissait ; les robustes appétits de vingt ans, aiguisés par les veillées, surexcités par le froid, ne pouvaient se rassasier des portions exiguës de viande et de biscuits, que l'intérêt de la défense forçait l'administration à leur mesurer avec une parcimonie implacable.

Aussi, aujourd'hui, je puis le dire parce que ce n'est plus une révélation dangereuse, mais une déclaration honorable, les effectifs diminuaient et s'émiettaient par la maladie ; tel régiment de mobiles, de trois mille hommes, comptait plus de mille malades.

Aux avant-postes de Rueil, tout récemment, je vois une compagnie d'environ soixante-dix hommes : quarante à peine pouvaient sérieusement fournir leur service ; les autres dépérissaient, souvent sans se plaindre. Le médecin passe la visite, il en envoie, de force, quatre à l'hôpital ; le lendemain, trois étaient morts. La fatigue incessante, continue, les avait minés peu à peu ; ils se soutenaient presque jusqu'à la fin, pour tomber tout à coup.

C'est ainsi que chaque régiment de ligne, chaque bataillon de mobile a sa légende d'honneur, obscure et méritoire. Tous aussi, ou presque tous, ont des titres plus brillants, tels que les ordres du jour, obtenus les jours de combat et de bataille, au prix de leur sang.

Qu'on se rappelle la bataille de Villiers, infructueuse, il est vrai, par les résultats ; mais qui, durant pour ainsi dire trois jours, nous a magnifiquement montré de quel élan, de quelle résistance notre jeunesse armée était capable ; et aussi de bien d'autres journées.

Tels numéros de régiments, telles désignations de bataillons sont devenus historiques. Le 35ᵉ et le 42ᵉ de ligne ont donné toujours et partout ; ils ont fini par former, en quelque sorte, la vieille garde.

Cette brigade marchait en réserve pour les coups décisifs. En une seule action, le 114ᵉ perd 800 hommes et sauve ses positions. Il serait difficile de clore cette liste.

De même, qui, à Paris, ne connaît les mobiles de la Vendée, de la Côte-d'Or, de la Loire-Inférieure, etc. ? Qui ne rapporte ces noms à des combats vaillamment soutenus ?

Aussi, pour toute cette gloire généreusement acquise, si chèrement payée, le devoir impérieux s'imposait au Gouvernement de sauver l'armée de la honte d'une capitulation, de la douleur de la captivité. C'est ce qu'il a fait : Paris garde tous ses défenseurs.

L'armée va rentrer dans nos murs. Jadis, après des campagnes plus heureuses, nous recevions nos soldats avec de pompeuses ovations : ils passaient sous des arcs de triomphe. Maintenant les temps sont tristes ; ils ne comportent point de manifestations triomphales.

Mais il faut rendre justice à l'armée, il faut que nous l'accueillions fraternellement et que, par des marques de sympathie, nous lui rendions ce légitime témoignage de reconnaissance qu'elle a bien mérité de Paris et de la France.

LES FORTS

Mardi, 31 janvier.

Hier, s'est accomplie la première condition de l'armistice ; les Prussiens ont pris possession de nos forts.

La nouvelle ligne d'investissement suit à peu près la route dite stratégique, qui relie les forts, en figurant autour de Paris, du moins sur les fronts sud, est et nord, un cercle continu. Les troupes ennemies sont cantonnées dans tous les villages situés sur le parcours de cette voie.

L'occupation s'est exécutée, de la part des Prussiens, sans pompe ni fanfaronnades.

Il est évident qu'ils s'attendaient à un succès plus complet et qu'ils comptaient bien, en récompense de quatre mois de périls et de fatigues, faire dans Paris même une entrée triomphale. Il y avait donc déjà un premier sentiment de désappointement, qui arrêtait l'élan de l'orgueil allemand.

De plus, tous comprenaient bien que ces forts et ces villages, toutes ces conquêtes nouvelles, à quelques centaines de mètres de Paris, ils ne les avaient pas gagnés par vaillance et combat. Les victoires par lesquelles on contraint son ennemi à baisser l'épée, parce que, derrière lui, il y a toute une population inoffensive et désarmée, livrée aux affres de la famine, ne se célèbrent pas à grand renfort de tambours et trompettes. Elles profitent au plus fort, soit ; mais elles lui imposent, par pudeur, une certaine réserve.

Tout ce qu'on a entendu, c'est quelques salves de hurrahs, lors de l'entrée de l'ennemi dans les forts. De plus, quelques régiments ont défilé, musique en tête, dans les villages où ils devaient camper.

Il est aussi remarquable que les troupes présentaient une tenue très-soignée ; il est à croire que l'ennemi aura voulu donner, aux quelques rares Parisiens curieux de le voir de près, une bonne idée de l'état de l'armée prussienne.

De notre côté, tout s'est passé avec une dignité triste et résignée, douloureuse et fière.

Les troupes d'élite, marins, artilleurs, soldats de la ligne et de la mobile, qui défendaient les forts, s'y étaient attachés, avec une sorte d'amour et de passion, comme à leur ouvrage propre, amélioré, agrandi et renforcé par leurs labeurs incessants.

Quelle admirable installation que celle des grosses pièces de marine, servies et pointées pour la plus grande terreur des Prussiens ! Pendant un mois, ceux-ci ont fait pleuvoir sur les principaux de nos forts une grêle écrasante d'obus : la terre des embrasures était labourée ; les brèches s'ouvraient béantes ; mais les défenseurs, imperturbables, restaient au poste, répondant aux feux adverses pendant le jour, et réparant les dommages pendant la nuit.

Plus la place était périlleuse, plus les courages s'exaltaient : c'est ainsi

RENTRÉE DES TROUPES DANS PARIS APRÈS L'ARMISTICE.

que l'on comprend l'héroïque emportement de ce lieutement de vaisseau, à Montrouge, qui se frappe lui-même, au moment où la mauvaise fortune trahit ses généreuses et patriotiques espérances.

Dans chaque fort il y a eu, pour ainsi dire, la scène émouvante de la séparation : dans l'un, le commandant brise son épée ; dans l'autre, le commandant reste seul et sort le dernier, comme dans un vaisseau qui sombre sous les flots.

Nos soldats défilaient lentement sur les routes de Paris, le cœur navré, mais la tête haute. Sur bien des visages, surtout de nos marins, qui certes n'ont pas des manies de femmes sensibles, on voyait de grosses larmes.

Ces braves gens ont bien mérité de faire partie de la division qui, selon le traité, conserve ses armes. Il en est de même pour la brigade d'infanterie, qui comprend le 35ᵉ et le 42ᵉ de ligne.

Le choix est assurément difficile : tous nos défenseurs sont dignes de conserver les armes que leur arrache, non la valeur de l'ennemi, mais la famine.

Toutefois, à tous il faut demander, au nom de la patrie, de se résigner vaillamment à tous ces douloureux sacrifices, par l'idée supérieure que l'honneur est sauf et que la France a encore besoin de leur courage.

L'ennemi lui-même, malgré son orgueil inné, malgré l'enivrement de la victoire, ne nous a jamais respectés davantage que dans nos malheurs actuels.

Voici ce que récemment un grand personnage de l'armée allemande disait de nous à un de nos principaux hommes d'État :

— Vous êtes parvenus, par un effort merveilleux, à masser des armées aussi nombreuses que les nôtres ; vos soldats sont très-courageux ; ils vont droit au péril et savent se faire tuer. L'avantage, de notre côté, est que nos soldats savent faire la guerre, qu'ils sont habitués, par la discipline, à tourner le danger plutôt qu'à l'affronter, et à emporter le succès avec le moins de mal possible. D'où cette conséquence que, au point de vue strictement militaire, notre soldat a une valeur double du vôtre.

La leçon est juste : il s'agit d'en profiter.

FIN

TABLE DES GRAVURES

	Pages.
Combat de Châtillon	5
Le général Vinoy	9
Le général de Moltke	11
Destruction des habitations du bord de la Bièvre	13
Incendie du pont d'Asnières	17
Le général Trochu	22
M. Gambetta	23
M. Thiers	25
M. Dorian	29
Les caves du nouvel Opéra, etc.	30
La sortie du pain de munition du nouvel Opéra	31
Les bœufs au Jardin des plantes	33
Abreuvoir de la cavalerie et du bétail au pont d'Iéna	35
Manifestation populaire à la statue de Strasbourg	36
Le général de Maud'huy	38
Vue des Hautes-Bruyères, près d'Arcueil	39
Affaire de Villejuif	44-45
Combat de Chevilly	52-53
Le corps du général Guilhem	55
Redoute prussienne de Brimborion	65
Le Mont-Valérien	71
Affaire de Bagneux. — Mort du commandant de Dampierre	77
Affaire de Bagneux. — Vue des hauteurs de Châtillon à Chevilly	84-85
Bois coupés en avant des bastions	91
Batterie de Saint-Ouen	92-93
Les avant-postes de la presqu'île de Gennevilliers	95
Sortie du 21 octobre	100-101
Le moulin d'Orgemont	113
Gardes mobiles récoltant des légumes	117
Attaque du Bourget par les francs-tireurs de la presse	123
Résistance du Bourget	129
Une ferme à Bondy. — L'église de Bondy	137
L'auberge du Cygne de la Croix, à Bondy	141
Vue de la plaine Saint-Denis	148-149
La queue aux boucheries	153
Promenade militaire de la garde nationale. — L'averse	157
La lutte aux avant-postes	159
Le général Clément Thomas	161
Tournage et forage des canons	163
Gardes nationaux du génie civil à l'appel	164
Gardes nationaux du génie civil à la corvée	165
Départ d'un ballon-poste	167
Grossissement et transcription des dépêches	169
Kiosque pour guetter l'arrivée des pigeons voyageurs. — Plumes des pigeons voyageurs	170

TABLE DES GRAVURES.

	Pages.
Fusillade de Cachan	173
Redoute du Moulin-Saquet	175
Prise de la Fourche de Champigny, etc	179
Le général Ducrot	184
Wagons blindés	187
Vue de Cachan et de l'Hay	189
Le général Renault	193
Paris, nuit du 30 novembre	197
Prise de Bry-sur-Marne	203
Les pentes de Villiers	205
Le général Ladreit de la Charrière	209
Passage de la Marne, à Joinville-le-Pont	212-213
Cimetière de Champigny	220-221
Le commandant Franchetti	225
Ambulance du Théâtre-Français	233
M. de Bismarck	241
Le général Chanzy	246
Le prince Frédéric-Charles	249
M. Flourens	252
Le Mont-Valérien	257
Les maraudeurs dévastent les clôtures, etc	269
Cantine municipale	273
Batteries de Gagny	276-277
Le quartier général du général d'Hugues, etc	279
Le plateau d'Avron	281
Batteries du Raincy	285
Attaque du Bourget	292-293
Les bivouacs s'abritent, etc., etc	301
Nos soldats se pressent les uns contre les autres, etc	309
Le général Vinoy parcourant les tranchées du plateau d'Avron	313
Cantonnement des mobiles de la Seine dans les carrières d'Avron	315-316
A Rosny, les marins font merveille	325
Distribution de vivres au nouvel Opéra	333
Batterie de Breteuil	337
Batterie du château de Meudon	340-341
Enlèvement des malades de l'ambulance du Luxembourg	343
Habitants réfugiés dans les caveaux du Panthéon	345
Habitants de Montrouge fuyant devant le bombardement	349
Ruines de Saint-Cloud. — Le château	353
Fort d'Issy	356-357
Ruines de Saint-Cloud. — Côté de l'église	359
Ruines de Saint-Cloud. — La rue Royale	361
Fort de Montrouge	364-365
Sortie du 19 janvier. — La colonne Bellemare pénétrant dans le parc de Buzenval	373
Sortie du 19 janvier. — Les locomotives blindées	375
Sortie du 19 janvier. — Barricade, rue du Calvaire, à Saint-Cloud	377
H. Regnault	385
Combat dans le bois de la Jonchère	388-389
Derniers coups de fusil	393
Rentrée des troupes dans Paris après l'armistice	397

FIN DE LA TABLE DES GRAVURES

TABLE DES MATIÈRES

	Pages.
Combat de Châtillon	1
L'investissement	10
Combat de Villejuif	37
Combat de Pierrefitte	46
Combat de Chevilly	50
Le plan de la défense	57
La canonnade quotidienne	63
Nos avantages	67
Reconnaissance de Bagneux	73
Nos positions de l'Est	83
Nos positions de l'Ouest	88
Sortie de Rueil	97
L'armée active	106
Nos positions du Nord	115
Combat du Bourget	122
La période critique	145
Hors les remparts	171
Batailles de la Marne	183
Les armées de province	239
Le Mont-Valérien	255
Nos subsistances	263
Le plateau d'Avron	277
Sortie du Bourget	286
Le bombardement	311
Bataille de Buzenval	370
L'armée	392
Les forts	395

FIN DE LA TABLE DES MATIÈRES

12149. — Typographie Lahure, rue de Fleurus, 9, à Paris.

www.ingramcontent.com/pod-product-compliance
Lightning Source LLC
Chambersburg PA
CBHW052123230426
43671CB00009B/1101